国家社科基金
GUOJIA SHEKE JIJIN HOUQI ZIZHU XIANGMU
后期资助项目

经济政策改革、数字化转型
与企业决策研究

陈胜蓝　著

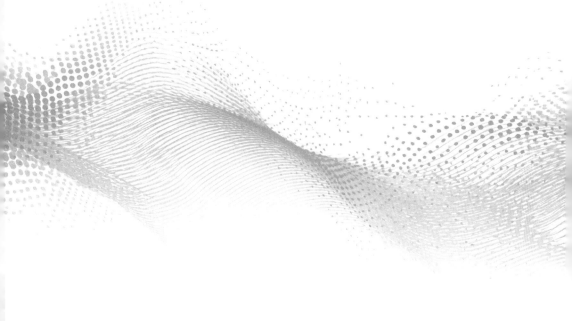

中国财经出版传媒集团

经济科学出版社
Economic Science Press

·北 京·

图书在版编目（CIP）数据

经济政策改革、数字化转型与企业决策研究／陈胜蓝著． -- 北京 ： 经济科学出版社，2025. 2. -- ISBN 978 - 7 - 5218 - 6786 - 2

Ⅰ. F272. 31

中国国家版本馆 CIP 数据核字第 20254JU299 号

责任编辑：戴婷婷
责任校对：齐　杰
责任印制：范　艳

经济政策改革、数字化转型与企业决策研究

Economic Policy Reform, Digital Transformation and Corporate Policy

陈胜蓝　著

经济科学出版社出版、发行　新华书店经销
社址：北京市海淀区阜成路甲 28 号　邮编：100142
总编部电话：010 - 88191217　发行部电话：010 - 88191522
网址：www. esp. com. cn
电子邮箱：esp@ esp. com. cn
天猫网店：经济科学出版社旗舰店
网址：http：//jjkxcbs. tmall. com
北京季蜂印刷有限公司印装
710×1000　16 开　29.25 印张　530000 字
2025 年 2 月第 1 版　2025 年 2 月第 1 次印刷
ISBN 978 - 7 - 5218 - 6786 - 2　定价：118.00 元

国家社科基金后期资助项目
出版说明

    后期资助项目是国家社科基金设立的一类重要项目，旨在鼓励广大社科研究者潜心治学，支持基础研究多出优秀成果。它是经过严格评审，从接近完成的科研成果中遴选立项的。为扩大后期资助项目的影响，更好地推动学术发展，促进成果转化，全国哲学社会科学工作办公室按照"统一设计、统一标识、统一版式、形成系列"的总体要求，组织出版国家社科基金后期资助项目成果。

全国哲学社会科学工作办公室

目　录

经济政策改革与企业决策篇

数字化转型与企业决策篇

绪　　论

第一节　研究背景与研究意义

一、研究背景

改革开放四十多年来，中国在经济政策改革方面从理论到实践不断创新突破，为经济社会持续健康发展提供了重要的法律制度保障和动力来源。党的二十届三中全会审议通过的《中共中央关于进一步全面深化改革　推进中国式现代化的决定》强调面对纷繁复杂的国际国内形势，面对新一轮科技革命和产业变革，面对人民群众新期待，必须继续把改革推向前进。中国先后在产权保护、劳动权益、公共卫生、经济金融等领域出台了一系列法律法规与政策方针。那么，自然的问题是：这些经济政策的改革是否达到了预期的效果？实际影响与未预期的影响分别是什么？其中影响的作用机制是什么？下一步的改革方向应该怎么布局？这些问题受到了实务界与学术界的广泛关注，亟待通过科学的研究方法体系给予回答。

例如，2011年，中国颁布《中华人民共和国社会保险法》（以下简称《社会保险法》），旨在加强劳动者权益保护，维护社会和谐稳定，该法律将分散在各地方政府关于社会保险缴费的规章制度进行统一，覆盖所有公司，所有公民，规定更加详细，体系更加完善。那么，《社会保险法》是否切实提高了企业的社保覆盖水平与社保缴费比率？社保缴费的改变如何进一步影响企业的经济决策？

再如，中国于2015年发布并实施《存款保险条例》，中国存款保险制度旨在促进金融机构市场化，防范金融风险。存款保险制度建立有利于增强对中小银行和民营银行的保护，促进银行业公平竞争，从根本上防止金融体系风险的累积。那么，存款保险制度是否切实促进了银行竞争呢？银行竞争格局的改变如何影响企业层面的贷款可获得性？贷款可获得性的变化又如何进一步影响企业决策？回答这些问题对于理解经济政策改革影响经济增长的"宏观—中观—微观"的传导机制具有重要意义。

本书立足于中国经济政策持续改革、不断推陈出新的背景，从经济法律政策、卫生经济政策、科技创新政策以及金融市场化政策四个维度出发，分析经济政策改革对公司决策的影响及其作用机制。研究结果能够为评估经济政策改革的有效性，理解宏观经济政策改革如何影响微观经济主体行为提供学理支撑，并为下一步的经济政策改革方向提供科学的判断依据与合理的政策建议。

近年来，以生成式人工智能为代表的数字技术的快速发展，推动实体经济与数字经济加速融合。数字经济发展速度之快、辐射范围之广、影响程度之深前所未有，正在成为重组全球要素资源、重塑全球经济结构、改变全球竞争格局的关键力量。数据显示，2020 年，中国数字经济核心产业增加值占国内生产总值比重达到 7.8%（蔡跃洲和牛新星，2021）。习近平总书记在中央政治局第三十四次集体学习的讲话强调，要推动数字经济和实体经济融合发展，把握数字化、网络化、智能化方向，推动产业数字化转型，利用互联网新技术对传统产业进行全方位、全链条的改造，提高全要素生产率，发挥数字技术对经济发展的放大、叠加、倍增作用。

2021 年 3 月 10 日，国务院国有资产监督管理委员会发布《2020 年国有企业数字化转型典型案例的通知》，介绍了 2020 年国有企业数字化转型100 个典型案例。这表明中国企业已经开始成功运用数字技术实施数字化转型战略。与传统技术相比，数字技术基于海量数据收集与分析，在提升信息传输速度、降低数据处理和交易成本、精确配置资源等方面具有独特优势（周文和韩文龙，2021）。那么，数字化转型究竟会在公司层面带来什么样的影响效应呢？这是目前学术界与实务界都十分关注的问题。

例如，数字化转型对收入分配的影响是一个具有争议的话题。一方面，数字技术可以替代劳动力来完成常规化的工作，减少劳动需求，导致劳动收入份额下降（Acemoglu and Restrepo，2020）；另一方面，数字技术不仅会创造出与数字技术相匹配的新工作岗位（Autor et al.，2003；张叶青等，2021），而且允许高技能劳动力有更多的时间和资源从事更复杂的认知任务，从而提高企业对高技能劳动力的需求。由于高技能劳动力具备更高的议价能力，因此，数字化转型也可能提升劳动收入份额。

再如，数字技术对产能利用的影响同样是政学界关注的热点话题。随着以国内大循环为主发展模式的建立，经济增长动力转向内需驱动的同时也突出了改善产能利用率的重要性和迫切性。首先，数字化技术对可获取外部需求信息的增强能降低其在产能投资决策时面临的不确定性（Miklós - Thal and Tucker，2019）、形成更准确的市场前景预测，从而提高产能利用率。其次，数字化技术能使企业更大程度地获取竞争对手动态信息（Bernard et al.，2020），通过缓解投资潮涌从而提升产能利用率。

本书立足于数字技术经济快速发展的背景，从税收规避、收入分配、产能利用、产品市场表现以及跨国并购等多个维度出发，探讨数字化转型对公司决策的影响及其作用机制。研究结果能够为构建中国特色数字经济理论，提高中国企业国际竞争力、掌握科技话语权提供新鲜经验。

二、研究意义

（一）理论意义

（1）构建经济政策改革对微观企业行为决策影响的理论分析框架，丰富中国特色经济体制改革理论。将宏观经济政策与微观企业决策纳入到统一的分析框架，提出宏观经济政策改革与微观企业决策相互作用的反馈机制，拓展传统企业财务与会计的研究领域，发展新的理论。

（2）构建数字化转型对微观企业决策影响的理论分析框架，丰富中国特色数字经济理论。在中国情境下搭建起涵盖数字经济理论、微观企业决策以及要素市场经济后果的数字经济理论框架，拓展数字经济推动质量改革、效率改革、动力改革"三大改革"的理论体系。

（3）基于宏观经济政策变动与数字技术应用两个维度挖掘要素市场的影响因素，丰富了要素市场理论。在探讨经济政策改革与数字化转型对企业投融资决策影响因素的基础上，将研究视角进一步拓展至劳动力市场、产品市场以及资本市场等要素市场的经济后果，有助于补充与完善要素市场理论。

（4）探析数字经济发展影响收入分配的作用机理，丰富数字经济的收入分配理论。通过研究数字技术对就业和分配的影响机制和传导机制、模拟和预判未来的影响，理解数字技术对创业创新、城乡收入差距、培育中等收入群体的作用机制，以及数据作为生产要素的分配机制，重构数字经济的分配理论。

（5）揭示数字技术影响产品市场竞争的微观机制，丰富数字经济的产业组织理论。数字经济改变了产业理论的假设条件、产业的组织形式、产业的聚集形态，通过实证分析研究数字经济的产业组织模式、产业生态演进、产业结构升级的典型事实，提炼出新理论。

（二）实践意义

（1）阐释经济政策改革背景下微观企业高质量发展的新路径，探索经济政策改革与发展的新方向、新思路。构建经济政策改革对微观企业行为决策影响的理论分析框架，能够为企业如何应对经济政策改革冲击、评估经济政策改革的有效性以及政府部门如何改进与优化经济政策实施提供坚实的学理支撑。

（2）揭示数字技术影响微观企业决策的作用机理，推动产业转型升级，推进要素市场化配置。在探析数字化转型影响企业决策的基础之上，将研究视角拓展至要素市场领域，契合"十四五"数字经济发展规划的现实需求，为构建更加完善的要素市场化配置体制机制提供新思路、新举措。

（3）构建经济政策改革推动实体经济高质量发展的政策支持体系。通过宏观经济政策与微观企业决策的相互作用机制，提出宏观政策有效性的评价体系，推动经济政策向更加精准的方向改革，构建有效支持实体经济高质量发展的政策支持体系。

（4）构建数字经济时代下中低技能劳动者共同富裕的实现机制。数字技术的快速发展重塑了资本与劳动的关系，通过深入考察数字技术应用在微观企业层面对资本劳动替代关系、劳动收入份额以及薪酬差距等的影响，探索数字经济时代下中低技能劳动者社会保障体系，加快推动共同富裕。

（5）创建数字技术赋能产品市场高质量发展的新路径、新方法。通过深入挖掘数字技术应用在产能利用、产品创新等产品市场的经济后果，为加快建设全国统一大市场、加快构建高水平社会主义市场经济体制提供新动能。

第二节　研究框架与研究内容

一、研究框架

本书从经济法律政策、卫生经济政策、科技创新政策以及金融市场化政策改革出发，考察政策改革对公司决策的影响；并基于投融资策略、收入分配以及产品市场表现等企业层面的多个视角，探讨数字化转型在微观层面产生的经济效应。研究框架如图 0－1 所示。

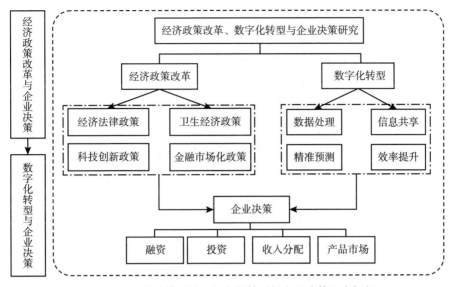

图 0 - 1　经济政策改革、数字化转型与企业决策研究框架

二、研究内容

本书除绪论外，共十二章内容，可以分为"经济政策改革与企业决策篇""数字化转型与企业决策篇"两大部分。具体而言，各部分内容概要如下：

绪论。系统梳理当前中国经济政策持续改革，数字技术经济快速发展的背景，分别对本书的研究背景与研究意义、研究框架与研究内容、研究思路与研究方法、创新之处等进行系统说明，明晰本书的研究逻辑。

经济政策改革与企业决策篇。

本书的第一章至第六章主要研究了社会经济法律、卫生健康经济等制度改革对公司决策的影响。通过因果推断方法，不仅有效考察了制度改革对公司决策的影响，而且揭开了法律制度改革对于公司决策影响的中间途径。

第一章是利用《社会保险法》颁布作为准自然实验，考察《社会保险法》对企业全要素生产率的影响。结果表明《社会保险法》颁布使公司全要素生产率提高约 6.48%。研究表明社保缴费提高所带来的"员工激励效应"、"人力资本吸引效应"以及"要素替代效应"是公司全要素生产率提升的重要渠道。横截面检验表明，对于劳动密集度较高、融资约束较小以及市场竞争程度较高的公司，《社会保险法》颁布导致公司全要素生产率增加更多。

第二章则考察《中华人民共和国中小企业促进法》（以下简称《中小企业促进法》）对企业专业化分工的影响。结果发现《中小企业促进法》实施能够使企业专业化分工水平提高约 3.13%，交易成本降低是其中主要的作用机制。当制度环境较差、专用性资产投资水平较低以及企业纵向一体化能力较强时，《中小企业促进法》实施促进企业提高专业化分工水平的效应更强。进一步分析发现《中小企业促进法》带来的专业化分工水平提高能够进一步推动企业全要素生产率提升。

第三章借助城市禁烟法令颁布的准自然实验，考察禁烟法对公司全要素生产率的影响，结果表明中国城市禁烟法令颁布使公司全要素生产率提高约 7.94%。研究发现工作环境改善所带来的劳动生产率提高、人力资本以及公司创新能力的提升是中国城市禁烟法令颁布提高公司全要素生产率的重要渠道。进一步分析发现，对于劳动密集程度较高、融资约束较大以及产业政策非重点支持的公司，中国城市禁烟法令颁布导致公司全要素生产率增加更多。

第四章是从设立国家级高新区的制度政策出发，考察生产网络如何传递创新溢出效应从而影响供应商公司的经营业绩。结果表明当第一大客户公司所在地批准设立国家级高新区后，公司销售收入增长率提高约 61.35%。而这种溢出效应主要通过知识溢出和需求扩张两种作用机制从客户传递给供应商。进一步研究发现，对于转换成本更大的客户公司、创新吸收能力更强的供应商公司以及供应商—客户地理相对临近时，国家级高新区的创新溢出效应更强。基于社会网络分析方法的结果表明前五大客户中批准设立高新区的客户数和关系长度均会加强这一溢出效应。研究表明生产网络中的上下游关系能够放大政策效应，研究结论有助于理解国家级高新区经济效应的微观途径。

第五章则是侧重于考察存款保险制度对劳动力重新配置的影响。研究发现相比产业支持行业的低风险公司，高风险公司在存款保险制度建立后员工增长更快，全要素生产率更高。这表明存款保险制度有助于银行承担适度风险增加竞争力，促进劳动力向产业政策支持下有发展前景的高风险公司配置，并提升了全要素生产率。存款保险制度可以通过促进微观实体经济的增长和优化产业结构最终降低金融系统的风险，提高金融系统的稳定性。结果还发现公司贷款成本的降低、贷款可获得性的提高是影响劳动力重新配置的重要渠道，存款保险制度对公司劳动力配置的影响主要存在于融资约束较高、财务报告质量较低以及所在地区银行业竞争程度较低的公司中。

第六章关注金融市场中的一项重要制度改革——卖空管制放松。一种观点认为卖空机制通过减少公司的信息风险和代理风险而降低企业贷款成本，而另一种观点则认为卖空机制加剧公司的经营风险从而会提高企业贷款成本。实证检验结果表明卖空管制放松使企业贷款成本降低约4%。卖空管制放松减少公司信息风险和代理风险是其降低企业贷款成本的重要渠道。而且，当企业与银行的距离较长、银行与公司近期无贷款关系以及公司违约风险较高时，卖空管制放松对企业贷款成本的降低程度显著更大。

数字化转型与企业决策篇。

近年来，以互联网、大数据等为代表的数字技术不断涌现，然而数字技术对于经济的影响，特别是深入微观层面，对微观企业的影响研究尚不充分。因此，从第七章以后，本书主要探讨了企业数字化对企业决策的影响。

第七章使用基于机器学习和文本分析方法构建企业数字化转型指标，研究数字化转型如何影响企业的税收规避。研究结果表明数字化转型提高企业现金有效税率约3.22%。为缓解内生性问题，以城市历史电话和邮局数量执行工具变量分析并基于"宽带中国"战略进行双重差分检验。两步法结果表明数字化转型降低了企业的信息不对称程度是其抑制企业税收规避行为的重要渠道。异质性分析结果显示当企业的信息不透明度以及当地税收征管强度更高时，企业数字化转型对其税收规避行为的抑制作用显著更强。最后，研究发现企业层面税收规避行为的减少有助于提高行业及当地整体的税收收入。

第八章则是关注数字化转型对企业商业信用供给决策的影响。研究发现数字化转型程度每增加1个标准差使公司商业信用供给提高约4%。该结论在经过配比法、工具变量法等内生性检验后仍然存在。两阶段回归结果表明，全要素生产率提高是数字化转型提高企业商业信用供给的主要机制。横截面测试表明，当经济政策不确定性较低、行业同质性程度较高时，数字化转型提高公司商业信用供给的作用更大。经济后果检验结果发现数字化转型带来的商业信用供给提高，有助于降低企业的客户集中度。

第九章考察数字化转型的收入分配效应。结果表明数字化转型程度越高，企业劳动收入份额越高，在采用工具变量与双重差分等方法缓解内生性问题后该研究结果仍然成立。机制检验结果表明新任务创建效应与生产率效应是企业数字化转型改善劳动收入份额的主要渠道。横截面检验发现当企业研发投入较高或地区知识产权保护较好时，这种影响程度更大。进一步分析发现数字化转型主要提升了普通员工收入份额，并导致薪酬差距显著下降。

第十章发现企业数字化转型不仅能提升自身产能利用率还能对同行及供应链上企业的产能利用率产生正面溢出效应。接下来围绕产能建设决策中对市场需求及潜在竞争者所掌握信息不完备进行机制检验,结果显示企业数字化发展通过提高市场预测准确性及降低投资潮涌是其提高产能利用率的重要渠道。最后,基于产品市场的经济后果检验表明企业数字化发展增强了产品差异化战略、拓展了产品市场份额并提高了盈利能力。

第十一章考察企业数字化转型对产品市场表现的影响及其作用机理。结果表明企业数字化转型能够显著提升产品市场表现,该结论在采用双重差分与工具变量等方法缓解内生性问题后仍然成立。而且,当市场信息与内部信息可获得性较低时,这种效应更加明显。两阶段回归结果表明,数字技术赋能带来资源配置效率的提高是其中的重要影响机制。最后,研究结果表明产品市场表现的提升主要来自企业的新客户。

第十二章将研究视角切入跨国并购,考察数字化转型对企业跨国并购的影响及其作用机制。检验表明数字化转型能够显著促进企业进行跨国并购。机制分析表明增强企业研发创新、信息获取与资源整合能力是数字化转型促进跨国并购的重要机制。在使用配比、工具变量以及缓解企业策略性披露数字化转型问题后,研究结果仍然成立。最后还发现数字化转型能够提升企业跨国并购的并购绩效和企业长期市场价值。

第三节　研究思路与研究方法

一、研究思路

本书主要从文献梳理、理论分析、实证研究、应用研究四大块对经济政策改革、数字化转型对企业决策影响进行具体分析。第一步对相关文献进行系统收集和科学评述,重点考察了以下文献:经济政策改革影响微观企业决策的机制及约束条件,数字化转型影响微观企业决策的机制及约束条件。通过对上述文献的梳理,为本书分析经济政策改革、数字化转型对企业决策的影响提供理论基础。

第二步结合现有文献和当下我国实际制度背景、发展导向,提出本书的具体研究问题:经济政策改革对企业决策的影响、机制与制约条件,以及数字化转型对企业决策的影响、机制与制约条件等。

第三步针对该问题,具体展开实证研究。通过数据、模型对理论预期进行实证检验。利用配比、双重差分等经济学前沿的因果推断方法来克服内生性问题的干扰，加强研究的严谨性和科学性。这些前沿方法能够有效识别经济政策改革、数字化转型影响微观企业决策的"黑箱"。

最后对研究结果进行归纳、演绎，形成政府对企业的政策支持体系、社会保障机制的建议。

二、研究方法

本书整体研究方法采用经济学、管理学、计算机科学等多学科交叉方法，通过理论分析与大样本实证相结合的研究范式，基于潜在因果模型推断框架，加强了研究的因果效应。具体研究方法如下。

（一）理论分析

本书的根本研究问题是考察经济政策改革、数字化转型如何影响微观企业决策。在现有研究的基础上，构建经济政策改革、数字化转型与企业决策的理论分析框架，进而剖析经济政策改革影响宏观经济增长的关键因素以及数字化转型影响企业行为的内在机制。

（二）有向无环图

基于有向无环图的核心思想分析因果关系，可以将复杂问题以因果路径的方式具象化，避免烦琐的公式。在实证研究中，对于变量的选择是保证模型有效估计的重要因素，遗漏混淆变量或者控制对撞变量都会导致潜在结果估计偏误。有向无环图能够通过分析变量是否为混淆变量（图0-2左）或者对撞变量（图0-2右），达到控制混淆变量，而放开对撞变量。帮助构建大样本实证检验模型中，更好地做到满足后门路径。

混淆路径（左）　　　　　　　　对撞路径（右）

图0-2　有向无环图

（三）配比

配比的基本思想是将与处理组样本"最接近"的控制组样本来填补每一个处理组样本缺失的潜在结果，从而实现协变量的平衡。配比依赖于条件独立性假定：

$$(Y^1, Y^0) \perp D \mid X \tag{0.1}$$

对于每一个 X 值，处理组和控制组的 Y^1 期望值相等，处理组和控制组的 Y^0 期望值相等。因此在条件独立性假定成立范围内，就可以找到一种配比方法将处理组和控制组的可观测的协变量进行平衡，使两个组可观测的协变量没有显著差异，从而更好满足后门准则。

研究中常用的配比是近似配比，特别是倾向性得分配比。倾向性得分配比利用协变量，估计接受处理的条件概率最大似然模型，一般是使用 Logit 模型或者 Probit 模型，得到 0 和 1 之间的预测值。然后用预测值将协变量转化成一个叫作倾向得分的单个标量。处理组和控制组之间的所有比较都是基于这个预测值。倾向得分配比法的主要思想是：基于可观察的协变量，比较接受处理的条件概率相似的两组个体。

（四）双重差分

双重差分通过比较处理组与控制组的结果变量在事件发生前后的均值差异来估计平均处理效应。双重差分能够有效缓解遗漏变量、反向因果等内生性问题，其核心思想可以表示为：

$$
\begin{aligned}
\widehat{ATT}(\text{双重差分}) &= (Treat_{after} - Treat_{before}) - (Control_{after} - Control_{before}) \\
&= (Treat_{after}(1) - Treat_{before}(0)) - (Control_{after}(0) \\
&\quad - Control_{before}(0)) \\
&= (Treat_{after}(1) - Treat_{before}(0)) + [\, Treat_{after}(0) \\
&\quad - Treat_{before}(0) - (Control_{after}(0) - Control_{before}(0))\,]
\end{aligned}
$$

$$(0.2)$$

其中，$Treat$ 表示为处理组，而 $Control$ 表示为控制组。$Treat_{after}(0)$ 表示处理组受到事件影响的平均潜在结果，而 $Treat_{after}(0)$ 表示处理组未受到事件影响的平均潜在结果。类似的，$Control_{after}(0)$ 表示控制组未受到事件影响的平均潜在结果，$Control_{after}(1)$ 表示控制组受到事件影响的平均潜在结果。

（五）文本分析

随着文本分析技术的发展，经验研究中对于数字经济的经验度量逐步从地区或行业层面细化至企业层面，为更好地识别及估计数字化转型的经济后果提供了契机。该方法具体步骤如下：第一，构建企业信息大数据语料库。基于 Python 爬虫技术，选用财务报表数据、重要政策文件以及研究报告作为数据来源，利用正则表达数据挖掘技术，将数据来源提炼为以句为单元的规范化文本数据。第二，构建企业数字化转型术语词典。通过参考一系列数字化相关的文献，归纳整理出有关企业数字化转型的特定核心关键词。同时，使用企业信息大数据语料库，训练深度神经网络模型，生成同义词扩展词，将核心关键词与扩展词添加到企业数字化转型术语词典。第三，基于自然语言处理挖掘文本数据。基于构建的企业数字化转型术语扩展词典，使用自然语言处理中文分词模型对企业的财报文本数据进行句子到分词处理，并剔除标点等无关词。接着，使用词频统计算法来量化提取的"企业数字化转型"分词的加权词频。第四，构建企业数字化转型程度变量。运用每份企业年报中所包含关键词的词频总和，将其对数化处理得到企业数字化转型变量。

第四节　创新之处

一、学术思想创新

（1）阐释经济政策改革与数字经济发展的影响因素，比较与借鉴主要发达国家经济政策改革与数字经济规则的经验。通过系统梳理经济政策改革与数字经济发展的驱动因素与影响机理，对比主要发达国家经济政策改革与数字经济发展的现状，吸收各国优秀的治理经验，构建具有中国特色的经济政策改革与数字经济发展的政策保障体系。

（2）在中国经济政策持续改革的背景下，构建经济政策改革对微观企业决策影响的理论分析框架。经济政策改革为中国经济持续增长注入了强劲动力。理解经济政策改革影响宏观经济增长"黑箱"的重要途径是考察微观经济主体如何应对经济政策改革。深度挖掘经济政策改革对微观企业决策的影响机理，构建经济政策改革对微观企业行为决策影响的理论分析框架，为经济政策制定与优化提供理论依据。

（3）在工业4.0的时代背景下，构建数字化转型对微观企业决策影响的理论分析框架，揭示数字技术发展影响宏观经济增长的微观机理。数字经济的快速发展使得数字化转型成为了企业提高竞争优势的关键策略之一。考察企业数字化转型对税收规避、收入分配以及产品市场表现等的影响，构建企业数字化转型对微观企业决策影响的理论分析框架，从而对企业数字化转型产生的"现象"给出理论解释，为数字经济政策制定、企业运用数字化策略提供学理支撑。

（4）基于地区、行业、企业三个维度的横截面差异，揭示经济政策改革与数字化转型影响企业决策的异质性效应。经济政策改革与数字化转型对企业决策的影响在不同的地区、行业以及企业等特征条件下会产生不同的影响。揭示经济政策改革与数字化转型影响企业决策的异质性效应能够为政策制定与优化提供更加精准的建议。

二、学术观点创新

（1）基于全要素生产率视角，阐释《社会保险法》影响微观经济主体决策的新观点。《社会保险法》颁布对企业决策的影响存在"双刃剑"效应，一方面，《社会保险法》导致社保缴费与劳动力成本增加，引发流动性约束，减少商业信用供给；另一方面，社保缴费的提升会提高员工的努力程度，促进企业转型升级。

（2）有关拖欠民营企业账款问题，尽管在实务界非常重要，但相应的深入研究还很缺乏。《中小企业促进法》的颁布对欠款清偿产生外生冲击，欠款加速收回能够提振中小企业的信心与预期、降低企业面临的交易成本，从而促使企业积极开展专业化分工活动。这说明减少商业信用供给同样是缓解中小企业流动性约束的重要渠道。

（3）国家级高新区对当地微观经济主体创新活动产生外生冲击，客户公司的创新水平通过生产网络中的供应商—客户关系传递并逐渐溢出到其他区域，表明创新溢出效应的新渠道。客户公司的创新水平会通过知识溢出效应和需求扩张效应在生产网络中产生溢出，高新区的设立是促进区域经济发展和产业结构优化的重要途径。

（4）存款保险制度建立改变了长期以来政府信用兜底对银行资金运用收益和筹集成本之间的制衡关系的阻断，有利于促进银行适度竞争。在银行层面，存款保险制度影响了银行贷款组合的调整方向。对于产业支持的行业，高成长企业在存款保险制度建立后员工增长更快，全要素生产率更高。这表明存款保险制度可以通过促进微观实体经济的增长和优化产业结构最终降低金融系统的风险，提高金融系统的稳定性。

（5）卖空管制放松是金融市场一项重要制度改革，有效降低了企业的信息风险和代理风险，从而降低了银行感知的企业违约风险。这会带来企业贷款成本的降低，特别是银企之间信息摩擦较大时，这种效应更加明显。

（6）以数字技术赋能、数据为关键要素的数字经济快速发展给劳动就业、收入分配带来了重大机遇和挑战，数字化转型带来的新任务创建效应与生产率效应是数字化转型促进企业劳动收入份额提升的重要机制，而且降低了高管员工间的薪酬差距。这表明微观经济主体在数字经济时代中能够提高就业、促进共同富裕。

（7）数字经济快速发展影响了国家税收征管方式及效果，通过有效降低企业与资本市场之间的信息不对称程度，能够有效减少企业税收规避行为。企业是数字经济发展的重要驱动力，以及国家税收收入的主要来源主体。数字化转型通过数字化分析技术，使企业产生的盈余信息严格符合其数字化模型的经营结果。企业层面税收规避行为的减少有助于提高行业及当地整体的税收收入。

（8）大数据分析在提升供给体系对国内需求的适配性上具有重大作用。数字赋能使企业通过采集解析数据元素以重塑信息结构来优化决策判断，在更大程度上提升产能利用。市场需求、对手动态等相关信息摩擦的降低是其中重要的作用机制，而且，数字赋能也能显著提升同行其他企业及供应链上其他企业的产能利用，能够带来正外部性。

（9）数字技术的应用在很大程度上改变了企业的产品市场表现。数字技术是继蒸汽机、电气化、信息化之后的新型通用技术，不仅可以提高市场信息的可获得性、增强需求预测的准确性，还可以提高内部信息的可获得性、促进内部信息共享。数字化转型带来企业产品市场份额的大幅提升，而且，这种效应主要来自新客户开发。这在很大程度上能够促进产业数字化转型，催生新产业、新业态、新模式，壮大经济发展新引擎。

三、研究方法创新

（1）将因果推断融入实证研究中，有效地揭开经济政策改革、数字化转型影响企业决策的逻辑。通过因果推断的思维方法，不仅帮助发现政策改革、数字化转型与企业决策之间的逻辑关联，而且能够更深入地考察经济政策改革、数字化转型影响微观企业决策的关键机制，打开经济政策改革、数字化转型影响微观企业决策的"黑箱"。

（2）基于有向无环图的研究思想，提升了实证研究模型的有效性，帮助本书更好地解释经济政策改革、数字化转型对企业决策的影响。有向无环图能够很好地区分混淆变量以及对撞变量，通过控制混淆变量，放开对撞变量，能够帮助模型较好地满足后门准则，避免引起对潜在结果的估计偏误，进而提升了实证模型的准确性。

（3）通过配比、双重差分等因果推断方法能够增强研究过程中的因果识别。将前沿因果推断方法应用在实证研究过程中，能够有效缓解选择偏误、内生性等问题，从而有效加强因果推断。

（4）运用文本分析技术，更加全面地反映企业的数字化转型程度。通过深度学习与文本爬取技术对其进行综合衡量，为全面、准确衡量企业数字化转型以及考察数字化转型的经济后果提供有效支持。

经济政策改革与企业决策篇

第一章 《社会保险法》与企业全要素生产率

第一节 《社会保险法》与企业全要素生产率的问题提出

一、选题背景

经济持续增长得益于全要素生产率的不断提升（Solow，1956；Hall and Jones，1999）。但自从金融危机以来，全球经济一直处于低增长或停滞不前的循环中，全要素生产率增速也逐年下降。例如，据《2019 年全球竞争力报告》统计表明，发展中经济体的全要素生产率在 2011～2016 年仅增长了 1.3%，同比 2000～2007 年的增长速度降低了约 55%。党的十九届五中全会指出，单纯依靠增加要素数量驱动经济增长的"外延型"经济增长方式已经无法满足我国发展的需求，需要以提高全要素生产率为目标，依托科技创新将我国转为"内涵型"增长模式。由此可见，深入分析全要素生产率的驱动因素对于现阶段我国经济高质量发展具有较强的现实意义。

2011 年，我国颁布《中华人民共和国社会保险法》（以下简称《社会保险法》），与 1999 年制定的《社会保险费征缴暂行条例》相比，《社会保险法》将分散在各地方政府关于社会保险缴费的规章制度进行统一，覆盖所有企业，所有公民，细则规定更加详细，处罚措施更加明确，体系结构更加完善，从国家法律层面为社会保险费用征收提供了根本保障①。

---

① 2013 年 7 月，人力资源和社会保障部社会保障研究所等联合课题组问卷调查显示，《社会保险法》颁布后，90% 以上的正规企业职工参加了社会保险，企业守法参保意识得到加强。

二、研究问题提出

本章利用《社会保险法》颁布作为外生冲击，考察其对企业全要素生产率的影响及其作用机制。本章预计《社会保险法》颁布至少能够通过三种作用机制影响企业全要素生产率。第一，员工激励效应。《社会保险法》颁布提高了企业的社会保险缴费水平，从而提高了企业的用工成本。根据效率工资理论，较高的工资与福利是激励员工努力工作的重要原因（Yellen，1984），工作积极性较强的员工往往具有更高的劳动生产率（Mas and Moretti，2009），企业全要素生产率也相应表现出较高的水平（Cole and Neumayer，2006）。第二，人力资本吸引效应。《社会保险法》颁布提高了企业的社保投入，使得企业在劳动力市场更具竞争力，能够吸引更多的研发人员进入企业（Stark and Bloom，1985；程欣和邓大松，2020），从而促使全要素生产率提高（Islam，1995）。第三，要素替代效应。《社会保险法》颁布使得企业用工成本提高，导致劳动力相对于资本的价格上升，企业有动机以资本替代劳动力（唐珏和封进，2019），提高研发投入，促进企业技术水平提升（Broadberry and Gupta，2006），全要素生产率随创新水平的提升而增加（Huber，2018）。

本章研究中所面临的主要困难在于：首先，企业社保缴费与全要素生产率很可能被某些不可观测的因素所同时决定。例如，经济发展水平较高地区企业的社保缴费较高（Prebisch，1959），而这些地区企业的全要素生产率往往也表现出较高的水平（Hsieh and Klenow，2009）。其次，由于难以克服反向因果问题而无法识别两者之间的因果效应，比如企业全要素生产率可能会反过来影响社保缴费水平。为了克服这些挑战，本章利用《社会保险法》颁布对企业社保缴费所产生的外生冲击构建准自然实验，使用双重差分方法考查社保缴费与企业全要素生产率的因果效应。《社会保险法》颁布的目的是保障和改善民生，其颁布与否并不会受到企业层面某些因素的影响，这使得本章所选取的准自然实验情境满足外生性的条件。

接下来，为了考察《社会保险法》颁布对企业全要素生产率影响的作用条件，本章从行业特征、融资约束以及市场竞争三个方面执行了横截面差异检验。第一，《社会保险法》颁布对企业全要素生产率的影响可能会随着行业特征的不同而有所差异。这是由于劳动保护相关法律往往会对劳动密集型企业产生更大的影响（Cui et al.，2018）。第二，已有研究表明融资约束是制约企业全要素生产率提高的主要因素（Midrigan and Xu，2014）。这意味着《社会保险法》颁布即使能够通过"要素替代效应"促进企业转型升级，但融资约束程度较高的企业囿于资金匮乏也无法投资更多的机器设备或研发资金，可能无法产生"要素替代效应"的效果。第三，本章还考察了市场竞争程度不同时，《社会保险法》颁布影响企业全要素生产率的差异。当市场竞争程度较为激烈时，企业更有动机通过技术创新维持其市场地位（张莉等，2019），激烈的竞争环境会进一步强化《社会保险法》颁布对企业全要素生产率的提高作用。

三、研究贡献

本章主要的边际贡献在于：第一，本章贡献与企业全要素生产率影响因素的有关研究。已有研究集中于考察企业融资（Midrigan and Xu，2014；Krishnan et al.，2015）、公司治理（Bloom et al.，2019）以及企业创新（戴小勇和成力为，2013；Huber，2018）等对企业全要素生产率的影响。新近的一些研究表明，职工福利（Darrough et al.，2019）、交通基础设施（刘冲等，2020）、金融科技（宋敏等，2021）等对企业全要素生产率有影响。本章的研究结果表明，《社会保险法》颁布会通过"员工激励效应""人力资本吸引效应"以及"要素替代效应"提高企业全要素生产率。

第二，本章贡献于劳动保护相关法律政策对微观经济主体决策影响的相关研究。已有文献较多考察了养老金固定收益计划（Rauh，2006）、反不正当解雇法（Acharya et al.，2014）、劳动保护法（Simintzi et al.，2015；倪骁然和朱玉杰，2016）等对企业经济行为的影响。最近的一些研究开始关注《社会保险法》颁布所产生的微观经济效应（Liu et al.，2021；刘贯春等，2021），但这些研究尚未考察《社会保险法》颁布对企业全要素生产率的影响。本章将《社会保险法》所产生的微观经济效应拓展至全要素生产率的视角，为《社会保险法》所产生的微观经济效应提供了补充的经验证据。

第二节　《社会保险法》制度背景、理论分析与研究假说

一、制度背景

1995 年，我国颁布《中华人民共和国劳动法》（以下简称《劳动法》），规定用人单位和劳动者必须依法参加社会保险，缴纳社会保险费，用人单

位无故不缴纳社会保险费的，由劳动行政部门责令其限期缴纳；逾期不缴的，可以加收滞纳金。1999 年，国务院颁布《社会保险费征缴暂行条例》，该条例首次明确用人单位违反社会保险缴费规定的处罚措施，但由于相关政策仍然分散在一些地方规章当中，导致《劳动法》与《社会保险费征缴暂行条例》的作用十分有限。例如，Nyland 等（2006）指出，2001 年上海 71% 的雇主支付的社会保险缴款低于法定数额。2008 年，我国颁布《中华人民共和国劳动合同法》（以下简称《劳动合同法》），明确规定由县级以上人民政府劳动行政部门依法对用人单位参加各项社会保险和缴纳社会保险费情况进行监督检查，但该项法律却没有明确规定用人单位违反社会保险缴费规定的具体处罚措施。

2011 年，我国颁布《社会保险法》，该法律将分散在各地方政府关于社会保险缴费的规章制度进行统一，覆盖所有企业，所有公民，规定更加详细，体系更加完善。相比于《劳动法》、《社会保险费征缴暂行条例》以及《中华人民共和国劳动合同法》（以下简称《劳动合同法》），《社会保险法》在围绕社会保险监督与法律责任方面表现出三大特征：第一，形成了以县级以上人民政府、财政部门、审计机关以及社会保险经办机构为代表的"联合监督"体系。第二，强化了社会保险缴费逾期的征收力度。例如，用人单位超期没有按规定缴足社保费的，社会保险费征收机构可以经过申请，直接从银行划拨社保缴费。第三，明确了用人单位、征收机构与个人的法律责任。《社会保险法》的颁布有效促进了社保缴费水平的上升（Liu et al.，2021），为检验社保缴费增加如何影响微观经济主体决策提供了较为理想的准自然实验情境。

二、文献综述

（一）企业全要素生产率的影响因素

作为企业与经济转型升级的重要驱动力，全要素生产率备受学术界与实务界关注。在 Hall 和 Jones（1999）开创性的研究之后，大量的文献尝试从不同角度解释全要素生产率的影响因素。聚焦于劳动力方面，Cole 和 Neumayer（2006）基于 52 个发展中国家的数据研究表明，由营养不良所引致的劳动生产率降低是发展中国家全要素生产率处于较低水平的主要原因。Abowd 等（1999）使用 100 多万法国工人与 50 多万芬兰员工的截面样本，研究发现高工资强化了激励效应，提高了员工的生产积极性，企业生产率也相应表现出较高的水平。Mayneris 等（2014）以 2004 年中国最低工资标准改革作为准自然实验研究了对企业经济决策的影响，结果表明最低工资标准的改革促使全要素生产率提升，这表明企业会提高生产率以应对工资上涨的负面冲击。Riley 和 Bondibene（2017）则基于英国最低工资标准制度的情境，发现了类似的结论。

聚焦于人力资本方面。Schultz（1962）开创性地考察了人力资本对经济增长的促进作用，研究发现人力资本投资是解释在相同要素投入却导致不同产出的重要因素。在此基础上，Islam（1995）利用经验数据验证了人力资本在促进全要素生产率增长中的重要作用。郑宝红和张兆国（2018）研究发现企业所得税率的降低提高了人力资本投入，从而促使全要素生产率提升。李波和蒋殿春（2019）使用 2004～2013 年中国工企数据，研究发现《劳动保护法》中的竞业禁止条款促使企业人力资本投资水平提升，最终导致了全要素生产率的提高。

创新与生产率的关系同样是研究的热点。Minasian（1962）在开创性的文章中指出企业生产率的增长与其研发支出正相关。Duguet（2006）基于法国制造业企业 1985～1991 年数据，凸显了创新策略的异质性效应。戴小勇和成力为（2013）考察了研发支出影响全要素生产率的门槛效应。程惠芳和陆嘉俊（2014）考察了由技术创新投入所产生的知识资本溢出效应对全要素生产率的影响。Huber（2018）估计了德国一家大型银行削减外源性贷款对企业全要素生产率的影响，研究发现企业贷款可获得性降低导致了较低的全要素生产率，融资约束加剧主要通过削减企业创新投入进而使得全要素生产率降低。以上研究表明劳动力成本上升以及创新能力提高有助于提高企业全要素生产率。除此之外，公司治理（Bloom et al.，2019）、交通基础设施（刘冲等，2020）等也是影响企业全要素生产率的重要因素。

（二）劳动保护相关法律政策的经济效应

为了保障劳动者的合法权益，各国相继出台了一系列劳动保护的相关法律政策，如《养老金固定收益计划》、《中华人民共和国反不正当解雇法》（以下简称《反不正当解雇法》）、《最低工资标准》、《劳动法》以及《社会保险法》等，这些相关法律政策的出台引发了学术界的广泛讨论。Acharya 等（2014）利用美国各州交错采用《反不正当解雇法》构建理论模型，研究发现《反不正当解雇法》强化了员工的创新努力程度，并促使企业扩大研发投入规模，从而提高了企业的创新能力。Geng 等（2021）基于 1998～2013 年中国工业企业数据考察了最低工资标准上涨对企业资本投资的影响，研究表明最低工资标准带来的用工成本上升，促使企业使用资本替代劳动，导致企业资本投资水平显著提升。Bena 等（2021）研究发现《反不正当解雇法》带来的解雇成本增加，促使企业创新其生产方式，进而导致劳动生产率提高。

聚焦于国内研究，相关的一些文献也探讨了我国劳动保护法律政策的经济效应。以《劳动合同法》颁布为准自然实验，刘媛媛和刘斌（2014）研究发现劳动保护程度越高，企业劳动力成本粘性越强，提高了资本替代人工的可能性。倪骁然和朱玉杰（2016）将研究视角拓展至企业创新。李波和蒋殿春（2019）进一步考察了《劳动法》对制造业生产率的影响。最近一些研究开始关注《社会保险法》的经济效应（刘贯春等，2021）。例如，刘贯春等（2021）基于2007~2016非金融上市公司样本探讨了《社会保险法》对劳动力雇佣的影响，研究发现社保法一方面导致企业减少劳动力雇佣，另一方面反而促使了企业转型升级。

总体而言，已有关于全要素生产率影响因素的研究大多集中于企业层面的融资决策、治理水平、研发创新等对全要素生产率的影响，忽略了社会保险缴费作为驱动企业全要素生产率增长的关键因素。此外，虽然一些研究开始关注《社会保险法》颁布所产生的经济效应，但学术界对于《社会保险法》颁布如何影响企业全要素生产率尚不明晰，《社会保险法》颁布对企业全要素生产率的具体作用机制与条件等仍然有待考究。因此，本章利用《社会保险法》颁布所形成的准自然实验，考察其对企业全要素生产率的影响，有助于对已有研究形成有益补充。

三、研究假说

《社会保险法》颁布对社保缴费所产生的外生冲击至少能够通过"员工激励效应"、"人力资本吸引效应"以及"要素替代效应"三种作用机制提高企业全要素生产率。基于"员工激励效应"视角，《社会保险法》颁布提高了企业的社保缴费水平，导致用工成本上升，从而强化员工生产积极性，促进全要素生产率的提高（Abowd et al. , 1999；Mas and Moretti，2009）。效率工资理论认为较高的工资水平会带来更高的工人生产率（Yellen，1984）。Cahuc 和 Dormont（1997）基于理论模型推导考察了法国1986年的一项员工利润分享计划对企业生产率的影响，研究发现利润分享计划增强了员工的生产积极性，从而使得企业全要素生产率提高。Flaig 和 Stadler（1994）基于1979~1986年西德制造业301家公司的面板数据考察了民营企业创新的影响因素，研究发现用工成本的上升能够显著提升企业的创新水平。Riley 和 Bondibene（2017）以1999年英国最低工资标准为准自然实验考察了用工成本上升对企业全要素生产率的影响，研究发现劳动力成本上涨一方面提高了员工工作的努力程度，另一方面降低了员工的离职率，两者共同作用导致了全要素生产率的提高。

基于"人力资本吸引效应"视角，《社会保险法》颁布提高了企业的社保投入，包括养老保险、医疗保险、生育保险、工伤保险以及失业保险，这使得企业在劳动力市场更具竞争力，能够吸引更多的研发人员进入企业（Stark and Bloom，1985），从而促使全要素生产率提高（Islam，1995）。程欣和邓大松（2020）研究指出，与工资相比，社保缴费对高技能劳动力的吸引力更大。已有劳动经济学文献研究表明，像研发人员这样的高技能员工往往具有更高的流动性（Autor and Dorn，2013），他们对保障性报酬（如基本工资、社会保险等）的要求更高（许伟等，2015），《社会保险法》颁布带来的社保投入增加能够吸引更多的研发人员加入企业，提高企业的人力资本，促使全要素生产率的提升。

基于"要素替代效应"视角，《社会保险法》颁布带来的社保缴费上升，提高了劳动力的相对价格，促使企业使用更多的机器设备替代劳动力（Mayneris et al.，2014），促进技术水平的提升，从而导致全要素生产率的提高（戴小勇和成力为，2013）。倪骁然和朱玉杰（2016）使用双重差分方法考察了《劳动法》颁布对企业创新的影响，研究发现在外生的经营风险冲击下，"优胜劣汰"的机制促使企业实现转型升级，提高创新水平。肖文和薛天航（2019）利用理论模型推导研究了劳动力成本对企业全要素生产率的影响，结果表明劳动力成本上升强化了企业使用资本替代劳动力的动机，加大了研发投入强度，导致全要素生产率提高。唐珏和封进（2019）基于1998～2005年工业企业数据库考察了社会保险缴费比例增加对企业资本劳动比的影响，研究发现社会保险缴费比例的增加提高了劳动力的相对价格，企业在"倒逼机制"下倾向于使用资本替代劳动力。上述研究都试图阐明：《社会保险法》颁布带来的社保缴费提高，能够通过"员工激励效应"、"人力资本吸引效应"以及"要素替代效应"促使企业全要素生产率的提高。本章预期《社会保险法》颁布会提高企业全要素生产率。

第三节 《社会保险法》与企业全要素生产率的研究设计

本章选取2007～2018年中国资本市场上市公司为样本，考察《社会保险法》颁布后企业全要素生产率的变化。对初始样本执行如下筛选程序：（1）剔除金融业；（2）剔除缺失值。为了避免极端值的不利影响，对连续变量执行上下1%的缩尾处理。对回归系数的标准误在企业层面进行聚类处理，以控制可能存在的异方差与序列相关问题。数据来源为国泰安 CSMAR 与同花顺（iFinD）。

一、全要素生产率

依据已有研究（Levinsohn and Petrin，2003；Chen and Matousek，2020），本章利用 LP 法计算的 *TFP* 作为衡量企业全要素生产率的替代变量。本章也使用基于 OP 法（Olley and Pakes，1996）计算的全要素生产率 *TFP_OP* 进行稳健性检验，其结果基本保持一致。

二、模型设定与变量定义

本章使用双重差分方法检验《社会保险法》颁布对企业全要素生产率的平均处理效应。为了控制处理组与控制组企业固有差异对研究结论的干扰，本章在回归模型中加入了公司固定效应（*Firm FE*）。为了排除《社会保险法》颁布前后一些不可观测因素在年度之间的差异对因果推断的不利影响，本章还在回归模型中加入了年度固定效应（*Year FE*）。双重差分方法的研究优势是可以将《社会保险法》颁布对企业全要素生产率产生的影响从可能影响全要素生产率的其他因素中分离出来，估计《社会保险法》颁布与企业全要素生产率之间的因果效应。本章的基本回归模型设定如下：

$$
\begin{aligned}
TFP\_LP_{i,t} = {} & \alpha_0 + \alpha_1 Treat \times Post_{i,t} + \alpha_2 Size_{i,t} + \alpha_3 ROA_{i,t} + \alpha_4 Lev_{i,t} \\
& + \alpha_5 Growth_{i,t} + \alpha_6 Top10_{i,t} + \alpha_7 Age_{i,t} + \alpha_8 Cashflow_{i,t} \\
& + \alpha_9 SOE_{i,t} + \alpha_{10} GDP_{p,t} + \alpha_{11} Pop_{p,t} + \alpha_{12} Road_{p,t} \\
& + Firm\ FE + Year\ FE + \varepsilon_{i,t}
\end{aligned}
\tag{1.1}
$$

其中，因变量 *TFP_LP* 为企业的全要素生产率，本章利用 LP 法计算的 *TFP* 作为衡量企业全要素生产率的替代变量。*Treat* 为划分处理组与控制组的虚拟变量，借鉴 Liu 等（2021）和 Aretz 等（2020），本章将《社会保险法》颁布前一年（2010 年）企业社会保险缴费比例的下三分位数样本定义为处理组（*Treat* = 1），其余为控制组（*Treat* = 0），借鉴赵健宇和陆正飞（2018），社会保险缴费比例（*SSCR*）= 应付职工薪酬 – 社会保险缴费总额贷方发生额/应付职工薪酬总额贷方发生额；*Post* 为《社会保险法》颁布虚拟变量，《社会保险法》颁布当年及以后年份（2011 ~ 2018 年）定义为 1，《社会保险法》颁布以前年份（2007 ~ 2010 年）定义为 0。在回归中加入企业固定效应以控制不随时变的企业层面的因素对结论的干扰，加入年度固定效应以控制不同年份的宏观事件的不利干扰。

基于已有全要素生产率的研究（Darrough 等，2019；王桂军和卢潇潇，2019；张莉等，2019），本章在回归模型中加入了如下控制变量：企业总资产（Size）、盈利能力（ROA）、资产负债率（Lev）、企业增长率（Growth）、股权制衡度（Top10）、企业年龄（Age）、企业现金流净额（Cashflow）、地区经济发展水平（GDP）、地区人口规模（Pop）以及地区基础设施建设（Road）。具体变量定义如表 1-1 所示。

表 1-1　　　　　　　　　　　　变量定义

变量名称	变量定义与说明
TFP_LP	企业全要素生产率，使用半参数 LP 法计算得到
Treat	虚拟变量，《社会保险法》颁布前一年（2010 年）企业社会保险缴费比例的下三分位数样本定义为处理组（Treat = 1），其余为控制组（Treat = 0）
Post	《社会保险法》颁布虚拟变量，颁布当年及以后年份（2011～2018 年）定义为 1，颁布以前年份（2007～2010 年）定义为 0
Size	表示企业规模，定义为员工人数的自然对数
ROA	企业资产收益率 = 净利润/总资产
Lev	企业资产负债率 = 总负债/总资产
Growth	表示企业的成长能力，定义为总资产的增长率
Top10	表示企业股权集中度，定义为前十大股东持股比例之和
Age	表示企业年龄，定义为企业成立年限的自然对数
Cashflow	表示企业现金流，定义为经营活动的现金流量净额与总资产的比值
SOE	表示企业的产权性质，虚拟变量，国有企业为 1，否则为 0
GDP	表示省份生产总值，定义为省份生产总值（百万元）的自然对数
Pop	表示省份人口规模，定义为省份总人口（百万人）的自然对数
Road	表示省份基础设施建设，定义为省份道路面积的自然对数

第四节　《社会保险法》与企业全要素
生产率的实证结果与分析

一、描述性统计

表 1-2 报告了描述性统计的结果。企业全要素生产率 TFP_LP 的均

值为15.0440，该结果与 Chen 和 Matousek（2020）同样基于中国企业数据使用 LP 法计算 *TFP* 的均值14.19较为接近。企业总资产 *Size* 的中值为7.5832，盈利能力 *ROA* 中值为0.0412，杠杆水平 *Lev* 的中值为0.4195，企业增长率 *Growth* 的中值为0.1154，企业股权集中度 *Top*10 的中值为0.6046，企业年龄 *Age* 的中值为2.8332，企业现金流 *Cashflow* 的中值0.0764，产权性质 *SOE* 的均值为0.4104，表明有超过40%的样本为国有企业。

表1-2　　　　　　　　　　　描述性统计

变量	N	Min	Mean	SD	P25	P50	P75	Max
TFP_LP	23295	12.6421	15.0440	1.0285	14.3244	14.9392	15.6535	17.9050
Treat	23295	0.0000	0.2360	0.4246	0.0000	0.0000	0.0000	1.0000
Post	23295	0.0000	0.7839	0.4116	1.0000	1.0000	1.0000	1.0000
Size	23295	4.2341	7.6411	1.2367	6.8046	7.5832	8.4191	10.9376
ROA	23295	-0.2072	0.0467	0.0488	0.0180	0.0412	0.0706	0.2059
Lev	23295	0.0486	0.4274	0.2105	0.2581	0.4195	0.5857	0.9510
Growth	23295	-0.3054	0.2350	0.4176	0.0269	0.1154	0.2720	2.5397
*Top*10	23295	0.2314	0.5926	0.1519	0.4842	0.6046	0.7131	0.9025
Age	23295	0.6931	2.7968	0.3426	2.5649	2.8332	3.0445	4.1589
Cashflow	23295	-0.7570	0.0883	0.1779	0.0113	0.0764	0.1624	0.7213
SOE	23295	0.0000	0.4104	0.4919	0.0000	0.0000	1.0000	1.0000
GDP	23295	7.6601	10.2409	0.7831	9.7836	10.2895	10.8545	11.4853
Pop	23295	6.4726	8.5289	0.6412	7.9963	8.6480	9.0124	9.3366
Road	23295	9.3649	11.6031	0.9467	11.5578	11.9521	12.2655	12.6889

二、预备性分析

本章以《社会保险法》颁布作为准自然实验考察其对企业全要素生产率的影响，基本逻辑是《社会保险法》颁布外生地增加了企业社保缴费，从而影响企业全要素生产率。《社会保险法》颁布之前，部分企业的社会保险缴费比例低于法定比例，例如 Nyland 等（2006）指出，2001年，上海71%的雇主支付的社会保险缴款低于法定数额。产生这一现象背后的原因是我国关于企业社会保险缴费的相关法律法规存在监管疏漏，一方面社会保险缴费的规定分散在各地方，另一方面是现存法律法规对企业违反社会保险缴费规定的处罚不明确（Liu 等，2021）。

2011 年《社会保险法》的颁布提高了企业社保缴费的违法成本，提高了社会保险征收机构的征收效率，对于那些缴费比例较低的企业而言起到了有力的监督作用。理论上，《社会保险法》的颁布会外生地提高那些社会保险缴费比例较低企业的社保缴费水平，但有必要通过实证检验证明外生冲击的存在。为了检验外生冲击的有效性，本章将模型（1.1）中的因变量替换为企业社会保险缴费水平 SSCR，并直接检验《社会保险法》颁布对处理组企业社保缴费水平的影响。

表 1–3 报告了预备性分析的回归结果。第（1）列中加入了公司与年度固定效应，$Treat \times Post$ 的回归系数为 0.0399，在 1% 的水平上显著为正。第（2）列在第（1）列的基础上加入了省份固定效应（Province FE）以及行业×年度固定效应（Industry × Year FE），$Treat \times Post$ 的回归系数为 0.0377，仍然在 1% 的水平上显著为正，表明《社会保险法》的颁布显著提升了处理组企业的社会保险缴费水平，基于第（2）列更为严格的控制，《社会保险法》颁布后，处理组企业的社保缴费水平提高约 3.77%，检验结果为外生冲击的有效性提供了相应的经验证据。

表 1–3   《社会保险法》颁布与企业社会保险缴费水平

变量	SSCR	
	（1）	（2）
$Treat \times Post$	0.0399 *** (28.77)	0.0377 *** (25.97)
Size	0.0038 *** (5.09)	0.0026 *** (3.72)
ROA	− 0.0260 *** (− 3.41)	− 0.0252 *** (− 3.57)
Lev	0.0052 * (1.69)	0.0026 (0.88)
Growth	− 0.0015 *** (− 2.96)	− 0.0018 *** (− 3.42)
Top10	− 0.0349 *** (− 7.87)	− 0.0279 *** (− 6.56)
Age	− 0.0046 (− 0.95)	− 0.0015 (− 0.29)

变量	SSCR	
	(1)	(2)
Cashflow	0.0003 (0.17)	0.0008 (0.50)
SOE	0.0094 *** (2.81)	0.0098 *** (3.38)
GPD	0.0011 (0.29)	0.0094 * (1.90)
Pop	0.0075 (1.16)	0.0380 *** (3.25)
Road	−0.0072 * (−1.70)	0.0165 ** (1.99)
Constant	0.0817 (1.62)	−0.5393 *** (−3.24)
Firm FE	YES	YES
Year FE	YES	—
Province FE	—	YES
Industry × Year FE	—	YES
Observations	23295	23295
R − squared	0.843	0.861

注：括号内为 t 值，所有回归都使用异方差调整和企业聚类（Cluster）调整得到稳健性标准误。*、**、*** 分别表示在10%、5%、1%的显著性水平下显著（双尾检验），后同。

三、《社会保险法》颁布与企业全要素生产率

表1-4报告了基准回归的结果。第（1）列报告了模型（1.1）的回归结果，*Treat × Post* 的回归系数为 0.0748，在 1% 的水平上显著为正。为了控制各地区经济发展水平差异对研究结论的干扰，本章在第（2）列中进一步控制了省份固定效应（*Province FE*），*Treat × Post* 的回归系数为 0.0770，在 1% 的水平上显著为正。进一步加入行业×年度固定效应，以控制行业层面随时间变化的不可观测的因素的不利干扰，第（3）列报告了相应的回归结果，*Treat × Post* 的回归系数为 0.0648，仍然在 1% 的水平上显著为正，表明《社会保险法》颁布后，处理组企业的全要素生产率显著提高。基于第（3）列更为严格的控制，《社会保险法》颁布后，企业

全要素生产率提高约6.48%。各控制变量回归系数的符号与显著性与以往研究基本一致，规模较大、盈利能力较强、资产负债率较高以及成长能力较强的企业全要素生产率更高（Darrough et al.，2019）；企业年龄、股权集中度与全要素生产率显著正相关（王桂军和卢潇潇，2019）。

表1-4　　　　　　　《社会保险法》颁布与企业全要素生产率

变量	TFP_LP		
	(1)	(2)	(3)
Treat × Post	0.0748 ***	0.0770 ***	0.0648 ***
	(3.14)	(3.28)	(2.73)
Size	0.2432 ***	0.2416 ***	0.2277 ***
	(12.90)	(12.84)	(12.54)
ROA	3.0526 ***	3.0446 ***	2.8894 ***
	(20.34)	(20.78)	(20.58)
Lev	0.7607 ***	0.7607 ***	0.7207 ***
	(11.05)	(11.24)	(11.77)
Growth	0.0362 ***	0.0350 ***	0.0356 ***
	(4.08)	(3.95)	(4.14)
Top10	0.5572 ***	0.5637 ***	0.6037 ***
	(6.56)	(6.63)	(7.80)
Age	0.1830 **	0.1953 **	0.1256
	(2.27)	(2.41)	(1.54)
Cashflow	− 0.0881 **	− 0.0883 **	− 0.0709 **
	(− 2.50)	(− 2.54)	(− 2.14)
SOE	0.0063	0.0034	− 0.0221
	(0.11)	(0.06)	(− 0.44)
GDP	0.0948	0.1529 *	0.0837
	(1.40)	(1.86)	(1.08)
Pop	− 0.4299 ***	− 0.1458	− 0.3268 *
	(− 3.86)	(− 0.75)	(− 1.71)
Road	0.1634 **	0.3191 **	0.3290 ***
	(2.04)	(2.43)	(2.58)
Constant	12.6593 ***	7.8105 ***	10.2602 ***
	(11.41)	(2.69)	(3.69)

变量	TFP_LP		
	(1)	(2)	(3)
Firm FE	YES	YES	YES
Year FE	YES	YES	—
Province FE	—	YES	YES
Industry × Year FE	—	—	YES
Observations	23295	23295	23295
R – squared	0.900	0.901	0.914

四、机制检验

前面的分析为《社会保险法》颁布提高企业全要素生产率提供了经验证据，但目前对于《社会保险法》颁布能否通过员工激励效应、人力资本吸引效应以及要素替代效应从而提高全要素生产率却缺乏相应的证据支持。借鉴 Di Giuli 和 Laux（2022），本章通过采用工具变量两阶段法得到《社会保险法》颁布对企业全要素生产率传导机制的估计结果。第一阶段通过构建以下模型检验 $Treat \times Post$ 对中介变量 M 的影响效应：

$$M_{i,t} = \beta_0 + \beta_1 Treat \times Post_{i,t} + Controls + Firm\ FE + Year\ FE + \delta_{i,t}$$

$$(1.2)$$

其中，M 包括变量劳动生产率（LP）、人力资本（HC）、劳动力雇佣增长率（LG）、固定资产投资规模（Inv）、资本劳动比（KL）以及创新能力（$Innova$），$Controls$ 表示模型（1.1）中包括的企业层面与省份层面的所有控制变量，对于 M 所包括变量的定义、说明以及参考依据如表 1 – 5 所示。β_1 捕获了《社会保险法》颁布对 M 的影响效应。根据模型（1.2）的回归结果，可以得到 M 的拟合值为：

$$\hat{M}_{i,t} = \hat{\beta}_0 + \hat{\beta}_1 Treat \times Post_{i,t}$$

$$(1.3)$$

其中，$\hat{\beta}_0$ 和 $\hat{\beta}_1$ 为模型（1.2）的估计值，$\hat{M}_{i,t}$ 为 $Treat \times Post$ 对 $M_{i,t}$ 影响的估计值，将 $\hat{M}_{i,t}$ 替换模型（1.1）中的 $Treat \times Post$，可以得到第二阶段的估计模型：

$$TFP\_LP_{i,t} = \gamma_0 + \gamma_1 \hat{M}_{i,t} + Controls + Firm\ FE + Year\ FE + \xi_{i,t} \quad (1.4)$$

其中，系数 γ_1 反映了《社会保险法》颁布带来的 LP、HC、LG、Inv、KL 以及 $Innova$ 变动进而对企业全要素生产率的影响效应。

表 1-5   中介变量定义与说明

影响机制	名称	变量定义与说明	文献依据
员工激励效应	*LP*	表示企业劳动生产率，*LP* = ln（产出增加值/员工人数），产出增加值 = 工资 + 折旧 + 营业税 + 利润	王桂军和卢潇潇（2019）；程欣和邓大松（2020）
人力资本吸引效应	*HC*	表示人力资本，定义为研发人员加 1 的自然对数	王春杨等（2020）
要素替代效应	*LG*	表示劳动力雇佣增长率，*LG* = （当年员工人数 – 上年员工人数）/上年员工人数	刘贯春等（2021）
	Inv	表示固定资产投资规模，定义为构建固定资产、无形资产以及其他长期资产支付的现金的自然对数	Geng 等（2021）
	KL	表示资本劳动比，定义为人均固定资产净额的自然对数	Hasan 等（2013）
	Innova	表示企业创新能力，定义为研发投入金额与固定资产净额的比值	王桂军和卢潇潇（2019）

表 1-6 报告了第一阶段的回归结果。第（1）列报告了"员工激励效应"的回归结果，*Treat × Post* 的回归系数为 0.1075，在 1% 的水平上显著为正，表明《社会保险法》颁布后，处理组企业的劳动生产率有明显上升，员工生产积极性得到显著提高。第（2）列报告了"人力资本吸引效应"的回归结果，*Treat × Post* 的回归系数为 0.1335，在 5% 的水平上显著为正，表明《社会保险法》颁布吸引了更多的研发人员进入企业。第（3）列至第（6）列报告了"要素替代效应"的回归结果。第（3）列报告了《社会保险法》颁布对 *LG* 影响的回归结果，*Treat × Post* 的回归系数为 0.0764，在 1% 的水平上显著为负，表明《社会保险法》颁布显著降低了企业劳动力雇佣增长率。第（4）列报告了《社会保险法》颁布对 *Inv* 影响的回归结果，*Treat × Post* 的回归系数为 0.1196，在 5% 的水平上显著为正，表明《社会保险法》颁布后，处理组企业的固定资产投资规模显著提高。第（5）列报告了《社会保险法》颁布对 *KL* 影响的回归结果，*Treat × Post* 的回归系数为 0.0775，在 10% 的水平上显著为正，表明《社会保险法》颁布显著提高了企业的资本劳动比。第（6）列报告了《社会保险法》颁布对 *Innova* 影响的回归结果，*Treat × Post* 的回归系数为 0.0717，在 5% 的水平上显著为正，表明《社会保险法》颁布显著提高了

企业的创新能力。这意味着《社会保险法》颁布所发挥的"要素替代效应"导致企业使用更多的资本替代劳动力,提高了资本密集度与研发投入,从而促进了技术水平的提升。

综合表1-6中第(2)列至第(6)列的回归结果来看,《社会保险法》颁布后,处理组企业虽然整体上减少了新增劳动力的雇佣规模,但对于研发人员的需求却有所增加,这表明企业在应对《社会保险法》的冲击下使用了更多资本替代非研发人员,为提高创新能力储备了更多的机器设备与高质量的人力资源。

表1-6　　　　　　　　　　　　机制检验:第一阶段

变量	LP	HC	LG	Inv	KL	Innova
	(1)	(2)	(3)	(4)	(5)	(6)
$Treat \times Post$	0.1075 ***	0.1335 **	− 0.0764 ***	0.1196 **	0.0775 *	0.0717 **
	(3.50)	(2.19)	(− 3.31)	(2.22)	(1.96)	(1.97)
Size	− 0.4909 ***	0.3274 ***	0.2760 ***	0.7038 ***	− 0.4182 ***	0.0043
	(− 21.14)	(8.61)	(24.56)	(21.22)	(− 15.11)	(0.23)
ROA	7.0177 ***	0.7689 **	0.6118 ***	1.7324 ***	− 1.1905 ***	0.7160 *
	(33.37)	(2.40)	(5.92)	(6.31)	(− 5.37)	(1.71)
Lev	1.1392 ***	0.4597 ***	0.0185	0.4046 ***	0.6377 ***	− 0.1943 *
	(17.09)	(3.04)	(0.45)	(3.34)	(6.94)	(− 1.92)
Growth	0.0629 ***	0.0277	0.3614 ***	0.0835 ***	− 0.1458 ***	0.0465 **
	(5.49)	(1.21)	(16.67)	(3.98)	(− 10.55)	(2.10)
Top10	0.2306 **	− 1.6400 ***	0.4003 ***	1.4402 ***	0.2442 *	0.1539
	(2.47)	(− 7.26)	(6.96)	(9.39)	(1.85)	(1.25)
Age	0.7454 ***	1.4796 ***	0.0305	− 0.1567	0.7303 ***	− 0.0499
	(7.00)	(4.32)	(0.49)	(− 1.00)	(6.20)	(− 0.43)
Cashflow	0.2294 ***	− 0.1511 *	0.0304	0.0820	0.2738 ***	0.0403
	(4.81)	(− 1.72)	(1.10)	(1.25)	(4.89)	(0.85)
SOE	0.1038 *	0.2480 *	− 0.1256 ***	− 0.0768	0.1731 *	0.0153
	(1.79)	(1.90)	(− 4.30)	(− 0.66)	(1.95)	(0.44)
GDP	0.1115	0.3535 *	− 0.0140	0.1219	0.0270	− 0.0164
	(1.39)	(1.66)	(− 0.23)	(0.80)	(0.24)	(− 0.26)
Pop	− 0.5499 ***	0.1639	− 0.0547	− 0.6309 **	− 0.7403 ***	0.1927 **
	(− 3.80)	(0.52)	(− 0.53)	(− 2.34)	(− 3.64)	(2.25)

变量	LP	HC	LG	Inv	KL	Innova
	(1)	(2)	(3)	(4)	(5)	(6)
Road	0. 1904 **	− 0. 0831	0. 0897	0. 3051 *	0. 3841 ***	− 0. 0697
	(2. 28)	(− 0. 37)	(1. 61)	(1. 83)	(2. 84)	(− 1. 31)
Constant	13. 6529 ***	− 8. 7700 ***	− 2. 6658 ***	12. 7858 ***	14. 7239 ***	− 0. 5523
	(13. 77)	(− 3. 28)	(− 2. 91)	(5. 89)	(9. 07)	(− 0. 80)
Firm FE	YES	YES	YES	YES	YES	YES
Year FE	YES	YES	YES	YES	YES	YES
Observations	23295	23063	21548	23278	23295	23295
R – squared	0. 387	0. 751	0. 168	0. 215	0. 211	0. 013

表 1 – 7 报告了机制检验的第二阶段的结果。第（1）列中，$\widehat{LP}$ 的回归系数为 0.6958，在 1% 的水平下显著，表明劳动生产率的增加能够显著提高企业全要素生产率。结合表 1 – 6 第（1）列的回归结果，可以发现《社会保险法》颁布能够通过增加劳动生产率，从而提高企业全要素生产率。第（2）列中，$\widehat{HC}$ 的回归系数为 0.5290，在 10% 的水平上显著为正，表明人力资本的提升能够显著促进全要素生产率提高。结合表 1 – 6 第（2）列的回归结果，可以发现《社会保险法》颁布能够通过吸引更多的研发人员加入企业，提升人力资本，从而提高企业全要素生产率。第（3）列中，$\widehat{LG}$ 的回归系数为 − 0.9909，在 5% 的水平上显著为负，表明劳动力雇佣增长率的提高不利于企业全要素生产率的提升；第（4）列中，$\widehat{Inv}$ 的回归系数为 0.6191，在 5% 的水平上显著为正，表明固定资产投资规模的扩大能够显著提高企业全要素生产率；第（5）列中，$\widehat{KL}$ 的回归系数为 0.9649，在 10% 的水平上显著为正，表明资本劳动比的提高能够显著提升企业全要素生产率水平；第（6）列中，$\widehat{Innova}$ 的回归系数为 1.0437，在 10% 的水平上显著为正，表明创新水平的提高可以显著提高企业全要素生产率。结合表 2 – 6 第（3）列至第（6）列的回归结果，可以发现《社会保险法》颁布能够通过促使企业使用更多的资本替代劳动力、提升资本密集度以及提高创新能力从而提高全要素生产率。以上两阶段的检验结果为《社会保险法》颁布通过"员工激励效应""人力资本吸引效应"以及"要素替代效应"从而提高企业全要素生产率提供了经验证据。

表 1 - 7　　　　　　　　　　　机制检验：第二阶段

变量	TFP_LP					
	(1)	(2)	(3)	(4)	(5)	(6)
$\widehat{LP}$	0.6958 *** (3.11)					
$\widehat{HC}$		0.5290 * (1.79)				
$\widehat{LG}$			-0.9909 ** (-2.13)			
$\widehat{Inv}$				0.6191 ** (2.10)		
$\widehat{KL}$					0.9649 * (1.75)	
$\widehat{Innova}$						1.0437 * (1.79)
Size	0.5847 *** (5.28)	0.0658 (0.66)	0.5117 *** (3.95)	-0.1940 (-0.92)	0.6468 *** (2.82)	0.2387 *** (8.99)
ROA	-1.8301 (-1.16)	2.6434 *** (8.39)	3.7266 *** (10.85)	1.9932 *** (3.72)	4.2014 *** (5.79)	2.3053 *** (4.55)
Lev	-0.0320 (-0.12)	0.5094 *** (3.04)	0.7987 *** (9.03)	0.5170 *** (3.43)	0.1453 (0.39)	0.9635 *** (6.33)
Growth	-0.0075 (-0.46)	0.0224 (1.34)	0.3828 ** (2.25)	-0.0150 (-0.53)	0.1769 ** (2.09)	-0.0124 (-0.44)
Top10	0.3968 *** (4.28)	1.4234 *** (2.72)	1.0047 *** (4.57)	-0.3444 (-0.80)	0.3216 * (1.68)	0.3966 ** (2.53)
Age	-0.3356 * (-1.79)	-0.5890 (-1.24)	0.2029 * (1.88)	0.2838 ** (2.33)	-0.5216 (-1.25)	0.2352 * (1.65)
Cashflow	-0.2477 *** (-3.60)	-0.0072 (-0.10)	-0.0425 (-0.92)	-0.1383 ** (-2.49)	-0.3524 ** (-2.07)	-0.1302 ** (-2.17)
SOE	-0.0660 (-1.06)	-0.1255 (-1.12)	-0.1147 (-1.27)	0.0548 (0.70)	-0.1608 (-1.22)	-0.0097 (-0.16)
GDP	0.0172 (0.22)	-0.0948 (-0.58)	0.0812 (0.86)	0.0215 (0.20)	0.0688 (0.56)	0.1119 (1.27)

变量	TFP_LP					
	（1）	（2）	（3）	（4）	（5）	（6）
Pop	−0.0473 （−0.27）	−0.5097** （−2.50）	−0.5142*** （−3.33）	−0.0361 （−0.14）	0.2845 （0.63）	−0.6310*** （−3.51）
Road	0.0309 （0.32）	0.1962 （1.40）	0.2712** （2.48）	−0.0146 （−0.11）	−0.2073 （−0.85）	0.2361** （2.21）
Constant	2.8340 （0.87）	17.0654*** （5.54）	9.7730*** （5.52）	4.2487 （1.02）	−1.8745 （−0.22）	12.9097*** （9.37）
Firm FE	YES	YES	YES	YES	YES	YES
Year FE	YES	YES	YES	YES	YES	YES
Observations	23295	23063	21548	23278	23295	23295
R−squared	0.462	0.019	0.311	0.240	0.167	0.104
Number of stkcd	3130	3129	3130	3130	3130	3130

五、横截面检验

《社会保险法》颁布对企业全要素生产率的影响可能存在横截面差异，为了考察《社会保险法》颁布影响企业全要素生产率的具体作用条件，本章分别从行业特征、融资约束以及市场竞争度三个方面执行横截面差异检验。

（一）行业特征的影响

考虑到《社会保险法》颁布的目的是保障和改善民生，那么该法律的颁布预计会对那些更多使用劳动力企业的经济决策产生更大的影响。已有一些关于《劳动保护法》的相关研究也使用了劳动密集型企业作为处理组（倪骁然和朱玉杰，2016；Cui et al.，2018），借鉴 Cui 等（2018），劳动密集度 = 总资产/员工人数，并按照劳动密集度的行业年度中值将样本划分为劳动密集型企业与非劳动密集型企业两组进行检验。

表 1-8 报告了基于行业特征的分组检验结果。在劳动密集型企业组中，即第（1）列中，*Treat × Post* 的回归系数为 0.0857，在 5% 的水平下显著为正。而在非劳动密集型企业组中，即第（2）列中，*Treat × Post* 的回归系数不显著，组间系数差异在 1% 的水平上显著，表明《社会保险法》颁布后，劳动密集型企业受影响更大，因此，企业全要素生产率的提升程度更高。

表 1 - 8 　　　　　　　　　　　横截面检验

变量	TFP_LP					
	行业特征		融资约束		市场竞争	
	(1) 劳动密集	(2) 非劳动密集	(3) 较低	(4) 较高	(5) 较高	(6) 较低
Treat × Post	0.0857 ** (2.33)	0.0344 (1.38)	0.0772 *** (2.61)	-0.0018 (-0.06)	0.1101 *** (3.48)	0.0079 (0.23)
Size	0.2565 *** (9.46)	0.4191 *** (16.17)	0.1294 *** (5.01)	0.2015 *** (8.54)	0.2568 *** (9.68)	0.2172 *** (7.99)
ROA	3.5056 *** (16.32)	2.2380 *** (13.47)	3.4719 *** (16.46)	2.3700 *** (14.64)	2.8083 *** (12.31)	3.2754 *** (16.27)
Lev	0.8051 *** (8.16)	0.4584 *** (5.24)	0.8857 *** (10.36)	0.4064 *** (4.68)	0.8383 *** (9.05)	0.6603 *** (6.03)
Growth	0.0082 (0.70)	0.0034 (0.28)	-0.0362 ** (-2.43)	0.0299 *** (2.88)	0.0243 * (1.82)	0.0236 * (1.76)
Top10	0.5475 *** (4.63)	0.2386 ** (2.17)	0.2819 *** (2.90)	0.3122 *** (2.84)	0.5938 *** (4.86)	0.3374 *** (2.71)
Age	0.1644 (1.31)	0.1581 (1.64)	0.1041 (1.16)	0.2354 * (1.73)	0.2522 ** (2.18)	0.0843 (0.72)
Cashflow	-0.0853 ** (-1.98)	-0.0365 (-0.76)	-0.1047 ** (-2.29)	-0.0902 * (-1.94)	-0.1295 ** (-2.34)	-0.0485 (-1.11)
SOE	0.0780 (1.15)	-0.0459 (-0.68)	0.1078 * (1.81)	-0.0176 (-0.28)	-0.0351 (-0.51)	0.0532 (0.68)
GDP	0.2666 *** (2.69)	-0.0035 (-0.04)	0.1003 (1.35)	0.1516 (1.55)	0.1625 (1.60)	0.1441 (1.58)
Pop	-0.5350 *** (-3.76)	-0.2160 (-1.56)	-0.2467 ** (-2.04)	-0.4202 ** (-2.40)	-0.5425 *** (-3.20)	-0.3403 ** (-2.45)
Road	0.1157 (0.83)	0.1369 (1.52)	0.2353 *** (3.18)	-0.0933 (-0.81)	0.1782 (1.35)	0.1335 (1.50)
Constant	12.4261 *** (6.80)	11.0267 *** (9.25)	11.7705 *** (11.77)	15.1027 *** (8.26)	12.5552 *** (6.90)	12.2498 *** (10.52)
Firm FE	YES	YES	YES	YES	YES	YES
Year FE	YES	YES	YES	YES	YES	YES
Observations	11003	11819	11525	11381	11652	10801
R - squared	0.915	0.934	0.918	0.863	0.921	0.904
Empirical p-value	0.000 ***		0.000 ***		0.000 ***	

（二） 融资约束的影响

融资约束是制约企业全要素生产率提高的重要因素（Midrigan and Xu，2014；Krishnan et al.，2015）。Huber（2018）估计了德国一家大型银行削减外源贷款对公司全要素生产率的影响，研究发现企业贷款可获得性降低导致了较低的全要素生产率，融资约束加剧主要通过削减企业创新投入进而使得全要素生产率降低。这意味着《社会保险法》颁布即使能够通过"要素替代效应"促进企业转型升级，但融资约束程度较高的企业囿于资金匮乏也无法投资更多的机器设备或研发资金，可能无法产生"要素替代效应"的效果。借鉴 Hadlock 和 Pierce（2010）的研究，本章使用 SA 指数[①]作为衡量企业融资约束的替代变量，使用 SA 指数的年度行业中值将样本划分为融资约束较低与融资约束较高两组进行检验。

表 1 - 8 报告了相应的回归结果。在融资约束程度较低组中，即第（3）列中，*Treat × Post* 的回归系数为 0. 0772，在 1% 的水平下显著为正。而在融资约束程度较高组中，即第（4）列中，*Treat × Post* 的回归系数不显著，组间系数差异在 1% 的水平上显著，这意味着《社会保险法》颁布提高企业全要素生产率依赖于较低的融资约束。

（三） 市场竞争的影响

《社会保险法》对企业全要素生产率的影响也会随着企业所在行业的竞争程度不同而有所差异。市场竞争程度较低时，企业可以凭借垄断地位获取超额利润，创新激励动力不足。此时企业会将更多的资源投入到非生产性活动中，对研发投入产生挤出效应，不利于企业全要素生产率的提升（张莉等，2019）。因此，《社会保险法》颁布预计会对那些行业竞争更为激烈的企业"要素替代效应"更强，全要素生产率的提升作用更大。借鉴盛丹（2013）的研究，利用行业勒纳指数[②]作为衡量市场竞争度的替代变量，该指标越大，表示市场势力越强，垄断程度越高，行业竞争水平越低。本章使用勒纳指数的行业年度中值将样本划分为市场竞争程度较高与市场竞争程度较低两组进行检验。

表 1 - 8 报告了市场竞争的分组检验结果。在市场竞争程度较高组，即第（5）列中，*Treat × Post* 的回归系数为 0. 1101，在 1% 的水平上显著为正。在市场竞争程度较低组中，即第（6）列中，*Treat × Post* 的回归系

---

① $SA = -0.737 \times \ln Asset + 0.043 \times (\ln Asset)^2 - 0.04 \times Age$，其中，*Asset* 表示公司总资产，*Age* 表示公司年龄。

② 利用单个公司的营业收入与单个行业营业收入的比，对个股勒纳指数进行加权得到，个股勒纳指数 ＝（营业收入 － 营业成本 － 销售费用 － 管理费用）/营业收入。

数不显著，组间系数差异在1%的水平上显著。这表明在竞争程度更加激烈的行业中，《社会保险法》颁布所形成的"要素替代效应"更加明显，对全要素生产率的影响显著更大。以上的横截面测试进一步加强了本章基本问题的内在逻辑。

六、稳健性检验

（一）平行趋势检验

使用双重差分方法的关键在于平行趋势假定，即如果没有外生事件冲击，处理组和控制组的潜在结果是类似的。由于反事实无法观测，平行趋势假定实际上是不可检验的。一种间接的检验方式是比较外生事件发生前的 DID 系数。如果事件前的 DID 系数接近于 0，就表明处理组和控制组的 DID 在事件前遵循相似的趋势。借鉴 Berger 等（2020），本章绘制了 *Treat* 与年度虚拟变量交互项的系数的变化趋势图。从图 1-1 可以明显地看出，在《社会保险法》颁布之前，即 2011 年以前，*Treat* 与年度虚拟变量交互项的回归系数集中在 0 附近，这为平行趋势假定提供了一定的证据支持。

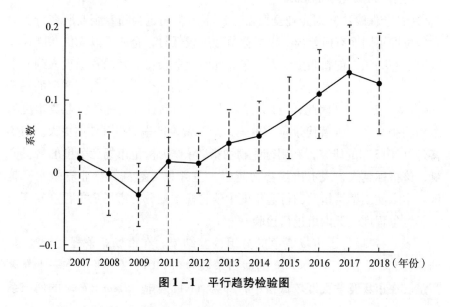

图 1-1　平行趋势检验图

为了进一步保证平行趋势检验的有效性，根据 Roberts 和 White（2013）的建议并借鉴 Wang 等（2021）的方法，本章构建如下模型并执行了动态检验：

$$TFP\_LP_{i,t} = \beta_0 + \beta_1 Treat \times Yeardum_{i,t} + \beta_2 Size_{i,t} + \beta_3 ROA_{i,t} + \beta_4 Lev_{i,t}$$
$$+ \beta_5 Growth_{i,t} + \beta_6 Top10_{i,t} + \beta_7 Age_{i,t} + \beta_8 Cashflow_{i,t}$$
$$+ \beta_9 SOE_{i,t} + \beta_{10} GDP_{p,t} + \beta_{11} Pop_{p,t} + \beta_{13} Road_{p,t}$$
$$+ Firm\ Fe + Year\ Fe + \varepsilon_{i,t} \tag{1.5}$$

其中，$Yeardum$ 表示年度虚拟变量，例如 $Year2007$ 表示当年度为 2011 年时取值为 1，否则为 0，以此类推。借鉴 Kim（2020），本章选取《社会保险法》颁布的前一年作为基准年。表 1 – 9 报告了平行趋势检验的回归结果，第（1）列与第（2）列中 $Treat \times Year2007$、$Treat \times Year2008$ 以及 $Treat \times Year2009$ 的系数均不显著，即 2011 年以前，处理组企业与控制组企业的全要素生产率的变化趋势基本上满足平行假定。

表 1 – 9   平行趋势检验

变量	TFP_LP	
	（1）	（2）
$Treat \times Year2007$	0.0198 (0.61)	0.0151 (0.43)
$Treat \times Year2008$	− 0.0013 (− 0.05)	0.0035 (0.11)
$Treat \times Year2009$	− 0.0306 (− 1.38)	− 0.0378 (− 1.50)
$Treat \times Year2011$	0.0158 (0.93)	0.0206 (1.19)
$Treat \times Year2012$	0.0137 (0.65)	0.0250 (1.13)
$Treat \times Year2013$	0.0413* (1.75)	0.0499** (1.99)
$Treat \times Year2014^+$	0.0999*** (3.68)	0.0709*** (2.65)
$Size$	0.2431*** (12.90)	0.2286*** (12.53)
ROA	3.0478*** (20.29)	2.8941*** (20.19)
Lev	0.7572*** (11.00)	0.7198*** (11.62)

变量	TFP_LP	
	(1)	(2)
Growth	0.0338 *** (3.81)	0.0357 *** (4.11)
Top10	0.5682 *** (6.68)	0.6026 *** (7.77)
Age	0.1879 ** (2.34)	0.1180 (1.45)
Cashflow	−0.0873 ** (−2.48)	−0.0691 ** (−2.06)
SOE	0.0045 (0.08)	−0.0170 (−0.32)
GDP	0.0915 (1.36)	0.0799 (1.26)
Pop	−0.4284 *** (−3.84)	−0.4483 *** (−3.94)
Road	0.1625 ** (2.03)	0.1799 ** (2.38)
Constant	12.6753 *** (11.41)	13.0804 *** (12.52)
Firm FE	YES	YES
Year FE	YES	—
Industry × Year FE	—	YES
Observations	23295	23295
R − squared	0.900	0.913

（二）更换关键变量

为了保证基本研究结果的稳健性，本章使用基于 OP 法测算的企业全要素生产率 TFP_OP（Olley and Pakes，1996；赵健宇和陆正飞，2018），回归结果如表 1 −10 第（1）列所示，Treat × Post 依然显著为正，结论没有发生改变。

本章还对处理组与控制组重新进行了划分，具体的，本章将《社会保险法》颁布前一年（2010年）企业社会保险缴费比例的中位数以下（1/2）的样本定义为处理组（$Treat2 = 1$），其余为控制组（$Treat2 = 0$），利用 $Treat2$ 与 $Post$ 交乘后产生 $Treat2 \times Post$ 替换 $Treat \times Post$ 重新对模型（1.1）进行回归。表1-10的第（2）列报告了相应的回归结果，$Treat2 \times Post$ 仍然显著为正，结论未发生改变。

此外，借鉴 Liu 等（2021）的研究，本章将划分处理组与控制组的虚拟变量 $Treat$ 替换为连续变量社会保险缴费比例 $SSCR$。由于本章主要考察的是《社会保险法》颁布对社会保险缴费水平较低企业的全要素生产率的影响，故对 $SSCR$ 取其相反数 $NSSCR$，并将 $NSSCR$ 与 $Post$ 交乘得到 $NSSCR \times Post$，将 $NSSCR \times Post$ 替换模型（1.1）中的 $Treat \times Post$，然后进行回归。表1-10的第（3）列报告了相应的回归结果，$NSSCR \times Post$ 显著为正，结论未发生改变。

表1-10   更换关键变量

变量	TFP		
	（1）TFP_OP	（2）TFP_LP	（3）TFP_LP
$Treat \times Post$	0.0318 *** (2.60)		
$Treat2 \times Post$		0.0680 *** (2.99)	
$NSSCR \times Post$			0.4097 ** (2.07)
$NSSCR$			−0.0881 (−0.34)
$Size$	0.0026 (0.32)	0.2427 *** (12.84)	0.2445 *** (12.84)
ROA	1.4728 *** (18.41)	3.0510 *** (20.35)	3.0510 *** (20.24)
Lev	0.1396 *** (4.53)	0.7617 *** (11.05)	0.7609 *** (11.01)
$Growth$	0.0134 *** (2.74)	0.0365 *** (4.11)	0.0357 *** (4.01)

变量	TFP		
	（1）*TFP_OP*	（2）*TFP_LP*	（3）*TFP_LP*
*Top*10	0.2173 *** (5.38)	0.5560 *** (6.56)	0.5350 *** (6.34)
Age	0.1166 *** (2.71)	0.1856 ** (2.30)	0.1835 ** (2.26)
Cashflow	0.4326 *** (21.45)	−0.0882 ** (−2.51)	−0.0880 ** (−2.51)
SOE	0.0212 (0.78)	0.0061 (0.11)	0.0097 (0.17)
GDP	0.0323 (0.98)	0.0944 (1.40)	0.0941 (1.39)
Pop	−0.2177 *** (−4.09)	−0.4261 *** (−3.83)	−0.4274 *** (−3.85)
Road	0.0799 ** (2.41)	0.1608 ** (2.03)	0.1615 ** (2.02)
Constant	5.3325 *** (10.26)	12.6416 *** (11.40)	12.6957 *** (11.44)
Firm FE	YES	YES	YES
Year FE	YES	YES	YES
Observations	23295	23295	23295
R − squared	0.764	0.900	0.900

（三）安慰剂测试（Placebo Test）

本章通过安慰剂检验以排除无法观测的遗漏变量对结果的不利影响。借鉴 Wang 等（2021）的研究，随机化处理组与对照组，使用随机化的 *RandomTreat* 对基本模型重新回归，并将这一过程重复 1000 次，将每次随机的处理组变量 *RandomTreat* 与 *Post* 的交互项系数保存并绘制了相应的核密度图。如果结论是由于缺失变量偏误导致的，那么即使随机化处理组与对照组也可以得到相近的回归系数。图 1 − 2 绘制了相应的核密度图，*RandomTreat × Post* 系数集中在 0 附近，远远小于 *Treat × Post* 的真实回归系数 0.0648，这表明随机化处理组与控制组并没有导致处理组和控制组企业全要素生产率产生显著差异，这可以在一定程度上缓解缺失变量偏误。

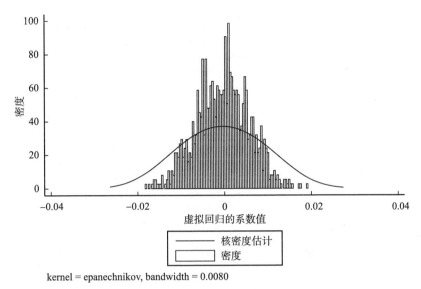

kernel = epanechnikov, bandwidth = 0.0080

图 1 - 2　安慰剂对照测试

（四）倾向性得分匹配法（Propensity Score Matching）

配比法可以通过平衡处理组与控制组企业在可观察的变量上的差异，来缓解选择偏误。具体而言，本章选取 *Size*、*ROA*、*Lev*、*Growth*、*Top*10、*Age* 以及 *Cashflow* 作为配比变量，将卡尺设置为 0.01，并按照 1∶1 的比例执行配比程序。最后，本章使用配比后的样本重新进行回归，结果如表 1 - 11 第（1）列所示，*Treat × Post* 的回归系数显著为正，这表明使用匹配控制组后，《社会保险法》的颁布对企业全要素生产率仍然存在显著的正向影响。

（五）熵平衡匹配法（Entropy Balancing）

本章还使用熵平衡匹配法（Entropy Balancing）执行配比程序，熵平衡匹配法一方面可以保证处理组与控制组在各协变量高阶矩上分布的相近性，另一方面能够克服倾向性得分匹配法中存在太多主观设定细节的弊端。借鉴 Hainmueller（2012），协变量为基本模型中的控制变量，并将最高协变量调整阶数设置为 1。表 1 - 11 第（2）列报告了经熵平衡匹配后的回归结果，*Treat × Post* 的回归系数仍然显著为正，结论未发生改变。

表 1 - 11　　　　　　　　　　倾向性得分匹配与熵平衡匹配

变量	TFP_LP	
	(1)	(2)
Treat × Post	0. 0611 * (1. 85)	0. 0588 ** (2. 26)
Size	0. 2379 *** (9. 18)	0. 2404 *** (10. 96)
ROA	2. 9526 *** (14. 36)	2. 9809 *** (18. 36)
Lev	0. 8138 *** (7. 97)	0. 7661 *** (9. 45)
Growth	0. 0543 *** (3. 95)	0. 0396 *** (3. 91)
*Top*10	0. 4829 *** (3. 53)	0. 5706 *** (5. 32)
Age	0. 3596 ** (2. 42)	0. 3132 *** (2. 83)
Cashflow	− 0. 2051 *** (− 3. 76)	− 0. 1691 *** (− 4. 12)
SOE	− 0. 0436 (− 0. 60)	0. 0172 (0. 30)
GDP	0. 0371 (0. 31)	0. 0782 (0. 86)
Pop	− 0. 2576 (− 1. 19)	− 0. 3789 *** (− 2. 74)
Road	0. 1513 (1. 17)	0. 1051 (1. 30)
Constant	11. 4932 *** (4. 77)	12. 6977 *** (9. 70)
Firm FE	YES	YES
Year FE	YES	YES
Observations	8170	23295
R − squared	0. 903	0. 894

（六）缩短观测期间

本章所选取的观测年度区间为 2007～2018 年，而《社会保险法》颁布时间为 2011 年，这可能会由于事件后的窗口期较长而受到其他宏观事件对本章基本结论的不利影响。为此，本章将样本观测期限定在 2007～2014 年，重新对模型（1.1）进行了回归。表 1-12 报告了相应的回归结果，$Treat \times Post$ 的回归系数仍然显著为正，结论并没有受到观测期间缩短的影响。

表 1-12 　　　　　　　　　　缩短观测期间

变量	TFP_LP	
	（1）	（2）
$Treat \times Post$	0.0391 *	0.0438 **
	（1.90）	（2.10）
Size	0.1308 ***	0.1207 ***
	（5.85）	（5.62）
ROA	2.5622 ***	2.5158 ***
	（14.19）	（13.99）
Lev	0.5923 ***	0.5843 ***
	（7.70）	（8.11）
Growth	0.0373 ***	0.0403 ***
	（4.66）	（5.07）
Top10	0.6950 ***	0.7114 ***
	（6.59）	（6.80）
Age	0.1530 *	0.0242
	（1.72）	（0.26）
Cashflow	-0.0356	-0.0110
	（-0.88）	（-0.28）
SOE	0.0675	0.0315
	（0.95）	（0.49）
GDP	0.1311	0.1325
	（1.40）	（1.43）
Pop	-0.3728 ***	-0.4145 ***
	（-2.77）	（-3.03）

变量	TFP_LP	
	(1)	(2)
Road	0.1608 (1.60)	0.1659 * (1.67)
Constant	12.7040 *** (8.07)	13.4170 *** (8.61)
Firm FE	YES	YES
Year FE	YES	—
Industry × Year FE	—	YES
Observations	12746	12745
R – squared	0.934	0.940

第五节 《社会保险法》与企业全要素生产率的研究结论与政策建议

《社会保险法》的颁布为检验社保缴费增加如何影响微观经济主体决策提供了难得的准自然实验，本章将研究视角聚焦于企业全要素生产率，利用《社会保险法》颁布对社保缴费产生的外生冲击，厘清社保缴费与企业全要素生产率的因果效应。

本章利用《社会保险法》颁布所形成的准自然实验，使用双重差分方法识别劳动力成本与企业全要素生产率的因果效应。研究结果表明，《社会保险法》颁布后，社会保险缴费比例较低企业的全要素生产率提高约6.48%。而且，研究发现"员工激励效应"带来的生产积极性提高、"人力资本吸引效应"带来的研发人员数量增加以及"要素替代效应"导致的创新能力提升是《社会保险法》颁布提高企业全要素生产率的主要渠道。异质性检验表明，针对劳动密集度较大、融资约束较小以及市场竞争程度较高的企业，《社会保险法》颁布导致企业全要素生产率增加更多。本章为社保缴费上升如何影响企业全要素生产率提供了新的经验证据，为《社会保险法》颁布影响微观企业决策提供了洞见。

结合研究结论，本章的研究启示主要有以下两点：第一，地方政府与企业要充分认识到社保投入对于提高员工生产积极性、吸引高质量人力资本以及提升技术创新水平的重要作用，地方政府与各监管机构应当在监管层面保障企业社保缴费比例符合法律规定，企业在自身可承受范围内可适当提高社保投入水平从而有效促进生产率的提升。第二，地方政府应当关注到《社会保险法》对融资约束程度较高的企业所产生的流动性压力，积极为这类企业拓宽融资渠道，更好地发挥《社会保险法》颁布所产生的积极经济效应。

第二章 《中小企业促进法》
与企业专业化分工

第一节 《中小企业促进法》与企业
专业化分工问题的提出

一、选题背景

专业化分工是提高生产效率、促进经济增长的关键动力来源。中小企业作为数量最大的企业群体，在推动提升专业化水平进程中发挥重要作用。党的二十大报告明确指出支持专精特新企业发展，凸显了党和国家从中小企业专业化发展破局，为高质量发展提供强劲动力的决心。因此，找寻促进中小企业专业化水平的途径成为现阶段中国加快构建新发展格局迫切需要解决的重大问题。"不信不立，不诚不行"的价值观在中国传统道德体系中居于核心地位，是维系社会秩序必不可少的道德规范①。信用作为中国传统文化的内在核心，在降低交易成本、提高资源配置效率及促进经济增长等方面发挥着重要的作用（费孝通，1948；张维迎和柯荣住，2002）。

2022 年 3 月，中共中央办公厅与国务院办公厅印发《关于推进社会信用体系建设高质量发展促进形成新发展格局的意见》，意见明确指出要加强诚信政府建设，建立健全政府失信责任追究制度，完善治理拖欠账款等行为长效机制。本章以 2018 年修订后的《中小企业促进法》实施作为准自然实验情境，考察政府信用体系建设对中小企业专业化分工

---

① 《论语》中"信"字出现 38 次，孔子将"信"作为一个人之可否（人而无信，不知其可也），一个君子之成败（信以成之），一个政府与社会存亡之所系（自古人皆死，民无信不立）。"信"作为最重要的儒家思想之一，成为中国社会的道德基础。

的影响及其作用机制，不仅有助于理解政府信用体系建设在增强国内大循环内生动力和可靠性，加快建设现代化经济体系中的重要作用，还对于理解通过降低交易成本提升中小企业专业化水平以推动经济高质量发展具有启示意义①。

二、研究问题提出

交易成本理论指出，当制度环境不够完善时，企业倾向于采取纵向一体化策略替代与供应商或客户的公平交易，从而减少套牢问题（Coase，1937；Williamson，1973）。中小企业由于规模较小，议价能力不足，通常在市场交易中处于弱势地位。特别是在政府信用体系建设尚不完善的情况下，国家机关、事业单位及国有企业在与中小企业的交易过程中凭借自身优势地位经常拖欠中小企业货物、工程以及服务款项。以拖欠账款为代表的交易成本削弱了中小企业提升专业化水平的动机与能力，是制约中小企业迈向专精特新的一个堵点。账款拖欠不仅使得外部交易成本提高，促使企业将交易安排在企业内部进行，而且会削弱企业开展专业化分工的能力，导致企业专业化分工水平下降。因此，如果能够加强政府信用体系建设，解决拖欠中小企业账款问题，那么可以预期企业专业化分工水平会相应提高。

实证考察交易成本如何影响企业组织形式会受到内生性问题的干扰。一些不可观测的混淆因素同时决定交易成本与企业组织形式的选择，从而难以分离出交易成本影响企业组织形式的因果效应。为此，本章利用2018年《中小企业促进法》实施对外部交易成本产生的外生冲击作为准自然实验，使用双重差分方法克服潜在的内生性问题。2018年1月，修订后的《中小企业促进法》正式实施。相比于修订之前的版本，修订后的《中小企业促进法》新增的第五十三条规定指出国家机关、事业单位和大型企业不得违约拖欠中小企业的货物、工程、服务款项，中小企业有权要求拖欠方支付拖欠款并要求对拖欠造成的损失进行赔偿。可以看出，《中小企业促进法》的实施是加强政府信用体系建设，降低企业外部交易成本的重要举措。2018年11月，国务院特地开展专项清欠行动，要求切实解决政府部门和国有大型企业拖欠民营企业账款问题。《中小企业促进法》实施后，通过拖欠账款的清欠带来交易成本降低，预期会对企业的组织形式选择产生影响。

如何识别处理组与控制组是使用双重差分方法面临的关键挑战，《中

---

① 文章出现的所有《中小企业促进法》均指2018年修订后的《中小企业促进法》。

小企业促进法》第五十三条规定为克服这一挑战提供了良好的契机。本章利用《中小企业促进法》实施前一年企业应收账款主要欠款方实际控制人性质的横截面差异来识别处理组与控制组。具体而言，本章首先通过巨潮资讯网手工搜集新三板挂牌中小企业 2017 年年报，然后手工整理出新三板中小企业 2017 年应收账款前五名欠款方名单。接下来，本章利用"企查查"平台逐个查询并确认 2017 年新三板中小企业应收账款前五名欠款方是否为国家机关、事业单位或国有企业。根据 Aretz 等（2020）的研究思路，本章将《中小企业促进法》实施前一年企业应收账款前五名中包含国家机关、事业单位或国有企业的样本定义为处理组，其余定义为控制组。

三、研究贡献

本章主要贡献在于以下三方面：第一，本章贡献于企业组织形式的相关研究。制度环境如何影响企业组织形式是组织经济学领域的核心话题（Coase，1937；Williamson，1973；Grossman and Hart，1986）。然而，制度环境与企业组织形式之间关系的经验证据集中于行业层面与地区层面。例如，Acemoglu 等（2009）基于 93 个国家的跨国数据，发现契约成本更高、金融发展程度更高的国家，纵向一体化程度也相应更高。吕朝凤和朱丹丹（2016）基于中国省份数据发现金融发展水平的提高，将会促使地区企业更多地选择纵向一体化的生产模式。Fan 等（2017）发现，在法律制度较弱、政府质量较低以及政府干预较多的地区，纵向一体化更为普遍。范子英和彭飞（2017）基于行业层面数据分析"营改增"对专业化分工的影响，发现"营改增"有效促进服务业的专业化分工。与这些研究相区别，本章以《中小企业促进法》的实施对交易成本产生的外生冲击构建准自然实验情境，提供制度环境影响企业层面专业化分工的经验证据。

第二，本章贡献于中小企业流动性约束的相关研究。已有研究大多关注如何通过银行贷款渠道缓解中小企业流动性约束。例如，Krishnan 等（2015）以银行放松管制为准自然实验，考察了贷款可获性提高对中小企业生产率的影响。刘畅等（2020）发现地方债务融资平台成立显著降低了国有大型商业银行发放的中小企业贷款，加剧了中小企业的流动性约束。孔东民等（2021）发现"定向降准"政策导致小微企业的贷款可获得性显著提高。Granja 等（2022）考察了美国应对新冠疫情实施的工资保障计划的就业效应，表明工资保障计划提升了中小企业的贷款可获得性，并推动就业增加。部分研究发现税收负担加剧了中小企业面临的流动性约束（王伟同等，2020；李昊楠，2021；邹静娴等，2022）。与这些研究不同，本章则发现减少商业信用供给这一交易成本同样是缓解中小企业流动性约束的重要渠道，并提供证据表明即使是国家机关、事业单位这样低风险的客户，长期的付款条件也会削弱中小企业开展专业化分工的激励。

第三，本章贡献于商业信用经济效应的相关研究。Murfin 和 Njoroge（2015）考察了小型供应商被迫向大型客户提供长期付款条件的负面影响，发现融资约束程度较高的供应商会减少投资。Barrot（2016）考察了法国货运行业公司商业信用供给限制改革的影响，发现改革使得货运公司的违约风险显著降低。Barrot 和 Nanda（2020）考察了美国政府加速支付小企业商业信用对就业的影响，发现加速支付政策导致受影响的小企业就业水平显著提高。李旭超和宋敏（2021）考察了僵尸企业拖欠民营企业应收账款对民营企业全要素生产率的影响。与这些研究相区别，本章关注商业信用供给加速收回对企业组织形式的影响。尽管 Breza 和 Liberman（2017）也关注企业组织形式，但 Breza 和 Liberman（2017）主要关注签订商业信用合同能力如何影响大型零售商（客户公司）的纵向一体化策略。与 Breza 和 Liberman（2017）不同，本章关注中小企业（供应商）的专业化分工。

第二节　《中小企业促进法》制度背景、理论分析与研究假说

一、制度背景

中小企业联系千家万户，是推动创新、促进就业、改善民生的重要力量。2003 年 1 月，中国颁布《中小企业促进法》，该部法律在原则导向、政策支持等方面为促进中小企业发展发挥了一定的作用。然而，随着该部法律的实施，中小企业发展面临的一些新问题逐渐凸显，特别是拖欠中小企业账款问题，成为了制约中小企业专业化发展的关键因素。中小企业由于规模较小、议价能力较弱，通常在市场交易中处于弱势地位。以长期付款条件为代表的交易成本不仅导致企业营运能力恶化、违约风险提高，而且使得企业专用性资产投资激励不足，成为制约中小企业成长为专精特新路上的"绊脚石"。

拖欠中小企业账款等问题的出现对做好中小企业顶层制度设计、修改完善法律制度提出了现实需求。2017 年 9 月 1 日，第十二届全国人民代表大会常务委员会第二十九次会议对《中小企业促进法》进行了修订，并于

2018年1月1日起正式实施。修订后的《中小企业促进法》在资金支持、创业扶持、创新支持、市场开拓以及社会服务等方面作了进一步完善。特别是新增的权益保护专章内容积极回应长期以来制约中小企业健康发展的关键因素——账款拖欠。修订后的《中小企业促进法》第五十三条规定，国家机关、事业单位和大型企业不得违约拖欠中小企业的货物、工程、服务款项，中小企业有权要求拖欠方支付拖欠款并要求对拖欠造成的损失进行赔偿。2018年11月1日，习近平总书记在民营企业座谈会上强调，要高度重视"三角债"问题，纠正一些政府部门、大企业利用优势地位以大欺小，拖欠民营企业账款的行为。2018年11月9日，国务院第30次常务会议要求抓紧开展专项清欠行动，切实解决政府部门和国有大型企业拖欠民营企业账款问题。

图2-1绘制了本章样本期内《中小企业促进法》实施前后商业信用供给的年度中值变化情况，可以发现，在2015～2017年，中小企业的应收账款及应收票据占总资产的比率、应收账款及应收票据占营业收入的比率均呈现上升趋势，而在2018～2021年，中小企业的应收账款及应收票据占总资产的比率、应收账款及应收票据占营业收入的比率均呈现出明显的下降趋势，而且这种下降的趋势一直持续到本章的样本期末，说明治理拖欠中小企业账款是持续推进的，而并非暂时性的政策。修订后的《中小企业促进法》外生地减少了中小企业商业信用供给，为检验交易成本降低如何影响企业专业化分工提供了难得的准自然实验情境。

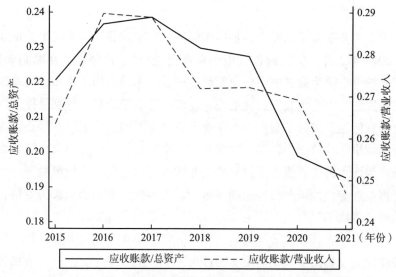

图2-1 《中小企业促进法》实施前后商业信用供给的变化

二、理论分析与研究假说

交易成本理论认为，企业和市场是两种相互替代的资源配置形式。在外部交易成本为零的理想状态下，纵向一体化会由于内部管理成本的存在而代价高昂，各市场主体通过完全专业化分工达到最优均衡，即效率最大化。然而，一旦引入外部交易成本，企业就需要通过权衡内部管理成本与外部交易成本从而调整组织形式。当来自市场的外部交易成本大于内部管理成本时，企业倾向于将交易安排在内部进行，即发展纵向一体化。相反，当来自市场的外部交易成本小于内部管理成本时，企业倾向于将交易安排在市场进行，即发展专业化。因此，企业组织形式是权衡内部管理成本与外部交易成本后的均衡结（Coase，1937；Williamson，1979）。

中小企业由于规模较小、议价能力较弱，通常在市场交易中处于弱势地位。特别是在信用体系建设尚不完善的情况下，中小企业不得不提供长期的付款条件（金碚，2006；李旭超和宋敏，2021）。拖欠账款会带来高额的外部交易成本，这些成本包括资金占用导致的利息损失、营运资金不足导致的投资机会丧失与高技能劳动力流失以及为催讨拖欠款项而发生诉讼费用等。以拖欠账款为代表的交易成本削弱了中小企业开展专业化分工的动机与能力，是制约中小企业迈向专精特新的一个堵点。首先，拖欠账款会削弱企业开展专业化分工的动机。在保持内部管理成本不变的条件下，拖欠账款导致外部交易成本提高，使得企业更倾向于选择将交易安排在企业内部进行，即开展纵向一体化。例如，如果来自市场交易的应收账款难以及时收回，企业可能会将其生产的产品更多地出售给子公司等关联方，以规避拖欠账款带来的外部交易成本（Fan et al.，2017；Seitz and Watzinger，2017）。其次，拖欠账款会降低企业开展专业化分工的能力。企业开展专业化分工还依赖于资金支持，这些资金将用于购买机器设备、扩大研发投入以及雇佣高技能的劳动力等。然而，长期的付款条件导致企业资金周转困难、流动性约束收紧（Murfin and Njoroge，2015；Barrot，2016；Barrot and Nanda，2020）。由于规模较小、抵押品较少、信息不对称较高等因素，中小企业一直以来都面临着比较严重的融资约束（林毅夫和李永军，2001；刘畅等，2020）。在这种情况下，拖欠账款使得企业难以为开展专业化分工提供资金支持，企业专业化分工程度随之下降。

为了解决拖欠中小企业账款问题，促进中小企业健康发展，修订后的《中小企业促进法》于 2018 年 1 月起正式实施。其中第五十三条明确规定，国家机关、事业单位和大型企业不得违约拖欠中小企业的货物、工程、服务款项，中小企业有权要求拖欠方支付拖欠款并要求对拖欠造成的损失进行赔偿。而且，国务院为切实解决拖欠中小企业应收账款问题，特地开展了专项清欠行动。据工信部统计，截至2020年12月，政府部门和国有大型企业已经累计清偿拖欠民营中小企业逾期欠款8500多亿元①。由此可见，《中小企业促进法》能够有效解决拖欠中小企业账款问题，加强政府信用体系建设。《中小企业促进法》能促进拖欠账款问题解决，能够增强企业开展专业化分工的动机与能力，提升企业专业化分工水平。首先，拖欠账款的解决能够增强企业专业化分工的动机。拖欠账款的解决降低了企业面临的外部交易成本，导致企业将交易更多安排在市场进行，促使企业专业化分工水平提高。其次，拖欠账款的解决能够提高企业专业化分工的能力。拖欠账款的解决使得企业即使在面临外部融资约束的情况下也能够为企业开展专业化分工提供内部资金支持，促使企业专业化分工水平提高。根据以上分析，本章提出如下研究假说：

研究假说：其他条件不变，《中小企业促进法》实施能够提高企业专业化分工水平。

三、研究思路

本章选取2014~2021年新三板挂牌企业为研究对象，双重差分方法的检验结果显示，相比于控制组企业，《中小企业促进法》实施后，处理组企业的专业化分工水平提高3.13%。为增强基本结论的可靠性，本章执行如下稳健性测试：第一，考察平行趋势假定是否满足；第二，排除《中小企业促进法》中财税支持、融资促进、创业扶持等其他规定的替代性解释；第三，使用安慰剂测试排除与政府存在业务往来的企业更可能是好企业的干扰；第四，使用倾向得分配比法与熵平衡配比法重新配比控制组进行检验以关闭后门路径，满足后门准则；第五，更换关键变量的衡量方式以避免测量偏误对因果推断的干扰。以上稳健性测试结果加强了本章基本研究问题的因果推断，表明《中小企业促进法》实施能够显著提高企业专业化分工水平。

在此基础上，本章考察《中小企业促进法》影响企业专业化分工的作用机制——交易成本下降。对于中小企业而言，以拖欠账款为代表的交易成本相当于企业为其客户提供了更多的商业信用。根据已有研究（Restrepo

---

① 参见《工信部：去年底已累计清偿民营企业和中小企业逾期欠款8500多亿元》，人民网，2021年1月26日，http://m.people.cn/n4/2021/0126/c204473-14709947.html。

et al. ，2019），本章使用应收账款与应收票据之和与营业收入的比率来刻画企业商业信用供给。根据已有研究（王馨和王营，2021；Di Giuli and Laux，2022；Fonseca，2023），本章使用两阶段回归法将《中小企业促进法》对企业专业化分工的影响分解为两部分：第一，《中小企业促进法》对商业信用供给的影响；第二，由《中小企业促进法》驱动商业信用供给的变化进而对专业化分工的影响。两阶段回归结果表明，《中小企业促进法》显著降低了商业信用供给，并进一步推动企业专业化分工提高。以上检验结果为交易成本降低作为《中小企业促进法》提高企业专业化分工的作用机制提供了相应的经验证据。

为了加强基本问题的逻辑及排除其他替代性解释，本章考察《中小企业促进法》影响企业专业化分工的横截面差异。第一，本章考察制度环境如何影响基准回归的结果。当企业面临的制度环境较好时，交易成本较低，此时政府拖欠中小企业款项的可能性也相应较低。因此，如果《中小企业促进法》能够通过降低交易成本从而促进企业专业化分工，那么对于那些在《中小企业促进法》实施之前所在地区制度环境较差的企业而言，《中小企业促进法》对企业专业化分工水平的提高作用更大。根据已有研究，本章分别使用省份企业经营环境指数（郭晓丹等，2019）、城市合同执行指数（牛志伟等，2023）作为刻画制度环境的替代变量。检验结果与预期一致，对于省份企业经营环境指数、城市合同执行指数较低的企业而言，企业面临的制度环境较差，《中小企业促进法》对企业专业化分工的正向影响更大。

第二，本章考察专用性资产投资如何影响基准回归的结果。账款拖欠导致企业专用性资产投资不足。拖欠账款使得企业在投资专用性资产时面临更高的套牢风险，此时专用性资产投资的预期回报降低、企业投资意愿下降。不仅如此，账款拖欠还会导致企业流动性约束加剧，难以为专用性资产投资提供资金支持。如果《中小企业促进法》能够通过降低交易成本从而提高企业专业化分工水平，那么对于那些在《中小企业促进法》实施之前专用性资产投资水平较低的企业而言，《中小企业促进法》对企业专业化分工水平的提高作用更大。根据已有研究（Berger et al. ，1996；袁淳等，2022），本章分别使用企业研发投入占营业收入的比率、资产退出价值作为刻画企业专用性资产投资的替代变量，检验结果与预期一致，对于研发投入占营业收入比率较低、资产退出价格较低的企业而言，专用性资产投资水平较低，《中小企业促进法》对企业专业化分工的正向影响更大。

第三，本章考察企业纵向一体化能力如何影响基准回归的结果。当交易成本较高时，企业倾向于采取纵向一体化策略以降低外部交易成本。值得注意的是，不同企业纵向一体化能力存在差异，只有当企业具备纵向一体化的能力时，才能将纵向一体化策略的动机转变为现实。例如，当与市场交易的应收账款难以收回时，纵向一体化能力较强的企业可能会将其产品更多出售给关联方以规避外部交易成本。因此，如果《中小企业促进法》能够通过降低交易成本从而促进企业专业化分工，那么对于那些在《中小企业促进法》实施之前纵向一体化能力较强的企业而言，《中小企业促进法》对企业专业化分工水平的提高作用更大。根据已有研究，本章分别使用企业规模（Alfaro et al.，2019）与市场份额（袁淳等，2022）作为刻画企业纵向一体化能力的替代变量。检验结果与预期一致，对于企业规模较大、市场份额较高的企业而言，纵向一体化能力更强，《中小企业促进法》对企业专业化分工的正向影响更大。

最后，本章将分析视角转向全要素生产率，考察《中小企业促进法》带来的企业专业化分工水平提升如何影响企业全要素生产率。理论上，专业化分工能够促进技术水平提升，并通过"干中学"效应提高劳动力的熟练程度，从而推动全要素生产率增长（Smith，1776）。如果《中小企业促进法》的确能够提升企业专业化分工水平，那么预期会进一步促进企业全要素生产率提升。根据已有研究，本章分别使用 LP 法（Levinsohn and Petrin，2003）与 WRDG 法（Wooldridge，2009）计算企业全要素生产率。检验结果与预期一致，相比于《中小企业促进法》实施前后专业化分工水平增长幅度较小的企业而言，《中小企业促进法》对专业化分工水平增长幅度较大企业的企业全要素生产率的提高作用显著更大。

第三节 《中小企业促进法》与企业专业化分工的研究设计

一、样本选择与数据来源

本章利用 2018 年《中小企业促进法》实施这一外生事件作为准自然实验，选取 2014~2021 年新三板挂牌企业为研究对象，考察《中小企业促进法》对企业专业化分工的影响。新三板挂牌企业涵盖了较多财务信息披露较为健全的中小企业，因此本章选择新三板挂牌企业为研究对象。根据研究需要，本章剔除了：（1）金融行业与相关财务数据缺失的观测值；（2）资产负债率大于1的观测值；（3）实际控制人性质为政府机关与事业单位的企业；（4）营业收入、总资产或员工人数超过中小企业划型标准的企业（见表2-1）。为避免极端值的影响，本章对所有连续变量执行1%的缩尾（Winsorize）处理。为控制潜在的异方差和序列相关性问题，本章对所有回归系数的标准误都使用异方差调整，并在企业层面上进行了聚类（Cluster）处理。本章所使用的财务数据来自万得信息技术股份有限公司（Wind）与中国研究数据服务平台（CNRDS）。

表2-1　　　　　　　　　　　中小企业划型标准　　　　　　　　　单位：万元

行业	中小企业营业收入标准	行业	中小企业营业收入标准
农、林、牧、渔业	20000	住宿业	10000
工业	40000	餐饮业	10000
建筑业	80000	信息传输业	100000
批发业	40000	软件和信息技术服务业	10000
零售业	20000	房地产开发经营	200000
交通运输业	30000	物业管理	5000
仓储业	30000	租赁和商务服务业（总资产）	120000
邮政业	30000	其他未列明行业（员工人数）	300

二、识别策略

《中小企业促进法》第五十三条规定为如何划分处理组与控制组提供了良好的契机。第五十三条规定指出，国家机关、事业单位和大型企业不得违约拖欠中小企业的货物、工程、服务款项，中小企业有权要求拖欠方支付拖欠款并要求对拖欠造成的损失进行赔偿。而且，国务院于2018年11月9日为切实解决国家机关、事业单位和大型企业拖欠中小企业账款问题开展了专项清欠行动。这说明那些在《中小企业促进法》实施之前其应收账款主要欠款方为国家机关、事业单位以及国有企业的中小企业受到《中小企业促进法》第五十三条规定的影响更大，其商业信用供给预期会下降更多。

按照这一逻辑，本章首先通过巨潮资讯网手工搜集新三板中小企业2017年年报，然后手工整理出新三板中小企业2017年应收账款前五名欠款方名单①。接下来，本章利用"企查查"平台逐个查询并确认2017年新三板中小企业应收账款前五名欠款方是否为国家机关、事业单位以及国有企业。最后，为了保证数据的准确性，本章还利用"天眼查"平台进行交叉核对。通过准确识别政府机关、事业单位或国有企业拖欠中小企业款项的详细情况，该数据集可以较好地刻画政府信用体系建设水平。根据Aretz等（2020）的研究思路，本章将《中小企业促进法》实施前一年（2017年）企业应收账款前五名中包含国家机关、事业单位或国有企业的样本定义为处理组 *Treat* =1，其余定义为控制组 *Treat* =0。

三、变量定义与模型设定

（一）企业专业化分工水平

Adelman（1955）最早使用价值增值法（Value Added to Sales，VAS）来刻画企业的纵向一体化程度，该方法计算企业增加值占营业收入的比率，比率越高，意味着企业纵向一体化程度越高、专业化程度越低。根据已有研究（Buzzell，1983；范子英和彭飞，2017；袁淳等，2021），本章使用修正的价值增值法刻画企业纵向一体化程度，具体计算方式如下：

$$VAS_{i,t} = \frac{VA_{i,t} - NPAT_{i,t} + NP_{i,t}}{Sale_{i,t} - NPAT_{i,t} + NP_{i,t}} = \frac{VA_{i,t} - NPAT_{i,t} + NA_{i,t} \times AROE_{i,t}}{Sale_{i,t} - NPAT_{i,t} + NA_{i,t} \times AROE_{i,t}}$$

(2.1)

其中，*VA* 表示增加值，定义为企业销售额与采购额的差值；*NPAT* 表示税后净利润；*NP* 表示正常利润，定义为企业净资产 *NA* 与行业平均净资产收益率 *AROE* 的乘积，行业平均净资产收益率 *AROE* 定义为采用企业所在二级行业内企业净资产收益率的均值；*Sale* 表示企业营业收入。采购额 *PA* 的计算方式如下：

$$PA_{i,t} = \frac{CPGS_{i,t} + BAP_{i,t} - EAP_{i,t} + EP\&NP_{i,t} - BP\&NP_{i,t}}{1 + TAX_{i,t}} + BI_{i,t} - EI_{i,t}$$

(2.2)

其中，*CPGS* 表示购买商品、接受劳务支付的现金；*BAP* 表示期初预付款；*EAP* 表示期末预付款；*EP&NP* 表示期末应付账款及应付票据；*BP&NP* 表示期初应付账款及应付票据；*TAX* 表示采购商品的增值税率，由于样本期内增值税率进行过多次调整，为简化处理，*TAX* 取值为17%，这可能会高

---

① 新三板上市企业的年报中一般只披露应收账款占比前五名的企业名称与所占应收账款总额的比率。

估企业增值税税率，进而低估企业专业化程度，为此，本章在稳健性检验部分替换为13%和0%进行稳健性检验；BI 表示期初存货；EI 表示期末存货。

VAS 刻画了企业的纵向一体化程度，本章取 VAS 的反向指标作为刻画企业专业化程度 VSI 的替代变量，即 VSI = 1 − VAS。VSI 取值越大，表示企业专业化程度越高，为保证 VSI 的有效性，根据已有研究（范子英和彭飞，2017；袁淳等，2021），本章对 VSI 取值大于1和小于0的观测值予以剔除。

（二）模型设定

本章使用《中小企业促进法》实施所形成的准自然实验情境，基于反事实框架使用双重差分方法估计《中小企业促进法》与企业专业化分工的因果效应。为了控制处理组与控制组企业固有差异对因果推断的干扰，本章在回归模型中加入企业固定效应。为了排除行业层面随时间变化的遗漏变量对因果推断的不利干扰，本章在回归模型中加入行业×年度固定效应。双重差分方法的研究优势是可以将《中小企业促进法》对企业专业化分工的影响从其他干扰因素中剥离出来，以此建立《中小企业促进法》与企业专业化分工之间的因果效应。本章的基准回归模型设定如下：

$$VSI_{i,t} = \beta_0 + \beta_1 Treat \times Post_{i,t} + \beta_2 Size_{i,t} + \beta_3 Lev_{i,t} + \beta_4 ROE_{i,t}$$
$$+ \beta_5 Cash\ Flow_{i,t} + \beta_6 Inventory_{i,t} + \beta_7 PPE_{i,t} + Firm\ FE$$
$$+ Ind \times Year\ FE + \varepsilon_{i,t} \tag{2.3}$$

其中，因变量 VSI 为企业专业化分工；Treat 为划分处理组与控制组的虚拟变量，根据 Aretz 等（2020）的研究思路，本章将《中小企业促进法》实施前一年（2017年）企业前五名应收账款名单中包含国家机关、事业单位或国有企业的样本定义为处理组 Treat = 1，其余为控制组 Treat = 0；Post 为《中小企业促进法》实施虚拟变量，实施之后（2018～2021年）取值为1，实施之前（2014～2017年）取值为0。系数 β_1 表示双重差分的估计结果，如果《中小企业促进法》可以提高企业专业化分工，那么预期 β_1 将显著为正。

基于已有企业专业化分工的研究（范子英和彭飞，2017；袁淳等，2021），本章在回归模型加入如下控制变量：企业规模 Size、资产负债率 Lev、净资产收益率 ROE、企业现金流 Cash Flow、企业存货密集度 Inventory、固定资产密集度 PPE。具体变量定义如表2－2所示。

变量名称	变量定义与说明
VSI	表示企业专业化分工,使用修正的价值增值法计算得到
Treat	虚拟变量,《中小企业促进法》实施前一年(2017 年)企业应收账款前五名中包含国家机关、事业单位或国有企业的样本定义为处理组 *Treat* = 1,其余为控制组 *Treat* = 0
Post	《中小企业促进法》实施虚拟变量,实施当年及以后年份(2018 ~ 2021 年)定义为 1,实施以前年份(2014 ~ 2017 年)定义为 0
Size	表示企业规模,定义为总资产的自然对数
Lev	表示企业资产负债率,定义为总负债与总资产的比率
ROE	表示企业净资产收益率,定义为净利润与净资产的比率
Cash Flow	表示企业现金流,定义为经营活动的现金流量净额与总资产的比率
Inventory	表示企业存货密集度,定义为存货与总资产的比率
PPE	表示企业固定资产密集度,定义为固定资产净额与总资产的比率

第四节 《中小企业促进法》与企业专业化分工的实证结果与分析

一、描述性统计

表 2 - 3 报告了样本期内基准回归模型中所包含变量的描述性统计结果。企业专业化分工 *VSI* 的均值为 0.5494,中位数为 0.5675,标准差为 0.2182,表明不同企业之间专业化分工差异较小。*Treat* 均值为 0.6366,表明 2017 年有大约 64% 的企业的应收账款主要欠款方包括国家机关、事业单位或国有企业。企业规模 *Size* 均值(中值)为 18.2834(18.3502),企业资产负债率 *Lev* 的均值(中值)为 0.4360(0.4293),企业净资产收益率 *ROE* 的均值(中值)为 0.0258(0.0734),企业现金流 *Cash Flow* 的均值(中值)为 0.0268(0.0319),企业存货密集度 *Inventory* 的均值(中值)为 0.1879(0.1610),企业固定资产密集度 *PPE* 的均值(中值)为 0.1746(0.1369)。

表 2 - 3 描述性统计

变量	N	Mean	SD	Min	P25	P50	P75	Max
VSI	18744	0.5494	0.2182	0.0496	0.3980	0.5675	0.7159	0.9662
Treat	18744	0.6366	0.4810	0.0000	0.0000	1.0000	1.0000	1.0000
Post	18744	0.5212	0.4996	0.0000	0.0000	1.0000	1.0000	1.0000
Size	18744	18.2834	1.0095	15.0707	17.6175	18.3502	18.9968	20.4148
Lev	18744	0.4360	0.2053	0.0486	0.2801	0.4293	0.5738	0.9806
ROE	18744	0.0258	0.3494	-2.5399	0.0052	0.0734	0.1553	0.9159
Cash Flow	18744	0.0268	0.1337	-0.5468	-0.0351	0.0319	0.0989	0.4596
Inventory	18744	0.1879	0.1384	0.0011	0.0834	0.1610	0.2628	0.6429
PPE	18744	0.1746	0.1545	0.0015	0.0402	0.1369	0.2697	0.6425

二、《中小企业促进法》与企业专业化分工：基准回归

表 2 - 4 报告了《中小企业促进法》对企业专业化分工影响的回归结果。第（1）列报告了未加入企业层面控制变量的回归结果，$Treat \times Post$ 的回归系数为 0.0164，在 1% 的水平上显著为正。第（2）列报告了进一步加入企业层面控制变量的回归结果，$Treat \times Post$ 的回归系数为 0.0172，仍然在 1% 的水平上显著为正，假说得到验证。从经济意义上来看，相比于控制组企业，《中小企业促进法》实施后，处理组企业的专业化分工水平提高约 3.13%（0.0172/0.5494 × 100%）。

表 2 - 4　　《中小企业促进法》与企业专业化分工：基准回归

变量	VSI	
	(1)	(2)
$Treat \times Post$	0.0164 *** (2.67)	0.0172 *** (2.82)
Size		0.0252 *** (4.70)
Lev		0.0083 (0.59)
ROE		0.0495 *** (8.50)

变量	VSI	
	(1)	(2)
Cash Flow		0.0543 *** (4.89)
Inventory		− 0.1159 *** (− 5.64)
PPE		− 0.1115 *** (− 5.69)
Constant	0.5439 *** (266.22)	0.1187 (1.21)
Firm FE	Yes	Yes
Ind × Year FE	Yes	Yes
N	18744	18744
Adj. R^2	0.5695	0.5820

三、稳健性检验

(一) 平行趋势

使用双重差分方法的关键在于平行趋势假定，即如果不存在处理效应，处理组和控制组的潜在结果的变化趋势是类似的。由于反事实无法观测，平行趋势假定实际上是不可检验的。一种间接的检验方式是比较外生事件发生前的双重差分系数。如果事件前的双重差分系数接近于 0 且不显著，就表明处理组和控制组的双重差分在事件前遵循相似的趋势。本章将 Post 替换为年度虚拟变量：Year2015、Year2016、Year2017、Year2018、Year2019、Year2020、Year2021。本章将 2017 年作为基期年，然后分别用这些年度虚拟变量与 Treat 交乘，对基准模型重新进行回归。图 2 − 2 绘制了交互项系数的变化趋势图，Treat × Year2015、Treat × Year2016 的系数均不显著，这为平行趋势假定提供了一定的支持①。

---

① 由于 2014 年的观测值相比于其他年份较少，根据 Cunningham （2021） 的建议，本章在平行趋势检验中将 2014 年的观测值予以剔除。

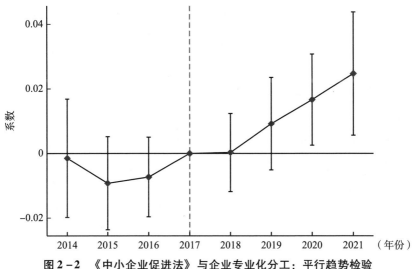

图 2－2　《中小企业促进法》与企业专业化分工：平行趋势检验

（二）排除替代性解释

《中小企业促进法》不仅有解决拖欠账款作用，还对财税支持、融资促进、创业扶持等其他规定具有影响，企业专业化分工的提升也可能是由这些影响造成的。如果财税支持能够提升企业专业化分工，那么预期《中小企业促进法》导致处理组企业的财税支持显著增加。本章采用税收负担 *Burden* 来反映企业获得的财税支持情况，根据已有研究（范子英和彭飞，2017），税收负担 *Burden* ＝（税金及附加＋所得税费用)/(税金及附加＋利润总额）。然而，表 2－5 第（1）列的回归结果显示，*Treat × Post* 的回归系数不显著，这在一定程度上可以排除财税支持提升企业专业化分工的替代性解释。同理，本章使用外部融资 *Fin* 来反映企业获得的融资支持，使用政府补助 *Subsidy* 反映企业获得的创业扶持。其中，外部融资 *Fin* 定义为筹资活动的现金流入与营业收入的比率（汪琼等，2020）；政府补助 *Subsidy* 定义为当年获得的政府补助与总资产的比率（潘红波等，2022）。表 2－5 的第（2）列与第（3）列报告了相应的回归结果，*Treat × Post* 的回归系数均不显著，这在一定程度上可以排除《中小企业促进法》中融资促进、创业扶持等其他规定提升企业专业化分工的替代性解释。

为了进一步排除财税支持、融资促进、创业扶持等其他规定的影响，本章将 *Burden*、*Fin* 以及 *Subsidy* 作为控制变量纳入到回归模型，这可以在保持财税支持、融资促进、创业扶持等不变的情况下考察《中小企业促进法》对企业专业化分工的影响。表 2－5 的第（4）列至第（6）列报告了相应的回归结果，*Treat × Post* 的回归系数均在 1% 的水平上显著为正，结论未发生变化。这可以在一定程度上排除本章的基本结果是由于《中小企业促进法》中其他规定驱动的。

表 2 - 5   排除替代性解释

变量	Burden	Fin	Subsidy	VSI		
	(1)	(2)	(3)	(4)	(5)	(6)
$Treat \times Post$	0.0124 (1.10)	0.0155 (0.90)	-0.0003 (-0.60)	0.0199*** (3.18)	0.0179*** (2.97)	0.0173*** (2.83)
Burden				0.0050 (1.21)		
Fin					-0.0460*** (-10.92)	
Subsidy						0.2578*** (3.08)
Size	0.0164* (1.84)	0.1073*** (6.61)	-0.0029*** (-7.06)	0.0153*** (2.74)	0.0301*** (5.65)	0.0259*** (4.82)
Lev	-0.0280 (-1.12)	0.3031*** (6.18)	-0.0059*** (-4.69)	0.0248* (1.70)	0.0223 (1.61)	0.0099 (0.70)
ROE	0.0971*** (10.06)	-0.1408*** (-6.12)	0.0004 (0.79)	0.0658*** (9.89)	0.0430*** (7.65)	0.0494*** (8.48)
Cash Flow	0.0598*** (2.66)	-0.5653*** (-14.95)	0.0066*** (5.12)	0.0309*** (2.68)	0.0283** (2.55)	0.0526*** (4.73)
Inventory	0.0078 (0.21)	-0.4368*** (-7.36)	-0.0011 (-0.62)	-0.1481*** (-7.01)	-0.1359*** (-6.76)	-0.1156*** (-5.62)
PPE	0.0133 (0.35)	-0.0471 (-0.63)	0.0020 (1.20)	-0.1166*** (-5.68)	-0.1136*** (-5.80)	-0.1120*** (-5.73)
Constant	-0.1332 (-0.82)	-1.6032*** (-5.47)	0.0667*** (8.82)	0.2994*** (2.94)	0.0450 (0.46)	0.1015 (1.03)
Firm FE	Yes	Yes	Yes	Yes	Yes	Yes
$Ind \times Year\ FE$	Yes	Yes	Yes	Yes	Yes	Yes
N	17328	18744	18744	17328	18744	18744
Adj. R^2	0.1010	0.4719	0.3583	0.5918	0.5888	0.5822

（三）安慰剂测试

本章的处理组样本都是与政府存在业务往来的企业，这部分企业相比于没有政府订单的企业而言更可能是好企业。如果该假设成立，那么即使没有《中小企业促进法》实施，处理组企业与控制组企业专业化分工水平的潜在结果也是不同的。为了排除这一混淆因素的干扰，根据 Barrot 和 Nanda（2020）的研究思路，本章设计如下安慰剂测试：将控制组企业（即《中小企业促进法》实施之前没有政府欠款的企业）分为两组，一组企业的大客户在《中小企业促进法》实施前一年包括国家机关、事业单位或国有企业，另一组企业的大客户在《中小企业促进法》实施前一年不包括国家机关、事业单位或国有企业。如果与政府有业务往来的企业更可能是好企业，从而导致企业专业化分工水平提高，那么可以预期即使没有清欠账款，这类企业的专业化分工水平也会显著高于与政府没有业务往来的企业。相反，如果不能发现显著差异，那么可以在一定程度上排除本章基本结论是由与政府有业务往来的好企业带来的干扰，这意味着本章基本结论更可能是《中小企业促进法》通过清欠账款带来的。

具体而言，本章首先只保留控制组样本，然后设置虚拟变量 $Non-Eligible$，当企业在《中小企业促进法》实施前一年的大客户实际控制人性质为国家机关、事业单位或国有企业时取值为 1，否则取 0。根据本章的基准模型设定，使用 $Non-Eligible \times Post$ 替换基准模型中的 $Treat \times Post$，然后重新进行回归。如果与政府有业务往来的企业更可能是好企业，从而带来了企业专业化分工的变化，那么 $Non-Eligible \times Post$ 的回归系数预期显著为正。表 2-6 第（1）列报告了相应的回归结果，$Non-Eligible \times Post$ 的回归系数不具有统计显著性，表明大客户包括国家机关、事业单位或国有企业的企业劳动雇佣在《中小企业促进法》实施后并没有显著提高。这能够在一定程度上排除与政府有业务往来的好企业对本章基本结论的干扰，意味着本章基本结论更可能是《中小企业促进法》通过清欠账款带来的。

为了进一步排除不可观测的缺失变量以及其他替代性解释对因果推断的不利干扰。本章还执行如下安慰剂测试：将样本期间限制在 2014~2017 年，将《中小企业促进法》的实施时间提前两年并设置虚拟变量 $Before2$，使用 $Treat \times Before2$ 替换 $Treat \times Post$ 对基准模型重新进行回归。如果本章的基准回归所发现的效应本不存在，那么即使模拟《中小企业促进法》的实施时间也能得到类似的回归结果。表 2-6 第（2）列报告了相应的回归结果，$Treat \times Before2$ 的回归系数不具有统计显著性，这能够进一步排除一些不可观测的因素对基本结论的干扰。

变量	VSI	
	(1)	(2)
Non – Eligible × Post	−0.0104 (−0.44)	
Treat × Before2		−0.0083 (−0.94)
Size	0.0153 ** (1.97)	−0.0077 (−0.97)
Lev	0.0042 (0.19)	0.0854 *** (4.87)
ROE	0.0469 *** (5.92)	0.0880 *** (8.25)
Cash Flow	0.0576 *** (3.30)	0.0183 (1.37)
Inventory	−0.0572 * (−1.79)	−0.2240 *** (−7.35)
PPE	−0.0693 ** (−2.37)	−0.0689 ** (−2.41)
Constant	0.3137 ** (2.19)	0.6903 *** (4.69)
Firm FE	Yes	Yes
Ind × Year FE	Yes	Yes
N	6795	18746
Adj. R^2	0.5966	0.5940

表 2 – 6　　　　　　　　　安慰剂测试

（四）配比法

配比法可以通过平衡处理组与控制组企业在可观测变量上的差异，以满足后门准则，加强因果推断。一旦两组企业在可观测变量上具有平衡性，那么意味着两组企业都不接受处理，其专业化分工水平潜在结果的期望值应该相等。本章使用倾向得分配比法（Dehejia and Wahba，2002），以控制组企业作为配比池，从中选取一组与处理组在基本面特征上相似的企业作为配比组。本章以 *Treat* 作为被解释变量，选取配比变量为 *Size*、

Lev、*ROE*、*Cash Flow*、*Inventory* 以及 *PPE*，把卡尺设置为 0.05 来估计 Logit 模型，并按照 1:1 的比例为每个处理组样本配比与之最相近的配比样本。在通过倾向得分配比遴选出配比组后，以新样本对基本问题重新进行检验，结果如表 2-7 的第（1）列所示，*Treat × Post* 的回归系数显著为正。这表明在使用倾向得分配比法平衡企业基本面特征后，《中小企业促进法》对企业专业化分工仍然存在显著的正向影响。

使用倾向得分配比法会减少样本，如表 2-7 中第（1）列的观测值为 14880 个，相比基准回归模型样本观察值 18744 个，减少了 3864 个。本章借鉴 Hainmueller（2012）提出的熵平衡配比法对基本结果进行重新检验，其中选取的协变量仍为模型（2.3）中包含的控制变量，并将最高协变量调整阶数设定为 2①。通过熵平衡配比法，不仅可以保证处理组与控制组样本在各协变量高阶矩上分布的相近性，同时也能保持样本的完整性。表 2-7 的第（2）列报告了经熵平衡配比后的回归结果，样本观察值为 18744 个，与基准回归模型样本观察值个数相同。可以发现，*Treat × Post* 的回归系数仍然显著为正，结论并没有发生改变。

表 2-7　　　　　　　　　　　　　　配比法

变量	VSI	
	（1）	（2）
Treat × Post	0.0192 *** (2.63)	0.0177 *** (2.74)
Size	0.0276 *** (4.39)	0.0258 *** (4.54)
Lev	0.0103 (0.64)	0.0023 (0.14)
ROE	0.0529 *** (7.94)	0.0501 *** (7.92)
Cash Flow	0.0459 *** (3.77)	0.0509 *** (4.35)
Inventory	−0.1288 *** (−5.47)	−0.1082 *** (−4.96)

---

① 本章将最高协变量调整阶数设定为 3，检验结果保持不变。

变量	VSI	
	(1)	(2)
PPE	−0.1113 *** (−4.96)	−0.1002 *** (−4.80)
Constant	0.0720 (0.63)	0.1082 (1.04)
Firm FE	Yes	Yes
Ind × Year FE	Yes	Yes
N	14880	18744
Adj. R²	0.5767	0.5939

（五）更换关键变量

为了缓解企业专业化分工水平测量偏误对研究结论的干扰，本章分别将 VSI 替换为 VSI2、VSI3 以及 VSI4。其中，VSI2 在计算时的增值税税率取值为 13%，VSI3 在计算时的增值税税率取值为 0，VSI4 在计算时的行业代码取 1 位。本章分别利用 VSI2、VSI3 以及 VSI4 替换模型（2.3）中的 VSI 对基准模型重新进行回归，表 2 – 8 的第（1）列至第（3）列报告了相应的回归结果，Treat × Post 的回归系数均显著为正，结论未发生改变。在基准回归中，本章将 Treat 设置为虚拟变量。在稳健性测试中，根据 Brynjolfsson 等（2019）的研究思路，本章将虚拟变量 Treat 替换为连续变量 Exposure，Exposure 定义为 2017 年企业应收账款前五名中包含的国家机关、事业单位以及国有企业欠款总金额与应收账款总额的比率，表 2 – 8 的第（4）列报告了替换后的回归结果，Exposure × Post 的回归系数在 5% 的水平上显著为正，结论未发生改变。

表 2 – 8　　　　　　　　　　　更换关键变量

变量	VSI2	VSI3	VSI4	VSI
	(1)	(2)	(3)	(4)
Treat × Post	0.0183 *** (2.92)	0.0226 *** (3.22)	0.0181 *** (2.97)	
Exposure × Post				0.0231 ** (2.05)

变量	VSI2	VSI3	VSI4	VSI
	（1）	（2）	（3）	（4）
Size	0.0283 ***	0.0401 ***	0.0273 ***	0.0067
	（5.13）	（6.50）	（5.07）	（1.27）
Lev	0.0103	0.0173	− 0.0054	0.0664 ***
	（0.71）	（1.06）	（ − 0.37）	（4.91）
ROE	0.0523 ***	0.0627 ***	0.0480 ***	0.0851 ***
	（8.74）	（9.48）	（7.89）	（13.63）
Cash Flow	0.0523 ***	0.0443 ***	0.0509 ***	0.0317 ***
	（4.59）	（3.52）	（4.52）	（2.87）
Inventory	− 0.0942 ***	− 0.0091	− 0.0925 ***	− 0.1313 ***
	（ − 4.48）	（ − 0.39）	（ − 4.35）	（ − 6.59）
PPE	− 0.1156 ***	− 0.1303 ***	− 0.1077 ***	− 0.1010 ***
	（ − 5.72）	（ − 5.76）	（ − 5.49）	（ − 5.16）
Constant	0.0773	− 0.0789	0.0854	0.4361 ***
	（0.77）	（ − 0.70）	（0.87）	（4.49）
Firm FE	Yes	Yes	Yes	Yes
Ind × Year FE	Yes	Yes	Yes	Yes
N	18744	18744	18744	18563
Adj. R^2	0.5852	0.5931	0.5762	0.5902

四、《中小企业促进法》与企业专业化分工：机制检验

以拖欠账款为代表的交易成本削弱了企业专业化分工的动机与能力，是制约中小企业发展专业化分工的重要因素。《中小企业促进法》能够有效解决拖欠中小企业账款问题，降低交易成本。因此，本章认为交易成本降低是《中小企业促进法》提高企业专业化分工水平的作用机制。为了验证这一推断，根据已有研究（王馨和王营，2021；Di Giuli and Laux，2022；Fonseca，2023），本章采用两阶段回归法识别《中小企业促进法》对企业专业化分工的传导机制。如果采用手动两步法执行两阶段回归，那么第一阶段的预测值会受到抽样误差的影响而违反非随机回归量假定，导致第二阶段回归的标准误差被低估，从而高估显著性（Greene，2017）。已有研究采用推导且应用一致标准误差的解析表达式（Swanson，2021）或自抽

样（Bootstrapping）方法（Ozdagli and Velikov，2020；Gollin et al.，2021）来纠正手动两阶段中的标准误偏差问题。为了规避这一问题，本章的两阶段回归法在具体操作中没有采用手动方法，而是基于工具变量方法一次性回归得到。

两阶段回归法的基本原理与工具变量法相同，能够克服混淆变量对识别因果中介效应的不利干扰（MacKinnon and Pirlott，2015）。在两阶段回归中，第一阶段由 M（中介变量）对 X（自变量）进行回归得到 M 的预测值，第二阶段由 Y（因变量）对 M 的预测值进行回归，M 的预测值与 Y 的回归系数就表示 M 与 Y 的因果估计量。使用该方法识别因果中介效应需要满足以下三个条件：第一，相关性，这要求所选取的 X 与 M 之间高度相关；第二，外生性，这要求所选取的 X 是随机的或者是近似随机的；第三，排他性约束，这要求 X 只能够通过 M 进而对 Y 产生影响。其中，相关性可以通过弱工具变量识别检验来判断，而关于外生性和排他性约束，在本章的情境中，这两个条件都可以得到满足。首先，《中小企业促进法》施行并不依赖于微观企业的专业化分工水平。这对于企业而言可以视为随机化处理，满足外生性条件。其次，《中小企业促进法》第五十三条规定仅通过影响企业商业信用供给进而对企业专业化分工产生影响。这得益于《中小企业促进法》第五十三条较强的指向性，即解决拖欠中小企业账款问题，并通过国务院部署的专项清欠行动加以落实，满足排他性约束条件。两阶段回归法的具体步骤如下，第一阶段构建以下模型来检验 $Treat \times Post$ 对商业信用供给的影响：

$$TC_{i,t} = \alpha_0 + \alpha_1 Treat \times Post_{i,t} + Controls + Firm\ FE + Ind \times Year\ FE + \varepsilon_{i,t}$$

(2.4)

其中，TC 表示商业信用供给，$Controls$ 表示模型（2.3）中的控制变量。根据已有研究（Restrepo et al.，2019），本章使用应收账款与应收票据之和与营业收入的比率来刻画商业信用供给。根据模型（2.4）的回归结果，可以得到 TC 的预测值 $TC\ fitted$，将 $TC\ fitted$ 替换模型（2.3）中的 $Treat \times Post$，可以得到第二阶段的估计模型：

$$VSI_{i,t} = \gamma_0 + \gamma_1 TC\ fitted_{i,t} + Controls + Firm\ FE + Ind \times Year\ FE + \xi_{i,t}$$

(2.5)

其中，系数 γ_1 估计了《中小企业促进法》带来的商业信用供给变动进而对企业专业化分工的影响。

表2-9报告了机制检验的回归结果，第（1）列中 $Treat \times Post$ 的回归系数为 -0.0246，在 1% 的水平上显著为负，表明《中小企业促进法》

导致商业信用供给显著减少，这为《中小企业促进法》解决拖欠账款问题、降低交易成本提供了直接的经验证据。第（2）列中 *TC fitted* 的回归系数在 5% 的水平上显著为负，表明由《中小企业促进法》带来的商业信用供给减少能够进一步提高企业专业化分工水平。以上检验结果表明，交易成本降低是《中小企业促进法》提高企业专业化分工水平的影响机制。Cragg - Donald F 值为 15. 822，大于经验标准 10。此外，依据 Andrews 等（2019），本章还报告了 Anderson - Rubin 置信区间。可以发现，置信区间并不包含 0，这可以缓解对弱工具变量问题的担忧。

表 2 - 9   《中小企业促进法》与企业专业化分工：两阶段回归

变量	TC	VSI
	(1)	(2)
Treat × Post	- 0. 0246 *** (- 2. 73)	
TC fitted		- 0. 6980 ** (- 2. 09)
Size	0. 0674 *** (7. 97)	0. 0723 *** (2. 97)
Lev	- 0. 0640 *** (- 3. 10)	- 0. 0365 (- 1. 28)
ROE	- 0. 0803 *** (- 6. 58)	- 0. 0065 (- 0. 23)
Cash Flow	- 0. 2226 *** (- 12. 42)	- 0. 1011 (- 1. 32)
Inventory	- 0. 5324 *** (- 14. 94)	- 0. 4875 *** (- 2. 69)
PPE	- 0. 1649 *** (- 6. 21)	- 0. 2267 *** (- 3. 73)
Firm FE	Yes	Yes
Ind × Year FE	Yes	Yes
N	18743	18743
Cragg - Donald Wald FStatistic	15. 780	
Anderson - Rubin Confidence Intervals	[- 1. 5559， - 0. 15443]	

此外，本章还对机制检验的第一阶段执行平行趋势检验。具体而言，本章将基准回归模型中的被解释变量替换为 TC，将 $Post$ 替换为年度虚拟变量：$Year2015$、$Year2016$、$Year2017$、$Year2018$、$Year2019$、$Year2020$ 和 $Year2021$。本章同样将 2017 年作为基期年，然后分别用这些年度虚拟变量与 $Treat$ 交乘，对基准模型重新进行回归，图 2－3 绘制了交互项系数的变化趋势图，$Treat \times Year2015$、$Treat \times Year2016$ 的系数均不显著，为平行趋势假定提供了一定的支持。

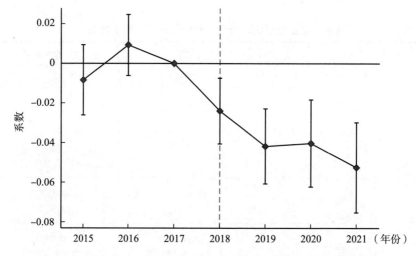

图 2－3 《中小企业促进法》与企业商业信用供给：平行趋势检验

五、《中小企业促进法》与企业专业化分工：横截面检验

为了进一步说明本章基本问题的内在逻辑，加强因果推断，本章分别从制度环境、专用性资产投资以及企业纵向一体化能力三个维度探讨《中小企业促进法》影响企业专业化分工的横截面差异。

（一）制度环境

本章首先考察制度环境如何影响基准回归的结果。当地区制度环境较差时，企业面临的交易成本较高，通过契约实现公平交易的可能性较小，此时企业更倾向于将交易安排在企业内部进行，即采取纵向一体化战略（Fan et al.，2017）。相反，当地区制度环境较好时，政府拖欠中小企业款项的可能性更小，企业面临的外部交易成本更低，更愿意开展专业化分工。例如，Li 等（2021）发现，法律环境的改善可以更好地保护专用性资产的投资者，并为其提供更强的投资激励，促进经济整体的专业化水平。如果《中小企业促进法》能够通过降低交易成本提高企业专业化分工水平，那么对于那些在《中小企业促进法》实施之前所在地区制度环境较差的企业而言，这种促进效应预期会更强。根据已有研究，本章分别使用省份企业经营环境指数 OEI（郭晓丹等，2019）、城市合同执行指数 CEI（牛志伟等，2023）来刻画企业面临的制度环境①。

本章依据 OEI 与 CEI 在《中小企业促进法》实施之前的中位数将样本划分为两组分别进行检验。表 2 - 10 的第（1）列与第（2）列报告了基于 OEI 分组检验的结果，在省份企业经营环境指数较低组（OEI 低于样本中位数），Treat × Post 的回归系数为 0.0213，在 1% 的水平上显著，但在省份企业经营环境指数较高组（OEI 高于样本中位数），Treat × Post 的回归系数不显著，Treat × Post 的组间系数差异在 1% 的水平上显著。表 2 - 10 的第（3）列与第（4）列报告了基于 CEI 分组检验的结果，在城市合同执行指数较低组（CEI 低于样本中位数），Treat × Post 的回归系数为 0.0244，在 1% 的水平上显著，但在城市合同执行指数较高组（CEI 高于样本中位数），Treat × Post 的回归系数不显著，Treat × Post 的组间系数差异同样在 1% 的水平上显著。以上检验结果表明，对于所在地区制度环境较差的企业而言，《中小企业促进法》对企业专业化分工水平的促进作用更大。

表 2 - 10 基于制度环境的横截面检验

变量	VSI			
	（1）OEI = Low	（2）OEI = High	（3）CEI = Low	（4）CEI = High
Treat × Post	0.0213 *** (2.72)	0.0063 (0.65)	0.0244 *** (2.75)	0.0093 (1.11)
Diff. of Treat × Post (Empirical p-value)	[0.000] ***		[0.000] ***	
Size	0.0106 (1.59)	0.0440 *** (5.14)	0.0135 * (1.69)	0.0377 *** (5.31)
Lev	0.0141 (0.78)	− 0.0041 (− 0.19)	0.0074 (0.35)	0.0068 (0.36)
ROE	0.0462 *** (5.77)	0.0531 *** (6.39)	0.0407 *** (4.17)	0.0546 *** (7.71)

---

① 资料来源：《中国分省企业经营环境指数 2017 年报告》《2017 年中国城市营商环境指数》。

变量	VSI			
	(1) *OEI* = Low	(2) *OEI* = High	(3) *CEI* = Low	(4) *CEI* = High
Cash Flow	0.0572 ***	0.0453 ***	0.0563 ***	0.0523 ***
	(3.96)	(2.59)	(3.27)	(3.63)
Inventory	− 0.1202 ***	− 0.1209 ***	− 0.1228 ***	− 0.1174 ***
	(− 4.57)	(− 3.68)	(− 3.81)	(− 4.43)
PPE	− 0.1041 ***	− 0.1236 ***	− 0.0818 ***	− 0.1447 ***
	(− 4.18)	(− 3.83)	(− 3.01)	(− 5.27)
Constant	0.3828 ***	− 0.2151	0.3264 **	− 0.1000
	(3.15)	(− 1.38)	(2.22)	(− 0.78)
Firm FE	Yes	Yes	Yes	Yes
Ind × Year FE	Yes	Yes	Yes	Yes
N	11452	7250	9794	8905
Adj. R²	0.5658	0.6018	0.5581	0.6071

（二）专用性资产投资

其次，本章考察专用性资产投资如何影响基准回归的结果。Williamson（1979）将外部交易成本分解为资产专用性、交易频率以及不确定性三个维度。其中，资产专用性指的是投资的资产无法用作其他用途，导致交易对手采取"敲竹杠"等机会主义行为的动机增强。如果制度安排无法有效限制交易对手的机会主义行为，那么专用性资产投资的预期回报就会降低（吕朝凤和朱丹丹，2016）。在这种情况下，企业投资专用性资产的意愿也会降低、企业专业化分工水平也会相应下降。拖欠账款不仅降低了企业专用性资产的投资意愿，而且削弱了企业专用性资产的投资能力。换句话说，拖欠账款导致企业专用性资产投资不足。如果《中小企业促进法》能够通过降低交易成本从而提高企业专业化分工水平，那么对于那些在《中小企业促进法》之前专用性资产投资水平较低的企业而言，《中小企业促进法》对企业专业化分工水平的提高作用更大。根据已有研究（Berger et al.，1996；袁淳等，2022），本章分别使用企业研发投入占营业收入的比率 *RD* 与资产退出价值 *EV* 作为刻画企业专用性资产投资水平的替代变量。其中，资产退出价值 *EV* 取值越高，表示专用性资产投资水平越低。

本章分别依据 RD 与 EV 在《中小企业促进法》实施前的中值将样本划分为两组分别进行检验。表 2 - 11 的第（1）列与第（2）列报告了基于 RD 分组检验的结果，在研发投入水平较低组（RD 低于样本中位数），$Treat \times Post$ 的回归系数为 0.0213，在 5% 的水平上显著，但研发投入水平较高组（RD 高于样本中位数），$Treat \times Post$ 的回归系数不显著。$Treat \times Post$ 的组间系数差异在 1% 的水平上显著。表 2 - 11 的第（3）列与第（4）列报告了基于 EV 分组检验的结果，在资产退出价值较高组（EV 高于样本中位数），$Treat \times Post$ 的回归系数为 0.0274，在 1% 的水平上显著，但在资产退出价值较低组（EV 低于样本中位数），$Treat \times Post$ 的回归系数不显著。$Treat \times Post$ 的组间系数差异在 5% 的水平上显著。以上检验结果表明，对于专用性资产投资水平较低的企业而言，《中小企业促进法》对企业专业化分工的正向影响更大。

表 2 - 11   基于专用性资产投资的横截面检验

变量	VSI			
	（1）RD = Low	（2）RD = High	（3）EV = High	（4）EV = Low
$Treat \times Post$	0.0213 **	0.0066	0.0274 ***	0.0104
	(2.44)	(0.76)	(2.94)	(1.19)
$Diff.\ of\ Treat \times Post$ (Empirical p-value)	[0.002] ***		[0.013] **	
$Size$	0.0240 ***	0.0222 ***	0.0168 *	0.0316 ***
	(2.70)	(3.25)	(1.77)	(4.61)
Lev	− 0.0108	0.0016	− 0.0209	0.0129
	(− 0.50)	(0.09)	(− 0.85)	(0.71)
ROE	0.0432 ***	0.0580 ***	0.0663 ***	0.0502 ***
	(4.77)	(7.11)	(5.15)	(7.11)
$Cash\ Flow$	0.0616 ***	0.0446 ***	0.0372 *	0.0637 ***
	(3.80)	(2.79)	(1.90)	(4.53)
$Inventory$	0.0002	− 0.0026 **	− 0.0003	− 0.0020
	(0.13)	(− 2.21)	(− 0.19)	(− 1.60)
PPE	− 0.0780 ***	− 0.1090 ***	− 0.0558 *	− 0.1289 ***
	(− 2.59)	(− 4.15)	(− 1.87)	(− 4.60)
$Constant$	0.1617	0.1237	0.2510	− 0.0033
	(0.99)	(1.00)	(1.41)	(− 0.03)

变量	VSI			
	(1) RD = Low	(2) RD = High	(3) EV = High	(4) EV = Low
Firm FE	Yes	Yes	Yes	Yes
Ind × Year FE	Yes	Yes	Yes	Yes
N	8783	8658	8847	8158
Adj. R^2	0.5869	0.5402	0.5502	0.6002

（三）企业纵向一体化能力

最后，本章考察企业纵向一体化能力如何影响基准回归的结果。理论分析部分指出，当拖欠账款这一交易成本大于企业内部管理成本时，企业就会采取纵向一体化策略使交易在企业内部进行。然而，并非所有企业都能够采取纵向一体化策略，换句话说，纵向一体化能否采用依赖于企业的能力（Acemoglu et al.，2009）。对于那些更有能力采取纵向一体化策略的企业而言，面对客户长期的拖欠账款，企业更有可能将其产品出售给子公司等关联方以规避拖欠问题。然而，对于那些没有能力采取纵向一体化策略的企业而言，其专业化水平本身就比较高，即使面对政府长期的拖欠账款，企业也没办法将其产品出售给自己，只能诉诸于诉讼甚至寻租手段催讨欠款。如果《中小企业促进法》能够通过降低交易成本提高企业专业化分工水平，那么对于那些在《中小企业促进法》实施之前纵向一体化能力较强的企业而言，这种促进效应预期会更强。已有研究发现，规模较大、市场份额较高的企业更有能力采取纵向一体化策略（Alfaro et al.，2019；袁淳等，2022）。这是因为规模较大、市场份额较高企业的财务实力普遍比较强，这些企业更有能力通过纵向并购等方式来实现纵向一体化。为此，本章使用企业规模 Size 与市场份额 MS 来刻画企业纵向一体化能力。

本章依据 Size 与 MS 在《中小企业促进法》实施之前的中位数将样本划分为两组分别进行检验。表 2-12 的第（1）列与第（2）列报告了基于 Size 分组检验的结果，在企业规模较大组（Size 高于样本中位数），Treat × Post 的回归系数为 0.0245，在 1% 的水平上显著，但在企业规模较小组（Size 低于样本中位数），Treat × Post 的回归系数不显著，Treat × Post 的组间系数差异在 1% 的水平上显著。表 2-12 的第（3）列与第（4）列报告了基于 MS 分组检验的结果，在市场份额较高组（MS 高于样本中位数），Treat × Post 的回归系数为 0.0236，在 1% 的水平上显著，但在市场份额较低组（*MS* 低于样本中位数），*Treat* × *Post* 的回归系数不显著，*Treat* × *Post* 的组间系数差异同样在 1% 的水平上显著。以上检验结果表明，对于规模较大、市场份额较高的企业而言，企业更有能力开展纵向一体化，《中小企业促进法》对企业专业化分工水平的促进作用更大。

表 2 – 12　　　　　　　　　基于纵向一体化能力的横截面检验

变量	VSI			
	(1) *Size* = Big	(2) *Size* = Small	(3) *MS* = High	(4) *MS* = Low
Treat × *Post*	0.0245 *** (2.70)	0.0008 (0.09)	0.0236 *** (2.89)	0.0032 (0.36)
Diff. of Treat × *Post* (Empirical p-value)	[0.000] ***		[0.000] ***	
Size	0.0181 ** (2.03)	0.0258 *** (3.64)	0.0049 (0.59)	0.0348 *** (4.61)
Lev	−0.0093 (−0.37)	0.0104 (0.60)	0.0088 (0.41)	−0.0065 (−0.34)
ROE	0.0665 *** (5.32)	0.0454 *** (6.58)	0.0542 *** (6.14)	0.0512 *** (6.65)
Cash Flow	0.0445 ** (2.26)	0.0584 *** (4.20)	0.0432 *** (2.83)	0.0588 *** (3.70)
Inventory	0.0002 (0.16)	−0.0020 * (−1.87)	−0.0002 (−0.17)	−0.0020 * (−1.73)
PPE	−0.0594 ** (−2.11)	−0.1230 *** (−4.40)	−0.0452 * (−1.71)	−0.1281 *** (−4.57)
Constant	0.2231 (1.34)	0.1040 (0.83)	0.4831 *** (3.18)	−0.0732 (−0.54)
Firm FE	Yes	Yes	Yes	Yes
Ind × *Year FE*	Yes	Yes	Yes	Yes
N	9047	8405	9094	8374
Adj. R^2	0.5530	0.6086	0.6114	0.5394

六、《中小企业促进法》、企业专业化分工与全要素生产率

　　尽管本章已经发现《中小企业促进法》能够通过降低交易成本从而促

进企业专业化分工，但由此带来的专业化分工提升能否进一步推动生产率提升还缺乏相应的经验证据。理论上，相比于纵向一体化，专业化分工的优势就在于效率提升。专业化分工能够促进技术水平提升，并通过"干中学"效应提高劳动力的熟练程度，从而推动生产率增长（Smith，1776）。既然《中小企业促进法》能够提高企业专业化分工水平，那么可以预期专业化分工水平的提升会进一步推动企业生产率提升。根据已有研究（Chen and Lee，2023），本章构建如下模型验证这一推断：

$$TFP_{i,t} = \varphi_0 + \varphi_1 Treat \times Post \times \Delta VSI\ dummy_{i,t} + \varphi_2 Post \times \Delta VSI\ dummy_{i,t}$$
$$+ \varphi_3 Treat \times Post_{i,t} + Controls + Firm\ FE + Ind \times Year\ FE + \xi_{i,t}$$

$$(2.6)$$

其中，TFP 表示企业全要素生产率，分别使用 LP 法（Levinsohn and Petrin，2003）与 WRDG 法（Wooldridge，2009）计算得到；$\Delta VSI\ dummy$ 是虚拟变量，当企业专业化分工水平在《中小企业促进法》实施前后的差值大于样本中位数时，$\Delta VSI\ dummy$ 取值为 1，否则为 0；$Controls$ 表示模型（2.3）中的控制变量。$Treat \times Post \times \Delta VSI\ dummy$ 的系数 φ_1 捕获了《中小企业促进法》实施对专业化分工水平提高更多的企业全要素生产率的影响，如果《中小企业促进法》能够通过提高企业专业化分工促进生产率提升，那么 φ_1 将显著为正。

表 2-13 报告了模型（2.6）的回归结果，第（1）列报告了 TFP_LP 的回归结果，$Treat \times Post \times \Delta VSI\ dummy$ 的回归系数为 0.0586，在 5% 的水平上显著为正；第（2）列报告了 TFP_WRDG 的回归结果，$Treat \times Post \times \Delta VSI\ dummy$ 的回归系数为 0.0593，同样在 5% 的水平上显著为正，表明相比于《中小企业促进法》实施前后专业化分工水平增长幅度较小企业而言，《中小企业促进法》导致专业化分工水平增长幅度较大企业的全要素生产率显著提高。

表 2-13　　《中小企业促进法》、专业化分工与企业全要素生产率

变量	TFP_LP	TFP_WRDG
	（1）	（2）
$Treat \times Post \times \Delta VSI\ dummy$	0.0586 ** (1.97)	0.0593 ** (2.00)
$Post \times \Delta VSI\ dummy$	0.1468 *** (6.05)	0.1467 *** (6.07)

变量	TFP_LP	TFP_WRDG
	（1）	（2）
Treat × Post	− 0. 0699 （ − 1. 47）	− 0. 0714 （ − 1. 50）
Size	0. 5261 *** （31. 20）	0. 5248 *** （31. 17）
Lev	0. 1673 *** （3. 49）	0. 1680 *** （3. 52）
ROE	0. 2300 *** （10. 56）	0. 2298 *** （10. 57）
Cash Flow	0. 2517 *** （7. 47）	0. 2521 *** （7. 49）
Inventory	0. 0890 （1. 30）	0. 0850 （1. 25）
PPE	− 1. 1608 *** （ − 20. 06）	− 1. 1262 *** （ − 19. 54）
Constant	4. 6038 *** （14. 86）	4. 6673 *** （15. 09）
Firm FE	Yes	Yes
Ind × Year FE	Yes	Yes
N	16407	16407
Adj. R^2	0. 8431	0. 8426

第五节 《中小企业促进法》与企业专业化分工的研究结论与政策建议

中小企业是中国经济韧性、就业韧性的重要支撑，是激发创新的重要力量。本章通过手工整理新三板挂牌上市企业年报中应收账款主要欠款方的实际控制人性质，考察《中小企业促进法》对企业专业化分工的影响。双重差分结果显示，相比于控制组企业，《中小企业促进法》实施后，处理组企业的专业化分工水平平均而言提高约3.13%。本章通过考察平行趋势假定、排除替代性解释、安慰剂测试、配比法以及更换关键变量等稳健性测试以强化基本研究结论的因果效应。进一步分析发现，交易成本降低是《中小企业促进法》提高企业专业化分工水平的作用机制。当制度环境较差、专用性资产投资水平较低以及企业纵向一体化能力较强时，《中小企业促进法》导致企业专业化分工水平显著提高更多。经济后果检验结果发现，《中小企业促进法》通过促进企业专业化分工水平提升能够进一步提高企业的全要素生产率。本章揭示了加快推进中小企业迈向专精特新的重要途径——减少商业信用供给，对于促进中小企业聚焦实业，做精主业，推动中小企业又好又快发展具有启示意义。

结合研究结论，本章的政策启示主要有以下两点：第一，本章发现《中小企业促进法》可以显著提高企业专业化分工水平，对于提振中小企业发展信心、推动经济高质量发展具有较强的现实意义。《"十四五"促进中小企业发展规划》的目标是：力争到2025年，中小企业整体发展质量稳步提高，创新能力和专业化水平显著提升。本章结果表明《中小企业促进法》通过降低交易成本从而提高企业专业化分工水平，而且对于那些所在地区制度环境更差的中小企业而言，这种影响效应更大。这说明强化政府信用体系建设，提高对中小企业的权益保护有助于提高专业化水平。因此，地方政府要加强法治政府、诚信政府建设，在政府和社会资本合作、招商引资等活动中依法诚信履约，建立健全政府失信责任追究制度，不断完善治理拖欠账款等行为长效机制。

第二，本章发现《中小企业促进法》能够减少商业信用供给，提升企业流动性，对于缓解中小企业流动性约束，促进民营经济高质量发展具有重要的政策意义。党的二十大报告提出，要优化民营企业发展环境，依法保护民营企业产权和企业家权益，促进民营经济发展壮大。本章结果表明，《中小企业促进法》显著降低企业商业信用供给，有效提高了对民营中小企业的权益保护。因此，政府机关、事业单位以及大型企业向中小企业采购货物要严格履行《中小企业促进法》的相关规定，相关监管部门要加大对恶意拖欠中小企业账款、在合同中设置明显不合理付款条件和付款期限等行为的整治力度，以加快支付中小企业款项速度，助力民营经济不断发展壮大。

第三章　城市禁烟法令与企业全要素生产率

第一节　禁烟令与企业全要素生产率的问题提出

一、选题背景

全要素生产率是经济增长的核心驱动力（Solow，1956；Bai et al.，2018）。党的十九届五中全会指出，单纯依靠增加要素数量驱动经济增长的"外延型"经济增长方式已经无法满足我国发展的需求，需要以提高全要素生产率为目标，依托科技创新将我国转为"内涵型"增长模式。但自从2007～2008年国际金融危机以来，全球经济增速持续放缓，大多数经济体的生产率增长一直在下降。例如，《2019年全球竞争力报告》显示，2011～2016年发达经济体的全要素生产率仅增长了0.3%，新兴和发展中经济体的全要素生产率仅增长了1.3%。因此，生产率增长持续疲软成为大多数经济体需要解决的关键问题。

二、研究问题提出

第一，本章利用中国城市颁布禁烟法令（以下简称禁烟法令）对员工工作环境产生的外生冲击，考察员工工作环境改善对企业全要素生产率所产生的因果效应。本章预测禁烟法令的颁布可以促进企业全要素生产率的提升，其原因在于：首先，禁烟法令颁布不仅创造了良好工作环境（Halpern，2001），而且有助于改善员工的健康状况（Hahn，2010）。对于吸烟的员工，禁烟法令的颁布可以降低其吸烟的频率；对于非吸烟的员工，禁烟法令的颁布可以减少二手烟对其造成的危害（Evans et al.，1999）。这意味着禁烟法令的颁布可以通过改善员工的健康状况来提高企业的全要素生产率。其次，禁烟法令颁布所带来的工作环境改善可以吸引更多的高层次人才进入企业（Deng and Gao，2013），这会对全要素生产率产生正向的影响。最后，禁烟法令颁布能够提高研发人员的工作效率，提升企业的创新水平（Gao et al.，2020），而创新水平的提升是驱动企业全要素生产率增长的重要因素之一（Huber，2018）。

实证考察员工工作环境改善与企业全要素生产率的因果效应存在一定的困难与挑战。例如，企业全要素生产率的提高会带来员工工作环境的改善，或者，一些难以观测的重要因素（如企业质量、企业战略等）会同时影响员工工作环境与企业全要素生产率。这种反向因果关系或者缺失重要变量会带来研究设计上的干扰。本章使用禁烟法令颁布这一事件所形成的准自然实验情境，在研究设计上具有如下优势：禁烟法令颁布的目的是减少吸烟造成的危害，创造良好公共环境（而不是为了提高企业全要素生产率），这种相对"外生"的特征有利于缓解内生性问题对研究结论的干扰。此外，与同一时间发生的事件相比，企业所在城市颁布禁烟法令时间的差异能够有效减少其他替代性解释对研究结论的干扰，有助于把禁烟法令颁布对企业全要素生产率的因果效应从其他效应中分离出来。

第二，为了强化基本研究问题的内在逻辑，本章认为劳动生产率、人力资本以及创新水平是三个重要的渠道：（1）企业社会保险费支出很大部分直接决定企业的劳动力成本（Kugler and Kugler，2009），由于企业不可能完全转嫁社会保险缴费，一旦企业的社会保险缴费增加，就会给企业带来较大的流动性约束，而减少商业信用供给是企业缓解财务压力的一种主要方式（Gofman and Wu，2021）。因此，为应对此种财务压力的影响，企业会减少商业信用供给。（2）《社会保险法》出台后企业经营绩效会下降，经营风险显著上升（刘贯春等，2021），这会使企业很难在外部市场上获得低成本的资金，企业外部融资约束增加。

第三，本章也考察《社会保险法》对商业信用供给的影响在外部融资依赖程度、向产品市场转嫁成本的能力和政府补贴的横截面差异。首先，《社会保险法》对商业信用供给的影响依赖于外部融资依赖程度。当企业内部流动性受到冲击时，外部融资依赖程度高的企业更倾向于减少商业信用供给。这意味着外部融资依赖程度的差异可能导致《社会保险法》对企业商业信用供给的影响存在异质性；其次，企业向产品市场转嫁成本的能力指企业在不影响其产品需求的情况下向其客户索取更高价格的能力（周夏飞和周强龙，2014）。向产品市场转嫁成本能力强的企业，并且《社会保险法》所带来的社会保险缴费负担会通过高价转移给消费者，企业经营状况不会受到影响；政府补贴是促进企业发展的重要政策工具，长期来看，在中国取得了显著成效（李汇东等，2013；任曙明和吕镯，2014）。

三、研究贡献

本章主要的研究贡献在于以下两个方面：第一，本章贡献于全要素生产率的相关研究。已有研究集中于考察企业投融资决策对全要素生产率的影响（任曙明和吕镯，2014；Hsieh et al.，2009；Midrigan and Xu，2014；Krishnan et al.，2015），最近的研究表明职工福利水平（Darrough et al.，2019）、管理效率（Bloom et al.，2019）、交通基础设施（刘冲等，2020）以及金融科技（宋敏等，2021）等对企业全要素生产率有影响。这些研究忽略了良好的工作环境作为驱动全要素生产率增长的这一关键因素。为此，本章利用城市颁布禁烟法令作为对工作环境产生的正向外生冲击来考察对全要素生产率的影响，为全要素生产率的影响因素提供了新的解释视角。

第二，本章贡献于中国禁烟法令经济效应的有关研究。在 Biener 等（1989）开创性的研究之后，大量的文献考察了与公共场所禁止吸烟政策相关的经济效应，包括对吸烟行为（Anger et al.，2011）、医疗成本（Juster et al.，2007）、香烟价格（Odermatt and Stutzer，2015）以及工资差异（Darden et al.，2021）等的影响。但已有研究尚未从实证角度分析中国城市颁布禁烟法令所产生的经济效应，中国各城市颁布禁烟法令能否产生类似于国外禁烟法令颁布的经济效应仍然有待考察。因此，本章立足于中国情境，从企业全要素生产率的视角考察各城市禁烟法令颁布所产生的经济效应，填补国内相关研究的空缺。

第二节　禁烟令与企业全要素生产率的文献综述与研究假说

一、文献综述

（一）全要素生产率的决定因素

作为公司转型升级的重要驱动因素，全要素生产率备受学术界与实务界关注。Hall 和 Jones（1999）强调了全要素生产率的重要性，认为全要素生产率是解释各国在劳动生产率之间产生较大差异的主要因素。在此之后，大量的文献尝试从不同角度解释全要素生产率的影响因素。Cole 和 Neumayer（2006）基于 52 个发展中国家的数据研究表明，较差的劳动力健康状况是发展中国家全要素生产率较低的主要原因，其中的作用机制是较差的健康状况降低了劳动生产率。Schultz（1962）开创性地考察了人力资本对经济增长的促进作用，研究发现人力资本投资是解释在相同要素投入却导致不同产出的重要因素。在此基础之上，Islam（1995）基于面板数据的经验研究证实了人力资本对全要素生产率具有显著的正向影响。颜鹏飞和王兵（2004）基于 DEA 考察了 1978～2001 年中国 30 个省（自治区、直辖市）全要素生产率差异的主要原因，研究发现人力资本、技术进步以及制度环境均是重要的影响因素。Manuelli 和 Seshadri（2014）通过标准人力资本框架的分析表明，人力资本在决定国家财富方面起着核心作用。杨慧梅和江璐（2021）利用中国 2004～2017 年省际面板数据，考察了数字经济发展对全要素生产率的影响，研究发现数字经济发展提高了人力资本投入，从而导致了全要素生产率的提高。

Minasian（1962）最早考察了创新对公司生产率的影响，研究表明公司生产率的增长与其研发支出正相关。Duguet（2006）基于法国制造业 1985～1991 年公司层面的数据考察了创新策略对公司全要素生产率的影响。戴小勇和成力为（2013）考察了研发投入对生产率的影响效应。程惠芳和陆嘉俊（2014）则考察由技术创新投入所产生的知识资本溢出效应对全要素生产率的影响。Huber（2018）估计了德国一家大型银行削减外源贷款对公司全要素生产率的影响，研究发现公司贷款可获得性降低导致了较低的全要素生产率，融资约束的加剧主要通过削减公司创新投入进而使得全要素生产率降低。罗长远和张泽新（2020）研究发现相对于既不出口也不进行研发活动的企业而言，出口或研发的企业生产率更高。

Restuccia 和 Rogerson（2008）开创性地从资源配置的角度考察了对公司全要素生产率的影响，研究发现资源配置扭曲会对全要素生产率产生一定的负面影响。在此基础上，Hsieh 等（2009）基于标准垄断竞争模型提供了资源配置扭曲对全要素生产率影响的定量证据，研究发现，假设当资本和劳动力被重新分配以使边际产品达到美国的水平时，中国制造业的全要素生产率可以提高 30%～50%，而印度可以提高 40%～60%。罗德明等（2012）通过构造异质性动态随机一般均衡模型考察了要素市场扭曲对全要素生产率的影响，研究发现去掉扭曲后，全要素生产率可以提高 9.15%。Krishnan 等（2015）以美国州际银行放松管制作为准自然实验，结果表明信贷渠道的增加显著有助于提升小规模公司的全要素生产率。宋敏等（2021）基于 2011～2018 年中国 A 股上市公司考察了金融科技发展对公司全要素生产率的影响，研究发现金融科技能够在"量"上缓解企业融资约束，在"质"上提高信贷资源配置效率，从而促进企业全要素生产率提高。

（二）禁烟法令的经济效应

作为提高公共环境质量的重要举措，禁烟法令的颁布不仅能够创造良好的工作环境，提升职工健康水平增加人力资本（Pell et al.，2008；Hahn，2010），而且能够吸引更多的人才搬迁（Stark and Bloom，1985）。在 Warner（1977）开创性的研究之后，大量的文献考察了工作场所禁烟法令对个人行为以及经济的影响。在改善健康状况方面，Evans 等（1999）基于一项美国工人的调查数据考察了工作场所禁烟法令对工人吸烟率以及吸烟者日常消费的影响，研究发现工作场所的禁烟政策使吸烟率降低了 5%，使吸烟者的日常消费降低了 10%。Parrott 等（2000）基于1996 年一项关于苏格兰工作场所的电话调查，研究发现苏格兰每年因吸烟而导致的缺勤费用为 4000 万英镑，生产率损失约为 4.5 亿英镑。工作场所的禁烟政策提高了员工的健康水平，不仅降低了公司的成本，而且提高了员工的出勤率与劳动生产率。Juster 等（2007）考察了 2004 年纽约全面禁烟法令的政策效果，研究发现禁烟法令颁布导致急性心肌梗塞的住院率降低了 8%，医疗成本降低约 5600 万美元。Origo 和 Lucifora（2013）利用欧洲国家在不同时间颁布禁烟法令所形成的准自然实验，使用双重差分方法考察了国家层面禁烟法令颁布对健康的影响，研究表明禁烟法令的颁布显著提升了居民的健康水平。McGeary 等（2020）利用美国各州交错颁布或修订禁烟法令构建回归模型，估计结果表明，禁烟法令不仅显著降低了公共场所的吸烟率，而且对家庭内吸烟具有正向溢出效应，从而改善了婴儿和儿童的健康状况。

在提高人力资本方面，Pakko（2006）考察了美国密苏里州颁布禁烟法令所带来的经济效应，研究表明较多公司推行"无烟单位"的目的是保留高级管理人才。Bloomberg（2015）研究表明人才吸引资本比资本吸引人才的方式更加有效，纽约市禁烟法令的颁布为吸引人才创造了良好的条件。Nyagwachi 等（2020）基于肯尼亚的调查数据，使用双重差分模型研究发现禁烟法令提高了吸烟家庭在教育上的支出，提高了家庭的人力资本投入。Gao 等（2020）利用美国各州在不同时间颁布禁烟法令作为准自然实验，研究表明禁烟法令颁布的城市吸引了更多的发明家搬迁至该地，从而提升了总部位于禁烟法令颁布城市公司的创新水平。以上研究从不同层面以及不同角度为禁烟法令颁布产生积极的经济效应提供了经验证据。

总体而言，已有关于全要素生产率影响因素的研究大多关注于公司层面的投融资决策对全要素生产率的影响，忽略了良好的工作环境作为驱动全要素生产率增长的这一关键因素。此外，已有研究考察了美国、德国以及韩国等国家颁布禁烟法令的经济效应，但对于中国城市颁布禁烟法令所产生实际效应的研究却十分缺少。由于各个国家在制度背景、文化习俗以及社会规范等方面的差异，中国各城市颁布禁烟法令能否产生类似于国外禁烟法令颁布的积极效应仍然有待考究。因此，本章利用中国各城市交错颁布禁烟法令所形成的准自然实验，考察其对公司全要素生产率的影响，有助于理解中国城市禁烟法令颁布的实际效应。

二、研究假说

禁烟法令的颁布能够改善工作环境，提高职工的健康水平（Juster et al.，2007；Origo and Lucifora，2013），进而提高员工的劳动生产率（Parrott et al.，2000），公司全要素生产率随劳动生产率的提高而增加（Cole and Neumayer，2006）。吸烟增加了员工的患病风险（甘德坤等，2000），对员工健康产生不利影响。Darden（2017）估计了一个关于吸烟、期望和健康的动态随机模型，考察了吸烟对预期寿命的影响。使用近 50 年男性参与者的数据，Darden 等（2018）研究发现终身吸烟者和非吸烟者之间的死亡年龄差异大约为 9.3 岁。吸烟的员工由于身体健康原因导致其比不吸烟的员工需要请更多且更长时间的病假，甚至提前退休，降低了吸烟员工的劳动生产率。Bunn 等（2006）使用美国工人的截面数据考察了吸烟对与健康相关的生产力损失的影响，研究表明相对于非吸烟者而言，吸烟者错过了更多的工作时间，每年的生产力损失估计为 4430 美元。Weng 等（2012）基于 29 项纵向研究表明，与不吸烟者相比，吸烟者的旷工率增加了 33%，每年平均缺勤 2.74 天，英国每年因吸烟导致的缺勤总成本估计为 14 亿英镑。同时，烟草中大量的有毒化学物质会对大脑和心脏等器官产生不利影响，降低吸烟者的认知能力与学习能力，对工作效率产生负面影响（Hill，1989）。Swan 和 Lessov - Schlaggar（2007）在回顾和总结流行病学文献的基础上，研究发现吸烟降低了大脑的认知能力，提高了患痴呆症的概率。Starr（2007）通过对 298 个参与者的实验研究，发现吸烟会对信息处理速度产生负面影响。此外，对于不吸烟的职工而言，长期暴露在二手烟的环境下，劳动生产率也会受到负面影响（Halpern，2001）。因此，禁烟法令颁布后，不仅吸烟者的健康水平有所提高，而且不吸烟者受二手烟雾的危害有所减少（Hahn，2010；McGeary et al.，2020），有助于提高员工的劳动生产率，公司全要素生产率随之相应提升。

禁烟法令的颁布会吸引更多的人才进入公司，增加公司的人力资本，造成全要素生产率的上升。对于知识型员工而言，良好的工作环境是重要的激励因素之一（张术霞等，2011；Deng and Gao，2013）。Stark 和 Bloom（1985）在总结劳动力迁移经济学大量的文献基础上，指出技术型与管理型人才往往具有更高的流动性。Weiss（1995）研究发现受教育程度较高的员工通常表现出较低的吸烟率与辞职率，总体上处于较高的健康水平，他们更倾向于选择高质量的工作与生活环境。许伟等（2015）基于管理学视角考察了科技型人才管理的影响因素，研究发现良好的工作环境是科技型人才的重要激励因素。Bloomberg（2015）研究表明人才吸引资本比资本吸引人才的方式更加有效，纽约市禁烟法令的颁布为城市吸引人才创造了良好的条件。这意味着禁烟法令颁布所带来的工作环境的改善可以吸引更多的人才进入公司，增加公司的人力资本，公司全要素生产率随人力资本的增加而提升（Islam，1995；颜鹏飞和王兵，2004；Syverson，2011）。此外，禁烟法令的颁布也会提高公司的创新能力，从而增加全要素生产率。Gao 等（2020）以美国各州相继颁布的禁烟法令为准自然实验，研究发现禁烟法令的颁布可以通过提高发明家的工作效率以及吸引更多的创新人才进入公司进而提高公司的创新水平，创新水平的提升通过提高资源配置效率增加公司的全要素生产率（Minasian，1962；戴小勇和成力为，2013；Huber，2018）。因此，本章预期禁烟法令的颁布能够提高公司的全要素生产率。

第三节　禁烟令与企业全要素生产率的研究设计

一、样本选择与数据来源

2010 年 3 月，上海正式实施《上海市公共场所控制吸烟条例》，该法规是自《烟草控制框架公约》在中国生效后国内第一部由省级人大颁布的控烟法规，自此之后，杭州、广州、天津等 68 个城市相继制定或修改了地方控烟法规。2017 年 3 月，《上海市公共场所控制吸烟条例》修订完成并实施，相比未修订之前允许在室内工作场所特定通风区域吸烟的条例而言，修改后的条例明确规定在室内公共场所、室内工作场所、公共交通工具内全面禁止吸烟。禁烟法令的颁布不仅有助于规范吸烟者在工作场所的吸烟行为，而且能够减少二手烟雾对不吸烟者的危害。本章以 2003 ~ 2019

年中国资本市场上市公司为初始样本，执行如下剔除程序：（1）剔除金融、保险业；（2）剔除缺失值。财务数据来源于国泰安 CSMAR 和同花顺金融数据终端（iFinD）。为避免极端值对本章结果的影响，对连续变量执行上下 1% 的缩尾处理，对企业执行双聚类以得到稳健标准误。本章初始样本观测值为 38823 个，剔除金融、保险行业后观测值剩余 38233 个，剔除相关财务数据缺失值后，得到 37098 个观测值。

本章通过各地方政府官方网站手工整理该地级市在 2003～2018 年期间首次颁布禁烟法令以及进一步修订法令的具体时间，最终得到企业当年所在地级市是否颁布禁烟法令，具体见表 3-1。

表 3-1   中国城市禁烟法令颁布时间

公司全面禁止吸烟（禁止设立吸烟区）			
城市	颁布年份	城市	颁布年份
马鞍山市	2008	北京市	2015
杭州市	2010	毕节市	2015
安康市	2011	福州市	2015
金昌市	2011	铜川市	2015
龙岩市	2011	亳州市	2015
哈尔滨市	2012	鹤壁市	2016
天津市	2012	银川市	2016
遵义市	2012	宣城市	2016
鞍山市	2013	延安市	2016
克拉玛依市	2013	上海市	2017
濮阳市	2013	芜湖市	2017
青岛市	2013	益阳市	2017
兰州市	2014	白银市	2017
遂宁市	2014	儋州市	2017
深圳市	2014	中卫市	2018
长春市	2014	商洛市	2018
唐山市	2014	通辽市	2018
广安市	2014	西安市	2018
西宁市	2015		

二、全要素生产率（*TFP*）

已有研究较多采用 OP 法与 LP 法估算公司全要素生产率（Darrough et al.，2019；王桂军和卢潇潇，2019）。由于企业中间投入依赖于资本、劳动和生产率，这将导致 OP 法和 LP 法在估计中出现无法识别的内生性问题（Ackerberg et al.，2015）。Ackerberg 等（2015）对 OP 法和 LP 法的假设条件进行了放松，假定资本投入的决策优先于其他生产要素，将企业的劳动投入引入中间投入的函数，从而提高了估计结果的准确性。这种估计全要素生产率的方法在最近的研究中得到了广泛应用①。因此，本章借鉴 Ackerberg 等（2015）提出的方法测算公司层面的全要素生产率（*TFP_ACF*）。为了稳健性起见，本章也使用基于 LP 法（Levinsohn and Petrin，2003）计算得到的全要素生产率 *TFP_LP* 进行稳健性检验，结果基本保持一致②。

三、模型设定与变量定义

借鉴 Wang 等（2021），本章使用基于年度和时间的双向固定效应的双重差分（Difference – in – Differences，DID）方法考察禁烟法令对全要素生产率的影响（Imbens and Wooldridge，2009）③。基于已有全要素生产率的研究（肖文和薛天航，2019；Darrough et al.，2019；张莉等，2019），本章在回归模型中加入了如下控制变量：企业总资产 *Size*、企业杠杆 *Lev*、盈利能力 *ROE*、公司现金流 *Cashflow*、公司成长能力 *Growth*、企业年龄 *Age*、国有产权 *SOE*、省份生产总值 *GDP*、省份总人口 *Pop* 以及省份基础设施建设 *Road*。具体变量定义如表 3 – 2 所示。

表 3 – 2　　　　　　　　　　　　变量定义与说明

变量名称	变量定义
TFP_ACF	公司全要素生产率，使用 ACF 法计算得到
SmokeBan	禁烟法令颁布虚拟变量，地级市颁布禁烟法令后取值为 1，否则为 0
Size	表示公司规模 = ln（固定资产净额）

---

① 如张莉等（2019）、Bilir 和 Morales（2020）、Belo 等（2021）、戴鹏毅等（2021）。

② 替换被解释变量的回归结果见表 3 – 7 的第（2）列。

③ Wang 等（2021）在错层准自然实验的情景下使用同样的方法考察了股票回购合法化对公司行为的影响。

变量名称	变量定义
Lev	资产负债率＝总负债/总资产
ROE	净资产收益率＝净利润/总资产
Cashflow	表示公司现金流，定义为经营活动产生的现金流量净额与总资产的比值
Growth	表示发展能力，定义为总资产的增长率
Age	表示公司年龄＝ln（公司成立年限）
SOE	表示公司的产权性质，虚拟变量，国有企业为1，否则为0
GDP	表示省份生产总值＝ln（省份生产总值）
Pop	表示省份总人口＝ln（城市总人口）
Road	表示省份基础设施建设，定义为省份道路面积的自然对数

本章的基本回归模型设定如下：

$$TFP\_ACF_{i,t} = \beta_0 + \beta_1 SmokeBan_{c,t} + \beta_2 Size_{i,t} + \beta_3 Lev_{i,t} + \beta_4 ROE_{i,t}$$
$$+ \beta_5 Cashflow_{i,t} + \beta_6 Growth_{i,t} + \beta_7 Age_{i,t} + \beta_8 SOE_{i,t}$$
$$+ \beta_9 GDP_{p,t} + \beta_{10} Pop_{p,t} + \beta_{11} Road_{p,t} + \mu_t + \gamma_i + \varepsilon_{i,t} \quad (3.1)$$

其中，因变量 *TFP_ACF* 为公司的全要素生产率，本章利用 ACF 法计算得到的 *TFP* 作为衡量公司全要素生产率的替代变量。*SmokeBan* 为虚拟变量，对于该变量的设置，本章通过各地级市政府官方网站手工整理上市公司所在城市颁布与修订禁烟有关的地方性法规的具体时间，手工摘录该法令中对企业单位的禁烟规定。借鉴 Gao 等（2020）的研究，利用以下两个步骤作为划分处理组与控制组的识别策略：第一，识别禁烟法令颁布具体时间。如果上市公司所在地级市首次颁布禁烟法令且在样本期内未进行修订，那么就把首次颁布日期作为该地级市颁布禁烟法令的具体时间。如果上市公司所在地级市在样本期内对已颁布的禁烟法令进行了修订，那么就把修订日期作为该地级市颁布禁烟法令的具体时间，这是因为修订后禁烟法令较未修订之前的规定更为严格①。

第二，识别禁烟法令具体规定。目前禁烟法令中对企业单位的禁烟规定存在较大差异，总结起来主要有三种规定方式：（1）企业室内区域实行全面禁烟。不允许在室内区域设立吸烟区，比如兰州市在 2014 年颁布的

---

① 上海市在 2010 年颁布的《上海市公共场所控制吸烟条例》，允许在企业内部特定的通风区域设置吸烟区，后又于 2017 年进行了更为严格的修订，企业单位室内区域实行全面禁烟，不再允许设置吸烟区。

《兰州市公共场所控制吸烟条例》中第八条规定，禁止吸烟场所实行全面禁烟，不允许设置吸烟室或者划定吸烟区。第九条第八例规定，国家机关、企事业单位、社会团体的室内区域禁止吸烟。（2）企业室内区域实行部分禁烟，允许在室内特定区域设立吸烟区（室），比如广州市在2010年颁布的《广州市控制吸烟条例》中第七条规定，室内工作场所限制吸烟。国家机关、企事业单位、社会团体和其他组织的办公室、会议室、礼堂、公共走廊、电梯以及本单位的餐厅、咖啡厅禁止吸烟，其他区域可以设置吸烟室或者划定吸烟区。（3）无明确规定对企业禁烟的要求或企业自行决定是否禁烟。比如商洛市在2010年颁布的《商洛市室内公共场所禁止吸烟规定》中第十三条规定，国家机关、企业、事业单位、社会团体以及其他组织可自行设定单位内部禁止吸烟场所，并参照本规定进行管理。由于设立吸烟区（室）无法消除与二手烟雾暴露的健康风险①，因此第二种规定方式无法达到消除健康风险的目标。而第三种规定方式对于企业是否采取禁烟自由裁量权较大，政策实施效果可能不佳。故本章以第一种规定，即企业室内是否实行全面禁烟作为 *SmokeBan* 的设置标准，即如果企业所在城市当年颁布的禁烟法令中明确规定对企业单位实施全面禁烟，即不允许设立吸烟区（室）则取值为1，否则为0。β_1 是主要关心的回归系数，如果禁烟法令颁布会提高公司全要素生产率，β_1 的估计系数显著为正。

第四节　禁烟令与企业全要素生产率的实证结果与分析

一、描述性统计

从表3-3可以看出，公司全要素生产率 *TFP_ACF* 的均值为13.9350，标准差为1.5110，表明不同公司之间的全要素生产率差异较大。禁烟法令颁布虚拟变量 *SmokeBan* 均值为0.1636，表明大约16%的企业所在城市颁布了禁烟法令。

---

① 2016年复旦大学健康传播研究所举办的无烟上海健康传播项目沟通会上，与会专家认为，在室内工作场所、机场及铁路客运站、港口客运站等设置吸烟室是一再被证明的无效措施，必须摒弃。美国采暖、制冷和空调工程师学会（ASHRAE）发表声明，没有任何技术方法——包括目前先进的稀释通风技术或者空气净化技术——能控制环境烟草烟雾所造成的健康风险。有效消除与室内烟草烟雾暴露相关的健康风险的唯一方法是全面禁止吸烟行为。

表 3 - 3			描述性统计					
变量	Obs	Min	Mean	SD	P25	P50	P75	Max
TFP_ACF	37098	10.0298	13.9350	1.5110	12.9557	13.8592	14.8688	18.0319
SmokeBan	37098	0.0000	0.1636	0.3700	0.0000	0.0000	0.0000	1.0000
Size	37098	15.3560	20.0179	1.6750	19.0320	19.9630	20.9943	24.5134
Lev	37098	0.0515	0.4447	0.2088	0.2810	0.4434	0.6034	0.9085
ROE	37098	-1.1541	0.0498	0.1798	0.0276	0.0686	0.1141	0.3640
Cashflow	37098	-0.1941	0.0455	0.0754	0.0053	0.0454	0.0887	0.2574
Growth	37098	-0.3359	0.1999	0.3892	0.0100	0.1001	0.2464	2.4042
Age	37098	1.0986	2.6208	0.4590	2.3979	2.7081	2.9444	3.4012
SOE	37098	0.0000	0.4432	0.4968	0.0000	0.0000	1.0000	1.0000
GDP	37098	7.2441	10.0760	0.9349	9.5518	10.1666	10.7801	11.5868
Pop	37098	6.4135	8.4906	0.6620	7.9132	8.6406	9.0043	9.3519
Road	37098	9.0009	11.4999	0.9837	11.2776	11.8640	12.2205	12.6889

二、禁烟法令颁布与公司全要素生产率

表 3 - 4 报告了基准回归的结果。第（1）列报告了模型（3.1）的回归结果，结果表明，*SmokeBan* 的回归系数为 0.0803，在 5% 的水平下显著为正。第（2）列在第（1）列的基础上加入了城市固定效应以控制各城市经济发展水平差异对因果识别的不利影响，结果显示 *SmokeBan* 的回归系数为 0.0794，在 5% 的水平上显著。平均而言，禁烟法令颁布后，公司全要素生产率提高约 7.94%。各控制变量回归系数的符号与显著性与以往研究基本一致，盈利能力较强、现金流充裕、资产负债率较高的公司全要素生产率更高（Darrough et al., 2019；肖文和薛天航，2019）。

表 3 - 4	禁烟法令颁布与公司全要素生产率	
变量	TFP_ACF	
	（1）	（2）
SmokeBan	0.0803 **	0.0794 **
	(2.42)	(2.40)
Size	0.0566 ***	0.0429 **
	(3.08)	(2.31)

变量	TFP_ACF	
	(1)	(2)
Lev	1. 1068 *** (11. 76)	1. 1062 *** (12. 08)
ROE	0. 7982 *** (17. 68)	0. 7786 *** (17. 65)
Cashflow	0. 4700 *** (5. 42)	0. 4611 *** (5. 39)
Growth	0. 1358 *** (9. 20)	0. 1293 *** (8. 94)
Age	0. 0551 (0. 69)	0. 0734 (0. 92)
SOE	0. 1676 *** (2. 80)	0. 1633 *** (2. 75)
GDP	0. 1562 * (1. 72)	0. 1787 * (1. 77)
Pop	0. 0034 (0. 03)	0. 1257 (0. 56)
Road	− 0. 1222 (− 1. 64)	− 0. 1061 (− 1. 12)
截距	11. 7927 *** (9. 82)	10. 5746 *** (3. 85)
公司	控制	控制
年度	控制	控制
城市	—	控制
N	37098	37098
Adj. R^2	0. 8062	0. 8104

三、作用渠道

在这一部分，本章从劳动生产率、人力资本以及创新能力三个方面执行机制检验，这有助于进一步理解禁烟法令影响公司全要素生产率的中间作用机制。借鉴 Duval 等（2020），本章构建以下模型进行渠道检验：

$$Z_{i,t} = \beta_0 + \beta_1 SmokeBan_{c,t} + \beta_2 Size_{i,t} + \beta_3 Lev_{i,t} + \beta_4 ROE_{i,t} + \beta_5 Cashflow_{i,t}$$
$$+ \beta_6 Growth_{i,t} + \beta_7 Age_{i,t} + \beta_8 SOE_{i,t} + \beta_9 GDP_{p,t} + \beta_{10} Pop_{p,t}$$
$$+ \beta_{11} Road_{p,t} + \mu_t + \gamma_i + \varepsilon_{i,t} \tag{3.2}$$

其中，等式左侧的 Z 分别表示劳动生产率 LP、人力资本 HC 以及创新能力 $Innovation$，等式右侧与基本回归模型（3.1）中等式右侧的变量选取与定义相同。

首先，劳动生产率 LP 替代变量的选择主要依据 Schoar（2002），利用模型（3.3）（柯布—道格拉斯生产函数模型）估计行业层面的劳动生产率。本章对模型（3.3）执行分年度分行业回归，得到的回归系数 β_1 即为每一年度行业层面的劳动生产率 LP。模型（3.3）设定如下：

$$\ln Income_{i,t} = \beta_0 + \beta_1 \ln Employee_{i,t} + \beta_2 \ln PPE_{i,t} + \beta_3 \ln R\&D_{i,t} + \varepsilon_{i,t} \tag{3.3}$$

其中，$\ln Income$ 表示公司营业收入的自然对数，$\ln Employee$ 表示公司员工人数的自然对数，$\ln PPE$ 表示公司固定资产净额的自然对数，$\ln R\&D$ 表示公司研发投入加 1 的自然对数。

其次，人力资本 HC 替代变量的选择主要依据毛其淋（2019）、沈永建等（2019）以及郑宝红和张兆国（2018）。具体而言，借鉴毛其淋（2019）、沈永建等（2019），使用公司拥有硕士与博士学位的员工人数之和作为衡量高人力资本员工 $High\_HC$ 的替代变量；使用员工总数与拥有研究生学历以上人数的差值作为衡量低人力资本员工 Low_HC 的替代变量。借鉴郑宝红和张兆国（2018），$Invest\_HC = \ln$（支付给职工以及为职工支付的现金 + 应付职工薪酬）。

最后，创新能力 $Innovation$ 替代变量的选取主要依据王桂军和卢潇潇（2019），使用公司研发投入与固定资产净额的比值作为衡量创新能力的替代变量。

本章首先检验劳动生产率的渠道作用，将模型（3.2）中的变量 Z 替换为劳动生产率 LP 进行回归[①]，表 3 - 5 的第（1）列报告了相应的回归结果，$SmokeBan$ 的回归系数为 0.0177，在 1% 的水平下显著为正，表明禁烟法令颁布显著提高了公司的劳动生产率。

接下来，本章进一步检验人力资本的渠道作用[②]。第一，本章将

---

① 由于被解释变量为行业一年度层面的劳动市场率，因此将固定效应的控制相应地更换为行业固定效应与年度固定效应。

② iFinD 的员工结构数据从 2007 年开始，故在此检验的样本区间为 2007～2019 年。

模型（3.2）中的变量 Z 替换为高人力资本员工 *High_HC* 进行回归，表 3-5 的第（2）列报告了相应的回归结果，*SmokeBan* 的回归系数为 0.0120，在 1% 的水平下显著为正，表明禁烟法令颁布吸引了更多高人力资本的员工进入公司。第二，本章将模型（3.2）中的变量 Z 替换为低人力资本员工 *Low_HC* 进行回归，表 6-5 的第（3）列报告了相应的回归结果，*SmokeBan* 的回归系数不显著，表明禁烟法令颁布后，公司低人力资本员工并无显著变化，这意味着禁烟法令颁布并没有挤出低人力资本的员工。第三，本章将模型（3.2）中的变量 Z 替换为人力资本投入 *Invest_HC* 进行回归，表 3-5 的第（4）列报告了相应的回归结果，*SmokeBan* 的回归系数为 0.0495，在 5% 的水平上显著为正。表明禁烟法令颁布后，公司为员工支付了更高的劳动报酬，提高了人力资本投入，这可能与高人力资本员工进入公司相关。以上结果为人力资本增加作为禁烟法令颁布提高公司全要素生产率的渠道提供了证据支持。

本章接下来检验创新能力的渠道作用①。本章将模型（3.2）中的变量 Z 替换为创新能力 *Innovation* 进行回归，表 3-5 的第（5）列报告了创新能力的回归结果，*SmokeBan* 的回归系数为 0.0078，在 10% 的水平下显著为正。表明禁烟法令的颁布能够提高公司的创新能力，这也支持 Gao 等（2020）的研究结论，以上机制检验说明了本章的逻辑论述的有效性。

表 3-5 渠道检验

变量	劳动生产率	人力资本			创新能力
	（1）*LP*	（2）*High_HC*	（3）*Low_HC*	（4）*Invest_HC*	（5）*Innovation*
SmokeBan	0.0177 ***	0.0120 ***	0.0288	0.0495 **	0.0078 *
	(3.19)	(4.38)	(1.16)	(2.33)	(1.68)
Size	− 0.0096 ***	0.0023 ***	0.1267 ***	0.3905 ***	− 0.0405 ***
	(− 5.91)	(4.24)	(10.66)	(35.94)	(− 16.59)
Lev	− 0.0448 ***	− 0.0005	0.1592 ***	0.5207 ***	0.0165
	(− 3.57)	(− 0.16)	(3.25)	(8.51)	(1.59)
ROE	0.0403 ***	0.0042 ***	0.0881 ***	0.2395 ***	0.0092 *
	(4.33)	(4.03)	(5.39)	(8.95)	(1.86)
Cashflow	− 0.0443 **	− 0.0042	− 0.0666	0.1541 ***	0.0185
	(− 2.04)	(− 1.45)	(− 1.38)	(2.90)	(1.58)

① CSMAR 的研发投入数据从 2007 年开始，故在此检验的样本区间为 2007~2019 年。

变量	劳动生产率	人力资本			创新能力
	(1) *LP*	(2) *High_HC*	(3) *Low_HC*	(4) *Invest_HC*	(5) *Innovation*
Growth	0.0074 ** (2.08)	0.0028 *** (4.71)	0.0438 *** (5.62)	0.0210 ** (2.22)	0.0124 *** (5.75)
Age	−0.0116 * (−1.66)	0.0296 ** (2.44)	0.1212 (1.02)	0.0757 (1.43)	−0.0140 (−1.09)
SOE	0.0078 (1.35)	0.0018 * (1.71)	0.0903 ** (1.99)	0.1464 *** (3.50)	0.0157 (1.65)
GDP	0.0125 (1.34)	−0.0047 (−1.18)	−0.0109 (−0.17)	0.1544 *** (2.77)	0.0144 (1.39)
Pop	−0.0091 (−0.60)	0.0357 *** (3.39)	0.1731 (1.33)	−0.1467 * (−1.77)	−0.0070 (−0.34)
Road	−0.0050 (−0.77)	−0.0204 *** (−3.61)	−0.0925 (−1.37)	0.0165 (0.38)	−0.0009 (−0.07)
截距	0.8002 *** (13.03)	−0.1342 ** (−2.37)	−2.7469 ** (−2.29)	10.1223 *** (12.00)	0.8724 *** (4.72)
公司	—	控制	控制	控制	控制
年度	控制	控制	控制	控制	控制
行业	控制	—	—	—	—
N	31889	31938	31938	37098	31938
Adj. R²	0.2230	0.7930	0.9422	0.9123	0.7498

四、横截面差异

禁烟法令颁布对公司全要素生产率的影响可能存在横截面差异，为了考察禁烟法令颁布影响公司全要素生产率的具体作用条件，本章分别从行业特征、融资约束以及产业政策三个方面执行横截面差异检验。

（一）行业特征的影响

考虑到禁烟法令颁布主要对公司劳动力产生影响，而非机器设备。因此，禁烟法令颁布对公司全要素生产率的影响应该对于那些更多依赖于劳动力的公司作用更强。本章使用公司职工薪酬与营业收入的比值的代理变量（Chen 等，2020），并按照年度中值将样本划分为是否劳动密集型公司两组进行检验。

回归结果如表 3 - 6 所示。在劳动密集型公司组中，即第（1）列中，*SmokeBan* 的回归系数为 0.1523，在 1% 的水平下显著为正。而在非劳动密集型公司组中，即第（2）列中，*SmokeBan* 的回归系数不显著，组间系数差异在 1% 的水平下显著。表明禁烟法令颁布后，劳动密集型公司受禁烟法令颁布的影响更大，因此，公司全要素生产率的提升程度更高。

（二）融资约束的影响

融资约束是制约公司全要素生产率提高的重要因素（Hsieh et al.，2009；Midrigan and Xu，2014；Krishnan et al.，2015）。Krishnan 等（2015）以美国州际银行放松管制作为准自然实验，研究发现信贷渠道的增加显著提高了小规模公司的全要素生产率。这表明融资约束较小的企业本身可以凭借较强的融资能力提高全要素生产率。那么，禁烟法令颁布预计会对融资约束程度较高公司的全要素生产率的正向影响更大。借鉴 Hadlock 和 Pierce（2010），本章使用 *SA* 指数①来刻画企业的融资约束，该指标为负，且绝对值越大表示公司面临的融资约束较高。宋敏等（2021）、黎文靖和严嘉怡（2021）也使用了 *SA* 指数作为衡量公司融资约束的替代变量。本章使用 *SA* 指数的年度中值将样本划分为融资约束较高与融资约束较低两组进行检验。

表 3 - 6 报告了融资约束影响的回归结果。在第（3）列中，即融资约束程度较高组，*SmokeBan* 的回归系数为 0.0650，在 10% 的水平下显著为正。而在融资约束较低组中，即第（4）列中，*SmokeBan* 的回归系数不显著，组间系数差异在 1% 的水平下显著。这表明禁烟法令颁布对融资约束程度较高公司的全要素生产率的正向影响更大。

（三）产业政策的影响

全要素生产率本质上是资源配置效率（蔡昉，2013），资源配置效率的提高也意味着全要素生产率的提高（Midrigan and Xu，2014）。产业政策能够直接影响资源配置效率（张莉等，2019），宋凌云和王贤彬（2013）基于省际层面考察了产业政策对重点产业生产率的影响，研究发现省级层面的产业政策提高了重点产业内企业之间的资源配置效率，从而提高了生产率，这表明相比于非重点支持产业而言，支持产业内公司的资源配置效率更高，全要素生产率也表现为较高的水平。因此，禁烟法令颁布预计对非支持行业内公司全要素生产率的边际贡献更大。本章通过手工整理"十

---

① $SA = -0.737 \times \ln Asset + 0.043 \times \ln Asset^2 - 0.04 \times Age$，其中，$\ln Asset$ 为总资产（百万元）的自然对数，Age 表示公司年龄，使用公司成立年数的自然对数衡量。

五"计划至"十三五"计划中国家重点鼓励发展的行业,通过证监会 2012 版行业代码与相应的上市公司进行匹配,以得到公司所在行业当年是否为产业政策重点支持行业。

表 3-6 报告了产业政策影响的回归结果。在产业政策非支持行业中,即第(5)列中,*SmokeBan* 的回归系数为 0.1084,在 5% 的水平下显著。而在第(6)列中,即产业政策重点支持行业中,*SmokeBan* 的回归系数不显著,组间系数差异在 1% 的水平下显著。这表明禁烟法令颁布对产业政策非支持行业内公司全要素生产率的正向影响更为显著,边际贡献更大,以上的横截面测试进一步加强了本章基本问题的内在逻辑。

表 3-6 横截面检验

| 变量 | TFP_ACF | | | | | |
| | 行业特征 | | 融资约束 | | 产业政策 | |
	(1) 劳动密集	(2) 非劳动密集	(3) 较高组	(4) 较低组	(5) 非支持	(6) 支持
SmokeBan	0.1523 ***	0.0361	0.0650 *	− 0.0018	0.1084 **	0.0093
	(3.37)	(1.03)	(1.75)	(− 0.04)	(1.98)	(0.28)
Size	− 0.1038 ***	− 0.0800 ***	− 0.1342 ***	0.1024 ***	0.0436 *	− 0.0767 ***
	(− 4.85)	(− 3.55)	(− 5.83)	(3.65)	(1.95)	(− 3.14)
Lev	0.5829 ***	0.8333 ***	0.8622 ***	1.0840 ***	1.2099 ***	1.1171 ***
	(5.65)	(8.34)	(7.91)	(7.12)	(9.28)	(9.65)
ROE	0.5178 ***	0.6265 ***	0.6982 ***	0.7125 ***	0.8123 ***	0.6188 ***
	(10.07)	(12.99)	(13.44)	(11.20)	(14.31)	(9.88)
Cashflow	0.3595 ***	0.3223 ***	0.6247 ***	0.2372 **	0.5812 ***	0.1264
	(3.19)	(3.72)	(6.42)	(1.97)	(5.53)	(1.06)
Growth	0.0657 ***	0.0618 ***	− 0.0777 ***	0.1666 ***	0.1136 ***	0.1290 ***
	(4.18)	(2.96)	(− 4.05)	(8.79)	(5.31)	(7.20)
Age	0.3105 ***	0.0517	− 0.0579	0.1484	− 0.1222	0.4651 ***
	(2.96)	(0.54)	(− 0.36)	(1.26)	(− 1.11)	(3.58)
SOE	0.1117 *	0.1006	0.0564	0.2465 **	0.1381 **	0.1306
	(1.85)	(1.54)	(0.89)	(2.35)	(2.02)	(1.33)
GDP	0.1559	0.1651	0.3489 **	0.1521	0.1394	0.0701
	(1.64)	(1.60)	(2.46)	(1.26)	(1.16)	(0.57)
Pop	0.1251	0.0886	0.1184	− 0.1512	− 0.0198	0.6279 *
	(0.75)	(0.62)	(0.74)	(− 0.78)	(− 0.13)	(1.72)

变量	TFP_ACF					
	行业特征		融资约束		产业政策	
	(1) 劳动密集	(2) 非劳动密集	(3) 较高组	(4) 较低组	(5) 非支持	(6) 支持
Road	− 0. 2787 *** (− 3. 01)	− 0. 0565 (− 0. 78)	− 0. 1567 * (− 1. 82)	− 0. 0238 (− 0. 23)	− 0. 0849 (− 0. 97)	− 0. 1279 (− 0. 83)
截距	14. 3455 *** (10. 64)	14. 1584 *** (10. 39)	13. 8773 *** (9. 03)	10. 6640 *** (6. 93)	12. 3994 *** (8. 97)	9. 0088 *** (4. 67)
公司	控制	控制	控制	控制	控制	控制
年度	控制	控制	控制	控制	控制	控制
N	18363	18456	18429	18297	21942	14829
Adj. R²	0. 6689	0. 8294	0. 8029	0. 8662	0. 8185	0. 8730
经验 p 值	0. 000 ***		0. 000 ***		0. 000 ***	

五、稳健性检验

(一) 平行趋势检验

使用双重差分方法的关键在于平行趋势假定,即如果不存在处理效应,处理组和控制组的潜在结果的变化趋势是类似的。由于反事实无法观测,平行趋势假定实际上是不可检验的。一种间接的检验方式是比较外生事件发生前的 DID 系数。如果事件前的 DID 系数接近于 0,就表明处理组和控制组的 DID 在事件前遵循相似的趋势。借鉴 Wang 等 (2021),本章将 SmokeBan 替换为年度虚拟变量:Before_2 和 Before_3 分别表示禁烟法令颁布前 2 年和前 3 年,结果如表 3 − 7 第 (1) 列所示。Before_2 和 Before_3 的系数均不显著,满足平行趋势假定。

(二) 替换被解释变量

为了缓解关键变量的测量偏误,本章使用了基于 LP 法测算得到的公司全要素生产率 TFP_LP (Levinsohn and Petrin, 2003;宋敏等, 2021),重新对模型 (3.1) 进行了检验。表 3 − 7 第 (2) 列报告了对应的回归结果, SmokeBan 的回归系数仍然显著为正,结论不变。

(三) 倾向性得分匹配法

配比法可以通过平衡处理组与控制组这两组企业在可观察的变量上的差异,来缓解选择偏误。本章使用倾向得分配比法,以控制组企业作为配

表 3 - 7 稳健性检验

变量	TFP_ACF			
	(1)	(2)	(3)	(4)
Before_3	0.0112 (0.49)			
Before_2	0.0265 (1.15)			
Current	0.0645 *** (2.83)			
After_2	0.0498 * (1.85)			
After_3	0.0552 * (1.72)			
After_4 +	0.1110 ** (2.35)			
SmokeBan		0.0375 * (1.75)	0.1242 ** (2.54)	0.0762 ** (2.33)
Size	0.0431 ** (2.32)	0.1053 *** (8.58)	-0.0318 (-1.10)	0.0213 (1.07)
Lev	1.1069 *** (12.09)	0.7618 *** (12.49)	1.1916 *** (8.34)	1.0978 *** (11.61)
ROE	0.7792 *** (17.67)	0.6433 *** (20.00)	0.7162 *** (8.40)	0.7319 *** (15.54)
Cashflow	0.4610 *** (5.39)	0.4464 *** (7.31)	0.5248 *** (3.16)	0.4229 *** (4.82)
Growth	0.1289 *** (8.90)	0.0715 *** (7.21)	0.1076 *** (4.14)	0.1064 *** (7.28)
Age	0.0717 (0.90)	0.0991 * (1.94)	0.2190 (1.09)	0.1586 * (1.95)
SOE	0.1622 *** (2.73)	0.0415 (1.05)	0.0778 (0.74)	0.1842 *** (3.10)
GDP	0.1856 * (1.84)	0.0960 (1.41)	0.0059 (0.04)	0.3169 *** (3.17)
Pop	0.1425 (0.63)	-0.2935 ** (-2.10)	-0.3898 (-0.80)	0.4165 * (1.73)

变量	TFP_ACF			
	(1)	(2)	(3)	(4)
Road	-0.1088 (-1.14)	0.0569 (0.99)	-0.0539 (-0.19)	-0.1321 (-1.31)
截距	10.3963*** (3.77)	13.6418*** (8.11)	17.3157*** (2.73)	7.2184** (2.38)
公司	控制	控制	控制	控制
年度	控制	控制	控制	控制
城市	控制	控制	控制	控制
N	37098	37098	9703	33864
Adj. R²	0.8034	0.7982	0.8527	0.8162

比池，从中选取一组与处理组在基本面特征上相似的企业作为配比组。具体而言，本章选取 Size、Lev、ROE、Growth 以及 Age 作为配比变量，并按照 1∶1 的进行配比。本章把卡尺设置为 0.05。最后，在通过倾向得分匹配遴选出合适的对照组后，本章以新样本对基本问题重新进行检验，结果如表 3 - 7 第 (3) 列所示，SmokeBan 的系数仍然显著为正，这表明使用匹配控制组后，禁烟法令的颁布对公司全要素生产率仍然存在显著的正向影响。

（四）剔除注册地与经营地不一致的样本

本章所选取的外生冲击产生于地级市层面，上市公司所在地级市的数据使用的是公司注册地点所在的地级市，然而部分上市公司存在注册地点与实际经营地点不一致的情况，这就可能会导致本章的基本结论产生一定的偏误。为了排除注册地点与经营地点不一致对研究结论的不利干扰，本章通过将注册地点与实际经营地点不一致的样本剔除后重新检验了模型 (3.1)。结果如表 3 - 7 第 (4) 列所示，SmokeBan 的系数仍然显著为正，基本结论并没有发生改变。

（五）安慰剂测试

为了进一步排除不可观测的缺失变量以及其他替代性解释对本章基本结果的不利干扰，借鉴 Wang 等 (2021)，本章执行如下安慰剂对照测试，通过随机化处理组与对照组，使用随机得到的处理组变量（Random_SmokeBan）重新检验了模型 (3.1)，并将这一过程重复 1000 次，将每次随机化得到的随机处理组变量（Random_SmokeBan）的回归系数保存并绘制了核密度图。如果本章的基本结论是由于不可观测的缺失变量及其他替代性解释导致的,那么即使随机化处理组与对照组也能得到相近的回归系数。如图 3-1 所示,*Random_SmokeBan* 的回归系数集中在 0 附近,这表明随机化处理组与控制组并没有导致处理组和控制组公司全要素生产率产生显著差异,这可以缓解不可观测的缺失变量所导致的内生性问题。

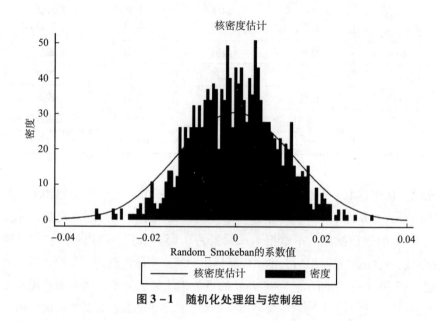

图 3-1 随机化处理组与控制组

第五节 禁烟令与企业全要素生产率的 研究结论与政策建议

一、研究结论

公司全要素生产率的影响因素已经得到学术界广泛讨论,但鲜有文献关注到与员工工作环境相关的因素对公司全要素生产率的影响效应。理论上,良好的工作环境有利于提高员工的工作效率,从而促使全要素生产率的提升。但现实情境中,一方面因工作环境这一指标难以测度而无法在实证上进行检验;另一方面由于存在内生性问题而无法准确识别两者关系的因果效应。为了克服这些困难,本章通过手工收集与整理中国各地级市颁布禁烟法令的具体时间,并手工整理各地级市禁烟法令对企业单位的具体规定,利用各地级市在不同时间颁布禁烟法令对员工工作环境产生的外生冲击所形成的准自然实验，使用双重差分方法识别禁烟法令颁布与公司全要素生产率的因果效应。研究结果表明，公司所在地级市颁布禁烟法令后，其全要素生产率提高约 7.94%。而且，研究发现劳动生产率的提高、人力资本以及创新能力的提升是禁烟法令增加公司全要素生产率的主要渠道。进一步分析发现，对于劳动密集程度较高、融资约束较大以及产业政策非重点支持的公司，禁烟法令颁布导致公司全要素生产率增加更多。最后，本章进行了一系列稳健性测试以强化基本研究结论的可靠性。本章的研究结论不仅丰富了禁烟法令所产生微观经济效应的相关研究，同时为公司全要素生产率的影响因素提供了新的解释视角，对于理解宏观政策如何影响微观经济主体决策具有启示意义。

二、启示与建议

本章研究表明禁烟法令的颁布不仅创造了更为健康的员工工作环境，进而提高了员工的劳动生产率，而且能够吸引更多的高层次人才进入公司，增加公司的人力资本，最终提高公司的全要素生产率。这意味着旨在提高公共环境质量的禁烟法令会对微观经济主体产生积极的经济效应，对于后续控烟政策的制定与执行具有一定的参考意义。对于致力于推动地区产业升级的地方政府部门而言，应当将公共场所控烟政策的制定纳入考虑范围。此外，政府在引导资源配置时应适当向融资约束程度较高以及非产业政策重点支持的公司倾斜，提高资源配置效率，从而更好地促进整体全要素生产率的提高。

本章的研究表明公司所在地级市颁布禁烟法令后，全要素生产率能够得到显著提高。因此，对于总部所在地级市颁布禁烟法令的公司而言，应该积极配合地方政府的禁烟规定，为员工创造良好的无烟工作环境，从而提高员工的劳动生产率，助推公司全要素生产率的提高。此外，本章的横截面差异检验结果表明对于那些劳动密集程度较高、融资约束程度较大以及所在行业为产业政策非支持行业的公司而言，禁烟法令对其全要素生产率的促进作用更加明显。因此，对于这类受资金约束较强且总部所处地级市未颁布禁烟法令的公司而言，应当积极开展无烟单位创建活动，从而达到提高全要素生产率的目标。

第四章 国家级高新区的创新溢出效应

第一节 高新区与企业创新溢出的问题提出

一、选题背景

长期以来，技术创新不仅被认为是企业存续和发展的重要因素，也是一个国家经济增长的关键驱动力（Solow，1957；Griliches et al.，1987）。然而，创新过程漫长且不可预测，具有较高的风险（Holmstrom，1989）。因此，激励创新的政府政策的实施效果受到实务界和学术界的广泛关注①。在多数国家，设立高新区是发展高新技术产业、提升科技实力的一项重大制度安排。中国高新技术产业开发区是国家发展高新技术产业的重要基地，是聚集创新资源、发展先进生产力的有效载体，承担着技术创新和产品创新的重任。

二、研究问题提出

首先，在本章中，我们关注一种新颖且独特的溢出渠道：生产网络中的供应商—客户关系。企业和行业之间的交互会导致经济冲击的传染和放大（Acemoglu et al.，2012）。研究表明供应商—客户关系是金融市场中冲击和信息传递的重要渠道之一。比如，供应商（客户）企业的异质性冲击（Barrot and Sauvagnat，2016）、环境和社会政策（Schiller，2018）以及破产风险（Li et al.，2016）等会对客户（供应商）的决策和产出产生重要

---

① 如政府补助、风险资本以及研发税收抵免项目等。Howell（2017）使用断点研究设计，考察美国能源部小企业创新研究项目（SBIR）对企业专利产出和业绩水平的影响。使用类似的研究方法，Wang 等（2017）考察了中国的创新基金项目对企业创新和业绩的影响。

影响。通过这一渠道，企业可以利用客户的创新思想和技术以较低的成本提高生产效率和创新水平（Rodriguez-Clare，1996；Li et al.，2017），进而促进经营业绩的改善。因此，本章利用国家级高新区对当地微观经济主体创新活动的外生冲击，考察客户企业的创新水平如何通过生产网络中的供应商—客户关系传递并逐渐溢出到其他区域。

内生性问题是建立生产网络中创新溢出效应因果关系的一项困难和挑战。一种可能是供应商企业的业绩水平影响了客户企业的创新活动（Cohen and Frazzini，2008），即反向因果问题。另一种可能是供应商企业的业绩水平和客户企业的创新活动是被同时决定的，如经济周期或行业竞争等，即缺失变量问题。为了缓解这些问题带来的估计困难，本章通过国家级高新区在不同时间、地点批准地差异，利用 DID 来评估国家级高新区批准设立带来的创新在生产网络中的溢出影响，该方法的优点是：第一，从时间上看，国家级高新区在不同地区批准设立的时间是存在差异的，这能够缓解其他不可观测的混淆变量对于本章潜在结果产生干扰（Bertrand and Mullainathan，2003）①，从而得到干净的国家级高新区所带来的影响。第二，本章研究情境的一个显著特征是客户企业所在地国家级高新区的批准设立对于供应商企业的行为决策更加外生，可以剔除与国家级高新区批准设立和企业创新水平相关的时间趋势。另外，由于国家级高新区的批准设立在时间和空间上是错列发生的，本章的研究情境在排除其他替代性解释时具有一定的优势。其他事件在不同地区的发生时间与高新区并不完全相同，本章使用双重差分的研究设计在一定程度上可以排除其他事件和替代性解释的干扰。

其次，本章认为国家级高新区批准设立带来的客户企业创新水平的提高影响供应商经营业绩至少存在两种可能的作用机制。第一，知识溢出。为了确保供应商企业供给的产品质量满足规定的标准，客户企业倾向于向其供应商提供创新的产品设计、技术知识、需求信息、质量控制以及相关培训（Rodriguez-Clare，1996；Li et al.，2017）。基于客户企业的创新知识，供应商可以通过较低的成本来改善生产效率，进而使其经营业绩提

---

① Bertrand 和 Mullainathan（2003）表明外生事件在时间上的错列发生可以使研究的控制组不仅仅限于未发生事件的样本中，对于那些事件发生年度较晚的样本在事件发生之前可以作为事件后自身的控制组，在一定程度上降低了处理组与控制组在其他特征上的差异。而且，多期错层的准自然实验可以排除单一事件中由同期其他事件对基本研究结论的干扰。比如，国家级高新区在时间和空间上的错列发生可以排除其他国家级开发区，如经济技术开发区、出口加工区、保税区以及自贸区等设立的影响。

高。第二，需求扩张。已有研究表明企业的研发投资通常会产生良好的业绩表现（Eberhart et al.，2008）。客户创新水平和能力的提高可以改善其生产效率及经营业绩，进而提高生产需求，这将导致供应商的订单增加。

再次，本章进行了横截面分析来进一步加强本章的基本逻辑。第一，影响客户企业创新溢出效应程度的一个关键的供应商—客户关系特征是客户企业的转换成本（Klemperer，1987；Barrot and Sauvagnat，2016）。当客户企业面临较高的转换成本时，其与供应商之间的关系更加密切和持久，进而导致创新溢出效应的程度更大。第二，具有良好学习和吸收能力的企业更可能从其客户企业的创新溢出效应中受益（Cassiman and Veugelers，2002；Oh，2017）。因此，这些企业可能会经历更高程度的经营业绩改善。第三，已有研究表明地理临近更有利于创新思想的传递（Jaffe et al.，1993；Chu et al.，2019）。当供应商与客户企业之间的地理距离较近时，供应商企业经营业绩的改善程度应该更大。

最后，本章提出了一个疑问，"溢出效应"与"转移效应"哪一个更能解释上述研究？本章保留至少两家上市企业拥有同一个客户企业的样本，在此基础上，删除同一家客户企业的所有供应商企业所在地均设立或均未设立国家级高新区的样本，并分别使用供应商企业所在地设立和未设立国家级高新区的子样本考察第一大客户所在地批准设立国家级高新区对供应商经营业绩的影响。

三、研究贡献

本章的主要贡献包括以下几个方面：第一，本章贡献于创新溢出效应的相关研究。已有研究识别了技术创新溢出的两种主要渠道：一种为竞争对手或行业渠道（Hall et al.，2010），一个企业的创新会增加其竞争对手的研发能力和盈利水平（Jaffe，1986）、全要素生产率（Jaffe，1988）等。另一种为地理临近渠道，区域创新会正向影响当地企业的专利产出（Jaffe，1989）、专利引用（Jaffe et al.，1993）以及产品创新（Feldman，1994）等。Hsu（2011）从这两种渠道考察了创新溢出对个体企业业绩的影响。本章识别了创新溢出效应的另一种新颖的渠道：生产网络。由于在供应商—客户关系中存在转换成本，客户企业有动机将国家级高新区批准设立带来的创新效应传递给供应商企业。

第二，本章贡献于国家级高新区经济效应的相关研究。已有研究多集中于考察国家级开发区设立的总体效应（周茂等，2018；林毅夫等，2018等），而未分离出国家级高新区的政策实施效果；或者从中宏观视角考察了国家级高新区对经济增长的促进作用（刘瑞明和赵仁杰，2015；Tian and Xu，2018；袁航和朱承亮，2018），忽略了高新区对于微观企业的内在传递机制。本章考察国家级高新区对微观经济主体行为和决策的影响，能够更好地分析国家高新区影响宏观经济的机制。而且，本章研究发现高新区不仅对当地企业具有显著影响，还可以通过生产网络中的供应商—客户关系溢出到未建立国家级高新区的地区，为政策实施的作用机制提供了经验证据。

第三，本章补充了供应商—客户关系的相关研究。已有研究表明客户企业的行为决策会对供应商企业的业绩（Intintoli et al.，2017）、资本结构决策（Li et al.，2016）、创新活动（Dasgupta et al.，2015；Chu et al.，2019）以及企业社会责任（Schiller，2018）等产生显著影响。Barrot 和 Sauvagnat（2016）认为供应商—客户关系是企业层面异质性冲击传染效应的主要渠道之一，通过生产网络，异质性冲击产生的影响会被逐渐放大。作为对他们研究发现的一种补充，本章发现不仅是破坏企业生产的外生性冲击会在供应链上传染，政府政策的支持效应同样会在供应链上传递并被逐渐放大，从而加强政策的实施效果。

第四，本章利用国家级高新区批准设立作为外生冲击事件减少了其他干扰潜在结果情况的问题出现。与本章研究最相近的一篇文献——Li（2018）考察了客户企业的创新产出对供应商业绩的影响。与其研究不同的是，本章直接考察国家级高新区批准设立带来的客户企业创新水平的外生变化对供应商经营业绩的影响，有助于缓解缺失重要变量、变量的测量偏差以及其他互为因果对于本章潜在结果推断产生的干扰，为创新溢出因果推断的识别方法提出了另一种参考方案。

第二节　高新区的制度背景

20 世纪 90 年代以来中国国家级开发区的设立在促进区域经济增长，进而在国民经济发展中发挥了重要作用。平均来说，国家级开发区的经济增长率大概为国内生产总值增长率的 3 倍（科斯和王宁，2013）。其中，中国高新技术产业开发区（以下简称国家级高新区）一直以来是国家发展高新技术产业的重要基地，承担着技术创新、产品创新、聚集创新资源以及发展先进生产力的重任（程郁和陈雪，2013）。1988 年 8 月，中国开始实施国家高新技术产业化发展计划——火炬计划，主要任务之一就是建立高新技术产业开发区。同年，中国建立了第一个国家级高新区——北京中关村科技园。历经30年的建设，截至2017年，中国已经先后批准设立了156+1个国家级高新区①，呈现"全国布点"的分布特征。除西藏和青海以外，中国所有省份均已批准设立至少1个国家级高新区。

依据《国家高新区创新能力评价报告（2017）》显示，2016年国家级高新区创新能力总指数为199.1点，较2015年提高了18.2点。国家级高新区聚集了中国40%以上的企业研发投入、企业研发人员和高新技术企业，2016年146+1个国家级高新区企业研发经费投入强度为中国全社会研发投入强度的4.6倍，研发人员密度同比增长7.4%。而且，国家级高新区创新成果产出效率卓越。2016年146+1个国家级高新区授予发明专利50.8件/万人，拥有有效发明专利222.6件/万人，均为全国平均水平的9.8倍。国家级高新区的建立为当地企业的研发投入和创新产出提供了良好的环境和政策支持。因此本章认为，高新区对企业产生的最重要、最直接的影响应该是企业创新。图4-1给出了截至2016年，国家级高新区内企业主要经济指标的发展趋势②。由图4-1可知，国家级高新区企业各主要经济指标在2009年之后均呈现出快速增长的趋势。

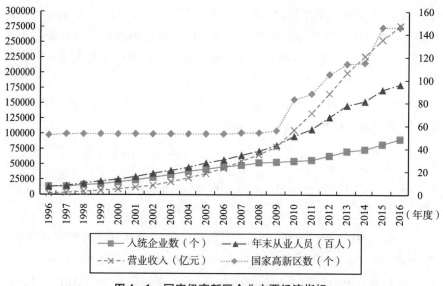

图4-1　国家级高新区企业主要经济指标

---

①　苏州工业园区于2006年开始参加国家高新区创新活动，纳入火炬统计，但是苏州工业园区数据单列，不包括在国家高新区综合汇总数据之中。

②　相关数据来自历年《中国火炬统计年鉴》。

国家级高新区为一些具有资格的企业提供了政策支持。第一，这些企业享有税收优惠，包括免除所得税，而且可以选择加速折旧的方式来计提折旧。被冠上"国"字号的高新区，比起省级高新区，将获得更多的资源和更大的发展空间。省级高新区需要从地税减免企业税负，而国家级高新区则可以享受国家政策，减免增值税等一些占比较大的企业税收。第二，这些企业在土地使用、人才招聘和申请政府补助等方面均享有一定的特权。第三，国家级高新区还为企业带来了一些隐性收益。比如，高新技术企业会为公司带来良好的声誉，进而可以使公司吸引高质量的投资者、合作伙伴以及员工等。

尽管国家级高新区发挥了重要的创新促进作用，但目前已有研究多关注国家级开发区，包括经济技术开发区、高新技术产业开发区以及出口加工区等总体对地区制造业升级和产业结构调整（周茂等，2018；李力行和申广军，2015）、企业规模成长和生产率（李贲和吴利华，2018；林毅夫等，2018）以及城市居民消费（孙伟增等，2018）等的影响。只有少数研究单独分离出国家级高新区的政策实施效果，如使用国家级高新区错列发生作为准自然实验，已有研究考察了高新区建立对地区经济发展（刘瑞明和赵仁杰，2015）、地区创新创业（Tian and Xu，2018）以及产业结构转型升级（袁航和朱承亮，2018）等的影响，但是，微观层面的经验证据仍比较缺乏。

另一类重要的国家级开发区——经济技术开发区，可能会对本章的研究结果产生干扰。但是经济技术开发区与国家级高新区至少在两方面存在显著差异，第一，经济技术开发区旨在吸引国外直接投资来促进出口，而国家级高新区致力于推动科学技术的进步、商业化以及国际化，因此，对企业的创新活动具有更直接和更显著的影响。第二，经济技术开发区更多的集中在中国的东部地区，尤其是沿海城市，其设立可能受到城市经济条件、地理位置等因素的影响，而国家级高新区的批准设立在地理分布上更加分散，不存在明显的样本选择偏误问题。

第三节 高新区与企业创新溢出的研究设计

一、样本选择与数据来源

自1988年起，国务院开始批准设立国家高新技术产业开发区，截至

2017 年，中国已经先后批准设立了 156 + 1 个国家级高新区，呈现 "全国布点" 的分布特征。本章通过国家级高新区批准设立这种在时间和空间上错列发生的事件作为外生冲击事件，选取 2008 ~ 2016 年全部中国上市 A 股企业的季度数据为研究样本，使用公司—客户配对样本来考察上市公司第一大客户所在城市批准设立国家级高新区后，其业绩水平的变化。本章根据以下条件对样本进行了剔除：（1）公司或客户为金融、保险行业公司的样本以及客户为政府部门或事业单位的样本；（2）上市公司注册地所在城市批准设立国家级高新区的样本；（3）本章剔除了其他关键变量存在缺失的样本。本章对所有连续变量在上下 1% 分位数上使用缩尾处理（Winsorize），以此防止极值对潜在结果的干扰。本章也在城市层面进行 "聚类" 处理。

本章主要以下几个部分的数据为样本。一是上市公司及其客户配对样本，前五大客户信息来自于国泰安信息技术有限公司（CSMAR），其中本章也自行收集整理了客户公司所在地区及上市信息。二是上市公司财务数据，主要来自 CSMAR。三是国家级高新区批准设立时间及所在城市信息。本章使用中华人民共和国科学技术部公布的国家级高新区名录，笔者手工收集整理了每一个国家级高新区的批准设立时间及其所在地级市。表 4 - 1 给出了截至 2015 年，中国国家级高新区的批准设立时间及所在地信息。对于拥有多于 1 个国家级高新区的城市，如苏州、杭州以及长春等，本章使用其第一个国家级高新区批准设立的时间来划分处理组和控制组。

表 4 - 1　　　　　　　　　国家级高新区所在地及批准时间

批准时间	高新区所在地
1988 年	北京
1991 年	郑州、天津、石家庄、沈阳、大连、长春、哈尔滨、南京、杭州、合肥、福州、厦门、济南、威海、武汉、长沙、广州、中山、南宁、桂林、海口、重庆、成都、西安、兰州
1992 年	保定、太原、包头、鞍山、吉林、大庆、上海、苏州、无锡、常州、南昌、青岛、潍坊、淄博、洛阳、襄阳、株洲、佛山、惠州、珠海、绵阳、贵阳、昆明、宝鸡、乌鲁木齐
1997 年	咸阳
2007 年	宁波
2009 年	泰州、湘潭

批准时间	高新区所在地
2010 年	营口、昆山、烟台、安阳、南阳、肇庆、柳州、渭南、白银、昌吉、唐山、辽阳、延吉、绍兴、芜湖、蚌埠、泉州、新余、景德镇、济宁、宜昌、深圳、东莞、江门、银川、西宁、廊坊、齐齐哈尔
2011 年	上海、江阴、临沂、益阳、自贡
2012 年	本溪、长春、徐州、温州、马鞍山、莆田、鹰潭、新乡、孝感、衡阳、乐山、玉溪、榆林、咸阳、承德、常州、泰安
2013 年	阜新、通化、南通、衢州、漳州、荆门、石嘴山
2014 年	呼和浩特、镇江
2015 年	锦州、长治、盐城、龙岩、抚州、枣庄、河源、北海、泸州、连云港、杭州、平顶山、郴州、苏州、扬州、嘉兴、湖州、莱芜、随州、仙桃、重庆、德阳、赣州、吉安、德州、东营、焦作、清远、攀枝花、安康

二、模型设定与变量定义

本章主要关注的并不是国家级高新区批准设立对当地公司本身的影响，而是对所在地未批准设立国家级高新区的供应商公司产生的溢出效应。当公司的第一大客户所在城市批准设立了国家级高新区，则该公司设置为处理组，否则为控制组。使用第一大客户构建关键变量具有以下优势：第一，可以充分利用公司与客户公司的配对关系，控制其他因素的干扰；第二，每个公司都使用第一大客户构建关键变量，使可分析的数据更加一致，避免极端案例问题。如果个别公司的第 2～第 5 大客户有较大的异质性特征，会带来极端值问题；第三，便于根据第一大客户特征展开横截面测试，进一步加强本章基本问题的逻辑，排除替代性解释。并且，公司大客户会对公司产生重要影响的观点与目前关注"大客户"（major customers）的一系列研究一致。①

由于存在客户所在地设立了国家高新区，而客户所在公司不在高新区内，也没有享受高新区带来的好处的情况。因此在研究设计方面，本章需

---

① 基于大客户的相关研究主要是以美国上市公司为研究对象（如 Patatoukas, 2012；Dhaliwal et al., 2016；Campello and Gao, 2017；Intintoli et al., 2017；Gong and Luo, 2018；Chen et al., 2019；Cohen et al., 2020；Dhaliwal et al., 2020）。对大客户（major customers）的定义是销售收入占比超过 10% 的客户。根据 Chen 等（2019）的研究，美国上市公司 2008～2016 年大客户销售收入占比的均值为 19.93%。而 Gong 和 Luo（2018）表明研究样本中大约 75% 只存在一个大客户。

要作一个权衡。如果把客户公司严格限定到国家级高新区，刻画会更明确一些，但局限性也很明显：（1）由于数据获取的限制，研究样本会大大减少，导致研究结果的外部有效性和普适性严重下降。（2）研究内涵也会明显缩小。如果把客户公司设定在国家级高新区所在城市，研究内涵是建立国家级高新区会普遍影响所在城市的经济主体这一假定之上。然而，如果把客户公司设定在国家级高新区之内，那么研究内涵是建立国家级高新区只能影响高新区之内的经济主体这一假定之上。从结果稳健性角度来看，使用客户公司注册地所在地级市信息划分处理组和控制组可能会带来一定的测量偏误，即一些客户公司可能并没有享受到高新区带来的好处也被划分为处理组。但这种偏误会低估本章试图检验的效应，即研究样本包含了一些没有享受到高新区好处的客户公司，那么就无法观察到高新区对客户公司的影响溢出到其他区域。如果存在这种偏误，本章仍然可以发现统计上和经济上显著的效应，则表明本章的研究设计相对保守，研究结果在一定程度上是稳健的。

综合以上考虑，本章使用客户公司注册地所在地级市信息，而未使用客户公司是否位于国家级高新区内来划分处理组和控制组。由于本章的研究思路是利用国家级高新区对当地微观经济主体创新活动的外生冲击，考察客户公司的创新水平如何通过生产网络中的供应商—客户关系传递并逐渐溢出到其他区域。这个研究思路的一个重要假定是国家级高新区对当地经济主体具有普遍的重要影响。这一假定与相关研究的结论是一致的。例如，Tian 和 Xu（2018）以及 Lu 等（2019）指出国家级高新区是基于地区的项目，其设立旨在促进一个地区的经济增长。这些政策的重要基本原理是鼓励特定地区增加投资来促进地区的总体经济增长（Kline and Moretti, 2014a; Combes and Gobillon, 2015），会影响经济活动的地理位置、目标地区的工资、就业以及行业构成（Kline and Moretti, 2014b）。

如果供应商公司所在城市也设立了高新区，那么就难以区分供应商公司的变化是来自客户公司还是供应商公司所在城市高新区产生的影响。为了检验创新在供应链上的溢出效应，本章删除了供应商公司所在地当年已经设立了国家级高新区的观测值，以避免供应商公司所在地的国家级高新区对供应链上溢出效应的干扰。因此，本章只保留了供应商公司所在地当年未批准设立国家级高新区的观测值，并利用供应商公司与客户的配对样本，使用错列 DID 的方法将供应商企业销售收入增长率和其第一大客户所在地是否批准设立国家级高新区二元变量进行估计。考虑到本章使用的是错列 DID，会包含多个事件发生组和多个事件发生期（Imbens and Wooldridge，2009）。因此，在本章的基准模型中加入企业固定效应和季度固定效应来控制客户公司所在城市批准设立国家级高新区时发生了事件冲击的公司与没有发生事件冲击的公司之间一些不可测因素在企业之间和时间上的差异。本章基准回归模型设定如下：

$$Growth_{i,t-4,t} = \beta_0 + \beta_1 CstTreat_{i,t-4} + \beta_2 ROA_{i,t} + \beta_3 Size_{i,t} + \beta_4 Age_{i,t} + \beta_5 Capex_{i,t}$$
$$+ \beta_6 Lev_{i,t} + \beta_7 SG\&A_{i,t} + \beta_8 Volatility_{i,t} + \beta_9 Dividend_{i,t}$$
$$+ \beta_{10} MV_{i,t} + \beta_{11} R\&D_{i,t} + \mu_t + \gamma_i + \varepsilon_{i,t} \tag{4.1}$$

其中，因变量 $Growth_{i,t-4,t}$ 为公司销售收入增长率，使用本季度销售收入与上一年同一季度销售收入之间的差额和上一年同一季度销售收入的比值来衡量。$CstTreat_{i,t-4}$ 为上市公司客户所在城市是否批准设立国家级高新区虚拟变量，如果上市公司的第一大客户所在地在上一年的同一季度批准设立了国家级高新区则取值为 1，其他情况则为 0。利用企业固定效应来控制第一大客户企业所在地批准设立国家级高新区与未批准设立国家级高新区企业之间的内生差异，利用季度固定效应控制国家级高新区批准设立的期间外部经济环境的变化，系数 β_1 为该错列 DID 的估计结果，如果客户公司的创新水平对供应商具有溢出效应，由此预计 β_1 会呈现正向显著。

依据已有研究（Barrot and Sauvagnat，2016；Intintoli et al.，2017），本章的基准模型中还控制了以下的变量，具体来说 ROA 表示公司资产回报率，为公司净利润与总资产的比值进行代理。使用公司账面价值的对数值来衡量公司规模 Size。Age 表示公司年龄，使用公司上市季度数的自然对数来衡量。Capex 表示公司资本支出，使用公司构建固定资产、无形资产和其他长期资产支付的现金与处置固定资产、无形资产和其他长期资产收回的现金净额之间的差额与期初资产的比值来衡量。Lev 表示资产负债率，利用企业的负债与公司账面价值的比值来代理。SG&A 表示销售、管理费用，使用销售费用与管理费用之和与总资产的比率来衡量。Volatility 表示股票回报波动率，为季度内月股票的回报率的标准差来进行代理。Dividend 为虚拟变量，当公司支付普通股股利时取值为 1。MV 表示公司市场价值，使用普通股股数与股价的乘积来衡量。R&D 表示公司研发支出，使用公司研发支出与总资产的比率来衡量。具体变量定义如表 4-2 所示。

由于企业销售收入增长率会受到行业、城市发展以及地区金融发展等其他的不可观测因素的干扰，为了排除这些因素对潜在结果的干扰，本章也在回归模型（4.1）中加入了行业—年度高维固定效应、城市层面固定效应，来控制行业随时间发生的不可观测的变化，以及控制经济条件、区位优势等一系列地区层面不可观测因素对本章结果的影响。

表 4 - 2 变量定义

变量名称	变量定义与说明
Growth	销售收入增长率，即本季度销售收入与上一年同一季度销售收入之间的差额/上一年同一季度销售收入
CstTreat	虚拟变量，当上市公司的第一大客户公司所在地批准设立国家级高新区之后取值为 1，否则为 0
ROA	资产回报率，即公司净利润/公司账面价值
Size	规模，即 ln（公司账面价值）
Age	公司年龄，即 ln（公司上市季度数）
Capex	资本支出，即公司构建固定资产、无形资产和其他长期资产支付的现金与处置固定资产、无形资产 - 其他长期资产收回的现金/期初公司账面价值的比值来衡量
Lev	负债率，即公司负债/公司账面价值
SG&A	销售、管理费用，即销售费用与管理费用之和/总资产
Volatility	股票回报波动率，即季度内的月股票回报率标准差
Dividend	虚拟变量，当公司支付普通股股利时取值为 1，否则为 0
MV	公司市场价值，即普通股股数与股价的乘积
R&D	研发支出，即公司研发支出/总资产

三、样本描述性统计

表 4 - 3 汇报了样本期内基本回归模型中包含全部控制变量以及前五大客户销售收入占比的描述性结果。由表 4 - 3 的 Panel A 可以看出，截至 2016 年，对于所在地未批准设立国家级高新区的上市公司，其中有约 60% 的公司第一大客户所在地批准设立了国家级高新区。上市企业销售收入增长率的中位数为 0.087，企业资产回报率 ROA 的中位数为 0.0083，企业规模 Size 的中位数为 21.5943，企业上市年龄的中位数为 3.7377，企业资本支出的中位数为 0.0098，企业资产负债率的中位数为 0.474，企业销售、管理费用的中位数为 0.0348，企业股票回报波动率的中位数为 0.1023，企业市值的中位数为 15.1013，其中，发放股利的公司占比为 0.5966。

由表 4 - 3 的 Panel B 可以看出，中国上市公司的客户集中度相对较高，第一大客户销售收入占比的均值高达 45.9237，远远高于第二大客户的均值 7.8487。本章研究样本的描述性统计分析表明中国上市公司客户并不分散，并且第一大客户对于上市公司具有重要影响。为了保证结果的稳健，本章在稳健性分析中也使用了社会网络分析法，利用公司前五大客户所在地是否批准设立国家级高新区以及公司分别与每一个客户的交易量以及交易时间作为权重，构建了一个价值加权的度中心度指标来考察客户公司创新溢出效应对供应商公司经营业绩的影响，来确保本章的基本逻辑的有效性。

表 4 - 3 　　　　　　　　　　　　　　　描述性统计

Panel A　主要变量的描述性统计

变量	Obs	Mean	SD	Min	P25	Median	P75	Max
Growth	8869	0.2890	1.2182	-0.9584	-0.1362	0.0877	0.3282	9.2627
CstTreat	8869	0.5938	0.4912	0.0000	0.0000	1.0000	1.0000	1.0000
ROA	8869	0.0098	0.0205	-0.0690	0.0013	0.0083	0.0179	0.0831
Size	8869	21.6612	1.1646	18.8363	20.8333	21.5943	22.4108	24.6848
Age	8869	3.3648	0.9190	0.6931	2.8332	3.7377	4.0604	4.3694
Capex	8869	0.0163	0.0198	-0.0057	0.0028	0.0098	0.0223	0.1072
Lev	8869	0.4700	0.2280	0.0398	0.2955	0.4740	0.6392	1.0818
SG&A	8869	0.0496	0.0471	0.0026	0.0176	0.0348	0.0649	0.2583
Volatility	8869	0.1169	0.0736	0.0122	0.0635	0.1023	0.1525	0.3817
Dividend	8869	0.5966	0.4906	0.0000	0.0000	1.0000	1.0000	1.0000
MV	8869	15.2051	0.8842	13.5936	14.5735	15.1013	15.7072	18.1499
R&D	8869	0.0008	0.0038	0.0000	0.0000	0.0000	0.0000	0.0285

Panel B　前五大客户销售收入占比的描述性统计

客户排名	Mean	SD	Min	Median	Max
1	45.9237	41.7869	0.4900	25.7950	100.0000
2	7.8487	8.0467	0.0600	5.5400	45.9500
3	4.2947	2.8095	0.0400	3.7700	19.6200
4	3.1813	2.1043	0.0400	2.7800	12.2400
5	2.6669	1.8166	0.0400	2.3400	12.4800

第四节　高新区与企业创新溢出的实证结果与分析

一、国家级高新区的创新溢出效应

表4-4报告了公司第一大客户所在地批准设立国家级高新区对公司

销售收入增长率影响的回归结果。在表 7 - 4 的第（1）列中，本章利用国家级高新区批准设立的准自然实验方法，控制企业和季度的固定效应。*CstTreat* 的系数反映了公司第一大客户所在地批准设立国家级高新区对公司销售收入增长率的影响。在第（2）列中，本章进一步控制了城市和行业 × 年度固定效应，可以发现，*CstTreat* 的回归系数在两种模型中分别在 5% 和 1% 的水平下显著为正（第（1）列为 0.1194，t = 2.15；第（2）列为 0.1773，t = 2.84），表明第一大客户所在地批准设立国家级高新区后，公司销售收入增长率显著提高。由于第（2）控制了更多的变量，结果较为稳定，第一大客户所在地批准设立国家级高新区后，公司销售收入增长率提高约 17.73 个百分点，相对于其样本均值 28.90%，提高约 61.35%，这表明在第一大客户所在地批准设立国家级高新区后，客户公司创新活动在生产网络中的溢出效应可以显著改善供应商公司的经营业绩①。

表 4 - 4 国家级高新区的创新溢出效应

变量	Growth	
	(1)	(2)
CstTreat	0.1194 **	0.1773 ***
	(2.15)	(2.84)
ROA	10.8762 ***	10.3091 ***
	(9.88)	(9.00)
Size	0.3445 **	0.5158 ***
	(2.38)	(3.00)
Age	0.2170 ***	0.2791 ***
	(2.79)	(3.24)
Capex	3.1218 ***	2.6433 ***
	(3.10)	(2.72)

① 本章的研究结果发现供应商经营业绩的提升是在政策实施之后一年才开始出现显著提升。这与现实发生的事件也是相对比较吻合的。如苹果和三星之间的专利诉讼表明客户的创新外部性对供应商的重要作用。这两个公司都是智能手机和平板电脑的主要制造商。在 2011 年 4 月，苹果起诉三星公司专利侵权，声明三星 Galaxy 手机和平板电脑抄袭了 iPhone 和 iPad 的设计及其他创新。在 2012 年之前，三星电子是苹果移动设备的主要配件供应商。这一供应链使三星受益，由于苹果创新活动的知识溢出，三星也生产了许多创新产品，比如 Galaxy Note 等，使其随后的经营业绩有显著的提升。

变量	Growth	
	（1）	（2）
Lev	0.5564 (1.60)	0.3997 (1.18)
SG&A	1.2168 (1.45)	1.4004* (1.74)
Volatility	0.0681 (0.37)	−0.0073 (−0.04)
Dividend	−0.0934 (−1.38)	−0.0869 (−1.12)
MV	0.2609*** (3.11)	0.2255** (2.33)
R&D	−20.3226 (−1.61)	−16.5495 (−1.06)
公司	Yes	Yes
年度×季度	Yes	Yes
行业×年度	—	Yes
城市	—	Yes
N	8869	8868
F	14.1312	12.7717
Adj. R^2	0.227	0.279

二、机制检验

本章认为客户创新水平提高影响供应商经营业绩至少存在两种可能的作用机制。第一，知识溢出。为了确保供应商公司供给的产品质量以满足规定的标准，客户公司倾向于向其供应商提供创新的产品设计、技术知识、需求信息、质量控制以及相关培训（Rodriguez – Clare，1996；Li et al.，2017）。基于客户公司的创新知识，供应商可以通过较低的成本来改善生产效率，进而使其经营业绩提高。第二，需求扩张。已有研究表明公司的研发投资通常会产生良好的业绩表现（Eberhart et al.，2008）。客户创新水平和能力的提高可以改善其生产效率及经营业绩，进而提高生产需求，这将导致供应商的订单增加。因此，受益于客户公司的生产效率和经营业绩改善，供应商公司的经营业绩也会有所提高。

为了考察第一大客户所在地批准设立国家级高新区对公司销售收入增长率产生影响的作用机制，首先，本章使用高新技术企业资格认证 *Hightech* 可能性作为知识溢出的衡量变量，如果供应商公司获得高新技术企业资格认证 *Hightech* 的可能性提高了，也就说明客户公司倾向于向供应商提供创新的产品设计、技术知识等帮助。借鉴 Intintoli 等（2017），计算了供应商公司来自每一客户公司的销售收入占比的自然对数 $Ln(1 + Pct\_Sales)$，并将其作为向客户公司销售收入占比的代理衡量。具体而言，*Hightech* 为虚拟变量，当公司获得高新技术企业资格认证后则取值为 1，否则为 0。$Ln(1 + Pct\_Sales)$ 使用公司向每一客户公司的销售收入占比的自然对数来衡量。回归结果如表 4 – 5 的 Panel A 所示。第（1）列和第（2）列给出了对公司高新技术企业资格认证可能性影响的回归结果，其中 *CstTreat* 的系数都在 1% 的统计水平上显著为正。第（3）列和第（4）列给出了对公司向客户销售收入占比影响的回归结果，*CstTreat* 的回归系数也都存在着显著性。以上结果表明第一大客户所在地批准设立国家级高新区可以显著提高供应商获得高新技术企业资格认证的可能性以及向客户公司的销售收入占比。

然后，借鉴 Cen 等（2016）的做法，本章选取公司第一大客户为上市公司的样本，来考察国家级高新区批准设立后，第一大客户投资水平和经营业绩的提高是否会带来供应商公司投资水平的提高以及经营业绩的改善，表 4 – 5 的 Panel B 汇报了估计结果。第（1）列和第（2）列给出了供应商和客户的投资敏感性在客户公司所在地批准设立国家级高新区后是否提高。本章使用资本支出（*Capex*）来衡量公司的投资水平。其中，*SplCapex* 和 *CstCapex* 分别表示供应商和客户的资本支出。在第（1）列和第（2）列分析中，关键的交互项回归系数基本为正向显著，表明在客户公司所在地批准设立国家级高新区后，供应商和客户公司之间的投资具有更高的联动性。在第（3）列和第（4）列中，本章将资本支出（*Capex*）替换为销售收入增长率（*Growth*），其研究发现与第（1）列和第（2）列类似。以上结果表明受益于国家级高新区的政策支持和改革措施，在第一大客户所在地批准设立国家级高新区后，创新水平提高带来的投资和经营业绩改善会通过生产网络传递给供应商，进而使供应商公司的投资水平和经营业绩均有所提高。

表 4 −5　　　　　　　　　　机制检验

Panel A　高新区设立与供应商公司高新技术企业认证及销售收入占比

变量	Hightech		Ln(1 + Pct_Sales)	
	(1)	(2)	(3)	(4)
CstTreat	0.0721 ***	0.0906 ***	0.1207 **	0.1675 **
	(5.65)	(6.37)	(1.97)	(2.44)
ROA	− 0.0630	− 0.1366 *	− 0.6342	− 0.6712
	(− 0.77)	(− 1.77)	(− 0.90)	(− 0.89)
Size	0.0074	0.0253 *	− 0.2021 **	− 0.1627 *
	(0.63)	(1.95)	(− 2.44)	(− 1.72)
Age	0.2855 ***	0.2710 ***	0.1927 ***	0.1957 ***
	(13.23)	(13.03)	(2.91)	(2.94)
Capex	− 0.0286	− 0.1091	− 0.0043	− 0.1133
	(− 0.18)	(− 0.75)	(− 0.01)	(− 0.19)
Lev	0.0450	0.0287	− 0.5798 **	− 0.4406 *
	(1.40)	(0.82)	(− 2.28)	(− 1.79)
SG&A	0.0936	0.0924	− 1.2516 **	− 1.3000 ***
	(1.23)	(1.36)	(− 2.52)	(− 3.04)
Volatility	0.0651 **	0.0625 **	− 0.2081	− 0.2179 *
	(2.32)	(2.51)	(− 1.49)	(− 1.92)
Dividend	− 0.0147	0.0020	− 0.1084 *	− 0.0466
	(− 0.95)	(0.12)	(− 1.90)	(− 0.83)
MV	0.0159	0.0067	0.0667	0.1034
	(1.08)	(0.39)	(0.81)	(1.19)
R&D	0.2338	− 0.1781	20.9399	11.9270
	(0.13)	(− 0.08)	(1.02)	(0.68)
公司	Yes	Yes	Yes	Yes
年度 × 季度	Yes	Yes	Yes	Yes
行业 × 年度	—	Yes	—	Yes
城市	—	Yes	—	Yes
N	8121	8120	8869	8868
F	26.2919	25.5933	3.7073	3.9804
Adj. R²	0.824	0.854	0.571	0.670

Panel B　高新区设立与供应商—客户投资和业绩联动性

变量	SplCapex		SplGrowth	
	（1）	（2）	（3）	（4）
CstTreat	-0.0062 （-1.02）	-0.0009 （-0.09）	-0.3255 （-1.35）	-0.1878 （-1.13）
CstTreat × CstCapex	0.0051* （1.70）	0.0045 （1.55）		
CstCapex	0.0515 （0.76）	0.0555 （0.87）		
CstTreat × CstGrowth			0.1463*** （2.72）	0.1182** （2.20）
Growth_cst			0.0352 （0.50）	0.0879 （1.28）
Size	0.0056 （0.37）	0.0239 （1.59）	-0.1639 （-0.32）	0.1771 （0.30）
Age	-0.0044 （-0.76）	-0.0076 （-1.03）	0.2264 （0.80）	-0.2231 （-0.40）
公司	Yes	Yes	Yes	Yes
年度×季度	Yes	Yes	Yes	Yes
行业×年度	—	Yes	—	Yes
城市	—	Yes	—	Yes
N	520	520	511	511
F	1.8291	1.8764	3.4061	2.4358
Adj. R^2	0.279	0.196	0.357	0.275

三、横截面差异检验

（一）客户转换成本

影响客户公司创新溢出效应强度的一个关键的供应商—客户关系特征是客户公司的转换成本（Klemperer，1987；Barrot and Sauvagnat，2016）。当客户公司转换成本较高时，更换新的供应商存在着更大的重新签约成本和投资损失（Allen and Phillips，2000），因此，其与供应商之间的关系更加密切和持久，进而导致创新溢出效应的程度更大。为了验证这一推断，依据（Hui et al.，2012；Intintoli et al.，2017），本章使用供应商企业在其所在经营行业中的市场份额来作为客户企业转换成本的代理，具体来说，使用公司收入占其所在行业总收入的比值表示。依据客户转换成本的中位数将样本分为高转换成本组和低转换成本组①。

回归结果如表 4 - 6 所示。在高客户转换成本组中，即第（1）列和第（3）列中，*CstTreat* 的估计系数分别为 0.1440（t = 2.27）和 0.2301（t = 2.47），都在 5% 的统计水平上显著为正；而在低客户转换成本组中，见第（2）列和第（4）列中，*CstTreat* 的估计系数均不存在显著性。基于更稳健的控制后，估计系数组间差异检验在 5% 的统计水平上显著。表明客户的转换成本越高，供应商与客户公司之间的关系越密切和持久，因此，当第一大客户所在地批准设立国家级高新区后，其创新的溢出效应越强，对供应商经营业绩的提高程度越大。

表 4 - 6　　　　　　　　　　　客户转换成本

变量	Growth			
	（1）转换成本高	（2）转换成本低	（3）转换成本高	（4）转换成本低
CstTreat	0.1440 **	0.1082	0.2301 **	0.1541
	(2.27)	(1.42)	(2.47)	(0.91)
ROA	12.6986 ***	6.6588 ***	11.7345 ***	5.4926 ***
	(5.06)	(7.19)	(5.15)	(5.64)
Size	0.1754	−0.0205	0.3338	0.3174
	(0.87)	(−0.10)	(1.48)	(0.99)
Age	−0.0369	0.3590 ***	0.0106	0.5214 ***
	(−0.19)	(4.67)	(0.04)	(4.31)
Capex	2.1223 *	3.1319 **	1.6850	1.3402
	(1.69)	(2.34)	(1.27)	(1.26)
Lev	1.2998 **	0.1986	1.2982 **	0.8016
	(2.54)	(0.55)	(2.15)	(1.34)
SG&A	1.5736	0.3619	1.3299	0.8239
	(1.42)	(0.37)	(1.42)	(1.00)

① 依据 Intintoli 等（2017），本章也使用供应商公司的规模来衡量客户公司的转换成本，供应商公司的规模越大，表示其客户公司的转换成本越高，其结果基本一致。

变量	Growth			
	(1) 转换成本高	(2) 转换成本低	(3) 转换成本高	(4) 转换成本低
Volatility	-0.0349 (-0.12)	-0.0941 (-0.33)	-0.1843 (-0.78)	-0.0155 (-0.06)
Dividend	-0.1726 (-1.64)	-0.0432 (-0.79)	-0.2600 ** (-2.43)	0.0021 (0.02)
MV	0.2392 * (1.70)	0.1953 ** (2.01)	0.3381 *** (2.61)	0.1193 (0.92)
R&D	-17.4495 (-1.08)	-18.9866 (-1.22)	10.3036 (0.90)	-45.6387 *** (-2.76)
公司	Yes	Yes	Yes	Yes
年度×季度	Yes	Yes	Yes	Yes
行业×年度	—	—	Yes	Yes
城市	—	—	Yes	Yes
N	4408	4406	4403	4361
F	4.0368	11.9807	4.4251	10.6897
Adj. R^2	0.364	0.180	0.458	0.293
Diff. of CstTreat	0.036		0.076 **	

（二）公司吸收能力

已有研究表明公司受益于其客户创新溢出效应的程度受到公司本身能够充分利用其他公司创新的能力，即创新吸收能力的影响（Cassiman and Veugelers，2002；Oh，2017）。本身创新能力较强的公司更能够识别、吸收和利用外部的创新知识，并将来自客户公司的溢出效应转化为与价值提升相关的经营改善（Cohen and Levinthal，1989）。因此，这些公司可能从客户公司的创新溢出效应中受益更多，导致经营业绩改善程度更大。为了验证这一推断，依据已有研究（Oh，2017），本章使用公司是否为高新技术企业来衡量公司对客户公司创新知识的吸收能力，并进行分组检验。具体地，本章依据上市公司资质认定信息，如果上市公司在其所在地批准设立国家级高新区之前被认定为高新技术企业，则将其分类为高新技术企业，否则为非高新技术企业。

回归结果如表4-7所示。在高新技术的组中，见第（1）列和第

（3）列，*CstTreat* 的估计系数分别为 0.1593（t = 1.78）以及 0.2757（t = 2.06），分别在 10% 和 5% 的统计水平上显著；而在非高新技术组中，见第（2）列和第（4）列，*CstTreat* 的估计系数都不存在显著性。基于更稳健的控制后，组间差异在 1% 的水平下显著。表明高新技术企业由于其突出的创新水平和创新能力，对客户公司创新溢出具有较强的吸收能力，因此，此类公司在第一大客户所在地批准设立国家级高新区后，经营业绩改善程度更大。

表 4 – 7　　　　　　　　　　　　高新技术企业

变量	Growth			
	（1）高新技术	（2）非高新技术	（3）高新技术	（4）非高新技术
CstTreat	0.1593 * (1.78)	0.0853 (1.36)	0.2757 ** (2.06)	0.1221 (1.11)
ROA	10.4515 *** (4.15)	10.9202 *** (7.80)	10.5602 *** (4.23)	7.3663 *** (5.37)
Size	0.1901 (0.77)	0.3884 ** (2.54)	0.3877 (1.36)	1.0934 *** (4.90)
Age	0.2936 *** (2.93)	0.1582 (1.36)	0.2866 ** (2.44)	0.2071 (1.00)
Capex	2.4306 (1.61)	3.3192 ** (2.18)	1.8159 (1.19)	0.3923 (0.32)
Lev	0.9453 ** (2.14)	0.4890 (0.91)	0.9364 (1.59)	− 0.0846 (− 0.12)
SG&A	0.7841 (0.63)	1.2997 (1.10)	1.0570 (0.82)	2.7993 *** (2.86)
Volatility	0.3278 (1.08)	− 0.0940 (− 0.30)	0.1367 (0.43)	− 0.3298 (− 1.30)
Dividend	− 0.0958 (− 1.09)	− 0.0918 (− 0.81)	− 0.1180 (− 1.12)	− 0.0508 (− 0.35)
MV	0.3006 ** (2.53)	0.2776 ** (2.55)	0.2149 (1.57)	0.2575 ** (2.10)
R&D	− 39.1125 * (− 1.87)	17.9941 (1.04)	− 47.2214 ** (− 1.99)	− 23.1138 (− 1.05)

变量	Growth			
	（1）高新技术	（2）非高新技术	（3）高新技术	（4）非高新技术
公司	Yes	Yes	Yes	Yes
年度×季度	Yes	Yes	Yes	Yes
行业×年度	—	—	Yes	Yes
城市	—	—	Yes	Yes
N	3830	5039	3828	5029
F	11.5732	9.2979	10.3654	14.0822
Adj. R²	0.200	0.235	0.241	0.379
Diff. of CstTreat	0.074 **		0.154 ***	

（三）公司—客户间的区域距离

地理临近更有利于创新思想传递（Jaffe et al.，1993；Chu et al.，2019）。当供应商与客户企业之间的距离较近时，客户公司的创新溢出能够更迅速、更高效地传递给供应商，对供应商公司经营业绩的改善具有更大的影响。为了验证这一推断，借鉴 Ayers 等（2011）的方法，本章利用企业的经纬度来计算距离，具体来说本章具体计算了公司—客户公司间的地理距离，并使用地理距离的中位数将样本划分为临近和偏远两组进行分组回归检验，具体计算公式如模型（4.2）所示：

$$Distance = (2\pi r/360) \times \arccos \{ \cos(lat_i) \times \cos(lon_i) \times \cos(lat_j)$$
$$\times \cos(lon_j) + \cos(lat_i) \times \sin(lon_i) \times \cos(lat_j) \times \sin(lon_j)$$
$$+ \sin(lat_i) \times \sin(lat_j) \} \qquad (4.2)$$

其中，r 为 6378 千米（地球赤道半径），lon_i 和 lat_i 分别为企业注册地所在城市的经度以及纬度，而 lon_j 和 lat_j 分别为客户公司注册地所在城市经纬度。

回归结果如表 4-8 所示。在地理距离较远组，即第（1）列和第（3）列中，*CstTreat* 的回归系数均不显著；而在地理距离临近组，即第（2）列和第（4）列中，*CstTreat* 的回归系数分别为 0.1337（t=1.46）和 0.2302（t=2.08），基于更稳健的控制，在 5% 的水平上显著，组间差异系数检验显示在 1% 的统计水平上显著。表明当供应商—客户的距离较近时，更有利于客户公司创新思想和知识的传递，因此，此类公司在第一大客户所在地批准设立国家级高新区后，经营业绩改善程度更大。

表 4-8　　　　　　　　供应商与客户间的地理距离分组检验

变量	Growth			
	(1) 偏远	(2) 临近	(3) 偏远	(4) 临近
CstTreat	0.0267 (0.29)	0.1337 (1.46)	0.0494 (0.48)	0.2302 ** (2.08)
ROA	10.9656 *** (4.99)	9.2081 *** (5.25)	10.7801 *** (5.61)	7.7215 *** (4.57)
Size	0.6246 *** (3.12)	0.2731 (0.99)	0.9232 *** (2.93)	0.5517 (1.55)
Age	0.3605 *** (3.17)	0.1767 (0.99)	0.3167 *** (2.71)	0.4594 *** (3.73)
Capex	4.0000 *** (3.88)	0.9385 (0.74)	2.8928 *** (3.17)	1.2637 (1.05)
Lev	0.5886 (1.10)	0.8225 (1.49)	0.7774 (1.42)	0.0238 (0.04)
SG&A	1.6925 (1.02)	1.3474 (1.10)	2.2974 (1.55)	1.1239 (1.15)
Volatility	0.4512 (1.59)	-0.4653 * (-1.78)	0.1268 (0.44)	-0.3888 * (-1.74)
Dividend	-0.2242 * (-1.83)	0.0682 (0.67)	-0.2779 * (-1.70)	0.0113 (0.09)
MV	0.2563 ** (2.20)	0.2228 * (1.76)	0.2857 ** (2.24)	0.0905 (0.58)
R&D	0.8496 (0.08)	-10.9115 (-0.62)	0.5000 (0.04)	-5.8808 (-0.32)
公司	Yes	Yes	Yes	Yes
年度×季度	Yes	Yes	Yes	Yes
行业×年度	—	—	Yes	Yes
城市	—	—	Yes	Yes
N	4325	4341	4324	4341
F	11.9714	6.9075	8.5947	9.2139
Adj. R^2	0.279	0.221	0.339	0.303
Diff. of CstTreat	-0.107 ***		-0.181 ***	

四、稳健性检验

(一) 其他客户公司的影响

上市公司通常被要求披露前五大客户公司的信息，依据供应商—客户关系，本章选取2016年末所在地未批准设立国家级高新区的上市公司样本绘制了生产网络图，如图4-2所示。在图4-2中，正方形表示供应商公司，圆形表示客户公司。连线表示供应商和客户关系，连线的长度和宽度表示客户公司的排名。对于每一个供应商公司，最长且最粗的连线表示其第一大客户。

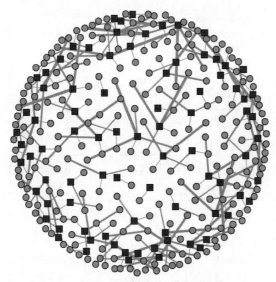

图4-2　部分上市公司生产网络图（2016年）

在之前的研究中，本章关键的解释变量使用公司第一大客户所在地是否批准设立国家级高新区来设定，由于公司的其他客户公司所在地也有可能批准设立国家级高新区，如图4-2所示，为了综合考虑公司前五大客户可能产生的影响，依据社会网络分析方法（Jackson，2008；Rossi et al.，2018），本章使用公司前五大客户所在地是否批准设立国家级高新区以及公司分别与每一个客户的交易量以及交易时间作为权重，构建了一个价值加权的度中心度指标来考察客户公司创新溢出效应对供应商公司经营业绩的影响。具体计算公式如下：

$$P_{it} = \frac{\sum w_{jt} \times d_{jt}}{\sum d_{jt}} \tag{4.3}$$

其中，i 表示供应商公司，j 表示公司披露的前五大客户公司，w_{jt} 表示权重，分别为公司来自每一客户的销售收入占比以及公司与每一客户的交易时间，使用样本期内客户公司出现的年数来衡量。d_{jt} 为虚拟变量，当客户所在地批准设立国家级高新区时取值为 1，否则为 0。本章将模型（4.1）中的虚拟变量替换为该连续变量进行检验，结果如表 4–9 所示。Saleper_w 表示以销售收入占比为权重的价值加权中心度指标，Time_w 表示以交易时间加权的价值加权中心度指标。基于更稳健的控制，即第（2）列和第（4）列中，Saleper_w 和 Time_w 的回归系数全部都正向显著，表明本章的研究发现在考虑了公司其他客户公司及其重要性的影响后，结果仍然是稳健的。

表 4–9 考虑其他客户公司的影响

变量	Growth			
	（1）	（2）	（3）	（4）
Saleper_w	0.1625 *** (3.12)	0.0785 *** (2.87)		
Time_w			0.0115 (1.34)	0.0229 ** (2.41)
ROA	10.9563 *** (9.99)	10.3458 *** (9.04)	10.9042 *** (9.93)	10.3761 *** (9.08)
Size	0.3603 ** (2.49)	0.5147 *** (3.02)	0.3458 ** (2.41)	0.5157 *** (3.01)
Age	0.2323 *** (2.97)	0.2858 *** (3.31)	0.2197 *** (2.82)	0.2770 *** (3.17)
Capex	3.0345 *** (3.01)	2.6097 *** (2.65)	3.1166 *** (3.09)	2.6551 *** (2.71)
Lev	0.5320 (1.53)	0.3864 (1.14)	0.5430 (1.56)	0.3867 (1.14)
SG&A	1.2163 (1.45)	1.3915 * (1.73)	1.1855 (1.41)	1.3894 * (1.74)

变量	Growth			
	(1)	(2)	(3)	(4)
Volatility	0.0725 (0.40)	−0.0080 (−0.05)	0.0704 (0.39)	−0.0095 (−0.06)
Dividend	−0.0902 (−1.34)	−0.0815 (−1.05)	−0.0891 (−1.31)	−0.0792 (−1.02)
MV	0.2564 *** (3.01)	0.2156 ** (2.25)	0.2540 *** (3.03)	0.2159 ** (2.26)
R&D	−20.3322 (−1.58)	−16.0615 (−1.01)	−20.5885 (−1.59)	−17.0122 (−1.07)
公司	Yes	Yes	Yes	Yes
年度×季度	Yes	Yes	Yes	Yes
行业×年度	—	Yes	—	Yes
城市	—	Yes	—	Yes
N	8869	8868	8869	8868
F	14.6031	12.8014	13.4819	12.6197
Adj. R^2	0.229	0.278	0.226	0.278

（二）公司客户关系变化干扰排除

本章依据上市公司披露的前五大客户，将当年销售收入占比最大的客户作为第一大客户。这一设定方法与已有考察供应商—客户关系以及大客户的相关研究类似。例如，Barrot 和 Sauvagnat（2016）考察由于供应商公司所在地发生自然灾害对供应商公司的不利影响是否会传染到客户公司，他们在确定客户公司时，具有两个标准：第一，大客户公司的销售收入占比超过 10%；第二，当年供应商公司报告一个公司为其大客户。Dhaliwal等（2020）指出，第一大客户是指公司当年销售收入占比最大并且超过10%的客户。然而，这一设定方法依然存在一种可能的内生性问题，即第一大客户是会随着时间变化的，公司内部客户关系的变化可能会对本章潜在结果产生影响偏误。

为了缓解这种由于客户选择而带来的对于潜在结果的影响，本章使用上市公司的第一大客户在样本期内未发生变化的样本进行稳健性分析。具体分析结果如表 4 - 10 所示。与表 4 - 4 相类似，在表 4 - 10 中的第（1）列中，本章放入了所有的控制变量，也控制了公司和季度固定效应。在第（2）列中，本章进一步控制了城市和行业×年度固定效应，可以发现，*CstTreat* 的估计系数在两次估计中分别在 5% 和 1% 的统计水平上显著（第（1）列为 0.1413，t＝2.54；第（2）列为 0.1956，t＝3.08）。这说明在缓解了客户选择而带来的内生性问题后，本章的基本结果依旧具有较强的稳健性。

表 4-10　　　　　　　　　　剔除第一大客户发生变化的样本

变量	Growth	
	（1）	（2）
CstTreat	0.1413 **	0.1956 ***
	(2.54)	(3.08)
ROA	11.1696 ***	10.7157 ***
	(10.30)	(9.38)
Size	0.3460 **	0.4707 ***
	(2.43)	(3.02)
Age	0.2021 ***	0.2859 ***
	(2.70)	(3.48)
Capex	3.1105 ***	2.8037 ***
	(3.16)	(2.93)
Lev	0.6012 *	0.4601
	(1.71)	(1.39)
SG&A	1.5577	1.5325
	(1.59)	(1.61)
Volatility	0.0224	−0.1260
	(0.13)	(−0.86)
Dividend	−0.1239 *	−0.1107
	(−1.82)	(−1.39)
MV	0.2630 ***	0.2248 **
	(3.42)	(2.44)
R&D	−29.3489 **	−25.1051
	(−2.20)	(−1.50)
公司	Yes	Yes
年度×季度	Yes	Yes
行业×年度	—	Yes

变量	Growth	
	(1)	(2)
城市	—	Yes
N	7438	7437
F	17.0668	14.7317
Adj. R^2	0.231	0.292

（三） 外生冲击的有效性

在理想条件中，一个外生冲击事件应该类似于随机化，其中处理组和控制组都应该类似于完全随机分配。在现实中，大多数冲击并不是完全随机的，由此可以发现，类随机性是证明外生冲击的重要挑战（Rosenzweig and Wolpin，2000）。Atanasov 和 Black（2016）总结了大量的事件冲击的研究设计，指出了事件冲击的主要研究可靠性问题和解决方法。借鉴他们的研究，本章使用以下一系列的稳健性分析，确保结果的可靠程度。

（1）准自然实验强度检验。有效的外生冲击应该存在着显著的事件影响，即需要有较高的强度能够影响企业行为（Atanasov and Black，2016）。理论上，国家级高新区通过实施高新技术产业的优惠政策和各项改革措施，一直承担着技术创新和产品创新的重任（程郁和陈雪，2013），会对公司的研究支出产生外生冲击。由于本章公司和客户配对样本中，客户公司为上市公司且具有研发支出的观测值较少，因此，本章使用全部上市公司样本考察上市公司所在地批准设立国家级高新区后，其研发支出的变化来间接检验国家级高新区批准设立作为一项外生冲击的有效性，结果如表 4-11 所示。在表 4-11 中，Treat 为虚拟变量，当上市公司所在地批准设立国家级高新区后取值为 1，否则为 0。结果显示当公司所在地批准设立国家级高新区后，其研发支出显著提高，这为本章准自然实验的强度提供了一定的支持证据。

表 4-11　　　　　　　　准自然实验有效性检验

变量	R&D	
	(1)	(2)
Treat	0.3929 *** (2.78)	0.4164 *** (2.95)

变量	R&D	
	（1）	（2）
Growth	− 0.0086 （− 0.53）	− 0.0120 （− 0.75）
ROA	− 2.2523 （− 1.29）	− 2.4763 （− 1.44）
Size	0.8268 *** （5.02）	0.8549 *** （4.66）
Age	0.1326 （0.84）	− 0.0180 （− 0.10）
Capex	5.5570 ** （2.57）	5.7988 *** （2.71）
Lev	0.1103 （0.20）	0.2104 （0.35）
MTB	47.3623 （1.12）	47.3717 （1.06）
CFO	− 0.6013 （− 1.42）	− 0.7402 （− 1.55）
公司	Yes	Yes
年度 × 季度	Yes	Yes
行业 × 年度	—	Yes
城市	—	Yes
N	39114	39114
F	8.7097	8.3838
Adj. R^2	0.696	0.700

（2）平行趋势检验。DID 的关键在于处理组企业与控制组企业的潜在结果的变动趋势是相似的。由于反事实无法观测，平行趋势假定实际上是不可检验的。一种间接的检验方式是比较外生事件发生前的 DID 系数。如果事件前的 DID 系数接近为 0，就表明处理组和控制组的 DID 在事件前遵循相似的趋势。借鉴 Klasa 等（2018）在错列 DID 中检验平行趋势假定的方法，本章也使用了相似的方法。具体来说，将 CstTreat 替换为年度虚拟变量，Before3、Before2 和 Before1 分别表示国家级高新区批准设立前的第 3

年、第 2 年和第 1 年，结果如表 4 – 12 所示，Before3、Before2 和 Before1 的估计系数均不存在显著性。Current 表示国家级高新区批准设立当年，Post1、Post2 和 Post3$^+$ 分别表示国家级高新区批准设立后 1 年、后 2 年以及后 3 年及以上，本章的参照组为国家级高新区批准设立前 3 年以上的样本。可以发现 Current、Post1、Post2 的回归系数基本都为正向显著[①]，可见事件发生前两组样本销售收入增长率的差异并不存在显著性，这在一定程度上表明本章的 DID 设计满足平行趋势假定，这为本章的双重差分有效性提供了支持的经验证据。

表 4 – 12   平行趋势检验

变量	Growth	
	(1)	(2)
Before3	0.1114 (0.78)	0.1332 (0.81)
Before2	0.1715 (1.12)	0.1587 (1.15)
Before1	0.0965 (0.73)	0.0919 (0.55)
Current	0.2549 ** (2.20)	0.3108 ** (2.04)
Post1	0.2602 ** (2.15)	0.2569 * (1.95)
Post2	0.2317 (1.53)	0.2745 ** (2.38)
Post3$^+$	0.1158 (1.14)	0.1743 (1.28)

---

① 国家级高新区批准设立产生的影响效果在 3 年之后基本上回到了设立之前的水平，其可能的原因是：本章使用上市公司所在地未批准设立国家级高新区的样本，考察其第一大客户所在地是否批准设立高新区对其销售收入增长率的影响。如果位于批准设立国家级高新区地区的客户公司可以促进供应商公司经营业绩的改善，对于未批准设立国家级高新区地区的上市公司应该更倾向于寻找所在地批准设立高新区的公司作为客户。由于更换客户的转换成本在短期内是较大的（Barrot and Sauvagnat, 2016），因此，对于处理组公司在短期内更换客户的可能性相对较小，随着时间的推移，其可能开始越来越多地和所在地批准设立国家级高新区的公司展开交易，并且这些公司可能并不是其第一大客户，但也会带来公司销售收入的增加，导致处理组与控制组公司的业绩差异越来越小，在第 3 年及以后年度不存在显著差异。

变量	Growth	
	(1)	(2)
ROA	9. 4194 ***	8. 0449 ***
	(6. 66)	(6. 63)
Size	0. 3213 *	0. 5454 **
	(1. 78)	(2. 43)
Age	0. 4550 ***	0. 6184 ***
	(3. 69)	(4. 17)
Capex	2. 4524 **	1. 9891 **
	(2. 55)	(2. 00)
Lev	0. 3127	0. 1461
	(0. 67)	(0. 28)
SG&A	1. 5449	1. 1530
	(1. 45)	(1. 16)
Volatility	− 0. 0509	− 0. 2065
	(− 0. 20)	(− 1. 00)
Dividend	0. 0063	0. 0386
	(0. 07)	(0. 36)
MV	0. 2080 *	0. 2987 **
	(1. 89)	(2. 36)
R&D	− 4. 6012	− 14. 9743
	(− 0. 56)	(− 1. 22)
公司	Yes	Yes
年度 × 季度	Yes	Yes
行业 × 年度	—	Yes
城市	—	Yes
N	5565	5565
F	8. 3006	9. 7893
Adj. R^2	0. 251	0. 312

（3）安慰剂检验（Placebo test）。使用不同的安慰剂检验能用来加强本章研究发现的可信度（Atanasov and Black，2016）。为了进一步排除处理组公司和控制组公司在第一大客户所在地批准设立国家级高新区之前存在着固有差异，并且这些差异难以观测，会对本章的潜在结果产生干扰，

借鉴 Gao 等（2018），本章使用以下几种方式进行安慰剂检验来检验在使用随机选取，而不是真实的国家级高新区批准设立时间时，本章的研究发现是否还存在。具体地，对于每一个国家级高新区批准设立的第一大客户公司所在城市，本章从 2008～2016 年的样本期间内随机选取一个虚拟的国家级高新区批准设立时间。然后，使用这一虚拟的事件发生时间，本章重新估计了基本回归模型并保存了 *CstTreat* 的回归系数。本章重复这一过程 1000 次。

已有研究识别了创新溢出效应的两种维度：行业和地理，也就是说，公司可以从其竞争对手（行业溢出效应）或临近公司（地理溢出效应）的创新活动中受益（Hsu，2011）。为了确保本章的研究结果并不仅仅是捕捉到了行业或者地理上的溢出效应，借鉴 Cen 等（2016），本章进行了以下的安慰剂检验。具体地，本章将供应商—客户配对关系中真实的客户公司随机地替换为其他公司的客户。然后，使用这一虚拟的供应商—客户关系配对样本，本章重新估计了基本回归模型并保存了 *CstTreat* 的回归系数。本章重复这一过程 1000 次。

表 4 - 13 给出了以上安慰剂对照测试中生成的 1000 个系数的描述性统计和分布状况，*RCstTreat*（1）和 *RCstTreat*（2）为随机化事件发生时间的回归系数的样本分布，*RCstTreat*（1）为控制了公司和季度固定效应的回归系数，*RCstTreat*（2）为控制了公司、季度、行业×年度及城市固定效应的回归系数。*RCstTreat*（3）和 *RCstTreat*（4）为随机化供应商—客户关系的回归系数的样本分布，*RCstTreat*（3）为控制了公司和季度固定效应的回归系数，*RCstTreat*（4）为控制了公司、季度、行业×年度及城市固定效应的回归系数。由表 4 - 13 的结果可知，虚拟样本的回归系数远远小于表 4 - 4 中真实的回归系数，这同样也说明了其他的不可观测因素以及其他替代性解释对于本章研究不会造成显著影响。

表 4 - 13　　　　　　　　　　　安慰剂对照测试

变量	Obs	Mean	SD	Min	P25	Median	P75	Max
RCstTreat（1）	1000	- 0.0002	0.0242	- 0.0655	- 0.0170	- 0.0001	0.0163	0.0918
RCstTreat（2）	1000	- 0.0007	0.0239	- 0.0700	- 0.0172	- 0.0004	0.0152	0.0883
RCstTreat（3）	1000	- 0.0015	0.0250	- 0.0802	- 0.0185	- 0.0017	0.0163	0.0701
RCstTreat（4）	1000	- 0.0009	0.0247	- 0.0826	- 0.0181	- 0.0016	0.0164	0.0771

（4）重新配比控制组。配比法可以通过平衡处理组和控制组之间的在可观察的变量上的差异，来缓解选择偏误。一旦两组企业在可观察的变量上具有平衡性，那么意味着两组企业在没有事件冲击的情况下，潜在结果的期望值应该是相等的。参考 Dehejia 和 Wahba（2002）的研究，首先在执行配比程序前先随机化数据，然后在同一城市和年度内估计一个 Logit 回归模型，其中关键因变量为 i 公司第一大客户注册城市在 t 年批准设立国家级高新区，则取值为 1，公司特征变量为自变量。接下来根据计算出的倾向得分，使用最近比邻法为每一个处理组样本单位配比一个最接近的控制组样本单位，配比过程中允许重置抽样。本章把卡尺设置为 0.01 以避免匹配效果过差或者样本损失过多的情况出现。选取配比变量为 ROA、Size、Age、Capex、Lev、SG&A、Volatility、Dividend、MV、R&D 等模型（4.1）中包含的控制变量。本章利用同一城市年度内配比的配比控制组重新进行回归，结果如表 4 – 14 所示①。

表 4 – 14 的 Panel A 为经过配比后的处理组企业和控制组企业的可观测公司变量的均值差异性比较，可以发现配比后，这些公司层面的可观测变量均值基本相似，这也表明配比后变量的平衡性程度较高。Panel B 汇报了经过 PSM 配比后的样本，进行检验的结果。如 Panel B 的第（1）列和第（2）列所示，CstTreat 的估计系数显著为正，与表 4 – 4 中的结果较为相似，这进一步说明了处理组和控制组一些可观测的公司特征差异对于本章的基准检验结果不会产生明显的影响。并且，本章在同一城市和年度内进行配比，可以确保处理组公司与控制组公司注册地位于同一城市，在一定程度上排除了城市层面不可观测因素对本章基本研究发现的干扰。

表 4 – 14   使用 PSM 的回归结果

Panel A：处理组和控制组的均值比较

变量	处理组	控制组	差异 P 值
ROA	0.0117	0.0121	0.49
Size	21.5662	21.5150	0.17
Age	3.2366	3.2147	0.54
Capex	0.0197	0.0187	0.21
Lev	0.4365	0.4303	0.41

---

① 本章也使用同一行业年度内配比的控制组样本重新检验了模型（4.1），其结果基本一致。

Panel A：处理组和控制组的均值比较

变量	处理组	控制组	差异 P 值
SG&A	0.0586	0.0593	0.72
Volatility	0.1112	0.1129	0.47
Dividend	0.6499	0.6505	0.97
MV	15.1630	15.1203	0.11
R&D	0.0007	0.0007	0.70

Panel B：使用倾向得分匹配法的回归结果

变量	Growth	
	(1)	(2)
CstTreat	0.2174**	0.2784***
	(2.39)	(2.73)
ROA	14.1260***	8.8896**
	(5.30)	(2.39)
Size	0.4940**	0.8278***
	(2.11)	(3.20)
Age	0.0991	0.0167
	(0.81)	(0.09)
Capex	2.6358	2.3851
	(1.07)	(0.85)
Lev	0.7745	1.2339*
	(1.13)	(1.82)
SG&A	2.7827*	0.7228
	(1.86)	(0.72)
Volatility	0.1396	0.0617
	(0.48)	(0.21)
Dividend	−0.0608	0.2668**
	(−0.61)	(2.47)
MV	0.2654	0.2839
	(1.60)	(1.22)
R&D	−101.0588***	−120.1389**
	(−2.64)	(−2.42)
公司	Yes	Yes

Panel B：使用倾向得分匹配法的回归结果

变量	Growth	
	（1）	（2）
年度×季度	Yes	Yes
行业×年度	—	Yes
城市	—	Yes
N	3216	3177
F	6.2132	5.8290
Adj. R²	0.364	0.459

（四）排除替代性解释

（1）"转移效应"Vs"溢出效应"。本章的结果也可能来自"转移效应"，而非"溢出效应"，例如，假定第一大客户有两个上市公司为其供应产品，一个是本地的供应商，另一个是外地供应商，当第一大客户和本地供应商都因为设立了国家高新区，从而进行了转型升级，本地供应商不再为其供应此类商品，从而第一大客户只能将本地供应商的产品需求调整到还没有设立国家高新区的外地供应商上。由于数据的限制，本章无法刻画一个公司完整的供应链。为了排除这一替代性解释，本章主要是站在供应商公司的视角，考察客户公司所在地批准设立国家级高新区对其销售收入增长率的影响。因此，可以筛选出客户公司的两家或两家以上供应商公司均为上市公司的样本，但是无法获取其供应商公司为非上市公司的样本。具体而言，为了缓解本章的基本研究发现只是捕捉了"转移效应"，而非"增量溢出效应"的担忧，本章按照以下想法展开进行研究。假定第一大客户有两个上市公司：供应商1和供应商2为其提供产品，其中，供应商1所在地批准设立了国家级高新区，而供应商2未设立。当客户公司和供应商1均因设立了国家级高新区进行了转型升级时，供应商1可能不再为该客户供应此类商品，导致该客户只能将供应商1的产品需求调整到还没有设立国家级高新区的供应商2处（转移效应）。为了排除这一潜在的替代性解释，本章对数据进行了如下筛选：第一，保留至少两家上市公司拥有同一个客户公司的样本；第二，在此基础上，删除同一家客户公司的所有供应商公司所在地均设立或均未设立国家级高新区的样本。本章使用该样本分别对供应商公司所在地设立和未设立国家级高新区的子样本重新考察了模型（4.1），回归结果如表4-15所示。

如果本章的基本研究发现是由"转移效应"带来的，应该观测到对于同一家客户公司，其设立高新区的供应商公司的销售收入增长率显著减少，而其未设立国家级高新区的供应商公司的销售收入增长率则显著增加。由表4-15可知，在客户公司的设立国家级高新区的供应商公司样本中，即第（1）列和第（2）列，$CstTreat$的回归系数为正，但并不显著，而在客户公司的未设立国家级高新区的供应商公司样本中，即如第（3）列和第（4）列所示，$CstTreat$的估计系数都在5%的统计水平上显著。以上结果表明供应商公司销售收入增长率的提高是由客户公司的溢出效应带来的，而不是由同一家客户公司的不同供应商公司之间的转移效应带来的。

表4-15   "转移效应" Vs "溢出效应"

变量	Growth			
	设立高新区		未设立高新区	
	（1）	（2）	（3）	（4）
$CstTreat$	0.1372 (1.32)	0.1887 (1.35)	0.1360 ** (1.98)	0.1270 ** (2.06)
ROA	5.2569 *** (5.44)	5.4670 *** (5.34)	8.9949 *** (4.24)	8.5902 *** (3.83)
$Size$	0.1951 * (1.74)	0.2762 * (1.79)	0.1122 (0.65)	0.1574 (0.69)
Age	0.4614 *** (3.17)	0.4535 *** (2.93)	0.4390 *** (3.79)	0.3330 ** (2.63)
$Capex$	-0.0621 (-0.04)	-0.1553 (-0.11)	-1.4100 (-1.12)	-1.4969 (-1.17)
Lev	0.4134 * (1.77)	0.3168 (1.30)	0.9149 ** (2.04)	0.7947 * (1.91)
$SG\&A$	-0.2389 (-0.42)	-0.1107 (-0.19)	-0.1503 (-0.15)	-0.1754 (-0.17)
$Volatility$	-0.2998 (-1.33)	-0.2844 (-1.25)	0.3059 (1.14)	0.2884 (1.04)
$Dividend$	0.2332 ** (2.23)	0.2846 * (1.84)	0.2883 ** (2.31)	0.3260 *** (3.11)

变量	Growth			
	设立高新区		未设立高新区	
	（1）	（2）	（3）	（4）
MV	−0.1067 （−1.64）	−0.1343* （−1.67）	−0.0401 （−0.35）	−0.0719 （−0.61）
R&D	106.5568** （2.23）	100.5874*** （3.06）	147.6239* （1.90）	150.1765* （1.90）
配对	Yes	Yes	Yes	Yes
年度×季度	Yes	Yes	Yes	Yes
行业×年度	—	—	Yes	Yes
城市	—	—	Yes	Yes
N	1055	769	1055	769
F	13.2264	12.5530	6.4120	8.4990
Adj. R^2	0.441	0.389	0.487	0.386

（2）省级高新区的潜在影响。本章研究发现受到省级高新区的干扰较小，主要原因在于：一方面，公司所在地由"市级高新区"升级为"省级高新区"的时间与国家级高新区批准设立的时间并不完全一致，本章使用错列发生的事件作为研究背景，在很大程度上能够缓解公司所在地由"市级高新区"升级为"省级高新区"的事件对于本章结果的干扰。另一方面，国家级高新区产生的影响显著大于省级高新区：第一，为了避免过度竞争，禁止赋予省级高新区优于国家级高新区更优惠的政策①。第二，省级高新区对企业实施的认证标准低于国家级高新区。对于国家级高新区，该认证要求企业的主要业务涉及高科技产业，研发支出占总收入的3%或以上，拥有高等教育背景的员工占30%或以上。第三，已有研究未发现省级层面的开发区对当地经济增长具有显著影响的经验证据（Alder et al.，2016），这也在一定程度上说明了省级层面高新区不会对于本章结果产生很强的干扰效果。因此，本章只考虑了国家级高新区产生的影响，而未考虑省级高新区。

---

① 比如，国家税务总局（2004）规定："省级政府批准设立的各类开发区，不允许存在超越税收管理权限制定开发区税收优惠政策和比照享受国家级开发区税收优惠政策的问题。"

第五节　高新区与企业创新溢出的研究结论与政策建议

国家级高新区一直以来是中国发展高新技术产业的重要基地，聚集创新资源、发展先进生产力的有效载体，承担着技术创新和产品创新的重任。本章利用国家级高新区批准设立这一外生冲击来考察其创新溢出效应，不仅可以打开国家级高新区促进经济增长的"黑箱"，而且识别了创新溢出效应的一种新颖的渠道：生产网络。考虑到国家级高新区批准设立不是同时发生的，这形成了一个错列的 DID。通过该有效的研究情境可以帮助本章缓解其他不可观测的混淆变量以及替代性解释对潜在研究结果的干扰。

本章以中国 2008～2016 年的 A 股上市公司季度数据为样本，保留上市公司所在地当年未批准设立国家级高新区的观测值，并利用公司与客户的配对样本，使用双重差分方法考察上市公司第一大客户所在地批准设立国家级高新区后的创新溢出效应。研究结果表明，当公司第一大客户所在地批准设立国家级高新区后，该公司的销售收入增长率提高约 61.35%。并且，使用不同的机制检验方式，本章发现国家级高新区在生产网络中的创新溢出效应至少存在两种可能的作用机制：知识溢出和需求扩张。接下来，本章通过横截面差异分析来进一步加强基本问题的逻辑。研究结果表明客户公司所在地国家级高新区的创新溢出效应显著存在于客户公司转换成本较高组、供应商公司创新吸收能力较强组以及供应商与客户之间地理临近组中。

本章为了确保基本研究问题的因果效应，也使用了以下的稳健性检验。第一，考虑到公司其他客户所在地也可能批准设立国家级高新区并对研究结果产生影响，本章构建了一个价值加权的度中心度指标替换基本研究问题中的虚拟变量进行检验。第二，为了防止公司大客户对时间发生变化而带来的内生性问题，本章使用样本期内没有发生大客户变化的样本进行检验。第三，为了验证选取准自然实验的有效性，本章考察了国家级高新区批准设立对公司研发投入的影响。第四，进行平行趋势假定的检验来更好保证 DID 的可信度。第五，利用错误的国家级高新区批准设立时间段以及供应商—客户配对关系以缓解其他可能的替代性逻辑对本章基础结果的干扰。第六，通过 PSM 方法为控制组重新配比新的配比组进行分析。第七，进一步剔除其他可能的逻辑对于本章估计结果的干扰。第八，实证研究发现本章的研究有着较好的因果逻辑。

　　本章的因果推断很好地解决了已有文献中存在的其他内生性问题，有效克服了以往研究中存在的内生性问题的干扰，为技术创新正外部性的应用提供了因果推断的支持。本章研究发现国家级高新区不仅对当地企业具有显著影响，还可以通过生产网络溢出到未建立国家级高新区的地区，为政策实施有效性的基本原理提供了经验证据。而且，本章的研究结果表明不仅是破坏公司生产的外生冲击会在供应链上传染，政府政策的支持效应也会在供应链上传递并被逐渐放大。

第五章 存款保险制度与企业劳动力重新配置

第一节 存款保险制度与企业劳动力重新配置的问题提出

一、选题背景

劳动力在企业和行业间的有效配置对企业盈利以及经济增长至关重要[①]。在中国经济"双循环"新格局背景下，构建完整的内需体系要改善分配格局、打造新的经济增长极。蔡昉（2017）强调劳动力重新配置对中国经济高速增长具有重要影响，提出经济增长越来越需要依靠劳动生产率的提高来驱动。劳动力重新配置在构建完整内需体系、促进经济增长过程中扮演着重要角色。国际金融危机对劳动力市场的影响加大了研究者对于金融市场如何影响劳动力重新配置的兴趣（Berton et al.，2018），现有研究较多关注信贷供应冲击对劳动力重新配置的影响[②]。

二、研究问题提出

首先，本章关注存款保险制度如何影响劳动力的重新配置。中国存款保险制度建立是完善金融机构市场化退出机制、防范金融风险的重要

[①] Belo 等（2014）考察了劳动力配置对公司盈利能力的影响。蔡昉（2017）从劳动力重新配置的角度揭示了中国高速经济增长的资源重新配置效应。Hsieh 等（2019）发现美国劳动力配置的改善可以解释 20% 到 40% 人均市场产出的增长。Petukhov（2019）发现公司间劳动力的重新配置使得成长机会更好的公司从中受益。

[②] 例如，Bai 等（2018）利用美国州银行放松管制考察了银行贷款对劳动力重新配置的影响，Hazan 等（2019）利用美国明确立法对美国各州女性投资者保护加强考察了银行贷款对劳动力在不同部门之间的再分配的影响，Fonseca 和 Doornik（2019）从公司债权人保护加强的角度考察了银行贷款对劳动力重新配置的影响。

举措①。存款保险制度建立有利于增强对中小银行和民营银行的保护，促进银行业公平竞争，从根本上防止金融体系风险的累积。郭晔和赵静（2017）发现存款保险制度建立后，为应对银行业竞争加剧，银行会更积极地从事影子银行业务。由于存款保险制度建立削弱了原本由"隐性担保"带给银行的特许权价值以及低风险银行的存款保险制度实际费率一般会高于应适用费率，这也会促使部分银行适度承担风险（项后军和张清俊，2020a，2020b）。在这种情况下，银行对贷款组合的调整会带来不同企业的贷款成本和贷款可获得性发生改变。贷款成本和贷款可获得性对企业间劳动力重新配置具有重要作用（Bai et al.，2018；Caggese et al.，2019）。首先，贷款成本的降低有助于企业扩大经营规模，改变劳动力在企业之间的分配结构（Beck et al.，2010）。其次，贷款可获得性提高的企业可以增加净投资、降低预防性储蓄以及招聘更多的高技术员工（Berg，2018；Fonseca and Doomik，2019；Morais et al.，2019），从而促进劳动力在企业之间重新分配。因此，本章认为存款保险制度建立会促进劳动力在不同企业之间的重新配置。

存款保险制度的建立形成了一个准自然实验情境。本章利用这个准自然实验情境展开研究具有以下优势：第一，由于存款保险制度的建立并不依赖于微观层面的企业特定战略目标，这种相对外生的特征有利于建立存款保险制度与劳动力重新配置之间的因果效应。第二，存款保险制度建立对贷款成本、贷款可获得性产生的外生冲击，能够有效克服直接衡量贷款成本、贷款可获得性所带来的测量偏误问题。第三，直接考察企业的贷款成本、贷款可获得性对劳动力重新配置的影响存在遗漏变量的问题。例如，可能某一特定因素对贷款成本、贷款可获得性与劳动力配置决策同时起作用，这可能导致观察到的贷款成本、贷款可获得性对劳动力重新配置决策的影响是虚假的。而本章利用存款保险制度建立所形成的准自然实验情境展开研究，有利于缓解遗漏变量偏误。

实证考察劳动力的重新配置往往需要指定特定的研究范围观察劳动力的变化。例如，Bai 等（2018）研究美国州银行放松管制如何影响劳动力重新配置时关注的是制造业企业，考察管制放松后制造业企业是否会聘请更多的员工，从而实现劳动力的重新配置。本章关注产业政策鼓励支持的

①　党的十八届三中全会强调存款保险制度的功能是"完善金融机构市场化退出机制"。十八届五中全会强调"完善存款保险制度，以可控方式和节奏主动释放风险，全面提高财政和金融风险防控和危机应对能力"。十九届五中全会中强调"建设现代中央银行制度"，其中包括完善存款保险制度，在股东、债权人等依法合规承担损失的前提下，发挥好存款保险基金的处置平台作用。

企业，这是因为产业政策具有重要的国家战略意义，在产业政策的引导下，资金配置会向产业政策鼓励支持行业倾斜（张纯和潘亮，2012；毕晓方等，2015）。因此，借鉴以往的研究（王克敏等，2013），本章考察存款保险制度建立后，产业政策支持行业的企业劳动力是否发生变化。

本章使用双重差分方法避免存款保险制度建立期间其他随着时间变动的宏观因素的干扰。存款保险制度会促进银行竞争（郭晔和赵静，2017）。银行业竞争加剧能够降低高违约风险企业的贷款成本（尹志超等，2015；Lian，2018）。此外，存款保险制度增加了银行的风险承担（项后军和张清俊，2020b）。银行风险承担的增加会使银行贷款组合向违约风险高的企业转换（Duchin and Sosyura，2014；Bednarek et al.，2020）。这意味着存款保险制度建立对于违约风险较高客户企业的贷款成本以及贷款可获得性影响更大。而企业的贷款成本和贷款可获得性会影响企业间的劳动力重新配置（Bai et al.，2018；Caggese et al.，2019）。因此，本章按照风险特征将企业区分为高违约风险企业（处理组）和低违约风险企业（控制组），进而考察存款保险制度前后高违约风险企业和低违约风险企业劳动力配置变化的差异。

其次，本章分别从企业融资约束水平、企业财务报告质量和企业所在地区的银行竞争程度三个维度来检验存款保险制度对劳动力重新配置的影响。第一，相关研究发现融资约束是企业配置劳动力的重要条件（Chodorow - Reich，2014），当信贷渠道扩大时，受融资约束的企业增加了劳动力的配置（Fonseca and Doomik，2019）。这意味着企业融资约束的差异可能导致存款保险制度对劳动力配置程度的影响不同。第二，企业财务报告质量不同时，存款保险制度对企业间劳动力重新配的影响可能具有异质性。高质量的财务报告可以通过降低债务市场的摩擦进而影响企业配置劳动力的决策（Jung et al.，2019），在存款保险制度建立前，财务报告质量高的企业资源配置已经达到最优。因此，企业的劳动力配置决策因企业的财务报告质量不同具有异质性。第三，存款保险制度对劳动力重新配置的影响也可能随所在地区银行竞争程度不同而有所差异。这是因为在银行业垄断的情况下，贷款供给会出现不足，并且贷款利率会出现抬升（Love and Peria，2014），增强银行竞争程度能够帮助降低企业融资成本、提高贷款可获得性。

最后，本章检验了由存款保险制度引起的资源的重新配置是否导致企业全要素生产率的提高。因为在既定资源配置效率提高的过程中必定会带来企业生产率的提高。检验结果发现，在存款保险制度建立之后，相比低违约风险企业，高违约风险企业的全要素生产率显著提高。

三、研究贡献

本章的研究贡献主要在于：首先，补充了关于存款保险制度相关研究的文献，以往关于存款保险制度的研究大多数集中在银行层面。一部分学者在世界或区域范围内进行的研究证实，在特定条件下，存款保险制度能够减少银行风险（Diamond and Dybvigis，1983；Anginer et al.，2014）。同时，存款保险制度可能在一定程度上会使银行持有高风险资产组合，增加银行的风险承担意愿。由此，另一部分学者则试图着眼于银行的风险承担（Ioannidou and Penas，2010；Chernykh and Cole，2011；Calomiris and Jaremsji，2019）。Calomiris 和 Jaremski（2016）在综述存款保险制度相关文献时指出应该从更广泛的层面去考察存款保险制度的后果。王晓博等（2019）研究发现存款保险制度能够降低银行净息差波动。项后军和张清俊（2020a）发现存款保险制度增加了低风险银行风险承担水平。与已有研究不同，本章考察了存款保险制度对企业劳动力配置决策层面的影响。

其次，补充了劳动力重新配置相关研究的文献。已有文献从多个角度考察了劳动力重新配置。Bai 等（2018）利用美国州银行业放松管制为外生冲击，从银行业改革的角度考察了银行贷款引起的劳动力重新配置效应。Fonseca 和 Doornik（2019）与 Hazan 等（2019）从立法改革的角度考察了银行贷款对劳动力重新配置的影响。孙早和侯玉琳（2019）从工业智能化的角度考察了工业智能化对不同技术劳动力的重新配置。Walker（2011）与张华（2019）分别从环境法规和环境污染出发，考察其对劳动力重新配置的影响。佟家栋和刘竹青（2018）考察了房价上涨对制造业劳动力重新分配的影响。蔡昉（2017）从劳动力在产业之间的重新配置的角度解释过去中国经济的高速增长。本章利用存款保险制度建立带来的外生冲击，考察了存款保险制度对不同风险企业的贷款成本与贷款可获得性的影响，进而影响企业的劳动力重新配置，进一步丰富了这一相关文献。

第二节 存款保险制度与企业劳动力重新配置的制度背景与研究假说

一、制度背景：存款保险制度的建立与实施效果

2013 年 11 月党的第十八届三中全会把存款保险制度的功能明确定位

为"完善金融机构市场化退出机制"。2015 年 3 月 31 日，《存款保险条例》正式发布，并于同年 5 月 1 日正式实施。2015 年 10 月党的第十八届五中全会中指出"完善存款保险制度，建立风险识别与预警机制，以可控方式和节奏主动释放风险"。2020 年 10 月党的第十九届五中全会中提出"建设现代中央银行制度"，其中包括建立权威高效的重大金融风险应急处置机制、完善存款保险制度，在股东、债权人等依法合规承担损失的前提下，发挥好存款保险基金的处置平台作用，以使中央银行依法履行好最后贷款人职责。

存款保险制度是金融机构市场化退出机制的重要组成，是防范系统性金融风险、建立金融安全网的重要举措。在存款保险制度建立之前，政府一直都在实行全额"隐性担保"，同样导致银行部门堆积了许多问题。尽管不会通过银行退出的方式表现出来，但会形成政策负担，增加债务风险，通货膨胀风险等其他危机的可能性。实施存款保险制度，有助于问题银行的退出，减少其他类型金融危机的概率（纪洋等，2018）。存款保险制度还可以通过对中小银行和民营银行的保护，提升其信用度和竞争力，促进银行市场的适度竞争。郭晔和赵静（2017）使用双重差分法考察存款保险制度对个体银行风险的影响，研究发现建立存款保险制度后，四大国有银行的个体风险、杠杆和"影子银行"规模都没有显著变化。然而，非四大国有银行为了应对竞争提升了银行杠杆率，并且积极从事影子银行业务。项后军和张清俊（2020a）也表明存款保险制度有效且效果存在异质性。通过对 2009～2017 年 190 家商业银行的年度面板数据进行检验，结果表明高风险银行并没有显著变化，但低风险银行适度提高了风险承担水平。项后军和张清俊（2020b）进一步实证考察了存款保险制度影响银行风险承担的中介机制。由于存款保险制度建立削弱了原本由"隐性担保"带给银行的特许权价值，部分银行有动机调整其贷款组合，提高风险承担水平。使用 119 家商业银行 2009～2017 年面板数据的检验结果表明特许权价值是存款保险制度影响银行风险承担的重要中介机制。

二、研究假说

建立存款保险制度的目的是通过减少流动性风险来降低银行系统性风险，利于银行系统稳定。Diamond 和 Dybvigis（1983）在一篇开创性的论文中指出，在建立存款保险制度后，储户就不再担心银行倒闭遭受损失，存款保险制度能够避免出现银行挤兑，可以降低流动性风险，进而可以降低银行系统性风险。通过跨国数据，研究发现法律和监管制度比较健全的国家，存款保险制度能够促进金融稳定（Cull et al.，2005）。Anginer 等（2014）使用 96 个国家或地区的数据，探讨了金融危机前和危机过程中存款保险制度对银行经营风险的影响，发现该制度在危机时期可以降低银行个体风险和系统性风险，而处于非危机时期时，则相反。纪洋等（2018）使用 57 个国家的数据，发现存款保险制度显著增加了银行退出的概率，同时对金融体系其他部分具有"溢出效应"，能够显著降低非银行类金融危机的概率。

在中国存款保险制度建立之后，政府对银行的管制放松促进了银行市场的竞争（郭晔和赵静，2017）。一方面，存款保险制度增加了中小银行的竞争力，因为存款保险制度建立加强了对中小银行的保护，会使中小银行吸收更多存款，鼓励了银行市场的竞争；另一方面，存款保险制度还可以增加民营银行的竞争力，因为存款保险制度没有建立前，政府只对国有银行进行"隐性担保"，而存款保险制度建立会使民营银行得到与国有银行相同的担保。一般而言，银行竞争加剧会带来贷款成本的降低（Cetorelli and Strahan，2006）。Rice 和 Strahan（2010）发现银行竞争加剧导致银行贷款利率下降，公司从其他成本较高的贷款转向成本较低的银行贷款。对于高违约风险公司，银行竞争加剧降低公司贷款成本的效应更强（尹志超等，2015；Lian，2018）。

此外，在中国存款保险制度建立之后，银行由之前的政府全额"隐性担保"转变为存款保险制度（纪洋等，2018）。这一转变降低了之前因为隐性存款保险带给银行的特许权价值，导致银行风险承担动机增加。低风险银行的存款保险制度实际费率一般会高于应适用费率，存款保险制度会适度提高低风险银行的风险承担水平（项后军和张清俊，2020b）。在银行风险承担意愿增加的情况下，银行会主动调整自身的贷款策略，其贷款组合会更加偏向高违约风险公司。在这一过程中，高违约风险公司的贷款可获得性会大幅提高（Duchin and Sosyura，2014；Bednarek et al.，2020）。

一旦贷款成本和公司贷款可获得性受到存款保险制度的影响，其劳动力配置决策可能会随之而调整。首先，贷款成本的降低能够影响公司劳动力配置决策，是因为贷款成本的降低促使公司扩大经营规模，改变劳动力在公司之间的分配结构（Beck et al.，2010）。Caggese 等（2019）发现较高的贷款成本使公司解雇短期雇佣劳动力，导致公司生产效率降低，扭曲了公司的劳动力配置决策。其次，公司贷款可获得性的提高有助于公司调整其劳动力配置决策，这是因为公司贷款可以用于增加净投资、降低预防性储蓄以及配置更多高技术员工（Berg，2018；Fonseca and Doomik，2019；

Morais et al.，2019）。基于美国州银行放松管制的情境，Bai 等（2018）发现贷款可获得性的提高使高生产率、较为年轻的公司配置了更多的员工。基于存款保险制度的情境，存款保险制度建立不仅降低了高违约风险公司的贷款成本，还提高了高违约风险公司的贷款可获得性，这会促进公司之间的劳动力重新配置。因此，存款保险制度建立加强了银行业竞争，导致银行资源的重新分配。在这种情况下，银行通过加强对借款者的筛选和监控，相比低违约风险公司，高违约风险公司通过支付风险溢价获得更多银行贷款资源，进而影响企业的劳动力配置情况。基于以上分析，本章认为相比低违约风险公司，高违约风险公司在存款保险制度建立后的员工增长更高。

第三节 存款保险制度与企业劳动力重新配置的研究设计

一、样本选择与数据收集

为了考察 2015 年存款保险制度建立带来的影响，本章首先把研究期间设定为存款保险制度建立前 3 年（2012～2014 年）和后 3 年（2015～2017 年）。为了分析劳动力的重新配置，本章把分析的样本限定为产业政策支持的行业。这是因为产业政策对微观公司的资源配置具有极大的导向作用。在产业政策的引导下，资金配置会向产业政策鼓励支持行业倾斜（张纯和潘亮，2012；毕晓方等，2015）。具体而言，本章使用中国 A 股上市企业 2012～2017 年的数据为研究对象，通过以下程序进行进一步筛选：（1）参考王克敏等（2013）的研究，依据 5 年计划中相关行业发展规划，删除不属于产业政策鼓励或重点支持行业的公司数据；（2）剔除处于金融、保险行业企业的样本；（3）删除其他关键变量缺失的样本。样本主要的财务数据来源于深圳国泰安信息技术有限公司（CSMAR）。银行业市场结构相关的数据来自于中国银监会。城市一级与省一级的经济发展水平数据来源于《中国统计年鉴》与《中国城市统计年鉴》。

二、模型设计与变量定义

本章使用双重差分方法考察存款保险制度与劳动力重新配置之间的关系，借助 DID 的原理有效缓解制度建立前后时间因素对研究结论的干扰。由于会计信息的传统模型评估违约风险在一些理论上存在着局限性，现有研究更多使用基于市场信息的或有权益模型来评估企业的违约风险。考虑到金融机构在放贷决策中面临的最主要风险，影响银行贷款定价的直接因素是企业违约风险，参考已有研究（Chen et al.，2019），本章通过企业违约风险的样本中值差异来进行处理组和控制组的划分。

在存款保险制度的成立后，该制度不仅能够促进银行积极竞争，而且增加银行的风险承担（郭晔和赵静，2017；项后军和张清俊，2020b）。银行业竞争加剧能够降低高违约风险公司的贷款成本（尹志超等，2015；Lian，2018）。同时，银行的风险承担意愿增加会使银行贷款组合向违约风险高的公司转换（Duchin and Sosyura，2014；Bednarek et al.，2020）。在银行积极情况下，高违约风险企业的贷款成本能够得到降低、贷款可获得性能够得到提高，它们能够获得成本更低的银行贷款资源，从而更好地把握投资机会，从而提升企业的长期价值。从这一角度上看，存款保险制度对企业经营活动的影响不单单体现在企业的负债表、现金流量表和利润表上，同样也会对公司价值预期产生影响。这是本章中使用期权模型估计企业违约风险的理论基础。

参考前人成果（Merton，1974；Bharath and Shumway，2008），本章使用基于或有权益模型的模型来测度企业违约风险（Default Risk，DR），具体测算模型如下：

$$DD_{i,t} = \frac{\log\left(\frac{Equity_{it} + Debt_{it}}{Debt_{it}}\right) + \left(r_{it-1} - \frac{\sigma_{vi,t}^2}{2}\right) \times T_{it}}{\sigma_{vi,t} \times \sqrt{T_{it}}} \qquad (5.1)$$

$$\sigma_{vi,t} = \left(\frac{Equity_{i,t}}{Equity_{i,t} + Debt_{i,t}}\right) \times \sigma_{Ei,t} + \left(\frac{Debt_{i,t}}{Equity_{i,t} + Debt_{i,t}}\right) \times (0.05 + 0.25 \times \sigma_{Ei,t})$$

$$\qquad (5.2)$$

$$DR_{i,t} = N(-DD_{i,t}) \qquad (5.3)$$

其中，$Equity$ 为企业权益的市场价值，通过流通股数与年末收盘价的乘积来代理测量；$Debt$ 为企业负债价值，通过短期负债和一半的长期负债之和来代理测量；r 为企业上一年的股票年回报率，$\sigma_{Ei,t}$ 为企业上一年股票回报的波动率；$\sigma_{vi,t}$ 表示企业资产波动性。T 设置为 1 年。$N(\cdot)$ 是累计标准正态分布函数。

通过计算得出企业违约风险变量 DR，本章根据存款保险制度建立前三年的企业违约风险均值，将企业进一步划分为高违约风险企业和低违约风险企业。具体而言，参考已有研究（Chen et al.，2019），当存款保险制度建立前企业违约风险为行业四分位数以上，则为高违约风险企业，虚

拟变量 Hr 取值为 1，否则 Hr 取值为 0。对比高违约风险企业和低违约风险企业在存款保险建立前后企业劳动力相对增长的差异变动，能够减轻存款保险建立前后时间对本章潜在结果的干扰，从而加强存款保险对劳动力重新配置与全要素生产效率的因果效应。本章借鉴已有研究（李磊等，2019；孙早和侯玉琳，2019；张华，2019），还加入相关控制变量，因为基准回归模型中已经加入了年度固定效应和企业固定效应，传统双重差分模型中的 $Treat$ 和 $Post$ 被包括到固定效应之中，本章关注交互项 $Post \times Hr$ 的系数 β_1。本章的基准回归模型：

$$
\begin{aligned}
Employment\ Growth_{i,t} =\ & \beta_0 + \beta_1 Post_{i,t} \times Hr_{i,t} + \beta_2 Wage_{i,t} + \beta_3 Profit_{i,t} + \beta_4 Nlabor_{i,t} \\
& + \beta_5 Lev_{i,t} + \beta_6 SOE_{i,t} + \beta_7 Size_{i,t} + \beta_8 Age_{i,t} + \beta_9 PPE_{i,t} \\
& + \beta_{10} Dual_{i,t} + \beta_{11} Growth_{i,t} + \beta_{12} Q_{i,t} + \beta_{13} CFO_{i,t} \\
& + \beta_{14} GDPS_{i,t} + \beta_{15} Ur_{i,t} + \beta_{16} Hi_{i,t} + Year\ fixed\ effect \\
& + Firm\ fixed\ effect + \varepsilon_{i,t}
\end{aligned}
\tag{5.4}
$$

其中，$Employment\ Growth$ 为公司的就业人数相对增长，定义为当年就业人数的自然对数减前一年就业人数的自然对数；$Post$ 为存款保险制度虚拟变量，存款保险制度之后取值为 1，否则为 0；$Wage$ 为平均职工报酬变量，定义为应付工资加应付福利与从业人员的比值；$Profit$ 为公司利润率变量，定义为公司利润总额与销售收入的比值；$Nlabor$ 为非劳动密集度虚拟变量，若公司的人均营业收入高于年份样本中位数，则 $Nlabor$ 取 1，否则取 0；Lev 为企业负债率，定义为公司负债与公司资产的比值；SOE 为国有企业虚拟变量，如果该企业为国有企业，SOE 的取值为 1，否则为 0；$Size$ 为企业规模，通过公司资产的对数值；Age 为企业年龄变量，使用公司成立年数的自然对数来衡量；PPE 为固定资产占比变量，定义为固定资产与总资产的比值；$Dual$ 为两职合一虚拟变量，如果 CEO 和董事长两职合一则取 1，$Dual$ 取值为 1，否则为 0。$Growth$ 为销售收入增长率变量，定义为营业的增长率；Q 为公司成长性变量，用市场指标托宾 Q 衡量；CFO 为自由现金流变量，定义为企业经营活动产生的现金流量与企业资产的比值；$GDPS$ 为地区经济结构变量，定义为上市公司所在省份当年第二产业增加值与 GDP 的比值；Ur 为城镇化水平变量，定义为各省城镇人口与总人口的比值；Hi 为人力资本投资变量，定义为各省国家财政性教育支出与一般预算支出的比值；为控制不同年度下不可观测的混淆变量对于本章潜在结果的干扰，本章设置了年度虚拟变量。具体变量定义如表 5-1 所示。本章对所有连续的解释变量都在上下 1% 分位数上进行了缩尾处理。

表 5 - 1　　　　　　　　　　　　变量定义与说明

变量名称	变量定义
Employment Growth	公司就业人数相对增长率变量，为当年就业人数的自然对数减前一年就业人数的自然对数
Post	存款保险制度建立虚拟变量，公司在存款保险制度之后取值为 1，否则为 0
Hr	公司违约风险虚拟变量，如果在存款保险制度建立之前违约风险高于行业上四分位数，则设置其为高违约风险公司，*Hr* 的取值为 1，否则为 0
Wage	平均职工报酬，应付工资加应付福利/从业人员
Profit	公司利润率，公司利润总额/销售收入
Nlabor	非劳动密集度，若公司的人均营业收入高于年份样本中位数，则 *Nlabor* 取 1，否则取 0
Lev	负债率，总负债/总资产
SOE	国有公司虚拟变量，如果该公司为国有公司，*SOE* 的取值为 1，否则为 0
Size	规模，ln（总资产）
Age	年龄，ln（注册成立年的差额）
PPE	固定资产占比，为固定资产/总资产
Dual	两职合一虚拟变量，如果 CEO 和董事长两职合一则取 1，*Dual* 取值为 1，否则为 0
Growth	销售收入增长率，营业的增长率
Q	公司成长性，市场指标托宾 *Q*
CFO	自由现金流，经营活动产生的现金流量/企业资产
GDPS	地区经济结构，上市公司所在省份当年第二产业增加值/GDP
Ur	城镇化水平，为各省城镇人口与总人口的比值
Hi	人力资本投资水平，各省国家财政性教育支出/一般预算支出

三、描述性统计

表 5 - 2 为本章控制变量的描述性统计。可以发现，在 2015 年存款保险制度建立的前后期内，公司就业人数的相对增长率 *Employment Growth* 的均值为 0.07，这意味着公司的就业率每年平均增长 7%。高违约风险公司大约占全样本的 24%。平均职工报酬 *Wage* 的均值为 9.14，公司利润率 *Profit* 的均值为 0.09，非劳动密集度 *Nlabor* 的均值为 0.50，公司负债率 *Lev* 的均值为 43%，样本中约有 42% 的观测值为国有控股企业，公司规模 *Size* 的均值为 22.15，样本中企业成立年龄 *Age* 的平均值为 2.73，固定资

产占比 PPE 均值为 0.25，样本中大约 25% 的观测值为两职合一，销售收入增长率 Growth 的均值为 0.20；托宾 Q 的均值为 2.36；自由现金流 CFO 的均值为 0.04，地区经济结构 GDPS 的均值为 0.44，城镇化水平 Ur 的均值为 0.63，人力资本投资水平 Hi 的均值为 0.17。

表 5 - 2　　　　　　　　　　主要变量描述性统计

变量	Obs	Mean	SD	Min	P25	P50	P75	Max
Employment Growth	8862	0.07	0.30	-0.94	-0.05	0.02	0.13	1.66
Post	8862	0.50	0.50	0.00	0.00	1.00	1.00	1.00
Hr	8862	0.24	0.43	0.00	0.00	0.00	0.00	1.00
Wage	8862	9.14	1.21	3.75	8.62	9.29	9.87	11.79
Profit	8862	0.09	0.19	-0.90	0.03	0.07	0.15	0.77
Nlabor	8862	0.50	0.50	0.00	0.00	1.00	1.00	1.00
Lev	8862	0.43	0.21	0.05	0.26	0.42	0.58	0.94
SOE	8862	0.42	0.49	0.00	0.00	0.00	1.00	1.00
Size	8862	22.15	1.29	19.40	21.27	21.98	22.87	26.05
Age	8862	2.73	0.36	1.61	2.56	2.77	3.00	3.40
PPE	8862	0.25	0.17	0.00	0.12	0.22	0.35	0.72
Dual	8862	0.25	0.43	0.00	0.00	0.00	0.00	1.00
Growth	8862	0.20	0.62	-0.61	-0.04	0.09	0.26	4.79
Q	8862	2.36	1.86	0.91	1.32	1.77	2.64	13.12
CFO	8862	0.04	0.07	-0.20	0.00	0.04	0.08	0.24
GDPS	8862	0.44	0.09	0.19	0.42	0.46	0.49	0.56
Ur	8862	0.63	0.13	0.39	0.52	0.63	0.68	0.90
Hi	8862	0.17	0.03	0.12	0.16	0.18	0.19	0.22

第四节　存款保险制度与企业劳动力
重新配置的实证研究与结果

一、基准模型回归结果

本章首先考察了存款保险制度对劳动力重新配置的影响。表 5 - 3 报告了基本的回归结果。在第（1）列的回归中，未加入控制变量，但是加入了企业固定效应和年度固定效应，交互项 $Post \times Hr$ 的估计系数为0.0388，在1%的显著性水平下显著。在第（2）列的回归中，加入控制变量，同时也保持加入企业固定效应和年度固定效应，交互项 $Post \times Hr$ 的估计系数为0.0434，在1%（t=3.37）的显著性水平下显著。基于第（2）列更严格的控制，存款保险制度建立后，相对于低违约风险企业，高违约风险企业就业人数的相对增长率要高出4.34%。这表明在存款保险制度建立后，相比低违约风险公司，高违约风险公司劳动力配置增加的程度显著更多。该结果与本章的基础逻辑相一致。

表5-3　　　　　　　存款保险制度对劳动力重新配置的影响

变量	被解释变量：*Employment Growth*	
	（1）	（2）
$Post \times Hr$	0.0388*** (2.65)	0.0434*** (3.37)
Wage		-0.0491*** (-6.41)
Profit		0.0056 (0.19)
Nlabor		-0.2203*** (-15.98)
Lev		-0.0321 (-0.77)
SOE		-0.0145 (-0.57)
Size		0.1353*** (9.70)
Age		-0.0507 (-0.80)
PPE		0.0790 (1.41)
Dual		0.0137 (0.99)

变量	被解释变量：*Employment Growth*	
	(1)	(2)
Growth		0. 2007 *** (17. 45)
Q		0. 0020 (0. 61)
CFO		0. 0591 (0. 91)
GDPS		0. 2898 (1. 54)
Ur		- 0. 0746 (- 0. 47)
Hi		- 0. 2259 (- 0. 64)
Constant	0. 0446 *** (5. 99)	- 2. 3760 *** (- 6. 52)
年度固定效应	控制	控制
公司固定效应	控制	控制
观测值	8862	8862
调整的 R^2	0. 0056	0. 2444

二、渠道检验

本章考察存款保险制度对劳动力重新配置的作用渠道：贷款成本和贷款可获得性。首先，在存款保险制度建立之后，政府对银行的管制放松促进了银行市场的竞争（郭晔和赵静，2017）。一般而言，银行竞争加剧会带来贷款成本的降低（Cetorelli and Strahan，2006）。Rice 和 Strahan（2010）发现银行竞争加剧导致银行贷款利率下降，公司从其他成本较高的贷款转向成本较低的银行贷款。对于高违约风险公司，银行竞争加剧降低公司贷款成本的效应更强（尹志超等，2015；Lian，2018）。贷款成本的降低是影响公司劳动力配置决策的重要因素。因为贷款成本的降低促使公司扩大经营规模，改变劳动力在公司间的分配结构（Beck et al.，2010）。Caggese 等（2019）发现较高的贷款成本使公司解雇短期雇佣劳动力，导致公司生产效率降低，扭曲了公司的劳动力配置决策。因此，本章推测贷款成本的降低是存款保险制度影响公司劳动力重新配置的一个主要渠道。

其次，在存款保险制度建立之后，银行由之前的政府全额隐性担保转变为存款保险制度（纪洋等，2018）。这一转变导致原本依赖隐性存款保险带给银行的特许权价值下降，银行风险承担动机会增加。项后军和张清俊（2020b）使用因果中介计量模型，发现存款保险通过影响银行特许权价值使银行增加了风险承担水平。银行风险承担的增加会使银行调整其贷款组合，更倾向于向高违约风险公司贷款，这会带来高违约风险公司的贷款可获得性的提高（Duchin and Sosyura，2014；Bednarek et al.，2020）。而公司贷款可获得性的提高有助于公司调整其劳动力配置决策，这是因为公司贷款可以用于增加净投资、降低预防性储蓄以及配置更多高技术员工（Berg，2018；Fonseca and Doomik，2019；Morais et al.，2019）。基于美国州银行放松管制的情境，Bai 等（2018）发现贷款可获得性的提高使较为年轻、高生产率的公司配置了更多的员工。因此，本章推测贷款可获得性的提高是存款保险制度影响公司劳动力重新配置的一个主要渠道。

为检验存款保险制度对劳动力重新配置的作用渠道，使用两阶段回归方法进行检验[①]。在估计时实际上是使用工具变量方法进行估计，以避免第二阶段估计标准误时发生偏误。该方法的思路是：在第一阶段，使用渠道变量 M 对基准回归模型中的解释变量 X 进行回归，求出渠道变量 M 的预测值。在第二阶段，使用基准回归模型中的被解释变量 Y 对渠道变量 M 的预测值进行回归，估计出渠道变量 M 对被解释变量 Y 的影响。在估计时实际上是使用工具变量方法进行估计，以避免第二阶段估计标准误时发生偏误。具体实施步骤如下：使用贷款成本变量 $Debtcost$ 与贷款可获得性变量 $Loan$ 对公司违约风险变量 Hr 和存款保险制度 $Post$ 的交互项 $Post \times Hr$ 进行回归，见模型（5.5）：

$$
\begin{aligned}
Debtcost_{i,t}/Loan_{i,t} = {} & \beta_0 + \beta_1 Post_{i,t} \times Hr_{i,t} + \beta Control + Year\ fixed\ effect \\
& + Firm\ fixed\ effect + \varepsilon_{i,t}
\end{aligned}
\tag{5.5}
$$

其中，$Debtcost$ 为公司贷款成本，定义为利息支出与长短期债务的比值；$Loan$ 为公司的贷款可获得性，定义为贷款总额与营业收入的比值；$Control$ 表示控制变量，使用控制变量与基准回归相同，其余变量含义也与基准回归相同。通过模型（5.5）分别计算出贷款成本变量 $Debtcost$ 与贷款可获

得性变量 Loan 的预测值，再使用劳动力重新配置变量 Employment Growth 分别对贷款成本变量 Debtcost 与贷款可获得性变量 Loan 的预测值进行回归，见模型（5.6）：

$$Employment\ Growth_{i,t} = \beta_0 + \beta_1 Debtcost_{i,t}/Loan_{i,t} + \beta Control + Year\ fixed\ effect + Firm\ fixed\ effect + \varepsilon_{i,t} \tag{5.6}$$

表 5 – 4 的 Panel A 为贷款成本作为渠道的检验结果，第（1）列是第一阶段的回归结果，交互项 Post × Hr 的回归系数为 – 0.0052，在 1% 显著性水平下显著，这表明相比低违约风险公司，高违约风险公司在存款保险制度建立后其贷款成本的减少显著更多。第（2）列是第二阶段的回归结果，Debtcost 的回归系数为 – 9.9106，在 5% 显著性水平下显著。这表明由存款保险制度建立带来的贷款成本的降低能够显著增加公司的劳动力重新配置。

表 5 – 4 的 Panel B 为贷款可获得性作为渠道的检验结果，第（1）列是第一阶段的回归结果，交互项 Post × Hr 的回归系数为 0.0538，在 5% 显著性水平下显著，这表明相比低违约风险公司，高违约风险公司在存款保险制度建立后其银行贷款的提高显著更多。第（2）列是第二阶段的回归结果，Loan 的回归系数为 0.7404，在 10% 显著性水平下显著。这在一定程度上表明由存款保险制度建立带来的贷款可获得性的提高能够增加高违约风险公司的劳动力重新配置。总而言之，表 5 – 4 的结果表明贷款成本与贷款可获得性是存款保险制度影响劳动力重新配置的重要作用渠道，与预期一致。

表 5 – 4 渠道检验

Panel A：存款保险制度、贷款成本与劳动力重新配置

变量	Debtcost	Employment Growth
	（1）一阶段回归	（2）二阶段回归
Post × Hr	– 0.0052 *** （ – 2.91）	
Debtcost		– 9.9106 ** （ – 2.06）
Wage	0.0001 （0.13）	– 0.0751 *** （ – 4.54）
Profit	– 0.0044 （ – 0.90）	– 0.0928 （ – 1.35）

Panel A：存款保险制度、贷款成本与劳动力重新配置

变量	Debtcost	Employment Growth
	（1）一阶段回归	（2）二阶段回归
Nlabor	0. 0023 （1. 40）	− 0. 2875 *** （− 9. 70）
Lev	0. 0008 （0. 12）	0. 0124 （0. 13）
SOE	0. 0004 （0. 13）	0. 0188 （0. 40）
Size	− 0. 0062 *** （− 3. 38）	0. 1083 *** （2. 80）
Age	0. 0130 （1. 29）	0. 1671 （1. 16）
PPE	0. 0088 （1. 17）	0. 3164 *** （2. 58）
Dual	− 0. 0010 （− 0. 51）	0. 0007 （0. 02）
Growth	0. 0017 * （1. 77）	0. 3080 *** （12. 28）
Q	0. 0004 （0. 58）	0. 0029 （0. 30）
CFO	0. 0209 ** （2. 17）	0. 3729 ** （2. 14）
GDPS	0. 0251 （0. 90）	0. 8415 ** （2. 02）
Ur	− 0. 0470 （− 1. 35）	− 0. 5406 （− 1. 11）
Hi	0. 0225 （0. 43）	0. 3106 （0. 41）
Constant	0. 1628 *** （3. 08）	− 1. 7802 * （− 1. 74）
年度固定效应	控制	控制

Panel A：存款保险制度、贷款成本与劳动力重新配置

变量	*Debtcost*	*Employment Growth*
	（1）一阶段回归	（2）二阶段回归
公司固定效应	控制	控制
观测值	8132	8126
调整的 R^2	0.3115	0.2300
第一阶段 F 值	9.420	

Panel B：存款保险制度、贷款可获得性与劳动力重新配置

变量	*Loan*	*Employment Growth*
	（1）一阶段回归	（2）二阶段回归
Post × Hr	0.0538 ** (2.04)	
Loan		0.7404 * (1.73)
Wage	0.0030 (0.25)	−0.0494 *** (−3.79)
Profit	−0.3511 *** (−4.17)	0.2679 * (1.70)
Nlabor	−0.1120 *** (−5.08)	−0.1354 ** (−2.56)
Lev	1.4085 *** (13.80)	−1.0873 * (−1.82)
SOE	−0.0508 (−1.60)	0.0240 (0.57)
Size	0.1786 *** (5.33)	0.0024 (0.03)
Age	−0.4615 *** (−4.29)	0.3076 (1.33)
PPE	0.1476 (1.25)	−0.0379 (−0.33)
Dual	0.0126 (0.64)	0.0025 (0.12)

Panel B：存款保险制度、贷款可获得性与劳动力重新配置

变量	Loan	Employment Growth
	（1）一阶段回归	（2）二阶段回归
Growth	−0.0930 *** （−6.18）	0.2797 *** （6.62）
Q	−0.0075 （−1.07）	0.0067 （0.96）
CFO	−0.2510 *** （−2.76）	0.2208 （1.57）
GDPS	−0.3647 （−0.90）	0.5175 （1.36）
Ur	0.5345 * （1.82）	−0.4302 （−1.29）
Hi	0.5336 （1.02）	−0.5989 （−1.02）
Constant	−3.0081 *** （−3.61）	−0.2105 （−0.15）
年度固定效应	控制	控制
公司固定效应	控制	控制
观测值	8695	8695
调整的 R^2	0.7793	0.2630
第一阶段 F 值	10.811	

三、横截面差异检验

存款保险制度对劳动力重新配置的影响可能具有横截面差异，本章分别从公司融资约束水平、公司财务报告质量和公司所在地区的银行竞争程度三个维度来执行横截面差异检验。我们使用的组间系数差异检验方法主要是借鉴 Cleary（1999）使用的"自抽样"（Bootstrap）方法。Cleary（1999）指出通过自抽样过程计算经验 p 值，将两组估计结果汇总在一起，对其系数估计值进行比较和检验。实际上，自抽样方法在假设检验中具有一定的优点，最近在金融学研究中得到了普遍应用（Harvey et al.，2016）。Harvey 等（2016）指出自抽样方法是通过从原始样本中随

机进行重复抽样，形成经验分布，然后计算符合条件的经验样本的个数在原始样本的一个比例，得到经验 p 值。该方法的假定条件较为宽松，只要求原始样本是从母体中随机抽取出来的，对于样本中干扰项的分布没有作任何限制。参照统计学开创性研究 Efron（1979），在金融市场流动性与金融市场收益率方面的研究大量使用自抽样方法（Kosowski et al.，2006；Kosowski et al.，2007；Fama and French，2010；Cao et al.，2013；Harvey and Liu，2021）。

（一）公司融资约束水平的影响

公司融资约束水平是影响劳动力重新配置的关键因素（Chodorow - Reich，2014）。Fonseca 和 Doomik（2019）发现：资本与生产者之间存在互补性，外部融资的成本和可获得性决定了公司的劳动力配置决策，当信贷渠道扩大时，受融资约束的公司增加了劳动力的配置。由于受融资约束的影响，公司很难再配置更多的员工或在建新的厂房设备，而存款保险制度可以进一步缓解不同公司的融资约束，劳动力在具有不同融资约束的公司之间的配置是不同的。本章预计在存款保险制度建立之后，劳动力的重新配置主要集中在融资约束较高的公司当中。

借鉴 Whited 和 Wu（2006）的公式构造 *WW* 指数。根据计算出的 *WW* 指数定义融资约束虚拟变量，如果该公司在存款保险制度建立之前的融资约束水平高于中位数，则定义为高融资约束组，否则定义为低融资约束组。表 5 - 5 的第（1）列与第（2）列给出了关于融资约束水平的回归结果。第（1）列是对高融资约束水平公司的回归，交互项 $Post \times Hr$ 的回归系数为 0.0983，在 1% 的显著性水平下显著。第（2）列是对低融资约束水平公司的回归，交互项 $Post \times Hr$ 的回归系数为 0.0314，在 5% 的显著性水平下显著。但是高融资约束组的交互项 $Post \times Hr$ 的回归系数更大，且组间差异在 1% 的显著性水平下显著[①]。回归结果说明，相比低融资约束水平的公司，高融资约束水平的公司在存款保险制度建立后配置了更多的劳动力。

（二）公司财务报告质量的影响

Jung 等（2019）发现高质量的财务报告通过减少再融资风险和代理问题降低债务市场的摩擦进而影响公司配置劳动力的决策。存款保险制度很可能会对披露低质量财务报告的公司影响更大，这是因为高质量的财务报

---

① 为克服传统 Wald 检验对渐进性的依赖，本章使用"自抽样"（Bootstrap）来检验组间差异的显著性，共重复抽样 1000 次，该方法在已有研究中得到普遍应用（Cleary，1999；Di Tella，2005；陈胜蓝和刘晓玲，2020）。

告有助于降低公司的融资成本、减少外部投资者与管理层之间的信息不对称性（Verdi, 2006）。在存款保险制度建立前，财务报告质量披露较高的公司其外部投资者与管理层之间的信息不对称性更低，更容易与银行建立借贷关系，存款保险制度建立后，拥有更多当地公司的软信息的中小银行的竞争力加强，财务报告质量披露较低的公司的贷款可获得性提高。所以，预测存款保险制度建立对劳动力的重新配置在财务报告质量低的公司当中更明显。

参考 Dechow 等（1995）所使用的方法，本章采用修正 Jones 模型估算出的盈余管理来衡量财务报告质量，其值越大说明盈余管理程度越高。根据计算出的盈余管理程度定义财务报告质量虚拟变量，如果该公司在存款保险制度建立之前的盈余管理程度高于中位数，则定义为低财务报告质量组，否则定义为高财务报告质量组。相应的回归结果见表 5 - 5 的第（3）列与第（4）列。第（3）列是对低财务报告质量公司的回归，交互项 $Post \times Hr$ 的回归系数为 0.0653，在 1% 的显著性水平下显著。第（4）列是对高财务报告质量公司的回归，交互项 $Post \times Hr$ 的系数为 0.0246，不具有统计显著性。组间差异在 10% 的显著性水平下显著。结果说明对于财务报告质量较高的企业，存款保险制度对低财务报告质量的企业影响更大。

表 5 - 5   横截面差异检验结果

变量	Employment Growth					
	（1）融资约束高	（2）融资约束低	（3）财务报告质量低	（4）财务报告质量高	（5）银行竞争程度低	（6）银行竞争程度高
$Post \times Hr$	0.0983 *** (3.50)	0.0314 ** (2.07)	0.0653 *** (3.17)	0.0246 (1.52)	0.0652 *** (2.74)	0.0194 (1.10)
$Wage$	-0.0367 *** (-3.89)	-0.0624 *** (-5.03)	-0.0433 *** (-4.00)	-0.0576 *** (-5.53)	-0.0433 *** (-3.82)	-0.0527 *** (-4.61)
$Profit$	-0.0062 (-0.18)	0.0489 (0.93)	0.0220 (0.58)	-0.0076 (-0.16)	0.0113 (0.24)	-0.0175 (-0.42)
$Nlabor$	-0.2567 *** (-13.74)	-0.1743 *** (-8.78)	-0.2376 *** (-11.82)	-0.1978 *** (-10.50)	-0.2347 *** (-10.63)	-0.2065 *** (-10.34)
Lev	0.0059 (0.11)	-0.0718 (-1.20)	0.0174 (0.28)	-0.0996 * (-1.92)	0.0908 (1.36)	-0.1263 ** (-2.01)

变量	Employment Growth					
	（1） 融资约束高	（2） 融资约束低	（3）财务 报告质量低	（4）财务 报告质量高	（5）银行 竞争程度低	（6）银行 竞争程度高
SOE	−0.0305 （−0.85）	−0.0018 （−0.06）	−0.0414 （−1.07）	0.0171 （0.53）	−0.0646 （−1.46）	0.0257 （0.84）
Size	0.1286 *** （6.89）	0.1245 *** （5.77）	0.1337 *** （6.79）	0.1426 *** （7.57）	0.1044 *** （4.86）	0.1491 *** （7.48）
Age	−0.0870 （−1.06）	−0.0190 （−0.19）	−0.1304 （−1.25）	0.0109 （0.14）	−0.1203 （−1.45）	0.0270 （0.26）
PPE	0.0559 （0.71）	0.1089 （1.33）	0.1210 （1.47）	0.0278 （0.37）	0.0281 （0.26）	0.1196 （1.59）
Dual	0.0217 （1.10）	0.0033 （0.18）	0.0490 ** （2.12）	−0.0144 （−0.94）	0.0222 （0.96）	0.0218 （1.12）
Growth	0.1972 *** （13.48）	0.2045 *** （10.82）	0.1901 *** （11.29）	0.2166 *** （15.37）	0.2178 *** （11.86）	0.1881 *** （11.17）
Q	−0.0005 （−0.13）	−0.0077 （−0.77）	−0.0005 （−0.11）	0.0032 （0.67）	−0.0001 （−0.01）	0.0056 （0.94）
CFO	0.0789 （0.84）	−0.0042 （−0.05）	−0.0019 （−0.02）	0.1746 * （1.72）	0.0254 （0.22）	0.0735 （0.87）
GDPS	0.2600 （0.82）	0.2360 （1.06）	0.0746 （0.27）	0.5499 ** （2.12）	0.1397 （0.45）	0.4752 * （1.68）
Ur	0.0100 （0.04）	−0.1211 （−0.60）	−0.2577 （−1.08）	0.1252 （0.61）	−0.1395 （−0.81）	−0.1051 （−0.14）
Hi	−0.3192 （−0.60）	−0.0083 （−0.02）	−0.6161 （−1.12）	−0.0109 （−0.02）	−0.2405 （−0.45）	−1.2288 * （−1.91）
Constant	−2.1744 *** （−4.41）	−2.1732 *** （−3.74）	−1.9032 *** （−3.70）	−2.8997 *** （−5.86）	−1.4191 *** （−2.66）	−2.7862 *** （−4.03）
年度固定效应	控制	控制	控制	控制	控制	控制
公司固定效应	控制	控制	控制	控制	控制	控制
观测值	4398	4402	4336	4435	3769	3833
调整的 R^2	0.2725	0.2091	0.2401	0.2602	0.2487	0.2360
组间系数 差异检验 （经验 p 值）	0.068 *** （0.006）		0.043 * （0.051）		0.047 * （0.055）	

（三） 所在地区的银行竞争程度的影响

银行业的垄断会降低贷款供给、提高贷款利率（Love and Martínez Pería，2014），增强银行业竞争则能够降低公司融资成本、提高贷款可获得性，导致存款保险制度对不同银行竞争程度地区公司增加劳动力存在横截面差异。所在地区银行竞争程度低的公司要比所在地区银行竞争程度高的公司的劳动力重新配置程度受存款保险制度的影响很可能更大，这是因为：第一，在存款保险制度建立前，所在地区银行竞争程度较高的高风险公司已经获得银行贷款，劳动力得到最优配置。第二，银行竞争程度高的地区，随着银行的市场化营运模式的健全、深入，银行之间的竞争程度会加剧，从而有更好筛选和监督借款者的能力，这就促使银行更加市场化筛选与管理客户。

参考姜付秀等（2019）所使用方法，利用中国银保监会关于银行机构的金融许可证信息，测算存款保险制度建立前各银行在各城市的子分支机构数量，构建各城市银行业的赫芬达尔—赫希曼指数（HHI）来衡量银行的竞争水平。参考姜付秀等（2019），考虑到政策性银行、农村合作银行、信用社等类型金融机构向公司贷款行为的特殊性，剔除这三种类型的银行，仅保留商业银行，并剔除公司所在地为县级市的缺漏公司。

HHI 是银行业赫芬达尔指数，衡量地区内的银行竞争水平，测算模型如下：

$$HHI = \sum_{K=1}^{K} (Branch_k / Total_{Branches})^2 \qquad (5.7)$$

其中，$Branch_k$ 为第 k 个银行在该地区分支机构数量，$Total_{branches}$ 为银行在该地区的所有分支机构数量。HHI 取值范围在 0～1 之间，HHI 值越大，竞争程度越低。

根据计算出的所在地区银行竞争程度定义银行竞争程度虚拟变量，如果该公司在存款保险制度建立之前的所在地区银行竞争程度高于中位数，则定义为低银行竞争程度组，否则定义为高银行竞争程度组。表 5－5 的第（5）列与第（6）列给出了关于所在地区银行竞争程度的回归结果。第（5）列是对所在地区银行竞争程度低的公司的回归，可以发现在所在地区银行竞争程度低的公司组中，交互项 $Post \times Hr$ 的回归系数为 0.0652，在 1% 的显著性水平下显著。第（6）列是对所在地区银行竞争程度高的公司组的回归，可以发现在所在地区银行竞争程度高的公司组中，交互项 $Post \times Hr$ 的回归系数为 0.0194，不具有统计显著性。组间差异在 10% 的显著性水平下显著。回归结果说明，相比所在地区银行竞争程度高的公司，所在地区银行竞争程度低的公司在存款保险制度建立后配置了更多的劳动力，这也为本章的基本因果逻辑提供了实证支持。

四、其他附加测试

（一）平行趋势检验

使用双重差分方法的关键在于平行趋势假定，即如果不存在处理效应，处理组和控制组的潜在结果的变化趋势是类似的。由于反事实无法观测，平行趋势假定实际上是不可检验的。一种间接的检验方式是比较外生事件发生前的 DID 系数。如果事件前的 DID 系数接近于 0，就表明处理组和控制组的 DID 在事件前遵循相似的趋势。参照 Hazan 等（2019）和连立帅等（2019）做法，执行如下测试来检验平行趋势是否满足。本章将存款保险制度建立前一年（即 2014 年）设置为基准组，并根据存款保险制度建立前后的时段进行如下区分并设置相应的虚拟变量，如果观测值处于存款保险制度建立前三年或前两年，则 Before 取值为 1；如果观测值处于存款保险制度建立当年，则 Current 取值为 1；如果观测值处于存款保险制度建立后第一年或第二年，则 After 取值为 1。接着，本章分别用分时段的虚拟变量与高违约风险企业虚拟变量（Hr）相乘，从而来观察平均处理效应的时间趋势。

相应的回归结果可见表 5-6 的 Panel A。可以发现，存款保险制度建立前年度虚拟变量 Before 与 Hr 的交互项并不具有统计显著性。存款保险制度建立当年年度虚拟变量 Current 与 Hr 的交互项及存款保险制度建立后年度虚拟变量 After 与 Hr 的交互项均显著为正。这表明存款保险制度建立前高违约风险企业与低违约风险企业的劳动力重新配置没有明显的差异，这为平行趋势假定满足及 DID 方法的有效性提供了支持的经验证据。对渠道检验执行同样的平行趋势检验，表 5-6 的 Panel B 与 Panel C 报告了相应的回归结果，同样符合平行趋势假定。

表 5-6 平行趋势检验结果

Panel A：劳动力重新配置平行趋势检验结果

变量	Employment Growth	
	系数	t 值
Before × Hr	0.0238	(1.39)
Current × Hr	0.0561 ***	(2.73)

Panel A：劳动力重新配置平行趋势检验结果

变量	Employment Growth	
	系数	t 值
After × Hr	0.0607 ***	(3.67)
Wage	-0.0492 ***	(-6.41)
Profit	0.0059	(0.20)
Nlabor	-0.2199 ***	(-15.92)
Lev	-0.0318	(-0.76)
SOE	-0.0146	(-0.57)
Size	0.1347 ***	(9.64)
Age	-0.0510	(-0.80)
PPE	0.0785	(1.40)
Dual	0.0140	(1.01)
Growth	0.2007 ***	(17.45)
Q	0.0020	(0.58)
CFO	0.0606	(0.93)
GDPS	0.2878	(1.53)
Ur	-0.0741	(-0.46)
Hi	-0.2382	(-0.67)
Constant	-2.3646 ***	(-6.47)
年度固定效应	控制	
公司固定效应	控制	
观测值	8862	
调整的 R^2	0.2444	

Panel B：贷款成本平行趋势检验结果

变量	Debtcost	
	系数	t 值
Before × Hr	0.0011	(0.54)
Current × Hr	-0.0066 ***	(-2.83)
After × Hr	-0.0033	(-1.41)
Wage	0.0001	(0.12)
Profit	-0.0044	(-0.91)

Panel B：贷款成本平行趋势检验结果

变量	Debtcost	
	系数	t 值
Nlabor	0.0024	(1.43)
Lev	0.0010	(0.17)
SOE	0.0004	(0.14)
Size	−0.0063 ***	(−3.40)
Age	0.0130	(1.29)
PPE	0.0088	(1.18)
Dual	−0.0010	(−0.50)
Growth	0.0017 *	(1.76)
Q	0.0004	(0.56)
CFO	0.0211 **	(2.19)
GDPS	0.0253	(0.91)
Ur	−0.0473	(−1.36)
Hi	0.0220	(0.43)
Constant	0.1632 ***	(3.09)
年度固定效应	控制	
公司固定效应	控制	
观测值	8132	
调整的 R^2	0.0433	

Panel C：贷款可获得性平行趋势检验结果

变量	Loan	
	系数	t 值
Before × Hr	0.0080	(0.38)
Current × Hr	0.0522 **	(2.27)
After × Hr	0.0629 **	(2.29)
Wage	0.0029	(0.24)
Profit	−0.3512 ***	(−4.16)
Nlabor	−0.1118 ***	(−5.06)
Lev	1.4094 ***	(13.79)
SOE	−0.0508	(−1.60)

Panel C：贷款可获得性平行趋势检验结果

变量	Loan	
	系数	t 值
Size	0.1784***	(5.32)
Age	-0.4615***	(-4.29)
PPE	0.1476	(1.25)
Dual	0.0128	(0.65)
Growth	-0.0930***	(-6.18)
Q	-0.0075	(-1.08)
CFO	-0.2500***	(-2.75)
GDPS	-0.3644	(-0.90)
Ur	0.5337*	(1.82)
Hi	0.5295	(1.01)
Constant	-3.0044***	(-3.60)
年度固定效应	控制	
公司固定效应	控制	
观测值	8695	
调整的 R^2	0.2593	

（二）时间滞后性因素检验

考虑到政策实施的时间滞后性因素，将 2015 年作为划分点可能不够严谨。为了减轻事件滞后因素对潜在的结果造成的干扰，剔除 2015 年当年进行稳健性检验，表 5-7 的第（1）列报告了相应的回归结果，可以发现交互项 Post×Hr 的回归系数在 1% 的显著性水平下显著，这表明存款保险制度建立后劳动力重新配置效应在考虑时间滞后性因素后仍然稳健。

表 5-7   其他附加测试结果

变量	Employment Growth				
	（1）剔除2015年	（2）安慰剂测试	（3）随机定义处理组与控制组	（4）倾向得分匹配法检验	（5）全样本检验
Post×Hr	0.0435*** (3.13)	-0.0453 (-0.77)	-0.0120 (-0.96)	0.0429** (2.48)	0.0336*** (3.14)

变量	Employment Growth				
	（1）剔除2015年	（2）安慰剂测试	（3）随机定义处理组与控制组	（4）倾向得分匹配法检验	（5）全样本检验
Wage	−0.0382 *** (−4.91)	−0.0492 ** (−2.37)	−0.0450 *** (−6.23)	−0.0534 *** (−5.38)	−0.0500 *** (−8.24)
Profit	0.0184 (0.53)	−0.2318 *** (−2.71)	0.0177 (0.58)	0.0181 (0.43)	0.0020 (0.08)
Nlabor	−0.1968 *** (−13.79)	−0.4466 *** (−9.64)	−0.2129 *** (−16.16)	−0.223 *** (−10.76)	−0.2187 *** (−18.62)
Lev	−0.0206 (−0.48)	0.0528 (0.29)	−0.0431 (−1.07)	−0.150 ** (−2.39)	−0.0201 (−0.55)
SOE	−0.0105 (−0.37)	0.0648 (0.65)	−0.0124 (−0.51)	0.0271 (0.71)	−0.0114 (−0.60)
Size	0.1157 *** (8.30)	0.6078 *** (10.28)	0.1295 *** (9.78)	0.143 *** (6.93)	0.1531 *** (14.32)
Age	−0.0745 (−1.18)	0.1157 (0.75)	−0.0515 (−0.84)	0.00293 (0.03)	−0.0316 (−0.63)
PPE	0.1077 * (1.79)	0.4981 *** (2.86)	0.0583 (1.10)	0.0827 (0.97)	0.0332 (0.72)
Dual	0.0078 (0.53)	0.0312 (0.70)	0.0134 (1.01)	0.0338 * (1.75)	0.0109 (1.00)
Growth	0.2030 *** (16.11)	0.0558 *** (3.51)	0.2076 *** (18.41)	0.190 *** (10.42)	0.1757 *** (18.59)
Q	0.0017 (0.38)	−0.0293 * (−1.66)	0.0022 (0.69)	0.00461 (0.72)	0.0012 (0.38)
CFO	0.0247 (0.37)	0.4272 *** (2.62)	0.0353 (0.57)	0.0388 (0.44)	0.0774 (1.32)
GDPS	0.3151 * (1.65)	1.2587 (1.28)	0.2540 (1.42)	0.375 (1.38)	0.1155 (0.64)
Ur	−0.0309 (−0.19)	0.1384 (0.28)	−0.0349 (−0.22)	−0.0448 (−0.18)	−0.1170 (−0.78)
Hi	−0.3975 (−0.99)	2.5300 ** (1.97)	−0.1770 (−0.52)	0.0369 (0.07)	−0.2465 (−0.82)

变量	Employment Growth				
	（1）剔除 2015 年	（2）安慰剂测试	（3）随机定义处理组与控制组	（4）倾向得分匹配法检验	（5）全样本检验
Constant	− 2. 0052 ***（− 5. 48）	− 14. 2275 ***（− 9. 93）	− 2. 2865 ***（− 6. 57）	− 2. 767 ***（− 4. 97）	− 2. 6949 ***（− 8. 95）
年度固定效应	控制	控制	控制	控制	控制
公司固定效应	控制	控制	控制	控制	控制
观测值	7368	7567	8862	4328	14081
调整的 R^2	0. 2399	0. 1573	0. 2395	0. 2230	0. 2115

（三）安慰剂对照测试

为了加强本章研究的因果逻辑，减轻高违约企业和低违约企业本身存在的特征差异以及其他在本章基本模型中难以观测并加以控制的混淆变量对于潜在结果的干扰。本章使用了以下方法来进行安慰剂检验。本章模拟 2015 年存款保险制度的实际发生时间，将存款保险制度建立时间向前调整 3 年（即 2012 年）。并且在模拟的存款保险制度建立的检验中，处理组和控制组维持本章的基准回归不变，即表 5 - 4 中高违约风险企业和低违约风险企业设置与安慰剂检验中的分组是保持一致的。因此，假如本章的基本结论是由于高违约风险企业和低违约风险企业特征间的固有差异，这些差异不能通过模型进行控制，从而不满足后门准则，在这种情况下，使用模拟的存款保险制度建立也能得到与基准分析相类似的结果。表 5 - 7 的第（2）列给出了安慰剂的分析结果，可以发现交互项 Post × Hr 不具有统计显著性，这意味着本章基本结果由于两组之间的不可观测因素而带来潜在结果估计偏差的可能性较低。

为了进一步增强存款保险制度对劳动力重新配置间的因果逻辑。本章也尝试排除由于时间上变化的宏观因素对潜在结果的干扰，本章执行如下安慰剂对照测试，将样本企业随机分组高违约企业（处理组）以及低违约企业（控制组）。表 5 - 7 的第（3）列可见回归结果，可以发现交互项 Post × Hr 的回归系数不具有统计显著性，也就是说明随机化的高违约风险企业和低违约风险企业在存款保险制度建立后对于劳动力配置不会存在较大的差异，从而能够有效缓解宏观经济因素对本章潜在结果的干扰。

（四）对企业其他特征进行控制

为了减轻高违约风险企业和低违约风险企业之间其他特征的差异对研

究结果的干扰，本章使用倾向得分匹配法（PSM）为高违约风险公司寻找相配比的低违约风险公司。配比法通过平衡高违约风险企业和低违约风险企业再可观察的变量上的差异，来缓解选择偏误。一旦两组企业在可观察的变量上具有平衡性，那么意味着如果不存在着冲击，两组的潜在结果期望值应该相等。根据 Dehejia 和 Wahba（2002），以样本期内没有发生事件冲击的企业作为配比池，并采用倾向得分配比法从中选取一组与处理组的样本在基本面特征上相似的企业作为配比组。本章通过估计 Logit 模型，被解释变量是虚拟变量，当观察值是高违约风险公司时取值为 1，否则为 0。解释变量使用模型（5.4）中的公司特征变量。接着计算出倾向分值，并使用非重置配比法寻找公司特征最优的低违约风险企业。表 5 – 7 的第（4）列给出了使用倾向得分配比法所确定的样本进行回归后的结果，在表 5 – 7 的第（4）列中，交互项 $Post \times Hr$ 的估计系数为 0.0428，同样也在 5% 的统计显著性水平上显著为正，这表明相比低违约风险企业，高违约风险企业在存款保险制度建立后增加的劳动力配置显著更多，该结果与基准回归结果相类似。说明了在控制两组企业其他特征差异对劳动力重新配置的影响后，本章的因果逻辑依然成立。

（五）全样本检验

为了缓解因考察产业政策扶持行业对基本结果造成的干扰，加强研究结论的外部有效性，本章使用上市公司全样本进行回归，表 5 – 7 的第（5）列报告了相应的回归结果，可以发现交互项 $Post \times Hr$ 的回归系数在 1% 的显著性水平下显著，这表明存款保险制度建立后劳动力重新配置的效应并不仅存在于产业政策扶持的样本中，这能够帮助本章缓解产业政策相关因素的混淆变量对潜在结果的干扰，加强研究结论的外部有效性[①]。

五、存款保险制度与公司生产效率

在本节中，本章研究上述劳动力重新分配效应对公司生产效率的影响。在给定资源条件下，资源的重新配置可以促进总生产率的增加（Fonseca and Doornik，2019）。这是因为有效的资本配置可以促进总生产效率的提高（Larrain and Stumpner，2017），而劳动力的重新配置在这一过程中发挥了重要的作用（Bai et al.，2018）。本章预计在存款保险制度建立后，相比产业政策支持下的低风险公司，高风险企业的全要素生产率会出现明

---

① 本章为进一步加强研究结果的外部有效性，还使用制造业样本进行回归，得到类似回归结果，说明在制造业样本中同样具有推广意义。限于篇幅问题，未将该结果放置于正文部分。

显的提升。

借鉴 Giannetti 等（2015）、Krishnan 等（2015）等文献，本章尝试估计以下对数柯布—道格拉斯生产函数得到样本企业全要素生产率的测度指标量化：

$$LnIncome_{i,t} = \beta_0 + \beta_1 LnAsset_{i,t} + \beta_2 LnLabor_{i,t} + \beta_3 LnCost_{i,t} + \varepsilon_{i,t} \quad (5.8)$$

其中，$LnIncome$ 是企业销售收入，定义为企业销售商品提供劳务收到现金的对数值；$LnAsset$ 是企业规模，定义为企业总资产的对数值；$LnLabor$ 是员工人数变量，定义为企业员工数量的对数值；$LnCost$ 是支出变量，定义为企业购买商品接受劳务支付现金的对数值。全要素生产率是模型（5.8）通过对每年通过行业回归所得到的残差项。

接下来将公司全要素生产率作为被解释变量，本章参考已有考察公司全要素生产率的相关研究（钱雪松等，2018；郑宝红和张兆国，2018；肖文和薛天航，2019），建立以下计量模型估计存款保险制度建立后对公司全要素生产率的影响：

$$TFP_{i,t} = \beta_0 + \beta_1 Post \times Hr + \beta_2 Age_{i,t} + \beta_3 SOE_{i,t-1} + \beta_4 DBoard_{i,t-1} + \beta_5 Q_{i,t-1}$$
$$+ \beta_6 Size_{i,t-1} + \beta_7 Lev_{i,t-1} + \beta_8 Fixs_{i,t-1} + \beta_9 Fcr_{i,t-1} + \beta_{10} Cfr_{i,t-1}$$
$$+ Year\ fixed\ effect + Firm\ fixed\ effect + \varepsilon_{i,t} \quad (5.9)$$

其中，TFP 为公司的全要素生产率；$Post$ 为存款保险制度虚拟变量，存款保险制度之后，则为 1，其他情况都为 0；Age 为企业年龄，使用企业成立年数的对数值；SOE 为国有企业二元变量，如果该企业为国企，SOE 为 1，否则为 0；$DBoard$ 是独立董事比例，为独立董事人数与董事会人数的比值；Q 为托宾 Q；$Size$ 为企业规模，使用企业总资产的对数值；Lev 为公司负债率，为企业总负债与总资产的比值；$Fixs$ 为固定资产占比变量，为固定资产与总资产的比值；Fcr 为财务费用率变量，为财务费用与主营业务收入的比值；Cfr 为现金流比率变量，为期末货币资金与总资产的比值。为降低可能的内生性，除年龄（Age）外的控制变量选取滞后一期数值。通过加入年度虚拟变量来进一步控制年度上不可观测的因素对于潜在结果的影响。

表 5 - 8 是关于存款保险制度变量对公司全要素生产率的回归结果，加入企业固定效应和年度固定效应后，交互项 $Post \times Hr$ 的回归系数为 0.0235，能够在 10% 的显著性水平下显著。综合上述结果可知，在存款保险制度建立后，相比低违约风险公司，高违约风险公司的全要素生产率显著增加更多。

表 5 – 8　　　　　　　　　存款保险制度对全要素生产率的影响

变量	TFP	
	系数	t 值
Post × Hr	0.0235 *	(1.72)
Age	0.0442	(0.68)
SOE	0.0367	(1.59)
DBoard	0.0191	(0.44)
Q	0.0030	(0.88)
Size	0.0086	(0.73)
Lev	0.0790 **	(1.98)
Fixs	0.0989 **	(2.20)
Fcr	− 0.5038 ***	(− 2.70)
Cfr	− 0.0109	(− 0.31)
Constant	− 0.3538	(− 1.15)
年度固定效应	控制	
公司固定效应	控制	
观测值	8835	
调整的 R^2	0.0176	

第五节　存款保险制度与企业劳动力重新
配置的研究结论与政策建议

以 2015 年存款保险制度建立为准自然实验，本章使用双重差分方法来考察了存款保险制度对劳动力重新配置的影响。研究结果表明，在产业政策支持行业，相比低风险公司，高风险公司在存款保险制度建立后员工增长更高。而且，存款保险制度对公司劳动力配置的影响还有助于提高全要素生产率。这表明存款保险制度有助于银行承担适度风险增加竞争力，促进劳动力向产业政策支持下有发展前景的高风险公司配置，并提升了全要素生产率。存款保险制度可以通过促进微观实体经济的增长、优化产业结构，最终降低金融系统的风险，提高金融系统的稳定性。使用两阶段回归法的检验结果表明公司贷款成本的降低、贷款可获得性的提高是影响劳动力重新配置的重要渠道。本章分别从公司融资约束水平、公司财务报告质量和公司所在地区银行竞争程度三个维度来检验存款保险制度影响劳动力重新配置的横截面差异。结果表明存款保险制度对公司劳动力配置的影响主要存在于融资约束较高、财务报告质量较低以及所在地区银行业竞争程度较低的公司中。此外，本章还进行平行趋势检验、时间滞后性因素检验、安慰剂测试、倾向得分匹配法检验和全样本检验相应的稳健性分析来进一步保障本章的因果逻辑的强度，稳健性分析得到的结果同样符合本章的基准逻辑。总而言之，本章研究结果对于理解存款保险制度在"十四五"时期"加快构建以国内大循环为主体、国内国际双循环相互促进的新发展格局"中的作用机理具有一定意义。

对于完善我国存款保险制度、更好建设信贷市场，本章结合研究发现提出如下的政策建议：首先，本章发现存款保险制度对产业政策支持向高风险公司配置劳动力有利，那么对于公司而言，其战略决策应在国家产业政策支持的方向倾斜，适度承担风险、积极创新、为产业结构升级助力。这也符合党的十九届五中全会提出"加快发展现代产业体系，推动经济体系优化升级"的精神。其次，本章发现存款保险制度带来的劳动力配置影响存在横截面差异。这意味着公司决策时不仅需要考虑存款保险制度建立带来的机会和挑战，还应充分考虑公司自身特征和所面临的外部环境特征，以优化公司决策的经济后果。最后，本章发现存款保险制度促进银行竞争和承担适度风险，其贷款组合调整倾向于产业政策支持的高风险公司，这意味金融监管部门也要做好风险控制，发挥审慎监管的作用，保证银行适度竞争和提高风险承担，这也有助于存款保险制度通过促进银行适度竞争来加强金融系统的稳定性。

第六章　卖空管制放松与企业贷款成本

第一节　卖空管制放松与企业贷款成本的问题提出

一、选题背景

金融经济学的一个重要研究话题是金融市场是否影响实体经济。赞同金融市场能够影响实体经济的研究者认为金融市场中金融产品的交易价格和交易活动包含了具有价值的信息，或者嵌入到金融合同、治理合同之中，从而影响实体经济决策者的真实决策和行动。[①] 卖空机制在金融市场中对防止过高的资产定价具有重要作用。卖空交易者相对于其他交易者而言，更具有信息优势（Diamond and Verrecchia，1987），以企业负面消息迅速融入股价的方式，提升股票定价效率和价格发现功能（Miller，1977）。[②] 此外，卖空机制产生的外部治理效应对于缓解代理问题、优化资源配置也大有裨益。[③] 然而，目前现有文献只关注了卖空机制对企业决策者的影响，而忽视了对其他重要的市场参与者。

---

① 见 Bond 等（2012）对金融市场和实体经济关系的文献综述。

② 例如，Jones 和 Lamont（2002）以 1926~1933 年美国市场卖空数据为样本，考察发现难以被卖空的公司更多体现了乐观投资者的观点，具有更高的当期估值。Chang 等（2007）基于香港市场的研究也发现了类似的经验证据。这意味着卖空管制导致公司股价对正负信息的反映存在明显的非对称性。Pownall 和 Simko（2005）则发现当期被卖空的公司其未来收益明显更低。这表明卖空管制放松后，投资者充分挖掘并交易公司负面消息，从而提高信息发现功能和股票定价效率、促使股价回归内在价值（Bris et al.，2007；Saffi and Sigurdsson，2011；Comerton-Forde et al.，2016）。

③ 卖空交易者的信息优势和盈利动机能够反过来降低公司决策者在事前的机会主义动机，是一种有效的外部治理机制（Karpoff and Lou，2010）。相关研究考察了卖空管制放松对公司并购活动（Chang et al.，2015）、创新投资（He and Tian，2015）、盈余管理（Fang et al.，2016）、现金持有（侯青川等，2016）的治理效应。

二、研究问题提出

第一，本章从金融中介的视角，考察卖空机制如何影响银行的贷款定价决策。本章之所以关注银行贷款市场，主要是出于以下两方面的原因。首先，中国当前的金融体系下，股票市场和债券市场发展程度相对较低、发展规模相对较小（Durnev et al.，2004），银行贷款仍是企业的主要融资渠道（Allen et al.，2005）。据统计，2016 年社会融资规模为 155.99 万亿元，而商业银行贷款融资占社会融资规模的比重高达 67.4%。从这个视角，考察银行贷款定价决策在卖空管制放松前后的变化不仅具有学术意义还具有重要的经济意义。其次，相比企业债券持有人等其他对等交易的投资者，银行更可能对卖空机制带来的成本收益进行定价。为了降低事前的信息搜寻成本以及事后的监督成本，银行有动机基于企业基本特征而及时调整贷款合同（Fama，1985；Roberts，2015）。

代理风险和信息风险是影响银行贷款合同设计的主要因素（Rajan and Winton，1995；Graham et al.，2008）。代理风险主要是由于企业决策者为了获取私人收益而导致违约风险提升、银行利益受损。信息风险产则生于借款双方就违约风险存在的信息不对称性，从而导致银行难以对借款企业还款能力和可信程度进行有效评估。一旦企业代理风险和信息风险发生变化，银行将随之调整贷款合同（Stiglitz and Weiss，1981）。例如，Graham 等（2008）考察发现在企业财务重述之后，银行会提高贷款利率、增加限制性条款。Lin 等（2011）也发现两权分离度较高企业往往具有较高的代理风险，银行会相应地提高贷款利率。同样地，企业税收规避行为之所以影响贷款合同也是由于其改变了银行面临的代理风险和信息风险（Hasan et al.，2014）。不同于以往主要关注企业自身特征的研究，本章考察资本市场中的专业投资者——卖空交易者对银行贷款合同的影响。

本章预期卖空管制放松能够缓解企业面临的代理风险和信息风险，进而降低银行贷款成本。这是因为相比其他投资者，卖空投资者在对公开信息的分析处理（Engelberg et al.，2012），及对非公开信息的挖掘利用（Christophe et al.，2010）等方面均具有显著优势。那么，在允许卖空的市场中，如果决策者还是基于私人收益而进行有损企业价值的行为活动，卖空投资者凭借其信息优势，从而识别这些负面信息，并借此负面消息来卖空企业股票（Miller，1977；李科等，2014），由此引发的股价下跌就会损害企业大股东和管理层的价值。出于对价值损失的顾虑反而能使卖空机制发挥事前的治理效应。

一方面，这种治理效应能够约束企业决策者的机会主义行为，从而缓解企业代理问题、改善企业内部治理（Massa et al.，2013；Chen et al.，2017）。Chang 等（2015）考察发现卖空压力能减少企业进行价值毁损型的并购活动，从而提升企业并购绩效。此外，潜在的卖空压力也促使股东积极监督管理层，改善企业投资效率和创新效率（靳庆鲁等，2015；He and Tian，2015）。那么，得益于潜在卖空压力对企业产生的治理效应，企业价值得以保存，银行与贷款企业之间的代理问题随之得以缓解，银行的监督成本得以降低，这也使得银行愿意以较低的利率向企业发放贷款。

另一方面，这种治理效应也有助于提升企业信息质量。例如，Fang 等（2016）以及陈晖丽和刘峰（2014）分别基于美国和中国企业的数据，均发现卖空管制放松能够减少企业盈余管理行为。李志生等（2017）也发现中国卖空管制放松之后，试点企业的管理层提供了更高质量的信息披露。作为银行进行信贷决策的重要参考信息（Armstrong et al.，2010），财务报告信息质量的改善有助于银行对企业风险进行更好的评估，缓解银行与企业之间的信息不对称性，从而缓解银行所面临的信息风险。这种信息风险的缓解也有助于降低银行贷款成本。

研究卖空与银行贷款成本关系面临的难点是存在着内生性问题对潜在结果的干扰。很可能出现一种情况，即卖空活动和银行贷款成本被同时决定。一些因素，例如，企业治理质量、投资机会、高管个人能力等，可能会同时影响卖空活动和银行贷款成本。在研究过程中很难将这些混淆变量全部控制住。确实混淆变量会导致后门准则被打破，从而导致潜在结果估计有偏。通过分离出企业卖空活动的外生冲击变化，就能够帮助准确估计卖空与企业贷款成本之间的因果关系。

中国的卖空管制放松制度为本章辨识卖空活动与企业贷款成本的影响提供了完美的 DID 准自然实验事件。首先，自 2010 年 3 月放松卖空管制以来，证监会先后分 5 次指定试点企业名单，形成了一个交错的事件冲击。相比单一时点的事件冲击（例如，美国证交会在 2004 年 7 月指定卖空管制放松的试点企业名单），不同时间发生的多时间点冲击的错层 DID 事件能够更好地缓解估计中的偏误。此外，发达国家的资本市场中往往同时存在多种卖空方式如融券、期货、期权等（Boehmer and Wu，2013），目前融券交易是中国仅有的卖空交易制度，这意味着该制度实施带来的外生变化有助于更加准确地估计对卖空机制对银行贷款成本的净效应。

第二，为加强基本逻辑，本章分别从代理风险和信息风险进一步验证卖空机制影响贷款成本的作用机制。潜在的卖空压力作为一种外部治理机制可以在事前有效约束企业决策者的机会主义行为，从而降低银行面临的代理风险（Chang et al.，2015）。在中国资本市场上，卖空管制放松对控股股东与中小股东之间的代理问题及股东与管理层之间的代理问题都具有一定的治理效应（靳庆鲁等，2016；Chen et al.，2016）。此外，卖空投资者的信息优势及借此对股票的卖空活动反过来有助于促使企业提高信息质量，从而缓解银行面临的信息风险（Christophe et al.，2010；Engelberg et al.，2012）。基于上述分析可以预期，如果卖空管制放松降低银行贷款成本的作用渠道是代理风险和信息风险的缓解，那么企业代理风险（信息风险）越小，卖空管制放松对贷款成本的降低作用显著更多。接下来，本章分别从银行监督能力和企业违约风险两个视角来考察卖空管制放松影响银行贷款成本的横截面差异。首先，银行监督能力是贷款成本的重要影响因素，这种监督能力一方面产生于银行与客户在地理上的邻近性（事前效应），另一方面产生于银行与企业之间的贷款关系。贷款发放之前，较近的地理距离使得银行在获取企业信息以及对企业实施监督时更具优势（Hollander and Verriest，2016）；贷款发放之后，银行通过贷款关系对企业管理水平和业务质量等信息的了解也能提高银行的监督能力（Degryse and Ongena，2005）。这意味着对地理距离较近或近期存在贷款关系的企业而言，银行具有的监督优势使得银行愿意以降低的成本提供贷款。那么，本章预期，卖空管制放松对这类企业贷款成本的影响相对较小。其次，本章考察企业违约风险不同时，卖空管制放松影响贷款成本的差异。已有研究表明，对违约风险较高的企业，银行会制定显著更高的贷款利率，设置更多的限制性条款（Longstaff et al.，2005；Chava et al.，2008）。而借款双方之间的信息不对称与代理问题是引发企业违约的重要因素（Easley and O'Hara，2004）。基于卖空管制放松对信息风险和代理风险的降低，那么可以预期管制放松之前违约风险较高企业的贷款成本受卖空管制放松的影响显著更多。

三、研究贡献

本章的研究主要贡献于：第一，本章主要贡献于资本市场影响是实体经济活动的研究。现有资本市场中对卖空的研究，已有研究主要从企业视角出发，探索了卖空管制放松对企业股价效率（李志生等，2015；刘烨等，2016）、分析师预测（李丹等，2016）、企业财务决策（靳庆鲁等，2015；侯青川等，2016；权小锋和尹洪英，2017），但对其他市场参与者的关注则十分缺乏。不同于已有研究，本章从债权人的研究视角，提供了卖空管制放松经济后果的新经验证据，丰富了该领域的研究，并加深理解资本市场影响实体经济活动的"黑箱"。

第二，本章贡献于金融体系内不同市场之间互动关系的相关研究（Hotchkiss and Ronen，2002；Bushman et al.，2008；Ivashina and Sun，2011）。已有研究提供了信息从银行市场流向股票市场的经验证据。例如，Bushman 等（2010）考察发现借款企业与贷款银行之间的信息传递越快，借款企业的股票价格反映也相应越快、股票定价效率越高。Ivashina 和 Sun（2011）研究发现机构投资者将银行市场中获得的私有信息在股票市场上进行交易，银行市场是影响股票市场的重要渠道。本章结果表明股票市场卖空管制放松能降低银行贷款成本，而这主要是由于卖空机制对股市信息效率的提升以及对企业代理问题的缓解。本章不仅提供了信息从股票市场流向银行市场的经验证据，还辨识了股票市场影响银行市场的另一作用机制。这有助于理解不同市场之间的互动关系，对于监管部门把握中国金融市场结构，完善金融体系内不同市场的制度建设也具有意义。

第二节 卖空管制放松与企业贷款成本的研究设计

一、样本选择与数据收集

不同于已有研究，本章从债权人视角考察卖空管制放松对银行贷款定价的影响。中国股票市场在 2010 年的 3 月 31 日开始试行融资融券交易制度，结束了中国股市的单边交易市制度。首期试点名单为上证 50 指数成分股和深圳成分股等共包括 90 只股票。随后中国证监会 5 次调整，试点名单从最初的 90 只股票不断扩增，最终达到了沪深两市的 900 只股票。基于这一制度背景，本章考察相比不允许卖空企业，银行向允许卖空企业发放贷款的成本是否在卖空管制放松之后有所变化。

本章使用手工收集的银行贷款金额、银行贷款利率、银行贷款期限、银行贷款类型以及贷款银行所在城市等数据，来考察企业贷款成本在卖空管制前后的变化趋势。具体而言，本章选取了 2007～2014 年度上市 A 股企业为样本数据，并以公司—贷款层面的观测值作为研究对象进行分析。根据研究需要，本章还按照如下程序对初始研究样本进行筛选：（1）剔除了处于金融、保险行业的上市企业的观测值；（2）删除其他数据缺失的观测值。最后共得到 13755 个公司—贷款层面的观测值。银行贷款数据是从上市公司年报的附注中手工收集而得，上市公司财务数据来源于深圳国泰安信息技术有限公司（CSMAR）。

二、模型设计与变量定义

中国融资融券制度从 2010 年 3 月起逐步推进，分批指定试点公司名单，这就提供了一个错层的准自然实验情境。相比同一时间发生的准自然实验情境，时间上错层发生的准自然实验能够尽可能减少时间上其他可能因素对研究结论的干扰，从而更好地建立因果关系。本章使用 Bertrand 和 Mullainathan（2003）针对多期准自然实验情景设计的双重差分（DID）方法，把卖空管制放松带来的卖空压力对银行贷款成本的影响从时间序列上的变化中分离出来。具体而言，本章在基本模型中同时控制了公司和年度的固定效应。该方法通过公司固定效应控制了试点公司与非试点公司之间的固定差异，年度虚拟变量控制了卖空管制放松前后由于宏观环境变化而导致的差异。本章基准研究模型如下：

$$Spread_{i,t} = \beta_0 + \beta_1 Treat_{i,t} + \beta_2 Size_{i,t-1} + \beta_3 Lev_{i,t-1} + \beta_4 Tobin's\ Q_{i,t-1} + \beta_5 ROA_{i,t-1}$$
$$+ \beta_6 Cash_{i,t-1} + \beta_7 PPER_{i,t-1} + \beta_8 Growth_{i,t-1} + \beta_9 Volatility_{i,t-1}$$
$$+ \beta_{10} CEOD_{i,t-1} + \beta_{11} IndepR_{i,t-1} + \beta_{12} Salary_{i,t-1} + \beta_{13} LoanS_{i,t}$$
$$+ \beta_{13} LoanM_{i,t} + \beta_{13} LoanT_{i,t} + Firm\ fixed\ effect + Year\ fixed\ effect + \varepsilon$$

$$(6.1)$$

其中，$Spread_{i,t}$ 为银行贷款成本变量，即公司 i 在 t 年度取得银行借款的利率。借鉴已有研究（Lin et al.，2011；Hasan et al.，2014），本章使用原始贷款利率相对于基准利率基准点的自然对数来衡量（即 log（贷款利率/基期利率×100））。[1] $Treat_{i,t}$ 表示公司 i 在 t 年末是否被列入融资融券试点公司名单范围，如果属于试点公司取值为 1，否则为 0。为考察卖空管制放松对银行贷款成本的影响，借鉴已有研究的做法（Graham et al.，2008；Lin et al.，2011），本章还分别控制公司层面特征变量和贷款契约层面特征变量。公司层面特征变量包括：规模 Size、资产负债率 Lev、价值变量 Tobin's Q、业绩 ROA、现金持有变量 Cash、固定资产比率变量 PPER、成长性 Growth、业绩波动性 Volatility、董事长与总经理两职兼任 CEOD、独立董事比率 IndepR、高管薪酬变量 Salary。贷款契约层面特征变量包括：贷款额度 LoanS、贷款期限 LoanM 以及贷款条件 LoanT。具体的变量定义与说明见表 6 - 1。

---

[1] 在稳健性测试部分，本章还使用原始贷款利率进行回归分析，结果与正文结果保持一致。

表 6 - 1　　　　　　　　　　　　变量定义与说明

变量名称	变量定义与说明
Spread	银行贷款成本变量，为 ln（银行贷款利率相对于基准利率的基准点）
Treat	试点企业变量，如果企业当年被纳入卖空试点名单取值为 1，否则为 0
Size	规模，即 ln（总资产）
Lev	资产负债率，即负债/总资产
Tobin's Q	企业价值，即市场价值/账面价值
ROA	资产回报率，即净利润/总资产
Cash	现金持有，即持有的现金资产/总资产
PPER	固定资产比率，即固定资产/总资产
Growth	成长性，即销售收入增长率
Volatility	业绩波动性，即过去 5 年 ROA 的标准差
CEOD	虚拟变量，公司董事长与总经理两职兼任变量为 1
IndepR	独立董事比率，即独立董事人数/董事会总人数
Salary	企业高管薪酬，即 ln（公司薪酬最高的前三名高管的平均薪酬）
LoanS	贷款金额，即 ln（使用贷款金额）
LoanM	贷款期限，即 ln（贷款期限（天））
LoanT	贷款条件，如果贷款不属于抵押贷款取值为 1

三、主要变量的描述性统计

本章对所有连续变量执行了 1% 的缩尾处理来排除极端值的影响。本章主要变量的描述性统计结果见表 6 - 2，通过 Panel A 可以发现，银行贷款成本变量 Spread 的均值为 5.185，中位数为 5.146。Panel B 和 Panel C 分别提供了企业贷款成本的年度和分行业的描述性统计。通过图 6 - 1 可以发现，在企业卖空管制放松前，两组企业的银行贷款成本波动比较相似，这在一定程度上为使用双重差分的关键假定——平行趋势假定提供了初步支持。Treat 的平均值为 0.164，这意味着卖空管制放松企业的样本约为总样本的 16.4%。规模 Size 的平均值为 22.305，负债率 Lev 的平均值为 0.592，市场价值 Tobin's Q 的平均值为 1.751，业绩 ROA 的平均值为 0.039，现金持有 Cash 的平均值为 0.161，公司固定资产比率变量 PPER 的平均值为 0.331，公司成长性变量 Growth 的平均值为 0.214，公司业绩波动性变量 Volatility 的平均值为 0.033。公司董事长与总经理两职合一的样本约占 13.6%，独立董事比率平均值为 36.5%，公司高管薪酬变量 Salary

平均值为 12.617。贷款金额变量 *LoanS* 的平均值为 17.368，贷款期限变量 *LoanM* 的平均值为 6.708，贷款条件变量 *LoanT* 的平均值为 0.6%。

表 6-2 描述性统计

Panel A：本章主要变量的描述性统计

变量	均值	标准差	最小值	Q1	中位数	Q3	最大值
Spread	5.185	0.296	4.708	4.939	5.146	5.440	5.685
Treat	0.164	0.370	0.000	0.000	0.000	0.000	1.000
Size	22.305	1.102	20.576	21.453	22.236	23.059	24.462
Lev	0.592	0.144	0.319	0.486	0.606	0.704	0.833
Tobin's Q	1.751	0.748	0.975	1.178	1.506	2.090	3.668
ROA	0.039	0.035	-0.025	0.014	0.033	0.059	0.118
Cash	0.161	0.102	0.037	0.082	0.136	0.214	0.414
PPER	0.331	0.225	0.008	0.125	0.315	0.528	0.708
Growth	0.214	0.305	-0.251	0.013	0.156	0.366	0.997
Volatility	0.033	0.033	0.004	0.011	0.020	0.041	0.134
CEOD	0.136	0.342	0.000	0.000	0.000	0.000	1.000
IndepR	0.365	0.041	0.333	0.333	0.333	0.385	0.455
Salary	12.617	0.792	11.099	12.032	12.676	13.215	13.999
LoanS	17.468	1.351	14.914	16.524	17.504	18.421	19.925
LoanM	6.708	0.698	5.284	6.280	6.730	6.999	7.988
LoanT	0.006	0.059	0.000	0.000	0.000	0.000	1.000

Panel B：贷款成本的分年度描述性统计

年度	观测值	均值	标准差	上四分位数	中位数	下四分位数
2007	1022	5.294	0.168	5.190	5.302	5.412
2008	1237	5.134	0.205	5.021	5.105	5.261
2009	1843	5.369	0.296	5.174	5.482	5.613
2010	2070	5.331	0.236	5.223	5.367	5.483
2011	2081	5.212	0.306	4.879	4.997	5.381
2012	2006	5.143	0.266	4.867	4.965	5.125
2013	1802	5.034	0.226	4.896	4.980	5.075
2014	1694	4.958	0.198	4.813	4.903	5.011

Panel C：贷款成本分行业描述性统计

行业	观测值	均值	标准差	上四分位数	中位数	下四分位数
农、林、牧、渔业	506	5.206	0.288	4.940	5.183	5.466
采掘业	523	5.170	0.288	4.899	5.202	5.416
食品、饮料	455	5.162	0.279	4.939	5.139	5.375
纺织、服装、皮毛	344	5.206	0.311	4.940	5.178	5.492
造纸、印刷	500	5.292	0.254	5.088	5.322	5.490
石油、化学、塑胶、塑料	1799	5.206	0.287	4.951	5.185	5.455
电子	364	5.058	0.315	4.811	4.940	5.329
金属、非金属	1274	5.163	0.300	4.932	5.108	5.427
机械、设备、仪表	1636	5.149	0.302	4.904	5.084	5.414
医药、生物制品	365	5.146	0.276	4.927	5.074	5.403
其他制造业	18	5.058	0.367	4.708	5.039	5.138
电力、煤气及水	580	5.185	0.302	4.931	5.168	5.445
建筑业	550	5.150	0.289	4.907	5.115	5.384
交通运输、仓储	674	5.120	0.295	4.865	5.064	5.377
信息技术	471	5.175	0.281	4.951	5.102	5.399
批发和零售贸易	626	5.206	0.301	4.940	5.176	5.472
房地产	1861	5.235	0.289	4.993	5.202	5.489
社会服务	379	5.164	0.307	4.911	5.068	5.435
传播与文化产业	19	5.050	0.177	4.917	5.023	5.077
综合类	811	5.233	0.292	4.982	5.206	5.516

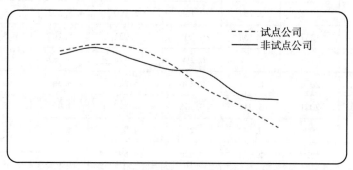

图6-1 试点公司与非试点公司银行贷款成本时间变化趋势

第三节 卖空管制放松与企业贷款成本的实证结果与分析

一、基本研究问题

基于贷款层面数据，表6-3给出了卖空管制放松影响银行贷款成本的回归结果。可以发现，在不加入任何控制变量的情况下，第（1）列中 $Treat$ 的回归系数为 -0.066，并在1%的水平上显著为负（t = -3.72）。在控制公司层面基本特征变量之后，第（2）列中 $Treat$ 的回归系数为 -0.045，在5%的水平上显著为负（t = -2.46）；进一步控制公司层面治理变量后，第（3）列中 $Treat$ 的回归系数也在5%（t = -2.39）水平下显著为负。为控制贷款契约层面相关因素对本章结果的影响，第（4）列中进一步加入了贷款契约层面的相关控制变量，$Treat$ 的回归系数为 -0.040，依然在5%（t = -2.21）水平下显著为负，这表明卖空管制放松后，相比非试点公司，试点公司获得银行贷款所支付的贷款利率显著降低4%。综合上述结果可知，相比非试点公司的贷款成本，卖空管制放松的企业贷款成本在事件发生之后显著更低，结果支持了"收益假说"。

表6-3 卖空管制放松对贷款成本的影响

变量	$Spread_t$			
	（1）	（2）	（3）	（4）
$Treat_t$	-0.066 *** （-3.72）	-0.045 ** （-2.46）	-0.043 ** （-2.39）	-0.040 ** （-2.21）
$Size_{t-1}$		-0.074 *** （-3.55）	-0.060 *** （-2.82）	-0.059 *** （-2.75）
Lev_{t-1}		0.081 （1.05）	0.068 （0.92）	0.068 （0.92）
$Tobin's\ Q_{t-1}$		-0.015 （-0.84）	-0.016 （-0.86）	-0.017 （-0.93）
ROA_{t-1}		0.566 ** （2.43）	0.667 *** （2.83）	0.678 *** （2.91）
$Cash_{t-1}$		-0.027 （-0.41）	-0.035 （-0.54）	-0.037 （-0.58）

变量	Spread_t			
	(1)	(2)	(3)	(4)
$PPER_{t-1}$		-0.031 (-0.47)	-0.034 (-0.52)	-0.030 (-0.46)
$Growth_{t-1}$		0.017 (1.01)	0.018 (1.02)	0.016 (0.92)
$Volatility_{t-1}$		0.054 (0.15)	0.061 (0.17)	0.050 (0.14)
$CEOD_{t-1}$			0.014 (0.66)	0.016 (0.74)
$IndepR_{t-1}$			-0.033 (-0.14)	-0.028 (-0.12)
$Salary_{t-1}$			-0.038^{**} (-2.47)	-0.037^{**} (-2.43)
$LoanS_t$				-0.004 (-0.96)
$LoanM_t$				0.040^{***} (6.06)
$LoanT_t$				-0.040 (-1.13)
截距	5.263^{***} (629.70)	6.880^{***} (14.72)	7.053^{***} (14.95)	6.824^{***} (14.26)
公司固定效应	控制	控制	控制	控制
年度固定效应	控制	控制	控制	控制
N	13755	13755	13755	13755
adj. R – sq	0.374	0.379	0.380	0.385

平行趋势假定使用双重差分方法的前提。由于反事实无法观测，平行趋势假定实际上是不可检验的。在本章的研究情境下，一种间接的检验方式是观察卖空管制放松前，两组企业的贷款成本的变化趋势是否类似。因此，本章使用两种方式间接证明平行趋势假定：第一，本章以卖空管制放松前的贷款契约层面的数据为研究对象，对比后期允许进行卖空管制放松

的企业和始终不允许进行卖空的企业在事件发生之前的贷款成本差异。从表6-4的 Panel A 结果可知，在加入全部控制变量的情况下，Treat 的估计系数不存在显著性。这意味着在事件发生之前，处理组企业和控制组企业的贷款成本不存在显著的差异。这个结果间接支持了平行趋势假定。

第二，通过借鉴 Serfling（2016）使用平行趋势检验的方法。本章将公司贷款合同按照事件冲击时间进行划分，具体来说，如果在企业处于事件发生的 4 年之前（大于 4 年）则虚拟变量 $Post(>-4)$ 取值为 1；如果企业在事件发生前的第 3 年，则虚拟变量 $Post(-4, -3)$ 取值为 1；如果企业在事件发生前的第 2 年，则虚拟变量 $Post(-2, -1)$ 取值为 1；如果企业在事件发生当年，则虚拟变量 $Post(0)$ 取值为 1；如果企业在事件发生后的第 1 年、第 2 年，则虚拟变量 $Post(1, 2)$ 取值为 1；如果企业在事件发生的第 3 年及以后，则虚拟变量 $Post(>3)$ 取值为 1。在本章的基准回归模型中加入以上的虚拟变量 $Post(-4, -3)$、$Post(-2, -1)$、$Post(0)$、$Post(1, 2)$ 和 $Post(>3)$，进而估计事件发生前，贷款成本是否存在着显著的差异。具体结果见表6-4的 Panel B。可以发现，在事件发生之前，处理组企业和控制组企业的贷款成本并没有显著差异；在事件发生之后，处理组企业的贷款成本显著低于控制组企业。该结果为本章使用 DID 方法的有效性提供了支持。

表6-4   平行趋势检验

Panel A：2010 年之前的贷款合同

变量	$Spread_t$	
	系数	t 值
$Treat_t$	0.008	(0.49)
$Size_{t-1}$	-0.041 ***	(-4.52)
Lev_{t-1}	0.127 *	(1.79)
$Tobin's\ Q_{t-1}$	-0.001	(-0.03)
ROA_{t-1}	0.647 ***	(3.22)
$Cash_{t-1}$	-0.031	(-0.59)
$PPER_{t-1}$	-0.104 **	(-1.99)
$Growth_{t-1}$	-0.011	(-0.85)
$Volatility_{t-1}$	0.073	(0.80)
$CEOD_{t-1}$	0.012	(0.43)

Panel A：2010 年之前的贷款合同

变量	$Spread_t$	
	系数	t 值
$IndepR_{t-1}$	− 0. 046	(− 0. 30)
$Salary_{t-1}$	− 0. 028 ***	(− 2. 87)
$LoanS_t$	0. 003	(0. 47)
$LoanM_t$	0. 017 *	(1. 95)
$LoanT_t$	0. 010	(0. 27)
截距	6. 324 ***	(32. 55)
公司固定效应	控制	
年度固定效应	控制	
N	5202	
Adj. R − sq	0. 163	

Panel B：分时段检验

变量	$Spread_t$	
	系数	t 值
$Post(-4, -3)$	− 0. 053	(− 1. 36)
$Post(-2, -1)$	− 0. 062	(− 1. 41)
$Post(0)$	− 0. 076 *	(− 1. 72)
$Post(1, 2)$	− 0. 143 ***	(− 2. 94)
$Post(>3)$	− 0. 279 ***	(− 4. 41)
$Size_{t-1}$	− 0. 033	(− 1. 49)
Lev_{t-1}	0. 196 **	(2. 11)
$Tobin's\ Q_{t-1}$	− 0. 030	(− 1. 30)
ROA_{t-1}	0. 271	(1. 40)
$Cash_{t-1}$	− 0. 031	(− 0. 53)
$PPER_{t-1}$	− 0. 016	(− 0. 22)
$Growth_{t-1}$	0. 007	(0. 77)
$Volatility_{t-1}$	− 0. 023	(− 0. 15)
$CEOD_{t-1}$	0. 014	(1. 48)
$IndepR_{t-1}$	0. 016	(0. 67)
$Salary_{t-1}$	0. 035	(0. 18)

Panel B：分时段检验

变量	Spread_t	
	系数	t 值
$LoanS_t$	−0.033**	(−2.28)
$LoanM_t$	−0.003	(−0.85)
$LoanT_t$	0.044***	(6.48)
截距	−0.052	(−1.09)
公司固定效应	控制	
年度固定效应	控制	
N	13755	
Adj. R − sq	0.394	

二、渠道检验

本章进一步从代理风险和信息风险两个视角进行渠道检验。贷款成本的降低可能源于卖空管制放松减少了银行所面临的代理风险。卖空管制放松后，潜在的卖空压力作为一种外部治理机制可以有效约束公司决策者的机会主义行为。已有研究主要基于美国资本市场，针对股东和高管之间的代理问题，从不同研究视角出发，研究了卖空管制对企业的治理效应（Fang et al.，2016；Chang et al.，2015；He and Tian，2015）。不同于美国资本市场中的股权分散，中国资本市场则具有股权高度集中并且"一股独大"的特征，加之投资者保护薄弱、公司治理机制不完善等因素，控股股东与中小股东之间的代理冲突十分突出（Liu and Tian，2012）。在中国资本市场上，卖空管制放松对控股股东与中小股东之间的代理问题及股东与管理层之间的代理问题都具有一定的治理效应。

首先，卖空管制放松能够有效约束公司控股股东股利侵占，原因在于卖空会导致股价下跌。在允许卖空的市场中，控股股东为了一己私利来掏空上市公司，这一负面消息很可能会被卖空投资者所识别，还会借此负面消息来卖空公司股票（李科等，2014），从而导致公司股价大跌、股东财富严重缩水。在市场中股票流动性存在限制，控股股东短期内难以完全抛出其股票，这就使得控股股东财富受股价下跌的损害尤为严重（Bond et al.，2012）。卖空管制放松后，控股股东的掏空成本提高，掏空收益将随之降低，这反过来会在事前减弱控股股东的私利侵占动机（La Porta et al.，2002)，控股股东与中小股东之间的代理问题得以缓解 (Chen et al.，2017；侯青川等，2017)。

其次，卖空管制放松也有助于缓解股东与管理层之间的代理问题。卖空管制放松后，将会有利于企业负面消息快速被企业股票价格所吸收，股票价格的信息发现功能和股票定价效率会得到提升。卖空投资者会提前卖空该公司股票，从而对公司价值造成损害，一旦识别出处理组企业的高管存在着自利行为。在这种情况下，一方面，控股股东会增强对管理层的监督 (靳庆鲁等，2015)；另一方面，公司股票价格的跳水会给企业高管带来许多的负面效应，如高管薪酬下降、被解聘的可能性提高等 (陈胜蓝和马慧，2017)。从这个意义来讲，管理层的代理问题也能够得以缓解。

与已有文献保持一致，本章按照 Jian 和 Wong (2010) 的方法计算出非正常关联交易变量并以此来设置控股股东掏空变量 $Tunneling$，该值越大意味着公司控股股东与中小股东代理问题越严重，银行面临的代理风险 $ARisk$ 越大；按照 Edmans 等 (2009) 的方法来设置高管财富与股价敏感性变量 WPS，该值越大意味着公司高管与股东之间的代理问题越小，银行面临的代理风险 $ARisk$ 越小。估计结果可见表 6-5，可以发现在第 (1) 列至第 (4) 列中交互项 $Treat \times ARisk$ 的回归系数全部在 5% 统计水平上显著。这一结果表明，银行面临的代理风险越大，卖空管制放松对银行贷款利率的降低作用越弱。

表 6-5　　　　　　　　渠道检验——代理风险

变量	$Spread_t$			
	$ARisk = Tunneling$		$ARisk = WPS$	
	(1)	(2)	(3)	(4)
$Treat_t$	-0.055 ** (-2.52)	-0.052 ** (-2.40)	-0.012 (-0.65)	-0.011 (-0.58)
$ARisk_t$	-0.234 *** (-3.40)	-0.238 *** (-3.34)	0.054 *** (2.79)	0.055 *** (2.86)
$Treat_t \times ARisk_t$	-0.267 ** (-2.32)	-0.282 ** (-2.20)	0.120 ** (2.40)	0.116 ** (2.30)
$Size_{t-1}$	-0.071 *** (-2.74)	-0.071 *** (-2.70)	-0.068 *** (-3.59)	-0.070 *** (-3.63)
Lev_{t-1}	0.077 (0.84)	0.079 (0.87)	0.073 (0.84)	0.067 (0.78)

变量	$Spread_t$			
	ARisk = Tunneling		ARisk = WPS	
	（1）	（2）	（3）	（4）
$Tobin's\ Q_{t-1}$	0.053 *** （3.11）	0.053 *** （3.09）	− 0.039 ** （ − 2.52）	− 0.040 ** （ − 2.58）
ROA_{t-1}	0.356 （1.24）	0.385 （1.35）	0.543 ** （2.01）	0.547 ** （2.03）
$Cash_{t-1}$	0.085 （1.03）	0.081 （0.98）	− 0.023 （ − 0.30）	− 0.026 （ − 0.34）
$PPER_{t-1}$	0.008 （0.09）	0.013 （0.15）	0.026 （0.38）	0.038 （0.55）
$Growth_{t-1}$	0.026 （1.23）	0.024 （1.14）	0.009 （0.54）	0.009 （0.54）
$Volatility_{t-1}$	− 0.051 （ − 0.12）	− 0.088 （ − 0.21）	− 0.068 （ − 0.20）	− 0.099 （ − 0.28）
$CEOD_{t-1}$	− 0.036 （ − 1.47）	− 0.035 （ − 1.45）	0.016 （0.75）	0.018 （0.83）
$IndepR_{t-1}$	− 0.020 （ − 0.07）	− 0.042 （ − 0.14）	0.027 （0.09）	0.027 （0.10）
$Salary_{t-1}$	− 0.028 （ − 1.58）	− 0.029 （ − 1.62）	− 0.033 ** （ − 2.08）	− 0.033 ** （ − 2.03）
$LoanS_t$		− 0.003 （ − 0.54）		− 0.005 （ − 1.20）
$LoanM_t$		0.040 *** （5.08）		0.038 *** （5.46）
$LoanT_t$		− 0.005 （ − 0.06）		0.004 （0.09）
截距	6.967 *** （12.00）	6.739 *** （11.44）	7.032 *** （16.07）	6.926 *** （15.50）
公司固定效应	控制	控制	控制	控制
年度固定效应	控制	控制	控制	控制
N	13755	13755	13755	13755
Adj. R − sq	0.362	0.367	0.413	0.417

此外，卖空管制放松对银行贷款成本的降低也可能是由于公司信息风险的缓解。由于无法分享既定风险承担下的风险收益，银行在贷款契约中对公司信息风险与代理风险十分敏感（Rajan and Winton，1995；Graham et al.，2008）。相比其他投资者，卖空投资者具有的信息优势不仅体现在卖空投资者对公开信息的分析处理（Engelberg et al.，2012），还体现在他们对非公开信息的挖掘利用（Christophe et al.，2010）。例如，Ljungqvist和Qian（2016）指出卖空投资者通过收集电话记录、视频监视以及照片等相关证据向市场提供新的信息。在这种情况下，如果公司披露较低质量信息或隐藏信息，卖空投资者凭借其信息优势也可能会挖掘并识别相关信息，并借此卖空公司股票。这种潜在的卖空压力反而有助于提升公司信息质量。例如，李志生等（2017）以中国上市公司数据为样本发现卖空管制放松显著提升了试点公司信息披露质量。基于这一思路，银行贷款成本的降低可能是源于卖空管制放松对银行面临的信息风险的缓解作用。

借鉴 Choi 等（2011）以及 Hasan 等（2014），本章分别使用操控性应计变量 DAC 和非正常审计收费变量 $Abnormal\_AF$ 来衡量公司信息风险 $IRisk$。其中，操控性应计变量是按照 Kothari 等（2005）的方法来计算业绩配比操控性应计，非正常审计收费变量是基于 Choi 等（2011）模型计算的公司实际审计收费与预期审计收费之差，这两个变量的值越大意味着公司信息风险越高。从表 6 - 6 的回归结果可以发现，在第（1）列至第（4）列中交互项 $Treat \times IRisk$ 的回归系数均在 5% 统计水平上具有显著性。这表明公司信息风险越高，卖空管制放松对银行贷款成本的降低作用越弱，这为信息风险的作用渠道提供了支持的经验证据。

表 6 - 6   **渠道检验——信息风险**

变量	Spread			
	IRisk = DAC		IRisk = Abnormal_AF	
	(1)	(2)	(3)	(4)
$Treat_t$	− 0.077 *** (− 8.14)	− 0.075 *** (− 7.90)	− 0.054 *** (− 2.90)	− 0.051 *** (− 2.69)
$IRisk_{t-1}$	0.039 * (1.84)	0.033 (1.59)	0.014 (0.46)	0.017 (0.53)
$Treat_t \times IRisk_{t-1}$	0.133 ** (2.22)	0.130 ** (2.20)	0.127 *** (3.45)	0.126 *** (3.36)

变量	Spread			
	IRisk = DAC		IRisk = Abnormal_AF	
	(1)	(2)	(3)	(4)
$Size_{t-1}$	-0.086 *** (-7.86)	-0.085 *** (-7.82)	-0.048 * (-1.88)	-0.047 * (-1.79)
Lev_{t-1}	0.056 (1.31)	0.057 (1.34)	0.022 (0.29)	0.020 (0.25)
$Tobin's\ Q_{t-1}$	0.025 *** (2.78)	0.024 *** (2.68)	-0.011 (-0.61)	-0.013 (-0.72)
ROA_{t-1}	0.695 *** (5.58)	0.709 *** (5.73)	0.454 * (1.83)	0.483 * (1.96)
$Cash_{t-1}$	-0.003 (-0.09)	-0.004 (-0.11)	-0.007 (-0.09)	-0.006 (-0.08)
$PPER_{t-1}$	0.000 (0.01)	0.004 (0.10)	0.021 (0.28)	0.025 (0.33)
$Growth_{t-1}$	0.027 *** (2.84)	0.026 *** (2.70)	0.012 (0.66)	0.009 (0.48)
$Volatility_{t-1}$	0.145 (0.83)	0.143 (0.83)	0.032 (0.08)	0.037 (0.09)
$CEOD_{t-1}$	0.011 (0.93)	0.013 (1.11)	0.027 (1.19)	0.030 (1.30)
$IndepR_{t-1}$	-0.045 (-0.43)	-0.039 (-0.38)	0.042 (0.17)	0.040 (0.17)
$Salary_{t-1}$	-0.054 *** (-6.88)	-0.054 *** (-6.90)	-0.034 ** (-2.06)	-0.034 ** (-2.03)
$LoanS_t$		-0.004 * (-1.74)		-0.006 (-1.45)
$LoanM_t$		0.037 *** (9.14)		0.041 *** (5.73)
$LoanT_t$		-0.042 (-1.12)		-0.143 *** (-3.73)
截距	7.705 *** (32.33)	7.506 *** (31.32)	6.730 *** (11.45)	6.524 *** (10.98)

变量	Spread			
	IRisk = DAC		IRisk = Abnormal_AF	
	(1)	(2)	(3)	(4)
公司固定效应	控制	控制	控制	控制
年度固定效应	控制	控制	控制	控制
N	13755	13755	13755	13755
Adj. R – sq	0.356	0.360	0.393	0.398

三、银行监督能力与公司违约风险的影响

（一）银行监督能力

银行监督能力是贷款成本的重要影响因素，这种监督能力一方面产生于银行与客户在地理上的邻近性（事前效应），另一方面产生于银行与公司之间的贷款关系（Degryse and Ongena，2005）。贷款发放之前，较近的地理距离使得银行在获取公司信息以及对公司实施监督时更具优势（Hollander and Verriest，2016）。Gilje 等（2016）考察发现流动性增加的银行更愿意向当地有该银行分支机构的公司提供贷款，因为银行分支机构能够对地理临近公司实施更好的监督。Bellucci 等（2013）则发现向临近客户公司提供贷款时，银行制定的贷款利率显著更低。贷款发放之后，银行通过贷款关系对公司管理水平、声誉以及业务质量等信息的了解也能提高银行监督能力，从而逐渐调整贷款契约。Gârleanu 和 Zwiebel（2009）指出当信息不对称性严重时，首次贷款契约中银行会使用较多的契约条款来约束公司行为，但随着对公司信息了解而监督能力有所提高后，后续贷款契约中契约条款则逐渐放松。Erkens 等（2014）研究发现通过以往的贷款关系银行对公司信息更加熟悉，有助于提高银行监督能力。基于这一思路，对地理距离较近或近期存在贷款关系的公司而言，银行具有的监督优势使其愿意以降低的成本提供贷款。那么，本章预期，卖空管制放松对这类公司贷款成本的影响相对较小。

借鉴已有文献（Bharath et al.，2011；Hollander and Verriest，2016），本章分别使用贷款对应的分支机构的地理位置与公司所在城市之间的距离 Distance 以及银行在近 3 年内是否向公司发放贷款 Acquainted 来衡量银行对客户公司的监督能力，并按照距离的中位数以及是否发放贷款将样本分为银行监督能力较弱组和银行监督能力较强组。相应的回归结果见表 6 - 7。

其中第（1）列中 *Treat* 的估计系数为 - 0.057，并且在 1%（t = - 2.63）统计水平上具有显著性，这表明在银行监督能力较弱组中，卖空管制放松之后，试点公司的银行贷款成本显著降低；第（2）列中 *Treat* 的回归系数虽然为负，并没有通过显著性检验，这表明在银行监督能力较强组中，卖空管制放松对银行贷款成本并没有显著的降低作用。进一步检验发现，两组差异在 5%（p = 0.03）水平下显著。第（3）列中 *Treat* 的回归系数显著性为负，但第（4）列中 *Treat* 的回归系数虽然为负，并没有通过显著性检验。进一步检验发现，两组差异在 5%（p = 0.02）水平下显著。综合上述结果，潜在卖空压力对企业贷款成本的影响在银行监督能力不同的公司中存在着截面差异。

表 6 - 7　　　　　　　　　　　　　银行监督能力

| 变量 | $Spread_t$ | | | |
| | 监督能力 = Distance | | 监督能力 = Acquainted | |
	（1）较弱	（2）较强	（3）较弱	（4）较强
$Treat_t$	- 0.057 *** （ - 2.63）	- 0.024 （ - 0.87）	- 0.058 *** （ - 2.87）	- 0.015 （ - 0.60）
$Size_{t-1}$	- 0.025 （ - 1.05）	- 0.068 ** （ - 2.28）	- 0.079 ** （ - 2.43）	0.014 （0.56）
Lev_{t-1}	0.086 （0.90）	0.034 （0.29）	- 0.009 （ - 0.08）	0.139 （1.42）
$Tobin's\ Q_{t-1}$	0.024 （1.11）	0.007 （0.39）	0.089 *** （4.87）	- 0.034 ** （ - 2.26）
ROA_{t-1}	0.327 （0.96）	0.620 * （1.76）	0.267 （0.91）	0.460 （1.50）
$Cash_{t-1}$	- 0.021 （ - 0.25）	0.016 （0.16）	- 0.065 （ - 0.68）	- 0.001 （ - 0.01）
$PPER_{t-1}$	- 0.171 ** （ - 2.22）	0.167 （1.59）	- 0.052 （ - 0.42）	0.014 （0.17）
$Growth_{t-1}$	0.009 （0.32）	0.015 （0.70）	0.021 （0.99）	0.011 （0.49）
$Volatility_{t-1}$	- 0.045 （ - 0.11）	0.490 （0.83）	- 0.095 （ - 0.26）	0.086 （0.22）

变量	$Spread_t$			
	监督能力 = Distance		监督能力 = Acquainted	
	（1）较弱	（2）较强	（3）较弱	（4）较强
$CEOD_{t-1}$	−0.030 （−0.96）	0.056* （1.81）	−0.007 （−0.28）	0.054* （1.86）
$IndepR_{t-1}$	−0.092 （−0.33）	−0.153 （−0.50）	−0.088 （−0.26）	0.085 （0.33）
$Salary_{t-1}$	−0.026 （−1.30）	−0.054** （−2.30）	−0.033 （−1.64）	−0.022 （−1.10）
$LoanS_t$	−0.015*** （−2.85）	0.007 （1.26）	−0.004 （−0.72）	−0.000 （−0.07）
$LoanM_t$	0.041*** （4.43）	0.038*** （3.88）	0.017** （2.07）	0.049*** （4.58）
$LoanT_t$	−0.052 （−0.96）	−0.001 （−0.16）	7.221*** （10.58）	4.507*** （8.57）
截距	6.111*** （11.83）	6.999*** （10.22）	−0.058*** （−2.87）	−0.015 （−0.60）
公司固定效应	控制	控制	控制	控制
年度固定效应	控制	控制	控制	控制
N	6787	6868	7305	6450
adj. R−sq	0.450	0.373	0.447	0.321
组间系数差异检验	F = 4.63，P = 0.03		F = 5.51，P = 0.02	

（二）公司违约风险

信息不对称与代理问题是引发公司违约的重要来源（Easley and O'Hara，2004）。这是因为在信息不对称性较高公司中，由于银行监督作用难以有效发挥，客户公司更可能从事高风险活动，从而提升了公司的违约概率（Bushman and Williams，2012）。类似地，代理问题严重的公司，其决策者更可能基于个人收益而投资一些次优项目或高风险项目，从而导致公司流动资产不足以及公司违约风险的提升（Stulz，1990）。Chava 等（2008）发现对代理问题严重的公司，为降低违约风险银行在债务契约设计中使用了更多的限制性条款。相对于违约风险较低公司，违约风险较高公司的债务成本显著更高（Longstaff et al.，2005）。基于卖空管制放松对信息风险和代理风险的降低，可以预期对管制放松之前违约风险较高公司，其贷款成本受卖空管制放松的影响显著更多。

借鉴已有文献（Altman，1968；Bharath and Shumway，2008），本章分别使用预期违约概率 EDF 与公司破产清算概率 ZScore 来衡量公司违约风险，并按照事件发生前企业违约概率的中位数按样本分为高违约风险组和低违约风险组。从表6－8的回归结果可以发现，第（1）列中 Treat 的回归系数为 －0.081，并且在1%（t = －2.93）的统计水平上具有显著性，这表明在公司违约风险较高组中，卖空管制放松后，试点公司的银行贷款成本显著降低；第（2）列中 Treat 的回归系数虽然为负，并没有通过显著性检验，这表明在公司违约风险较低组中，卖空管制放松对银行贷款成本并没有显著的降低作用。进一步检验发现，两组差异在5%（p = 0.02）水平下显著。当使用 ZScore 来衡量公司违约概率时，第（3）列中 Treat 的回归系数显著性为负，但第（4）列中 Treat 的回归系数并没有通过显著性检验，进一步检验发现，两组差异在1%（p = 0.00）水平下显著。综合上述结果，卖空管制放松对银行贷款成本的降低作用在之前违约风险较高的公司中显著更强。

表6－8　　　　　　　　　　　　　　公司违约概率

变量	Spread$_t$			
	违约概率 = EDF		违约概率 = ZScore	
	（1）较高	（2）较低	（3）较高	（4）较低
Treat$_t$	－0.081 *** （－2.93）	－0.013 （－0.52）	－0.069 *** （－3.27）	－0.005 （－0.19）
Size$_{t-1}$	－0.162 *** （－4.42）	－0.039 * （－1.80）	－0.046 （－1.42）	－0.026 （－0.92）
Lev$_{t-1}$	0.122 （0.98）	0.003 （0.02）	－0.003 （－0.04）	0.157 （1.18）
Tobin's Q$_{t-1}$	0.081 *** （3.76）	－0.042 ** （－2.06）	0.019 （1.16）	0.018 （0.68）
ROA$_{t-1}$	0.464 （0.95）	0.302 （0.95）	0.635 ** （2.38）	0.359 （0.86）
Cash$_{t-1}$	0.175 （1.50）	－0.211 ** （－2.53）	－0.022 （－0.28）	－0.003 （－0.02）

变量	$Spread_t$			
	违约概率 = EDF		违约概率 = ZScore	
	(1) 较高	(2) 较低	(3) 较高	(4) 较低
$PPER_{t-1}$	-0.051 (-0.38)	-0.056 (-0.70)	-0.085 (-0.89)	0.051 (0.51)
$Growth_{t-1}$	0.055 (1.55)	0.026 (1.08)	0.023 (1.01)	0.003 (0.11)
$Volatility_{t-1}$	-0.196 (-0.35)	0.277 (0.73)	0.502 (1.22)	-0.358 (-0.78)
$CEOD_{t-1}$	-0.070 (-1.16)	0.038 (1.31)	-0.020 (-0.65)	0.029 (1.14)
$IndepR_{t-1}$	-0.321 (-0.76)	0.289 (0.86)	-0.423 (-1.54)	0.346 (1.19)
$Salary_{t-1}$	-0.028 (-0.96)	-0.040** (-2.10)	-0.035* (-1.78)	-0.029 (-1.29)
$LoanS_t$	-0.006 (-0.90)	-0.004 (-0.69)	-0.009* (-1.78)	0.001 (0.11)
$LoanM_t$	0.060*** (5.32)	0.025*** (2.75)	0.047*** (5.43)	0.031*** (3.17)
$LoanT_t$	-0.114 (-0.43)	-0.014 (-0.30)	-0.048 (-1.51)	0.113*** (2.77)
截距	8.729*** (11.25)	6.435*** (13.73)	6.623*** (9.74)	5.737*** (8.36)
公司固定效应	控制	控制	控制	控制
年度固定效应	控制	控制	控制	控制
N	7423	6332	7305	6450
adj. R - sq	0.394	0.388	0.447	0.321
组间系数差异检验	F = 4.96,P = 0.02		F = 8.71,P = 0.00	

四、附加测试

(一) 内生性检验

虽然本章的基准分析已经表明在允许进行卖空后,处理组企业的银行贷款成本显著降低。然而,基准分析也可能受到内生性问题的干扰,这是因为被列入卖空试点名单的公司需要满足特定条件，这意味着处理组企业和控制组企业本身就存在着特征差异。为缓解内生性选择偏误对本章潜在结果的干扰，本章讲采取以下方法加以克服。第一，使用倾向得分配比法，在样本期内不允许卖空的企业作为配比池，并采用倾向得分配比的方法从中选取一组与允许卖空的企业样本在基本面上相似的企业作为配比组。首先设置虚拟变量是否允许卖空。然后加入规模 Size、负债率 Lev、市值 Tobin's Q 等模型（6.1）中的控制变量，卡尺设置为 0.01 来估计 logit 模型，并按照 1∶1 的比例为每个处理组的样本进行配比。通过 PSM 配比遴选之后的样本重新使用 DID 对基本问题进行检验，结果可见表 6 - 9。可以发现，Treat 的估计系数在 1% 统计水平上显著，该结果与正文基准保持一致。

表 6 - 9　　　　　　　　　　PSM 配比

Panel A：描述性统计结果

变量	Treatment Sample			Control Sample			Mean Difference Test
	Mean	Median	SD	Mean	Median	SD	
$Size_{t-1}$	23.010	22.865	0.870	22.964	22.969	1.081	0.047
Lev_{t-1}	0.600	0.598	0.149	0.626	0.647	0.136	−0.026*
$Tobin's\ Q_{t-1}$	1.464	1.334	0.463	1.478	1.164	0.743	−0.014
ROA_{t-1}	0.036	0.033	0.034	0.035	0.032	0.044	0.001
$Cash_{t-1}$	0.159	0.126	0.104	0.164	0.141	0.111	−0.005
$PPER_{t-1}$	0.273	0.235	0.227	0.253	0.182	0.222	0.020
$Growth_{t-1}$	0.183	0.119	0.479	0.257	0.168	0.614	−0.074*
$Volatility_{t-1}$	0.033	0.023	0.044	0.035	0.021	0.056	−0.001
$CEOD_{t-1}$	0.106	0.000	0.308	0.118	0.000	0.322	−0.012
$IndepR_{t-1}$	0.374	0.364	0.058	0.373	0.333	0.052	0.001
$Salary_{t-1}$	12.972	13.033	0.818	13.027	13.194	0.887	−0.055
$LoanS_t$	17.933	18.064	1.481	17.920	18.146	1.486	0.013
$LoanM_t$	6.828	6.898	0.649	6.859	6.819	0.674	−0.032

Panel B：回归结果

变量	被解释变量：$Spread_t$	
	系数	t 值
$Treat_t$	−0.020**	（−2.11）
$Size_{t-1}$	−0.168***	（−10.19）

Panel B：回归结果

变量	被解释变量：$Spread_t$	
	系数	t 值
Lev_{t-1}	0.157 ***	(3.00)
$Tobin's\ Q_{t-1}$	−0.108 ***	(−7.87)
ROA_{t-1}	0.338 **	(2.35)
$Cash_{t-1}$	−0.073	(−1.59)
$PPER_{t-1}$	−0.068	(−1.29)
$Growth_{t-1}$	0.004	(0.44)
$Volatility_{t-1}$	−0.061	(−0.33)
$CEOD_{t-1}$	0.017	(1.33)
$IndepR_{t-1}$	−0.312 ***	(−2.62)
$Salary_{t-1}$	−0.040 ***	(−4.88)
$LoanS_t$	−0.004 *	(−1.72)
$LoanM_t$	0.041 ***	(9.08)
$LoanT_t$	−0.141	(−0.53)
$Ln(MV)_{t-1}$	0.084 ***	(4.98)
$SNum_{t-1}$	−0.033 ***	(−2.83)
$Turnover_{t-1}$	0.073 ***	(3.92)
$TAmount_{t-1}$	0.020 *	(1.85)
$Volatility_{t-1}$	0.629	(0.70)
截距	8.149 ***	(27.77)
公司	控制	
年度	控制	
N	11483	
Adj. R − sq	0.410	
F	130.165	

第二，为缓解内生性问题的干扰，本章借鉴最近相关文献（Chu，2016；Gilje，2016）的做法，通过将公司首次允许卖空的时间向前推4年，来进行安慰剂因果检验。本章将2010年3月31日、2011年12月5日、2013年1月31日、2013年9月16日、2014年9月12日这五次调入

的处理组公司的首次进入年度分别向前平推4年来设置伪处理组变量，使用虚拟的调入时间进行安慰剂对照测试（Placebo test）。检验过程中不变化处理组的分组，即基本研究问题中的处理组企业与安慰剂检验中的处理组是一致的。如果本章的结果是由于其他不可观测的内生性选择偏误所带来的，那么安慰剂检验也应该存在着显著性。具体回归结果见表6-10，*Treat* 的回归系数并不显著。这说明了内生性选择偏误问题不会对于本章的基准回归结果产生较大的偏误影响。

表6-10　　　　　　　　　　安慰剂对照测试

变量	$Spread_t$	
	系数	t 值
$Treat_t$	0.016	(0.67)
$Size_{t-1}$	-0.018	(-0.68)
Lev_{t-1}	-0.024	(-0.25)
$Tobin's\ Q_{t-1}$	-0.033	(-1.61)
ROA_{t-1}	0.110	(0.61)
$Cash_{t-1}$	0.044	(0.46)
$PPER_{t-1}$	-0.074	(-0.76)
$Growth_{t-1}$	0.009	(0.65)
$Volatility_{t-1}$	-0.442 *	(-1.91)
$CEOD_{t-1}$	0.010	(0.34)
$IndepR_{t-1}$	0.256	(0.97)
$Salary_{t-1}$	-0.003	(-0.16)
$LoanS_t$	0.009 *	(1.90)
$LoanM_t$	0.006	(0.58)
$LoanT_t$	0.044	(0.83)
截距	5.466 ***	(10.04)
公司固定效应	控制	
年度固定效应	控制	
N	8298	
adj. R - sq	0.342	

　　第三，考虑到证券交易所对融资融券标的公司的选取存在着一定的

标准①。这意味着处理组企业和控制组企业天然存在着差异，为缓解这种差异对结果的干扰，在基本模型中加入市值（Ln(MV)）、股东人数（$SNum$）、换手率（$Turnover$）、成交金额（$TAmount$）、股价波动率（$Volatility$）。回归结果见表6-11。可以发现，在控制上述变量之后，$Treat$ 的估计系数依然存在着明显的显著性，这意味着试点公司与非试点公司之间基本面上的差异对本章基本结果的影响相对较小。

表6-11 控制标的公司筛选标准变量

变量	$Spread_t$	
	系数	t 值
$Treat_t$	-0.020 **	(-2.11)
$Size_{t-1}$	-0.168 ***	(-10.19)
Lev_{t-1}	0.157 ***	(3.00)
$Tobin's\ Q_{t-1}$	-0.108 ***	(-7.87)
ROA_{t-1}	0.338 **	(2.35)
$Cash_{t-1}$	-0.073	(-1.59)
$PPER_{t-1}$	-0.068	(-1.29)
$Growth_{t-1}$	0.004	(0.44)
$Volatility_{t-1}$	-0.061	(-0.33)
$CEOD_{t-1}$	0.017	(1.33)
$IndepR_{t-1}$	-0.312 ***	(-2.62)
$Salary_{t-1}$	-0.040 ***	(-4.88)
$LoanS_t$	-0.004 *	(-1.72)
$LoanM_t$	0.041 ***	(9.08)
$LoanT_t$	-0.141	(-0.53)
Ln(MV)$_{t-1}$	0.084 ***	(4.98)
$SNum_{t-1}$	-0.033 ***	(-2.83)
$Turnover_{t-1}$	0.073 ***	(3.92)

---

① （1）融资买入标的股票的流通股本不少于1亿股或流通市值不低于5亿元，融券卖出标的股票的流通股本不少于2亿股或流通市值不低于8亿元；（2）股东人数不少于4000人；（3）日均换手率不低于基准指数日均换手率的15%，且日均成交金额不小于5000万元；（4）日均涨跌幅平均值与基准指数涨跌幅平均值的偏离值超过4%；（5）波动幅度达到基准指数波动幅度的5倍以上。

变量	$Spread_t$	
	系数	t 值
$TAmount_{t-1}$	0.020 *	(1.85)
$Volatility_{t-1}$	0.629	(0.70)
截距	8.149 ***	(27.77)
公司	控制	
年度	控制	
N	11483	
Adj. R - sq	0.410	

(二) 进一步分析

本章之前的结果表明，卖空管制放松有助于缓解银行面临的信息风险和代理风险，从而显著降低公司承担的银行贷款成本。为加强这一逻辑，本章进一步检验了卖空管制放松对公司获得银行贷款的概率的影响。表 6 - 12 提供了相应的回归结果，其中，$Success$ 为虚拟变量，如果公司当年获得银行贷款取值为 1，否则为 0；其他变量见表 6 - 1。从结果可知，$Treat$ 的回归系数为 0.039，在 5% 水平下边缘显著，这表明相比于控制组企业，处理组企业在卖空管制放松后获得企业贷款的概率显著提高。这也支持了本章的基础逻辑。

表 6 - 12　　　　卖空管制放松对公司获得银行贷款可能性的影响

变量	$Success_t$	
	系数	t 值
$Treat_t$	0.039 **	(2.40)
$Size_{t-1}$	0.099 ***	(6.47)
Lev_{t-1}	0.155 ***	(2.65)
$Tobin's\ Q_{t-1}$	- 0.021 **	(-2.21)
ROA_{t-1}	- 0.093	(-0.42)
$Cash_{t-1}$	- 0.249 ***	(-4.51)
$PPER_{t-1}$	0.057	(0.88)
$Growth_{t-1}$	0.002	(0.07)
$Volatility_{t-1}$	0.556 *	(1.87)

变量	$Success_t$	
	系数	t 值
$CEOD_{t-1}$	−0.017	(−0.95)
$IndepR_{t-1}$	0.211	(1.23)
$Salary_{t-1}$	0.015	(1.21)
截距	−2.099 ***	(−5.95)
公司固定效应	控制	
年度固定效应	控制	
N	10978	
adj. R − sq	0.411	

（三）其他测试

为了加强本章的因果推断，本章进一步进行了其他的附加性测试：（1）考虑到公司产权性质的差异，本章分别考察了卖空管制放松对国有控股公司贷款成本与非国有控股公司贷款成本影响的差异；（2）本章按照贷款银行是否为国有四大银行进行分组，分别考察了卖空管制放松对不同类型银行的贷款成本的影响；（3）本章按照公司贷款期限是否大于1年，将贷款分为长期贷款与短期贷款，并分别考察了卖空管制放松对期限不同贷款的成本的影响。从表6-13结果可知，当公司为国有控股公司时、贷款银行为非四大国有银行时以及贷款期限小于1年时，相比非试点企业，只有试点企业的企业贷款成本在卖空管制放松之后才显著降低。

表 6 − 13 其他测试

变量	$Spread_t$					
	公司股权性质		银行类型		贷款期限	
	（1）非国有	（2）国有	（3）非四大	（4）四大	（5）短期	（6）长期
$Treat_t$	−0.074 ***	−0.027	−0.062 ***	−0.021	−0.095 ***	0.010
	(−2.65)	(−1.27)	(−2.93)	(−0.86)	(−2.74)	(0.56)
$Size_{t-1}$	−0.046	−0.033	−0.036	−0.067 ***	−0.066 *	−0.009
	(−1.38)	(−1.22)	(−1.17)	(−2.65)	(−1.68)	(−0.45)
Lev_{t-1}	−0.059	0.076	−0.019	0.194 *	0.088	0.043
	(−0.49)	(0.74)	(−0.19)	(1.92)	(0.60)	(0.55)

变量	Spread$_t$					
	公司股权性质		银行类型		贷款期限	
	(1) 非国有	(2) 国有	(3) 非四大	(4) 四大	(5) 短期	(6) 长期
Tobin's Q_{t-1}	0.067*** (3.58)	0.028 (1.46)	0.039* (1.84)	-0.006 (-0.34)	0.059** (2.45)	-0.026* (-1.79)
ROA$_{t-1}$	0.368 (1.22)	0.472 (1.43)	0.311 (0.94)	0.755** (2.50)	0.095 (0.26)	0.402 (1.63)
Cash$_{t-1}$	-0.140 (-1.50)	0.085 (0.97)	-0.087 (-0.95)	0.101 (1.10)	-0.063 (-0.46)	-0.121* (-1.78)
PPER$_{t-1}$	-0.027 (-0.18)	-0.001 (-0.01)	-0.109 (-1.13)	0.048 (0.54)	0.044 (0.37)	-0.093 (-1.36)
Growth$_{t-1}$	0.008 (0.30)	0.014 (0.65)	0.005 (0.22)	0.038 (1.57)	0.025 (0.67)	0.014 (0.88)
Volatility$_{t-1}$	0.993* (1.93)	-0.463 (-1.13)	-0.365 (-0.86)	0.489 (1.19)	-0.204 (-0.34)	0.173 (0.50)
CEOD$_{t-1}$	0.002 (0.06)	0.017 (0.59)	0.032 (1.27)	-0.019 (-0.58)	0.018 (0.53)	0.022 (0.96)
IndepR$_{t-1}$	0.138 (0.39)	-0.083 (-0.32)	0.067 (0.20)	-0.114 (-0.35)	-0.141 (-0.40)	0.189 (0.80)
Salary$_{t-1}$	-0.043 (-1.62)	-0.032* (-1.69)	-0.044** (-2.15)	-0.024 (-1.10)	-0.058** (-2.46)	-0.009 (-0.56)
LoanS$_t$	-0.005 (-0.63)	-0.002 (-0.52)	-0.003 (-0.50)	-0.001 (-0.11)	-0.006 (-0.80)	-0.006 (-1.21)
LoanM$_t$	0.037*** (2.60)	0.040*** (5.40)	0.033*** (3.94)	0.057*** (5.12)	0.015 (0.53)	0.064*** (7.24)
LoanT$_t$	6.411*** (9.44)	6.089*** (9.90)	6.385*** (9.50)	6.538*** (12.45)	7.306*** (7.80)	4.947*** (10.48)
截距	-0.074*** (-2.65)	-0.027 (-1.27)	-0.062*** (-2.93)	-0.021 (-0.86)	-0.095*** (-2.74)	0.010 (0.56)
公司固定效应	控制	控制	控制	控制	控制	控制
年度固定效应	控制	控制	控制	控制	控制	控制
N	4854	8901	7416	6339	2824	10931
adj. R - sq	0.469	0.351	0.452	0.387	0.673	0.379

第四节 卖空管制放松与企业贷款成本的 研究结论与政策建议

从 2010 年 3 月 31 日起，中国股票市场开始允许融资融券交易，允许符合条件的投资者向经纪公司借入证券并卖出。这意味着投资者对试点公司的股票可以进行卖空交易，也标志着中国股票市场"单边市"的结束。本章使用这一准自然实验背景，从债权人视角考察了卖空与银行贷款成本之间的关系。具体而言，本章以手工收集的 A 股上市公司 2007 ~ 2014 年共 13755 条贷款数据进行考察，研究结果表明相比非试点公司，银行向允许卖空企业索要的贷款成本在事件发生之后显著降低。为了加强本章的因果逻辑，进一步考察了卖空管制放松影响企业贷款成本的作用渠道——信息风险和代理风险。进一步检验发现，当银行监督能力较弱或公司违约风险较高时，卖空管制放松对贷款成本的降低作用显著更强。

本章为了加强因果效应，也进行了如下的稳健性分析。第一，缓解内生性选择偏误对潜在结果的影响；第二，间接检验了双重差分的前提假设；第三，排除替代性解释；第四，使用其他稳健性检验。考察这些因素后，本章的基准回归结果始终成立。本章通过考察卖空管制放松对银行贷款成本的影响，不仅补充和丰富了金融市场对实体经济真实影响的研究领域，也有助于理解信息在金融体系内不同市场间的传播与互动，从而使得金融监管部门制定政策时能对市场反应有作出更加全面的事先评判。

数字化转型与企业决策篇

第七章　数字化转型与企业税收规避

第一节　数字化转型与企业税收规避的问题提出

一、选题背景

在 2021 年发布的《中华人民共和国国民经济和社会发展第十四个五年规划和 2035 年远景目标纲要》中，"加快数字化发展，建设数字中国"单独成篇，表明数字经济发展已成为立足新发展阶段，全面贯彻新发展理念，加快构建新发展格局，推动经济高质量发展的重要内容。数字经济的快速发展，对现行基于传统经济模式设计的税收规则体系以及国家税收征管工作带来新的挑战和机遇。作为数字经济发展的重要驱动力[1]，以及国家税收收入的主要来源主体[2]，企业的数字化转型如何影响其纳税行为成为数字经济时代值得关注的重点问题之一。

税负是企业的一项重要成本因素，对企业财务决策具有重要影响（Scholes et al.，2014）。许多企业为减轻税负而采取的税收规避行为引起了政策制定者、公众以及税务机关的广泛关注和兴趣。考虑到税收的经济重要性，企业税收规避行为的决定因素一直以来受到学术界的广泛关注。目前对企业税收规避行为影响因素的探究主要集中于传统经济发展过程中微观层面的企业特征和主要利益相关者、中观层面的行业竞争以及宏观层

---

[1]　2020 年，中国数字经济规模通过产业数字化得到显著提高，达到 39.2 万亿元，占当年 GDP 的 38.6%。其中，产业数字化规模占数字经济规模的比重由 2005 年的 49.1% 上升到 2020 年的 80.9%，成为数字经济发展的强大引擎。

[2]　依据国家统计局数据，2020 年国家税收收入中，国内增值税占比 33.82%，企业所得税占比 21.69%，这两个税种合计占比已经超过 50%。

面的地区税收征管强度等①。在数字经济时代，人工智能、大数据、区块链、云计算等数字技术的应用在一定程度上颠覆了企业原有的经营模式、产品或组织结构，进而对企业的资本市场表现（吴非等，2021）以及专业化分工（袁淳等，2021）等产生了显著影响。

二、研究问题的提出

第一，本章探讨了数字经济时代企业数字化转型是否会影响其税收规避行为。企业数字化转型不仅可以通过数字化分析技术使企业产生的盈余信息严格符合其数字化模型的经营结果，降低管理层主观因素的影响，进而有效降低企业与资本市场之间的信息不对称程度（Hamrouni et al.，2019），而且可以通过数字技术的应用提高数据披露的及时性和透明度，进而降低企业信息供给成本，增加外部信息使用者的关注（Chen et al.，2021c）。然而，为了最小化被税务机关发现的风险，税收规避活动必然是复杂、模糊和不透明的，其能否顺利实施在很大程度上依赖于企业的信息透明度（Desai and Dharmapala，2006）。已有研究表明信息不对称能够降低企业税收规避活动被税务机关及第三方机构发现的风险，进而增加企业的税收规避活动（Chen and Lin，2017；Kerr，2019）。由此，可以推断企业数字化转型带来的信息不对称程度的降低对企业税收规避行为具有一定的抑制作用。

第二，本章进一步剖析了驱动企业数字化转型与税收规避之间关系的中间作用渠道：企业信息不对称程度的降低。依据 Di Giuli 和 Laux（2022），本章试图利用工具变量回归方法将企业数字化转型对税收规避的影响分解为两部分：企业数字化转型对信息不对称的影响，以及由数字化转型带来的信息不对称程度的降低对税收规避的影响。以企业股票流动性和分析师跟踪作为企业与外部利益相关者信息不对称程度的代理变量。

第三，本章尝试从企业信息透明度和当地税收征管强度两个视角考察了二者之间关系的异质性。首先，如果企业数字化转型是通过降低企业的信息不对称程度，进而降低了其税收规避程度，那么，对于信息不对称程

① 例如，影响公司税收规避行为的公司特征包括公司治理（Desai and Dharmapala，2006）、所有权结构（McGuire et al.，2014）以及高管特征（Dyreng et al.，2010），主要利益相关者包括股东（Chen et al.，2010；Cheng et al.，2012）、债权人（Hasan et al.，2014）以及客户和供应商（Cen et al.，2017；Naritomi，2019），行业层面的进口竞争（Chen et al.，2021a）以及宏观层面的政治环境（Baloria and Klassen，2018）和土地财政（Chen et al.，2021b）等。

度越高的企业，数字化转型对其税收规避的影响应该越显著。由于复杂的企业结构，跨国企业往往具有较高的信息不对称程度（Durnev et al.，2017），因此，其数字化转型对税收规避的抑制作用更强；"沪深港通"通过引入拥有丰富市场和企业研究经验和技能的境外机构投资者，能够更好地识别企业的异常行为，加大标的企业操纵信息披露的难度（Ferreira and Matos，2008；Aggarwal et al.，2011；阮睿等，2021），进而提高了这些企业的信息披露质量。因此，可以预期企业数字化转型对税收规避的影响对于信息披露质量较低的非标的企业更显著。其次，企业进行税收规避面临的主要成本包括被税务机关以及第三方机构发现的风险及相应的处罚，以及由此造成的声誉损失。因此，可以预期税收征管强度更高时，企业数字化转型带来的信息不对称程度的降低会进一步加大企业避税行为被发现的可能性，进而导致其更可能降低税收规避程度。金税三期系统基于大数据和云计算平台，以实现数字化税收监管为目标，显著提高了税务部门的征管能力（张克中等，2020；蔡伟贤和李炳财，2021）。另外，依据已有研究（Xu et al.，2011；陈德球等，2016），如果税收征管强度越大，那么所在地实际税收收入占预期可获取税收收入的比例越大。

第四，由于税收收入是国家财政收入的重要组成部分，对于改善民生、维护社会稳定以及促进经济发展具有至关重要的作用。而企业所得税是国家和当地税收收入的主要来源之一。因此，本章最后考察一个很自然且重要的问题：数字化转型对企业税收规避行为的抑制作用是否可以促进其所在行业和地区总体税收收入的增加。当行业中更多的企业通过数字化转型提高了信息披露质量和信息透明度，进而降低了税收规避程度时，投资者可以通过比较同行企业的信息披露作为发现其他企业税收规避行为的一种替代性信息来源（Bauckloh et al.，2020），导致企业数字化转型对税收规避的抑制作用在同行中存在溢出效应。另外，税收规避的已有研究表明税收系统的特征，例如税收征管执行会影响企业的税收规避行为，并且有证据表明税收征管对税收规避行为的影响在空间上具有溢出效应（Atwood et al.，2012；Boning et al.，2020）。因此，本章预期企业数字化转型对税收规避程度的抑制作用在同一省份内也存在溢出效应。

三、研究贡献

本章主要贡献有以下三个方面：第一，本章丰富了数字经济的经济效应的相关研究。随着以新一代信息技术为特征的数字经济的快速发展，数字资源和技术与传统制造业深度融合产生的实体经济效应受到学术界的广泛关注。目前，已有研究基于行业或地区层面数字经济发展水平差异从劳动力市场（Acemoglu and Restrepo，2020；柏培文和张云，2021）、创业活跃度（赵涛等，2020）以及产业结构优化升级（田秀娟和李睿，2022）等视角探究了数字经济促进经济高质量发展的具体路径。最近，基于机器学习和文本分析方法构建的微观企业层面的数字化转型指标再次引发学者对企业数字化转型影响因素及经济后果的大量研究。例如，已有研究考察了企业数字化转型对企业市场价值（张叶青等，2021）和资本市场表现（吴非等，2021）等的影响。本章采用相同的方法构造企业层面的数字化转型指标，并考察其对企业税收规避的影响及其作用机制，有助于补充和完善有关数字经济发展的经济效应的相关研究，对于理解数字经济时代企业的纳税行为具有一定的启示意义。

第二，本章回应了 Hanlon 和 Heitzman（2010）对深入探究企业税收规避行为影响因素的呼吁，贡献于企业税收规避影响因素的相关研究。由于政府、媒体和学术界对避税知识的更新，实证识别影响企业税收规避的影响因素十分重要。已有研究表明影响企业税收规避的因素在微观层面主要包括企业特征（Wilson，2009）、企业治理（Desai and Dharmapala，2006）、所有权结构（McGuire et al.，2014）、高管特征（Dyreng et al.，2010）等，在主要利益相关者层面包括股东（Chen et al.，2010；Cheng et al.，2012）、债权人（Hasan et al.，2014）以及客户和供应商（Cen et al.，2017；Naritomi，2019）等，在行业层面包括进口竞争（Chen et al.，2021a）等，在宏观层面包括政治环境（Baloria and Klassen，2018）、土地财政（Chen et al.，2021b）等。但这些研究忽略了数字技术快速发展背景下，企业新的商业模式、产品或组织结构如何影响其纳税行为。基于税收的经济重要性，这一研究问题有助于进一步深入理解数字化转型促进经济高质量发展的微观渠道。

第三，本章为数字经济时代税收征管政策的实施和改进提供了一定的实践参考意义。周文和韩文龙（2021）指出由于数字经济高度依赖快速流动的数据和信息等无形资产，企业一般不需要在东道国设立固定营业场所，交易和税源难以追溯，为企业的税收规避行为创造了条件。本章发现企业数字技术应用带来的一个直接效应是信息不对称程度的降低，这对于企业的税收规避行为则具有一定的抑制作用。并且，这一效应在政府税收征管更强时更加显著，表明在数字经济时代加强税收征管与企业数字化转型对企业税收规避行为的抑制存在一定的互补性，这为数字经济时代税收征管政策的实施和改革提供了一定的实践启示。

第二节 数字化转型与企业税收规避的文献综述与研究假说

数字技术应用能力，例如物联网、大数据、云计算以及移动技术显著提高了技术变革的整体速度。最近几年，数字化已逐渐成为全球技术变革的核心战略方向，催生了新的商业模式，推动了企业的数字化转型进程，尤其是在新冠疫情的冲击下，传统企业面临急切的数字化转型压力（Priyono et al.，2020；Denicolai et al.，2021）。

企业数字化转型产生的一个直接影响是企业与外部利益相关者之间信息不对称程度的降低。第一，早期的商业模式转型主要关注引入内部信息管理系统，例如企业资源规划（ERP）或者客户关系管理（CRM）系统。与之相比，数字技术，包括物联网、大数据、云计算以及移动技术等具有更高的计算、数据存储和信息分布能力。因此，数字技术在企业会计操作中的应用有助于提高企业生成信息的质量（Barth et al.，2008；Vial，2019）。第二，数字技术的应用能够帮助企业更好地处理并将有效的信息输出给企业外部的市场实体和投资者，因此，这些外部人能够捕捉更多的有效信息，有效降低信息不对称程度（Wu et al.，2022）。第三，企业在数字化转型过程中提高了审计师（张永珅等，2021）、分析师（Chen et al.，2021c）以及投资者（吴非等，2021）等外部信息使用者的监督能力，这反过来又会进一步提高企业的信息披露质量。

尽管最近已有研究从不同视角考察了企业数字化转型带来的信息不对称程度降低产生的经济后果，包括企业的资本市场表现（吴非等，2021）、审计定价（张永珅等，2021）以及分析师预测行为（Chen et al.，2021）等，但还没有研究关注企业数字化转型带来的信息不对称程度的降低如何影响企业税收决策。税负是企业的一项重要成本因素，对企业财务决策具有重要影响。许多企业为减轻税负而采取的税收规避行为引起了政策制定者、公众及税务机关的广泛关注和兴趣。考虑到税收的经济重要性，Hanlon和 Heitzman（2010）呼吁未来研究应对导致企业纳税差异的影响因素进行持续和深入的研究。

并且，由于管理层明显面临财务报告质量和税收筹划之间的冲突（Scholes et al.，2014），这一研究空缺是令人惊讶的。对于企业管理层而言，企业的经营、战略、财务报告以及由此产生的资本市场影响是最重要的关注点。因此，效用最大化的管理层可能更加关注财务和资本市场，进而通过财务报告将私有信息传递给投资者（Dechow，1994）。尽管这些信息主要是针对资本市场参与者且出于非税收目的，但由于信息披露是公开的，向投资者的信息传递将降低企业与外部利益相关者之间的信息不对称。然而，为了最小化被税务机关发现的风险，税收规避活动必然是复杂、模糊和不透明的，其能否顺利实施在很大程度上依赖于企业的信息透明度（Desai and Dharmapala，2006）。已有研究表明信息不对称能够降低企业税收规避活动被税务机关以及第三方机构发现的风险，增加企业的税收规避活动（Chen and Lin，2017；Kerr，2019）。因此，数字化转型带来的企业信息不对称程度的降低可能导致更高的与税收相关的交易成本以及被查处的可能性，进而降低抑制企业税收规避行为。据此，本章预期数字化转型可以显著降低企业的税收规避程度。

第三节　数字化转型与企业税收规避的研究设计

一、样本选择与数据来源

本章选取 2010~2020 年中国 A 股上市公司的样本为初始研究样本，考察企业数字化转型对税收规避的影响。为了达到本章的研究目标，本章剔除了以下样本：（1）金融、保险行业的样本；（2）存在数据缺失的样本。本章使用的上市公司财务数据来源于 CSMAR，地区和行业税收收入数据来源于 CNRDS。回归中使用企业层面 Cluster 调整以增强推断的稳健性。本章通过对上市公司财务年报进行文本分析来构建数字化转型指标，其中上市公司财务年报来自巨潮资讯网。

二、辨识策略

（一）关键变量定义

1. 企业数字化转型（*Digital*）

随着机器学习和文本分析技术的不断发展，企业数字化转型指标的度量逐渐从地区和行业层面的数字经济指标细化至企业层面，为识别和估计企业数字化转型的经济后果提供了机会。基于此，依据吴非等（2021）和袁淳等（2021）的做法，本章采用机器学习和文本分析方法对上市公司财务年报中包含的与数字化转型相关的关键词汇进行词频统计，并据此来刻画企业层面的数字化转型变量。具体而言,本章首先使用机器学习技术构建了企业数字化转型的关键词词典,涉及人工智能、大数据、区块链、云计算、数字技术运用五大类,共包括 79 个细分关键词。然后,运用文本分析方法统计每份年报中包含上述 79 个细分关键词的词频总和,并将其进行对数化处理来得到企业数字化转型指标(*Digital*)。

2. 税收规避(*Tax Avoidance*)

已有研究中的税收规避指标主要包括两种:企业实际所得税率和会计—税收差异。其中,企业实际所得税率通常使用两种方法来计算,一种为会计准则意义上的实际所得税率(*GAAP ETR*),另一种为现金流意义上的实际所得税率(*Cash ETR*)。然而,并不是所有的税收规避指标都适用于每一个研究问题(Hanlon and Heitzman,2010)。例如,会计—税收差异产生的原因较为复杂,包括盈余管理、税务管理以及财务准则和税务准则的差异等。为了达到股票发行要求以及维持上市状态而进行的盈余管理导致会计—税收差异对于中国上市公司而言,是一个噪音较大的税收规避衡量指标;对于 *GAAP ETR*,违反纳税义务的税收策略(例如,出于税收目的的加速折旧)不会改变 *GAAP ETR*,而一些不属于税收筹划策略的项目反而可能会影响 *GAAP ETR*(Hanlon and Heitzman,2010)。并且,*GAAP ETR* 也会受到盈余管理的影响。考虑到已有研究表明企业数字化转型会直接影响公司的盈余管理水平(翟华云和李倩茹,2022),导致使用会计—税收差异及 *GAAP ETR* 指标衡量税收规避难以剔除盈余管理的影响。基于此,本章主要使用现金有效税率作为公司税收规避的衡量指标。依据 Li 等(2017)以及刘行和赵晓阳(2019),其具体计算公式为:*CETR* =(所得税费用 −(当年应交税费 − 上一年应交税费))/税前利润。*CETR* 越大,表明公司的税收规避程度越小。

(二)回归模型

为了考察企业数字化转型对其税收规避行为的影响,本章构建了如下回归模型:

$$CETR_{i,t} = \beta_0 + \beta_1 Digital_{t-1} + \beta_2 Size_{i,t} + \beta_3 ROA_{i,t} + \beta_4 Lev_{i,t} + \beta_5 MTB_{i,t} + \beta_6 ROI_{i,t}$$
$$+ \beta_7 PPE_{i,t} + \beta_8 Invent_{i,t} + \beta_9 Intang_{i,t} + \beta_{10} Accrual_{i,t} + \beta_{11} Taxratelaw_{i,t}$$
$$+ \beta_{12} Loss_{i,t} + \beta_{13} State_{i,t} + Firm\ FE + Year\ FE + \varepsilon_{i,t} \qquad (7.1)$$

依据已有研究(吴联生,2009;Tang et al.,2016;刘行和赵晓阳,2019),本章在模型中进行了以下控制:财务杠杆(*Lev*)、规模(*Size*)、市净率(*MB*)、资产回报率(*ROA*)、投资收益率(*ROI*)、有形资产比率(*PPE*)、存货比率(*Invent*)、无形资产比率(*Intang*)、操纵性应计

（Accrual）、名义税率（Taxratelaw）、是否亏损（Loss）以及公司产权性质（State），具体变量定义见表7-1。

表 7-1 变量定义

变量名称	变量定义与说明
CETR	现金有效税率，CETR = [所得税费用 - （当年应交税费 - 上一年应交税费）]/税前利润
Digital	企业数字化转型程度，即 ln（上市公司年报中与数字化转型相关的关键词词频）
Size	规模，即 ln（总资产）
ROA	资产回报率，即净利润/总资产
Lev	资产负债率，即负债/总资产
MB	市净率，即股票市值/账面价值
ROI	投资收益/总资产
PPE	有形资产比率，即固定资产净值/总资产
Invent	存货比率，即存货净值/总资产
Intang	无形资产比率，即无形资产净值/总资产
Accrual	操纵性应计，采用分行业、分年度的修正琼斯模型计算所得
Taxtatelaw	名义税率，公司名义上负担的所得税税率
Loss	虚拟变量，公司上一年处于亏损状态取值为1，否则为0
State	虚拟变量，公司最终控制人属于国有取值为1，否则为0

三、描述性统计

表7-2报告了本章主要变量的描述性统计结果。可以看出，公司现金有效税率 CETR 的中位数为 0.1889，企业数字化转型程度 Digital 的中位数为 0.6931。公司规模 Size 的中位数为 21.9976，资产收益率 ROA 的中位数为 0.349，杠杆率 Lev 的中位数为 0.4290，市账比 MTB 的中位数为 2.6572，有形资产占比 PPE 的中位数为 0.1819，存货占比 Invent 的中位数为 0.1128，无形资产占比 Intang 的中位数为 0.0337，操纵性应计 Accrual 的中位数为 0.0430，名义税率 Taxtatelaw 的中位数为 15%。样本中 9.50% 的公司上一年处于亏损状态，37.47% 的公司为国有企业。

变量	N	Mean	SD	Min	P25	P50	P75	Max
CETR	27616	0.2743	0.2894	0.0000	0.0498	0.1889	0.3679	1.0000
Digital	27616	1.2284	1.3582	0.0000	0.0000	0.6931	2.0794	4.9488
Size	27616	22.1680	1.3088	19.6255	21.2310	21.9976	22.9079	26.1791
ROA	27616	0.0345	0.0649	-0.2914	0.0129	0.0349	0.0644	0.1962
Lev	27616	0.4352	0.2093	0.0535	0.2675	0.4290	0.5914	0.9052
MTB	27616	3.7650	3.8808	0.5858	1.6999	2.6572	4.3422	28.3831
ROI	27616	0.0072	0.0161	-0.0118	0.0000	0.0016	0.0073	0.1011
PPE	27616	0.2148	0.1629	0.0016	0.0869	0.1819	0.3080	0.6994
Invent	27616	0.1475	0.1402	0.0000	0.0573	0.1128	0.1852	0.7252
Intang	27616	0.0465	0.0511	0.0000	0.0165	0.0337	0.0574	0.3260
Accrual	27616	0.0633	0.0679	0.0007	0.0191	0.0430	0.0819	0.3912
Taxtatelaw	27616	0.1915	0.0507	0.1000	0.1500	0.1500	0.2500	0.2500
Loss	27616	0.0950	0.2932	0.0000	0.0000	0.0000	0.0000	1.0000
State	27616	0.3747	0.4841	0.0000	0.0000	0.0000	1.0000	1.0000

第四节 数字化转型与企业税收规避的实证结果与分析

一、企业数字化转型与税收规避：基本问题

本章首先考察了企业数字化转型对税收规避的影响，回归结果如表 7 - 3 所示。表 7 - 3 的第（1）列报告了仅加入行业和年度固定效应的回归结果，Digital 的回归系数为 0.0067，对于 1% 的显著性水平而言具有统计显著性（t = 2.87）。进一步加入公司固定效应以排除公司层面不随时间变化的缺失变量的影响后，如第（2）列所示，Digital 的回归系数为 0.0065，对于 5% 的显著性水平而言具有统计显著性（t = 2.36）。最后，为了控制行业发展、行业构成等随时间变化的行业层面因素的影响，以及控制金融、经济发展水平等随时间变化的省份层面因素的影响，本章进一步加入了行业 × 年度以及省份 × 年度固定效应，如第（3）列所示，Digital 的回归系数为 0.0060，仍然具有统计显著性（t = 2.15）。就经济意义而言，以第（2）列为例，数字化转型程度每增加一个标准差，公司现金有

效税率提高约3.22%（0.0065×1.3582/0.2743），表明数字化转型能够显著提高公司的现金有效税率，减少公司的税收规避行为。

表7-3　　　　　　　　　企业数字化转型与税收规避

变量	CETR		
	(1)	(2)	(3)
$Digital_{t-1}$	0.0067 *** (2.87)	0.0065 ** (2.36)	0.0060 ** (2.15)
$Size_t$	-0.0231 *** (-7.25)	-0.0239 *** (-3.94)	-0.0281 *** (-4.55)
ROA_t	0.1951 *** (6.08)	0.4481 *** (11.84)	0.4659 *** (11.95)
Lev_t	0.1769 *** (9.74)	0.0900 *** (3.82)	0.0823 *** (3.51)
MTB_t	-0.0088 *** (-12.29)	-0.0079 *** (-9.49)	-0.0076 *** (-8.91)
ROI_t	-0.9609 *** (-6.88)	-0.4204 *** (-2.77)	-0.4814 *** (-3.15)
PPE_t	-0.0118 (-0.59)	0.0110 (0.38)	0.0112 (0.39)
$Invent_t$	0.1602 *** (5.99)	0.1804 *** (5.14)	0.1680 *** (4.61)
$Intang_t$	-0.1327 ** (-2.25)	0.1084 (1.37)	0.0689 (0.85)
$Accrual_t$	-0.3970 *** (-13.84)	-0.3698 *** (-12.83)	-0.3843 *** (-12.97)
$Taxtatelaw_t$	0.3022 *** (4.88)	0.1486 (1.53)	0.1148 (1.17)
$Loss_t$	0.0627 *** (7.47)	0.0658 *** (7.99)	0.0657 *** (8.02)
$State_t$	0.0428 *** (6.37)	0.0175 (1.33)	0.0175 (1.32)
行业	Yes		Yes

变量	CETR		
	(1)	(2)	(3)
公司		Yes	
年度	Yes	Yes	
行业×年度			Yes
省份×年度			Yes
N	27616	27616	27616
F	50.9349	42.4130	42.0234

二、内生性检验

直接考察企业数字化转型与税收规避之间的关系可能受到内生性问题的挑战。一方面,不可观测的公司特征可能会同时影响公司的数字化转型决策和税收规避行为,导致缺失变量问题;另一方面,税收规避程度较低的公司可能本身面临较低的融资约束、较高的信贷可获得性以及充足的现金流等,更有利于企业进行数字化转型,导致反向因果问题。为了缓解潜在的内生性问题,本章进行了以下两种检验。

(一) 工具变量方法

参考黄群慧等(2019)以及袁淳等(2021),本章使用 1984 年中国各城市固定电话和邮局数量作为当地上市公司数字化转型的工具变量。有效的工具变量应该满足两个条件。第一,该工具变量应该对上市公司的数字化转型决策具有直接影响。上市公司所在地历史通信技术发展会从技术水平、社会习俗等方面对研究期间内上市公司应用数字技术产生潜移默化的作用。因此,理论上该工具变量与数字化转型变量相关。第二,上市公司所在地历史通信技术发展并不会对上市公司当前的数字化转型决策产生直接影响。因此,理论上该工具变量只会通过影响数字化转型来影响企业决策。然而,由于每个城市在 1984 年的固定电话和邮局数据是一个单年度的数据,为了能够更加灵活地控制时间效应以及提高第一阶段的估计强度,依据 Nunn 和 Qian(2014),本章分别使用每个城市在 1984 年每百人固定电话数量和每百万人邮局数量乘以滞后两期的全国互联网上网人数得到的新变量,作为当地上市公司数字化转型程度的工具。以这一交互项作为工具变量类似于双重差分(Difference-in-differences,DID)经验策略,其中,第一阶段和第二阶段的估计分别比较了固定电话和邮局数量较多城市和较少城市，在互联网普及率较高年份和较低年份企业数字化转型程度和税收规避程度之间的差异。

表7－4报告了工具变量的回归结果。其中，第（1）列报告了第一阶段的回归结果。结果表明各城市1984年每百人固定电话数量和每百万人邮局数量与滞后两期的全国互联网上网人数的交互项（IV1和IV2）对当地上市公司的数字化转型决策均具有显著的正向影响，并且，第一阶段的F值大于10，表明不存在弱工具变量问题；Hansen J统计量为1.515，不具有统计显著性，为外生性条件提供支持。第（2）列报告了2SLS的回归结果，Digital的回归系数仍显著为正，表明本章的基本结果在缓解了潜在的内生性问题后，基本研究结论保持不变。

表7－4　　　　　　　　　　　　工具变量检验

变量	第一阶段	第二阶段
	$Digital$	$CETR$
	(1)	(2)
$IV1$	0.0010 *** (4.75)	
$IV2$	0.0158 *** (2.85)	
$Digital_{t-1}$		0.1199 *** (2.70)
$Size_t$	0.2477 *** (10.79)	− 0.0542 *** (− 4.02)
ROA_t	− 0.7973 *** (− 6.59)	0.5443 *** (10.08)
Lev_t	− 0.0695 (− 0.80)	0.0991 *** (3.72)
MTB_t	0.0041 (1.52)	− 0.0086 *** (− 9.35)
ROI_t	1.1922 *** (2.84)	− 0.5945 *** (− 3.48)
PPE_t	− 0.4558 *** (− 4.61)	0.0537 (1.45)

变量	第一阶段	第二阶段
	Digital	*CETR*
	（1）	（2）
$Invent_t$	-0.1516 （-1.17）	0.1988 *** （5.01）
$Intang_t$	0.0755 （0.27）	0.1008 （1.17）
$Accrual_t$	-0.1422 * （-1.75）	-0.3503 *** （-11.11）
$Taxtatelaw_t$	0.3236 （0.98）	0.0963 （0.91）
$Loss_t$	0.0215 （1.21）	0.0629 *** （7.19）
$State_t$	0.0463 （0.96）	0.0079 （0.54）
公司	Yes	Yes
年度	Yes	Yes
N	26635	26635
F		25.4322
Kleibergen – Paap Wald F statistic	16.301	
Hansen J statistic	1.515	

（二）基于"宽带中国"的准自然实验

为了进一步缓解内生性问题的干扰，依据赵涛等（2020），本章使用国务院 2013 年发布的"宽带中国"战略实施方案作为企业数字化转型的一项外生冲击，利用双重差分研究设计来建立企业数字化转型与税收规避之间的因果效应。依据《2006—2020 年国家信息化发展战略》《国务院关于大力推进信息化发展和切实保障信息安全的若干意见》和《"十二五"国家战略性新兴产业发展规划》的总体要求，2013 年 8 月 17 日，国务院发布了"宽带中国"战略实施方案，旨在加强战略引导和系统部署，推动中国宽带基础设施快速健康发展。工业和信息化部与国家发展和改革委员会两部委分别于 2014 年、2015 年和 2016 年发布三批"宽带中国"示范城市（城市群）①。被列入示范点的城市（群），将着力提高地区网络基础设施建设水平、为当地经济社会发展提供服务。网络基础设施的发展为当地上市公司的数字化转型与发展提供了基础设施支撑，表明该外生冲击满足相关性条件。与此同时，"宽带中国"政策旨在推动网络基础设施建设，并不会直接影响当地企业的税收规避行为，表明其满足外生性条件。更为重要的是，各城市被列为试点城市存在时间和空间上的差异，这就能够更好地构建数字化转型与企业税收规避之间的因果效应。为此，本章构建了如下双重差分检验模型：

$$CETR_{i,t} = \beta_0 + \beta_1 BDChina_{i,t} + \beta_2 Size_{i,t} + \beta_3 ROA_{i,t} + \beta_4 Lev_{i,t} + \beta_5 MTB_{i,t}$$
$$+ \beta_6 ROI_{i,t} + \beta_7 PPE_{i,t} + \beta_8 Invent_{i,t} + \beta_9 Intang_{i,t} + \beta_{10} Accrual_{i,t}$$
$$+ \beta_{11} Taxratelaw_{i,t} + \beta_{12} Loss_{i,t} + \beta_{13} State_{i,t} + Firm\ FE$$
$$+ Year\ FE + \varepsilon_{i,t} \tag{7.2}$$

其中，$BDChina$ 表示"宽带中国"实施虚拟变量，当上市公司注册地所在地级市被列为"宽带中国"试点城市当年及以后年度时，取值为1，否则为0。控制变量与模型（7.1）一致。同时，本章在回归模型中加入了公司和年度固定效应。

首先，为了验证"宽带中国"作为企业数字化转型决策外生冲击的强度，本章考察了该政策对企业数字化转型的影响。表7-5的第（1）列报告了相应的回归结果。$BDChina$ 的回归系数在5%的水平下显著为正，表明在"宽带中国"政策实施后，相较于非试点城市，试点城市企业的数字化转型程度显著提高，这为"宽带中国"政策作为外生冲击的强度提供了支持的经验证据。其次，本章考察了这一政策实施对企业税收规避程度的影响，表7-5的第（2）列报告了相应的回归结果。$BDChina$ 的回归系数对于1%的显著性水平具有统计显著性，进一步加强了企业数字化转型降低其税收规避行为的因果效应。

---

① 2014年"宽带中国"试点城市：北京、天津、上海、长沙、湘潭、株洲、石家庄、大连、本溪、延边朝鲜族自治州、哈尔滨、大庆、南京、苏州、镇江、昆山、金华、芜湖、安庆、福州、厦门、泉州、南昌、上饶、青岛、淄博、威海、临沂、郑州、洛阳、武汉、广州、深圳、中山、成都、攀枝花、阿坝藏族羌族自治州、贵阳、银川、吴忠、阿拉尔。2015年"宽带中国"试点城市：太原、呼和浩特、鄂尔多斯、鞍山、盘锦、白山、扬州、嘉兴、合肥、铜陵、莆田、新余、赣州、东营、济宁、德州、新乡、永城、黄石、襄阳、宜昌、十堰、随州、岳阳、汕头、梅州、东莞、重庆、绵阳、内江、宜宾、达州、玉溪、兰州、张掖、固原、中卫、克拉玛依。2016年"宽带中国"试点城市：阳泉、晋中、乌海、包头、通辽、沈阳、牡丹江、无锡、泰州、南通、杭州、宿州、黄山、马鞍山、吉安、烟台、枣庄、商丘、焦作、南阳、鄂州、衡阳、益阳、玉林、海口、雅安、泸州、南充、遵义、文山壮族苗族自治州、拉萨、林芝、渭南、武威、酒泉、天水、西宁。

平行趋势假定使用双重差分方法的前提。由于反事实无法观测，平行趋势假定实际上是不可检验的。在本章的研究情境下，一种间接的检验方式是观察"宽带中国"政策实施前，试点城市与非试点城市的企业税收规避程度的变化趋势是否类似。借鉴 Wang 等（2021）的检验方法，本章将 *BDChina* 替换为年度虚拟变量：*Before5*、*Before4*、*Before3*、*Before2* 分别表示"宽带中国"政策实施之前 5 年、4 年、3 年和 2 年，*Current*、*Post1*、*Post2* 和 *Post3* 分别表示"宽带中国"政策实施当年、之后 1 年、之后 2 年和之后 3 年。检验结果见表 7 - 5 的第（3）列所示。表示"宽带中国"实施之前的年度虚拟变量 *Before5*、*Before4*、*Before3*、*Before2* 的系数均不显著，表明处理组和控制组公司的税收规避程度在"宽带中国"政策实施之前满足平行趋势假定。

表 7 - 5　　　　　　　　　基于"宽带中国"的准自然实验

变量	*Digital*	*CETR*	
	（1）	（2）	（3）
BDChina	0.0715 ** (2.40)	0.0213 *** (2.76)	
Before5			0.0151 (1.36)
Before4			0.0136 (1.23)
Before3			0.0033 (0.30)
Before2			− 0.0055 (− 0.54)
Current			0.0193 ** (2.02)
Post1			0.0097 (0.95)
Post2			0.0227 ** (2.13)
Post3			0.0358 *** (3.16)

变量	Digital	CETR	
	(1)	(2)	(3)
$Size_t$	0.2719 *** (11.46)	-0.0226 *** (-3.77)	-0.0227 *** (-3.78)
ROA_t	-0.2622 ** (-2.18)	0.4441 *** (11.77)	0.4463 *** (11.80)
Lev_t	-0.1250 (-1.45)	0.0891 *** (3.78)	0.0885 *** (3.76)
MTB_t	0.0090 *** (3.04)	-0.0079 *** (-9.41)	-0.0078 *** (-9.37)
ROI_t	0.4388 (1.05)	-0.4179 *** (-2.75)	-0.4151 *** (-2.74)
PPE_t	-0.5181 *** (-4.89)	0.0082 (0.28)	0.0083 (0.29)
$Invent_t$	-0.2657 ** (-2.07)	0.1779 *** (5.08)	0.1777 *** (5.08)
$Intang_t$	-0.1748 (-0.60)	0.1095 (1.38)	0.1068 (1.34)
$Accrual_t$	0.0438 (0.53)	-0.3690 *** (-12.80)	-0.3683 *** (-12.76)
$Taxatelaw_t$	0.3391 (1.07)	0.1527 (1.57)	0.1529 (1.58)
$Loss_t$	0.0146 (0.86)	0.0659 *** (8.01)	0.0657 *** (7.98)
$State_t$	-0.0207 (-0.44)	0.0170 (1.28)	0.0168 (1.27)
公司	Yes	Yes	Yes
年度	Yes	Yes	Yes
N	27616	27616	27616
F	15.0658	42.5215	28.0279

三、渠道检验：信息不对称

本章认为企业数字化转型对税收规避的抑制作用是通过降低企业与外

部利益相关者之间的信息不对称程度这一中间机制实现的。依据 Di Giuli
和 Laux（2022），通过采用标准的工具变量计量方法，本章能够估计这一
影响链条中涉及的每一个环节。具体而言，本章将被解释变量企业数字化
转型作为机制变量企业信息不对称的工具变量，进而可以获得第一阶段估
计中企业数字化转型对其信息不对称程度的影响，以及第二阶段中预测的
信息不对称对企业税收规避的影响。重要的是，这一做法可以估计每一阶
段的标准误，这使本章能够推断企业数字化转型影响税收规避过程中涉及
的每一阶段的影响强度。依据本章的研究假说，与企业数字化转型相关的
信息不对称程度的降低部分可以显著降低企业的税收规避程度。

　　为了验证这一预测，依据已有研究（Jayaraman and Wu，2019；黄俊
威和龚光明，2019；吴非等，2021），本章分别使用两种指标来衡量公司
的信息不对称程度：股票流动性（Liquidity）和分析师跟踪（Coverage）。
借鉴 Amihud 和 Mendelson（1986）的方法，本章首先计算了公司的股票非
流动性指标，然后使用其相反数作为公司股票流动性（Liquidity）的衡量
指标。分析师跟踪（Coverage）指标使用跟踪分析上市公司的分析师人数
的自然对数来衡量。回归结果如表 7 - 6 所示。第（1）列和第（3）列给
出了第一阶段的回归结果，Digital 的回归系数对于 1% 的显著性水平，都
具有统计显著性，表明企业数字化转型对其信息不对称程度具有显著的降
低作用。第（2）列和第（4）列给出了第二阶段的回归结果，Liquidity_
predict 和 Coverage_predict 的回归系数至少在 10% 的水平下显著为正，表明
企业数字化转型带来的企业信息不对称程度的降低能够显著提高公司的现
金有效税率，即公司的税收规避程度显著降低。

表 7 - 6　　　　　　　　　渠道检验：信息透明度

| 变量 | 第一阶段 | 第二阶段 | 第一阶段 | 第二阶段 |
	Liquidity	CETR	Coverage	CETR
	(1)	(2)	(3)	(4)
$Digital_{t-1}$	0.0027 *** (9.68)		0.0248 *** (2.67)	
$Liquidity\_predict_t$		2.3871 ** (2.34)		
$Coverage\_predict_t$				0.2601 * (1.66)

变量	第一阶段 *Liquidity* (1)	第二阶段 *CETR* (2)	第一阶段 *Coverage* (3)	第二阶段 *CETR* (4)
$Size_t$	0.0113 *** (16.89)	− 0.0509 *** (− 3.67)	0.5889 *** (28.45)	− 0.1771 * (− 1.88)
ROA_t	− 0.0358 *** (− 10.57)	0.5336 *** (9.66)	2.7050 *** (23.04)	− 0.2555 (− 0.60)
Lev_t	0.0124 *** (5.41)	0.0603 ** (2.24)	− 0.9964 *** (− 12.86)	0.3492 ** (2.18)
MTB_t	− 0.0004 *** (− 4.04)	− 0.0070 *** (− 7.76)	0.0571 *** (19.77)	− 0.0228 ** (− 2.52)
ROI_t	0.1217 *** (11.80)	− 0.7109 *** (− 3.59)	− 2.7149 *** (− 7.08)	0.2857 (0.62)
PPE_t	0.0218 *** (8.06)	− 0.0411 (− 1.15)	− 0.3687 *** (− 3.99)	0.1069 (1.53)
$Invent_t$	0.0203 *** (5.77)	0.1319 *** (3.23)	− 0.1393 (− 1.37)	0.2167 *** (4.24)
$Intang_t$	0.0209 *** (2.68)	0.0586 (0.70)	− 0.5803 ** (− 2.48)	0.2593 * (1.82)
$Accrual_t$	− 0.0106 *** (− 4.35)	− 0.3444 *** (− 11.02)	0.4795 *** (6.17)	− 0.4945 *** (− 5.94)
$Taxtatelaw_t$	0.0261 *** (2.90)	0.0864 (0.86)	− 0.2445 (− 0.80)	0.2122 (1.48)
$Loss_t$	− 0.0003 (− 0.59)	0.0665 *** (8.03)	− 0.2796 *** (− 16.62)	0.1385 *** (3.08)
$State_t$	0.0008 (0.62)	0.0156 (1.18)	− 0.0936 ** (− 2.04)	0.0418 * (1.74)
公司	Yes	Yes	Yes	Yes
年度	Yes	Yes	Yes	Yes
N	27616	27616	27616	27616
F		27.9250		18.1209

四、异质性分析

本章发现企业数字化转型对税收规避具有显著的抑制作用。接下来，本章从公司信息透明度和税收征管强度两个视角考察了二者之间关系的异质性。

（一）企业信息透明度

如果企业数字化转型是通过降低企业的信息不对称程度，进而降低其税收规避程度，那么，可以预期信息不对称程度越高的企业，其数字化转型对税收规避的影响应该越显著。由于复杂的公司结构，跨国公司往往展现了较低的信息透明度。例如，Durnev 等（2017）研究发现，跨境经营公司的财务报告质量显著更低。依据 Chen 和 Lin（2017），本章将给定年度海外业务收入高于中位数的公司定义为跨国公司，否则为非跨国公司，然后考察了这两组子样本中企业数字化转型对税收规避的影响。回归结果如表 7－7 的第（1）列和第（2）列所示。在跨国公司组，即第（1）列中，*Digital* 的回归系数在 10％ 的水平下显著为正，而在非跨国公司组，即第（2）列中，*Digital* 的回归系数则不显著。以上结果表明，企业数字化转型对税收规避的抑制作用主要存在于信息不对称程度较高的跨国公司组。

"沪深港通"通过促进资本市场开放，提高了境外机构投资者对标的公司的关注。由于这些境外机构投资者拥有丰富的市场和公司研究经验与技能，能够更好地识别公司的异常行为，加大了标的公司操纵信息披露的难度（Ferreira and Matos，2008；Aggarwal et al.，2011；阮睿等，2021），进而提高了"沪深港通"标的公司的信息披露质量。因此，可以预期企业数字化转型对税收规避的影响对于信息披露质量较低的非标的公司更显著。为了验证这一预测，本章考察了"沪深港通"标的公司和非标的公司这两组子样本中企业数字化转型对税收规避的影响。回归结果如表 7－7 的第（3）列和第（4）列所示。在标的公司组，即第（3）列中，*Digital* 的回归系数不显著，而在非标的公司组，即第（4）列中，*Digital* 的回归系数在 5％ 的水平下显著。两组之间的差异在 1％ 的水平下显著。以上结果表明企业数字化转型对税收规避的抑制作用主要存在于信息披露质量较低的非"沪深港通"标的公司组。

表 7 - 7　　　　　　　　　　　异质性分析：信息透明度

| 变量 | CETR | | | |
| | 海外经营业务收入 | | 沪深港通 | |
	(1) 高	(2) 低	(3) 标的公司	(4) 非标的公司
$Digital_{t-1}$	0. 0069 * (1. 74)	0. 0048 (1. 22)	0. 0022 (0. 37)	0. 0080 ** (2. 37)
$Size_t$	- 0. 0166 * (- 1. 91)	- 0. 0221 ** (- 2. 40)	- 0. 0031 (- 0. 16)	- 0. 0197 *** (- 2. 76)
ROA_t	0. 4920 *** (8. 68)	0. 4343 *** (7. 77)	0. 0987 (0. 91)	0. 5860 *** (14. 28)
Lev_t	0. 0714 * (1. 96)	0. 1015 *** (3. 06)	- 0. 0327 (- 0. 46)	0. 0588 ** (2. 24)
MTB_t	- 0. 0101 *** (- 7. 59)	- 0. 0062 *** (- 5. 60)	- 0. 0098 *** (- 4. 47)	- 0. 0069 *** (- 7. 45)
ROI_t	- 0. 7628 *** (- 3. 50)	- 0. 1347 (- 0. 62)	- 0. 5057 (- 1. 27)	- 0. 4870 *** (- 2. 81)
PPE_t	- 0. 0125 (- 0. 29)	0. 0118 (0. 28)	0. 0498 (0. 52)	0. 0296 (0. 91)
$Invent_t$	0. 1948 *** (2. 92)	0. 1626 *** (3. 70)	0. 0800 (0. 92)	0. 1891 *** (4. 66)
$Intang_t$	- 0. 1242 (- 0. 88)	0. 2769 *** (2. 87)	0. 0058 (0. 02)	0. 1261 (1. 43)
$Accrual_t$	- 0. 3758 *** (- 8. 46)	- 0. 3279 *** (- 8. 45)	- 0. 3878 *** (- 6. 03)	- 0. 3538 *** (- 10. 78)
$Taxtatelaw_t$	0. 1353 (0. 95)	0. 2146 (1. 56)	- 0. 0987 (- 0. 39)	0. 1674 (1. 48)
$Loss_t$	0. 0940 *** (7. 60)	0. 0471 *** (4. 09)	0. 1296 *** (4. 49)	0. 0587 *** (6. 72)
$State_t$	0. 0005 (0. 03)	0. 0162 (0. 83)	- 0. 0072 (- 0. 27)	0. 0241 (1. 49)
公司	Yes	Yes	Yes	Yes
年度	Yes	Yes	Yes	Yes
N	13663	13659	6026	21063
F	26. 5696	16. 1503	7. 0630	40. 5643
Empirical p-value	0. 252		0. 000 ***	

（二）税收征管强度

接下来，本章考察了税收征管强度如何影响企业数字化转型与税收规避之间的关系。企业进行税收规避面临的主要成本包括被税务机关以及第三方机构发现的风险及相应的处罚，以及由此造成的声誉损失。因此，可以预期税收征管强度更高时，企业数字化转型带来的信息不对称程度的降低会进一步加大企业避税行为被发现的可能性，进而导致其更可能降低税收规避程度。"金税三期"系统是基于大数据和云计算平台，以智能化为特征，以"一个平台、两级处理、三个覆盖、四个系统"为目标，以实现数字化税收监管，显著提高了税务部门的征管能力（张克中等，2020；蔡伟贤和李炳财，2021）。本章按照上市公司注册地所在省份是否属于"金税三期"试点省份将研究样本划分为两组进行考察，回归结果如表 7 – 8 的第（1）列和第（2）列所示。在试点省份组，即第（1）列中，*Digital* 的回归系数在 5% 的水平下显著为正，而在非试点省份组，即第（2）列中，*Digital* 的回归系数则不显著。两组之间的差异在 1% 的水平下显著。以上结果表明企业数字化转型对税收规避的抑制作用主要存在于税收征管强度较高的"金税三期"试点省份组。

另外，依据已有研究（Xu et al.，2011；陈德球等，2016），本章将预期可获取的税收收入作为分母，将每个地区实际税收收入作为分子，得到的比率衡量税收征管强度。然后，按照其中位数将研究样本划分为税收征管强度高、低两组进行考察，回归结果如表 7 – 8 的第（3）列和第（4）列所示。在强税收征管强度组，即第（3）列中，*Digital* 的回归系数在 10% 的水平下显著为正，而在低税收征管强度组，即第（4）列中，*Digital* 的回归系数则不显著。两组之间的差异在 5% 的水平下显著。以上结果表明企业数字化转型对税收规避的抑制作用主要存在于税收征管强度较高的地区组。这表明企业数字化转型对税收规避的抑制作用与当地税收征管强度存在一定的互补性。

表 7 –8　　　　　　　　异质性分析：税收征管强度

变量	CETR			
	金税三期		税收征管	
	（1）试点省份	（2）非试点省份	（3）强	（4）弱
$Digital_{t-1}$	0.0082 ** (1.98)	– 0.0047 (– 1.03)	0.0073 * (1.85)	0.0013 (0.33)

变量	CETR			
	金税三期		税收征管	
	（1）试点省份	（2）非试点省份	（3）强	（4）弱
$Size_t$	−0.0402 *** （−3.45）	−0.0305 *** （−2.75）	−0.0157 * （−1.71）	−0.0254 *** （−2.95）
ROA_t	0.6327 *** （12.47）	0.3137 *** （4.39）	0.4476 *** （8.67）	0.4836 *** （8.25）
Lev_t	0.0107 （0.28）	0.0225 （0.57）	0.0859 ** （2.54）	0.0481 （1.37）
MTB_t	−0.0071 *** （−5.74）	−0.0066 *** （−5.31）	−0.0089 *** （−8.30）	−0.0068 *** （−5.22）
ROI_t	−0.3397 （−1.46）	−0.6420 ** （−2.56）	−0.7411 *** （−3.46）	−0.1928 （−0.85）
PPE_t	0.0251 （0.53）	−0.0071 （−0.15）	0.0280 （0.69）	0.0092 （0.21）
$Invent_t$	0.0637 （1.06）	0.1750 *** （3.00）	0.1647 *** （3.26）	0.1973 *** （3.81）
$Intang_t$	0.1081 （0.74）	0.0058 （0.05）	0.1871 （1.55）	0.0591 （0.51）
$Accrual_t$	−0.3368 *** （−8.06）	−0.3121 *** （−7.24）	−0.3607 *** （−8.68）	−0.3611 *** （−8.47）
$Taxtatelaw_t$	0.0576 （0.36）	0.0464 （0.28）	0.0566 （0.44）	0.3086 ** （2.04）
$Loss_t$	0.0887 *** （8.01）	0.0691 *** （5.23）	0.0691 *** （5.94）	0.0721 *** （6.04）
$State_t$	−0.0036 （−0.21）	0.0220 （0.83）	−0.0086 （−0.46）	0.0384 * （1.96）
公司	Yes	Yes	Yes	Yes
年度	Yes	Yes	Yes	Yes
N	14578	12913	14245	13084
F	32.8071	12.3672	24.3861	20.1656
Empirical p-value	0.000 ***		0.026 **	

五、其他稳健性检验

（一）基于数字化转型口径的分解

作为一个谱系概念，企业数字化转型涉及多种不同结构特征的技术。依据吴非等（2021），本章将企业整体的数字化转型指标分解至"底层技术"层面，包括人工智能（AI）、区块链（BC）、云计算（CC）以及大数据（DT）4个子指标，和"实践应用"层面（APP）。然后考察每一个子指标对企业税收规避程度的影响，回归结果如表7-9所示。企业数字化转型的5个子指标的回归系数均为正，其中，"底层技术"层面的4个子指标均在1%的水平下显著，这支持结果的稳健性。

表 7-9 基于数字化转型口径的分解

变量	CETR				
	（1）	（2）	（3）	（4）	（5）
AI_{t-1}	0.0183 *** (3.90)				
BC_{t-1}		0.0700 *** (2.62)			
CC_{t-1}			0.0122 *** (3.12)		
DT_{t-1}				0.0124 *** (3.20)	
APP_{t-1}					0.0029 (0.93)
$Size_t$	−0.0240 *** （−4.00）	−0.0227 *** （−3.79）	−0.0240 *** （−3.99）	−0.0243 *** （−4.01）	−0.0228 *** （−3.77）
ROA_t	0.4516 *** (11.96)	0.4462 *** (11.83)	0.4488 *** (11.88)	0.4521 *** (11.95)	0.4445 *** (11.74)
Lev_t	0.0880 *** (3.74)	0.0899 *** (3.82)	0.0898 *** (3.82)	0.0886 *** (3.77)	0.0899 *** (3.82)
MTB_t	−0.0079 *** （−9.47）	−0.0079 *** （−9.49）	−0.0079 *** （−9.48）	−0.0079 *** （−9.48）	−0.0079 *** （−9.47）
ROI_t	−0.4236 *** （−2.79）	−0.4160 *** （−2.74）	−0.4212 *** （−2.78）	−0.4276 *** （−2.82）	−0.4157 *** （−2.74）

变量	CETR				
	(1)	(2)	(3)	(4)	(5)
PPE_t	0.0097 (0.33)	0.0085 (0.29)	0.0085 (0.29)	0.0111 (0.38)	0.0091 (0.31)
$Invent_t$	0.1788 *** (5.11)	0.1798 *** (5.13)	0.1786 *** (5.10)	0.1806 *** (5.16)	0.1798 *** (5.13)
$Intang_t$	0.1038 (1.31)	0.1072 (1.35)	0.1063 (1.34)	0.1082 (1.37)	0.1086 (1.37)
$Accrual_t$	−0.3699 *** (−12.83)	−0.3703 *** (−12.85)	−0.3697 *** (−12.82)	−0.3694 *** (−12.81)	−0.3703 *** (−12.85)
$Taxtatelaw_t$	0.1456 (1.50)	0.1455 (1.50)	0.1477 (1.52)	0.1436 (1.48)	0.1504 (1.55)
$Loss_t$	0.0655 *** (7.96)	0.0658 *** (7.99)	0.0657 *** (7.98)	0.0656 *** (7.97)	0.0658 *** (8.00)
$State_t$	0.0176 (1.33)	0.0176 (1.33)	0.0175 (1.32)	0.0175 (1.32)	0.0177 (1.34)
公司	Yes	Yes	Yes	Yes	Yes
年度	Yes	Yes	Yes	Yes	Yes
N	27616	27616	27616	27616	27616
F	43.3308	42.6369	42.9588	42.6056	42.1647

（二）基于企业数字化转型的准自然实验

基于不同企业在不同时间进行数字化转型的特征，依据吴非等（2021）的研究，本章使用多期双重差分模型考察企业数字化转型对其税收规避行为的影响。通过在回归模型中加入公司和时间固定效应可以更好地排除数字化转型公司（处理组）和未转型公司（控制组）一些不可观测的因素在公司和年度之间的差异，建立企业数字化转型与税收规避之间的因果效应。Digital_dummy 为个体虚拟变量，如果企业在样本期内进行了数字化转型（在本章样本期内连续 5 年出现数字化转型关键词）取值为 1，否则为 0；Post 为时间虚拟变量，企业数字化转型之后取值为 1，否则为 0。Digital 为连续变量，表示数字化转型企业的数字化转型程度，回归结果如表 7 - 10 所示。Digital_dummy × Post 的回归系数在 5% 的水平下显著为正，$Digital \times Post$ 的回归系数对于 1% 的显著性水平具有统计显著性，与表 7 - 3 中的结果基本一致，表明本章的基本研究发现具有一定的稳健性。

同时，本章也检验了基于企业数字化转型构建的错层准自然实验是否满足平行趋势假定。本章使用年度虚拟变量替换 $Digital\_dummy \times Post$：$Before3$ 和 $Before2$ 分别表示企业数字化转型之前的 3 年和 2 年，$Current$、$Post1$、$Post2$ 和 $Post3$ 分别表示企业数字化转型当年、之后 1 年、之后 2 年和之后 3 年。回归结果如表 7 - 10 的第（3）列所示。表示企业数字化转型之前年度的虚拟变量 $Before3$ 和 $Before2$ 的系数均不显著，表明处理组和控制组公司的税收规避程度在企业数字化转型之前的变化趋势是相近的。

表 7 - 10　　　　　　　　基于企业数字化转型的准自然实验

变量	CETR		
	（1）	（2）	（3）
$Digital\_dummy \times Post$	0.0246 ** (2.56)		
$Digital \times Post$		0.0104 *** (2.78)	
$Before3$			0.0003 (0.02)
$Before2$			0.0010 (0.07)
$Current$			0.0155 (1.20)
$Post1$			0.0089 (0.66)
$Post2$			0.0285 ** (2.02)
$Post3$			0.0355 *** (2.81)
$Size_t$	− 0.0254 *** (− 3.73)	− 0.0264 *** (− 3.85)	− 0.0258 *** (− 3.77)
ROA_t	0.4329 *** (9.66)	0.4345 *** (9.69)	0.4361 *** (9.72)

变量	CETR		
	（1）	（2）	（3）
Lev_t	0. 0873 *** (3. 26)	0. 0874 *** (3. 27)	0. 0869 *** (3. 25)
MTB_t	− 0. 0078 *** (− 7. 97)	− 0. 0079 *** (− 8. 03)	− 0. 0078 *** (− 7. 98)
ROI_t	− 0. 4961 *** (− 2. 89)	− 0. 4946 *** (− 2. 88)	− 0. 5025 *** (− 2. 93)
PPE_t	− 0. 0126 (− 0. 40)	− 0. 0105 (− 0. 33)	− 0. 0121 (− 0. 39)
$Invent_t$	0. 1654 *** (4. 32)	0. 1667 *** (4. 35)	0. 1653 *** (4. 32)
$Intang_t$	− 0. 0050 (− 0. 06)	− 0. 0031 (− 0. 04)	− 0. 0017 (− 0. 02)
$Accrual_t$	− 0. 3514 *** (− 10. 57)	− 0. 3510 *** (− 10. 55)	− 0. 3501 *** (− 10. 53)
$Taxatelaw_t$	0. 0534 (0. 49)	0. 0507 (0. 46)	0. 0545 (0. 50)
$Loss_t$	0. 0582 *** (6. 33)	0. 0581 *** (6. 32)	0. 0580 *** (6. 31)
$State_t$	0. 0162 (1. 12)	0. 0165 (1. 14)	0. 0158 (1. 10)
公司	Yes	Yes	Yes
年度	Yes	Yes	Yes
N	20978	20978	20978
F	28. 7936	28. 8818	21. 0325

（三）更换税收规避衡量指标

最后，本章也使用税收规避的其他衡量指标进行了进一步的稳健性检验。依据 Wilson（2009）的研究，本章计算了会计—税收差异变量 BTD。BTD 越大，表明公司利用 BTD 来规避所得税的可能性越大。另外，本章依据 Desai 和 Dharmapala（2006）的研究进一步计算了排除应计利润可能产生影响之后的会计—税收差异 *DDBTD*。回归结果如表 7 – 11 所示，使用其他税收规避衡量指标的结果与表 7 – 3 基本一致。以上研究结果在一定程度上排除了主要变量测量误差的影响，进一步保证了企业数字化转型与税收规避之间的因果效应。

表 7 – 11 　　　　　　　　　　更换税收规避衡量指标

变量	BTD	DDBTD
	(1)	(2)
$Digital_{t-1}$	- 0. 0022 *** (- 4. 04)	- 0. 0018 *** (- 3. 24)
$Size_t$	0. 0079 *** (5. 47)	0. 0068 *** (5. 05)
ROA_t	0. 8279 *** (79. 69)	0. 4616 *** (55. 79)
Lev_t	0. 0014 (0. 26)	0. 0048 (0. 94)
MTB_t	- 0. 0011 *** (- 4. 97)	- 0. 0008 *** (- 4. 00)
ROI_t	- 0. 0155 (- 0. 51)	- 0. 1407 *** (- 4. 64)
PPE_t	- 0. 0083 (- 1. 33)	0. 0221 *** (3. 81)
$Invent_t$	- 0. 0169 * (- 1. 94)	- 0. 0633 *** (- 7. 37)
$Intang_t$	0. 0674 *** (2. 61)	0. 0806 *** (3. 47)
$Accrual_t$	- 0. 0701 *** (- 11. 36)	- 0. 0865 *** (- 12. 79)
$Taxtatelaw_t$	0. 2160 *** (11. 40)	0. 1997 *** (10. 99)
$Loss_t$	- 0. 0011 (- 0. 96)	0. 0003 (0. 28)
$State_t$	0. 0070 ** (2. 23)	0. 0055 * (1. 84)

变量	BTD	DDBTD
	(1)	(2)
公司	Yes	Yes
年度	Yes	Yes
N	27616	27616
F	765. 9689	409. 6008

六、总体效应：数字化转型与总体税收收入

税收收入是国家财政收入的重要组成部分，对于改善民生、维护社会稳定以及促进经济发展具有至关重要的作用。而企业所得税是国家和当地税收收入的主要来源之一。因此，一个很自然且重要的问题是：企业数字化转型对税收规避行为的抑制作用是否可以促进其所在行业和地区总体税收收入的增加。

Dichev 等（2013）通过对 169 名 CFO 的调查，发现同行公司之间的比较是发现企业盈余管理行为的重要方式之一。以此类比，一种合理的预期是当行业中越多公司通过数字化转型提高了信息披露质量和信息透明度，进而降低了税收规避程度时，投资者可以通过比较同行公司的信息披露作为发现未进行数字化转型企业税收规避行为的一种替代性信息来源（Bauckloh et al. ，2020）。这会导致企业数字化转型对税收规避的抑制作用在同行中存在溢出效应。因此，可以预期一个行业的平均数字化转型程度越高，通过直接和溢出效应，该行业企业的税收规避程度越低，行业总体税收收入应该越高。为了验证这一预期，本章绘制了不同行业的平均数字化转型程度（使用行业中上市公司数字化转型指标的均值来衡量）与该行业的企业所得税收入（使用给定行业的企业所得税收入的自然对数来衡量）之间关系的散点图，见图 7 - 1 的 Panel A。由该图可知，与预期一致，对于各个行业，行业平均数字化转型程度越高，该行业的企业所得税收入越高。

另外，税收规避的已有研究表明税收系统的特征，例如税收征管执行会影响公司的税收规避行为，并且有证据表明税收征管对税收规避行为的影响在空间上具有溢出效应（Atwood et al. ，2012；Boning et al. ，2020）。因此，本章预期企业数字化转型对税收规避程度的抑制作用在同一省份内存在溢出效应。因此，可以预期当一个省份的平均数字化转型程度越高，通

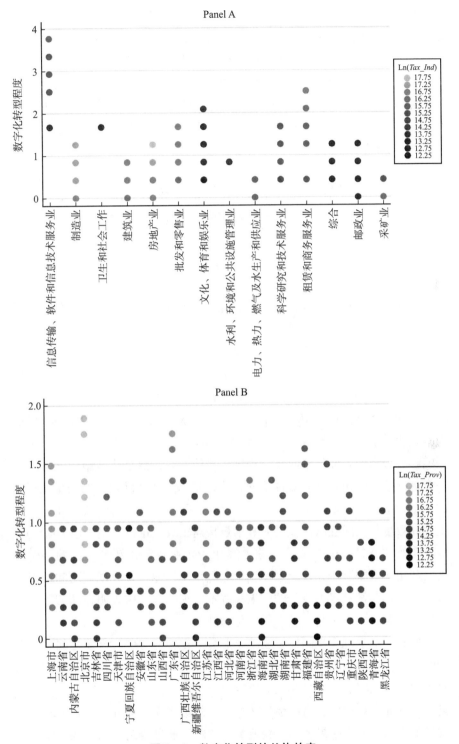

图 7 - 1 数字化转型的总体效应

过直接和溢出效应，该省份企业的税收规避程度越低，其总体税收收入应该越高。为了验证这一预期，本章绘制了不同省份的平均数字化转型程度（使用省份内上市公司数字化转型指标的均值来衡量）与该省份的企业所得税收入（使用给定省份的企业所得税收入的自然对数来衡量）之间关系的散点图，如图 7-1 的 Panel B 所示。由该图可知，与预期一致，对于各个省份，省份平均数字化转型程度越高，该省份企业所得税收入越高。

第五节　数字化转型与企业税收规避的研究结论与政策建议

随着以新一代信息技术，例如人工智能、大数据、云计算以及区块链等为特征的数字经济的逐渐深化，数字资源和技术与传统制造业深度融合，形成横向延伸、纵向深度、跨界融合的发展趋势，企业数字化已然成为驱动经济高质量发展的重要力量。本章关注数字经济时代，企业数字化转型如何影响其纳税行为，基于企业数字化转型以及税收的经济重要性，这一研究问题有助于进一步深入理解数字经济时代企业的纳税行为以及数字化转型促进经济高质量发展的微观渠道。

为此，本章使用 2010～2020 年中国 A 股上市公司样本为研究对象，考察企业数字化转型对税收规避行为的影响。研究结果表明企业数字化转型能够显著降低企业的税收规避程度，具体而言，数字化转型程度每增加一个标准差，公司现金有效税率提高约 3.22%。为了缓解潜在内生性问题的干扰，本章分别基于中国各城市 1984 年每百人固定电话数量和每百万人邮局数量与全国互联网上网人数信息构建工具变量以及使用国务院 2013 年发布的"宽带中国"战略实施方案作为企业数字化转型的一项外生冲击，利用双重差分研究设计来建立企业数字化转型与税收规避之间的因果效应。工具变量及双重差分的结果与基本发现一致，这表明在缓解了潜在的选择偏误后，本章基本结果仍然是稳健的。

然后，本章进一步剖析了驱动企业数字化转型与税收规避之间关系的中间作用渠道：企业信息不对称程度的降低。本章利用工具变量回归方法将企业数字化转型对税收规避的影响分解为两部分：企业数字化转型对信息不对称的影响，以及由数字化转型带来的信息不对称程度的降低对税收规避的影响。研究结果表明，企业数字化转型通过提高公司股票流动性和分析师跟踪显著降低了公司与外部利益相关者之间的信息不对称程度，并且企业数字化转型带来的信息不对称程度的降低部分可以显著降低企业的税收规避程度。接下来，本章分别从企业信息透明度和当地税收征管强度两个视角考察了二者之间关系的异质性。研究结果表明企业数字化转型对税收规避的抑制作用主要存在于信息不对称程度较高的跨国公司和非"沪深港通"标的公司组中以及"金税三期"试点省份和税收征管强度较高省份的公司组中。

税收收入是国家财政收入的重要组成部分，对于改善民生、维护社会稳定以及促进经济发展具有至关重要的作用。而企业所得税是国家和当地税收收入的主要来源之一。因此，最后，本章考察了一个很自然且重要的研究问题：数字化转型对企业税收规避行为的抑制作用是否可以促进其所在行业和地区总体税收收入的增加。研究结果表明行业或省份的企业平均数字化转型程度越高，该行业或省份的总体企业所得税收入越高。

本章采用机器学习和文本分析方法构造了企业层面的数字化转型指标，并考察数字技术快速发展背景下，企业新的商业模式、产品或组织结构如何影响其纳税行为。本章研究发现企业数字技术应用带来的一个直接效应是信息不对称程度的降低，这对企业的税收规避行为具有一定的抑制作用。并且，这一效应在政府税收征管更强时更加显著，表明在数字经济时代加强税收征管与企业数字化转型对企业税收规避行为的抑制存在一定的互补性，这为数字经济时代税收征管政策的实施和改革提供了一定的实践启示意义。

第八章　数字化转型与企业商业信用供给

第一节　数字化转型与企业商业信用供给的问题提出

一、选题背景

数字化已经展现出对现代经济、社会的巨大驱动力，被认为是第四次工业革命的主要动力源泉。2022 年 1 月，国务院印发《"十四五"数字经济发展规划》，指出我国数字经济转向深化应用、规范发展、普惠共享的新阶段，加快企业数字化转型升级是推动我国数字经济健康发展的重要举措。国内众多公司已经通过应用人工智能、大数据分析、云计算等数字技术，展开了数字化新产品、商业模式创新等方面的数字化转型探索与尝试。针对数字化转型对公司带来的影响，已有研究考察了公司客户体验、经营效率、成本控制、竞争优势等。商业信用供给不仅是公司重要的财务决策，也是公司战略的重要组成部分。然而，商业信用供给在公司数字化转型战略中的作用还没有得到深入研究。因此，本章关注数字化转型对公司商业信用供给的影响，这对于如何把握数字化发展新机遇、拓展经济发展新空间、助力全国统一大市场建设具有一定启示意义。

二、研究问题提出

数字化转型可以通过以下方面影响公司商业信用供给：第一，数字化转型通过引入预测等方式有效提高公司资源配置效率、提升产品质量（Brynjolfsson et al.，2011；Tananka et al.，2020），还能够推进公司不同部门之间的互补性创新（Bresnahan and Trajtenberg，1995；Cockburn et al.，2019）。而商业信用供给正是保障公司产品质量的有效方式，有助于公司开拓新市场、发展新客户。而且，数字化转型带来公司产品抵押价值的增加也提高了公司提供商业信用的动机。第二，数字化转型使公司能够更加精准地把握客户需求，实施差别定价战略开拓市场（Dube and Misra，2022），商业信用供给是实施差别定价的有效方式。与降价、折扣等差别定价不同，商业信用供给可以通过延长支付期间等条款使部分优质客户或者新客户享受优惠，但不会带来价格战或者竞争对手的应激反应。而且，商业信用供给可以作为供应商增加客户转换成本的一种投资，能够有效防止客户转换供应商（Box et al.，2018；Giannetti et al.，2021）。因此，本书预期数字化转型能够显著提高公司的商业信用供给水平。

然而，实证考察数字化转型对公司商业信用供给面临如何有效衡量数字化转型程度这一挑战。为了克服这一挑战，本章利用基于机器学习的文本分析法对企业年报进行分析来构建数字化转型变量，该变量的构建涵盖了数字化转型所涉及的多项关键技术，从而对公司数字化程度进行了相对全面与准确的度量（吴非等，2021；袁淳等，2021；张叶青等，2021）。本章使用 2010～2020 年中国上市公司数据进行检验，研究结果表明数字化转型显著提高了公司商业信用供给。从经济意义来看，数字化转型程度每增加 1 个标准差使公司商业信用供给提高约 4%。为了缓解潜在内生性偏误以加强因果推断，本章进行如下检验：第一，使用倾向得分配比来缓解数字化转型企业和非转型企业在可观测特征上的差异，这可以通过平衡协变量来关闭后门路径，以满足后门准则。第二，为了进一步缓解企业数字化转型程度变量中可能存在的测量误差以及未观测到的混淆因素可能打开后门路径，本文使用工具变量回归进行估计。其中，本章采用的两个工具变量分别为：（1）公司所在城市的上一年全国互联网上网人数与公司所在城市的 1984 年每万人固定电话数量的交互项；（2）公司所在省份的互联网普及率。第三，使用公司在样本期连续 5 年数字化转型作为事件，使用多期双重差分法考察数字化转型对公司商业信用供给的影响。以上检验结果与基本研究结果一致，表明在缓解了潜在的内生性偏误后，本章基本研究结果仍然成立。本章还进一步考察数字化转型影响公司商业信用供给的可能渠道：全要素生产率。借鉴已有研究（Cheng et al.，2022；Di Giuli and Laux，2022），两阶段回归结果表明数字化转型通过提高全要素生产率来提高商业信用供给。

为了进一步加强基本问题的逻辑以及排除其他替代性解释，本章从经济政策不确定性和行业同质性这两个相对外生的视角进行横截面检验。首先，当经济政策不确定性程度较高时，由于现金流波动性提高以及公司投资意愿降低，公司会减少商业信用供给（D'Mello and Toscano，2020），这会削弱数字化转型对公司商业信用供给的影响。因此，可以预期当经济政策不确定性程度较低时，数字化转型降低公司商业信用供给的影响更加明显。其次，当行业同质性程度较高时，数字化转型在行业内更容易网络化协同，产生协同效应（Matt et al.，2023），这有助于加强数字化转型对公司商业信用供给的影响。因此，可以预期当行业同质性程度较高时，数字化转型提高公司商业信用供给的影响更加明显。与以上分析一致，横截面检验结果表明当经济政策不确定性程度较低或者行业同质性程度较高时，数字化转型提高公司商业信用供给的影响更大。

最后，本章分析了公司客户集中度的变化。如果在公司实施数字化转型的过程中，商业信用供给的提高有助于开拓新市场、发展新客户，那么，公司客户集中度应该会显著降低。本章借鉴已有研究使用公司收入明细数据衡量公司客户集中度（Campello and Gao，2017；Liu et al.，2022），结果表明数字化转型所带来商业信用供给的增加导致公司客户集中度显著下降。这也为本章认为数字化转型提高商业信用供给的观点提供了支持证据。

三、研究贡献

本章研究贡献在以下两个方面：第一，本章贡献于公司数字化转型的相关研究。随着数字经济展现出来对经济、社会的巨大驱动力，公司数字化转型的经济后果也吸引了研究者的极大兴趣。已有研究考察了数字化转型对专业化分工（袁淳等，2021）、股票流动性（吴非等，2021）、企业市场价值（张叶青等，2021）以及公司绩效（Zhai et al.，2022）等方面的影响。与这些研究不同，本章发现数字化转型降低公司商业信用供给的经验证据，对于深入理解和加快推进公司数字化转型以及产业数字化转型具有启示意义。

第二，本章贡献于公司商业信用供给的相关研究。已有研究从公司外部环境等因素考察对公司商业信用供给的影响，如经济政策不确定性（陈胜蓝和刘晓玲，2018）、高铁开通（陈胜蓝和刘晓玲，2019）等。最近一些研究关注特定公司战略对商业信用供给的影响，如公司上市（陈世来和李青原，2021）。然而，这些研究忽略了公司内部重要的转型和资源整合所带来的影响。与这些研究不同，本章发现数字化转型能够有效提高商业信用供给。本章研究结果对于深入理解公司商业信用供给决策具有一定参考意义。

第二节　数字化转型与企业商业信用
供给的理论分析与研究假说

人工智能、大数据分析、云计算等数字技术的广泛使用已经展现出对现代经济、社会的巨大驱动力，被认为是第四次工业革命的主要动力源泉（Alcacer，2016；Koh et al.，2019；Matt et al.，2023）。然而，关于公司的数字化转型定义在学术界并没有得到一致的认识。例如，Vial（2019）认为数字化转型是通过信息整合、计算、连接等技术带来显著变化以提升公司价值的过程。Gong 等（2021）认为数字化转型是一种本质性的变化过程，数字技术的创新性使用以及核心资源和能力的战略性整合，目标在于根本性改善公司为其利益相关者创造价值的能力。

公司数字化转型引入了人工智能、大数据分析、云计算等重要的数字技术，在很大程度上改变了公司外部信息获取能力和内部资源配置效率，对公司决策和公司价值带来显著影响。以机器学习为主要代表性技术的人工智能广泛应用于公司经营的各个方面，特别是机器学习预测产品需求、辅助维护客户关系等方面表现突出（Brynjolfsson et al.，2019）。人工智能的应用也带来了公司流程的自动化，在很大程度上提高了公司内部资源配置效率（Agrawal et al.，2019）。由于数字技术降低了公司收集和处理信息的边际成本，大数据分析的应用使数据驱动的决策逐渐代替了传统的基于直觉的决策方式（Brynjolfsson and McElheran，2016；Chen et al.，2022）。云计算通过集中存储、处理信息，使公司所有员工几乎在没有任何摩擦成本的条件下即时生成、访问和管理所需的信息，通过改变业务流程、引入互补创新和组织重组等方式提高内部资源配置效率（Sandvik et al.，2020）。对于突发性的市场需求变化，云计算能使公司迅速实施调整策略，抓住机会实现产出的增长。

最近，一些研究通过文本分析方法衡量公司数字化转型的程度，利用大样本实证考察数字化转型带来的影响。吴非等（2021）借助爬虫技术归集企业年报中的"数字化转型"关键词构建综合反映公司数字化转型变量，研究发现数字化转型能够提升股票流动性。与此类似，袁淳等（2021）利用基于机器学习的文本分析法，针对上市公司年报的"管理层讨论与分析"部分进行文本分析，得到综合反映公司数字化转型的变量。研究发现，数字化转型显著提升了公司的专业化分工水平。Zhai 等

（2022）也使用了文本分析法对上市公司年报进行分析构建综合反映公司数字化转型的变量，研究表明数字化转型能够促进公司绩效的提高。然而，这些研究忽视了数字化转型对于公司财务决策的影响，特别是缺乏探讨公司商业信用决策在数字化转型中的作用。

公司数字化转型可以通过以下方面影响商业信用供给决策。第一，数字化转型能够引入预测，使公司生产流程更加精简，有效提高公司资源配置效率。数字技术的应用使公司能够提高预测准确性与资源配置效率（Brynjolfsson and Mitchell，2017；Tananka et al.，2020）。随着预测准确性与资源配置效率的提高，数字化转型还能够推进公司不同部门之间的互补性创新（Bresnahan and Trajtenberg，1995；Cockburn et al.，2019）。例如，Brynjolfsson 等（2021）发现公司应用人工智能技术后会促进不同部门的互补性投资。由于公司的产品创新往往面临收益不确定的长期研究与开发阶段（Braguinsky et al.，2021），数字化转型应用人工智能、大数据分析等技术手段，可以有效减少研究与开发阶段中的不确定性，促进公司产品创新。

为了刺激客户需求，开拓新市场，商业信用供给是传递公司产品质量的一种有效方式（Nadiri，1969；Long et al.，1993；Box et al.，2018）。因为商业信用供给允许客户有足够的时间评价产品质量是否能够满足特定需求，然后再支付购买产品的价款。一旦公司通过商业信用供给争取到了更多的新客户，在后续的交易过程中，这些新客户往往由于转换成本过高等因素难以变更供应商。这是因为商业信用供给是一种防止客户转换的有效方式（Fisman and Raturi，2004）。由于客户要更换其供应商存在一定的转换成本（Klemperer，1987），而商业信用供给可以作为供应商增加客户转换成本的一种投资，能够有效防止客户转换供应商（Box et al.，2018；Giannetti et al.，2021）。而且，由于预测准确性的提高，公司提升了产品满足客户需求的价值，这意味着产品抵押价值的提升。这使公司有动机提高商业信用供给，因为即使发生客户违约，公司也能够比较容易地把产品再销售给其他客户（Schwartz，1974；Frank，2005）。

第二，数字化转型使公司能够更加精准地把握客户需求，实施差别定价战略开拓市场（Dube and Misra，2022）。人工智能、大数据分析等技术的应用使公司能够更好掌握客户偏好，为客户提供满足其特定偏好的产品与服务。客户对于产品与服务也可以通过便捷的方式进行评价，将相关信息即时反馈回公司（Zhan et al.，2018）。这种由于数据支持的学习来提供针对性产品而吸引更多客户，又可以产生更多的数据，从而创建一个自我强化的正反馈循环（Chen，2022）。这使公司能够根据客户偏好实施差别定价战略，不仅有助于开拓市场，还能获得更多利润（Mihet，2019）。降价、折扣等一般的差别定价方式容易带来价格战及竞争对手的强烈反应，然而，商业信用供给则是一种更具有优势的差别定价方式（Meltzer，1960；Petersen and Rajan，1997；Abdulla，2020）。商业信用供给并不会直接降低产品价格，但可以通过延长支付期间等条款使部分优质客户或者新客户享受优惠。而对于高风险客户，可以通过制定更加严格或者成本高昂的商业信用供给条件促使这类客户在短期内支付。综上所述，随着数字化转型程度的提高，公司有动机提供更多的商业信用。本章提出如下研究假说：

研究假说：其他条件不变，数字化转型会能够提高公司商业信用供给。

第三节　数字化转型与企业商业信用供给的研究设计

一、样本选择与数据来源

2010 年之前，只有较少公司实施了数字化转型的尝试与探索。然而，从 2010 年开始，越来越多的公司实施数字化转型。因此，本章以 2010 ~ 2020 年中国 A 股上市公司数据为初始研究样本。然后，本章进行如下筛选程序：（1）剔除金融、保险行业的样本观测值；（2）剔除 ST、*ST 等特殊处理类的观测值；（3）剔除相关财务数据缺失的样本观测值。本章所使用的财务数据来源于经禾数据库（CNRDS）。

二、关键变量定义与模型设定

（一）数字化转型

如何有效衡量公司的数字化转型程度面临挑战。早期研究往往使用公司与数字化相关的无形资产占比、是否使用 ERP 系统等指标衡量公司数字化转型的程度。然而，这些衡量方式只是衡量了公司实施数字化转型的一部分，并不能衡量公司广泛采用人工智能、区块链、机器人、云计算、大数据等数字技术。借鉴已有研究（吴非等，2021；袁淳等，2021），本章使用基于机器学习的文本分析法分析公司年报，以构建公司—年度层面的数字化转型变量。首先，利用爬虫技术从证券交易所网站下载公司年报，转换为文本格式，删除空行、页眉、页码等冗余数据。其次，基于国家政策语义体系等为基础构建公司数字化词典，再利用正则表达数据挖掘技术，将上述预处理结果提炼为以句为单元的规范化文本数据，用于构建企业信息大数据语料库。为了确保选取的关键词具有一定的权威性和全面性，并能够综合反映公司数字化转型的真实状况，本章根据已有的数字化技术关键词，结合公司信息大数据语料库，训练深度神经网络模型。通过深度神经网络逆映射到文本词空间，生成同义词扩展词，并赋予每个推荐词与核心词相关性权重。最后，将核心关键词与扩展词添加到企业数字化术语词典。表8－1给出了公司数字化技术关键词。

表 8 –1　　　　　　　　　　　　公司数字化技术关键词

关键词大类	细分关键词
人工智能	人工智能、AI、智能化、智慧化、自动化、商业智能、图像理解、图像识别、语音识别、投资决策辅助系统、智能数据分析、智能终端、智能机器人、机器人、工业机器人、机器学习、深度学习、语义搜索、生物识别技术、生物特征识别、人脸识别、语音识别、身份识别、自动驾驶、无人驾驶、自然语言处理
大数据	大数据、数据挖掘、文本挖掘、实时数据、数据仓库、数据分析、数据化、虚拟化、数据采集、数据交换、数字化、数据融合、数据管理、数据中台、数据平台、数据共享、BI、数据存储、数据应用、数据驱动、数据中心、数据服务、数据分析系统、海量数据、数据资产、可视化、数据治理、大数据应用、数据处理、数据系统、大数据智能、数据可视化、异构数据、征信、增强现实、混合现实、虚拟现实
云计算	云计算、图计算、内存计算、多方安全计算、类脑计算、绿色计算、认知计算、边缘计算、云化、移动化、云端、信息化、线上化、IT、ICT、云平台、IOT、网络化、融合架构、亿级并发、EB级存储、物联网、信息物理系统
区块链	区块链、数字货币、比特币、分布式计算、差分隐私技术、智能金融合约
数字技术运用	互联网、互联网＋、移动互联网、工业互联网、移动互联、联网平台、线上线下、智能管理、智能决策、智能生产、智能制造、智造、智能控制、智能工厂、深度融合、跨界融合、互联网医疗、电子商务、移动支付、第三方支付、NFC支付、智能能源、B2B、B2C、C2B、C2C、O2O、网联、智能穿戴、智慧农业、智能交通、智能医疗、智能客服、智能家居、智能投顾、智能文旅、智能环保、智能电网、智能营销、数字营销、无人零售、互联网金融、数字金融、Fintech、金融科技、量化金融、开放银行、数字经济

基于以上分析，本章对公司数字化转型程度构建两个具体变量：$DigitalT1$ 为公司年报文本中数字化词汇频数总和与年报文本语段总词汇的比率；$DigitalT2$ 为公司年报文本中包含数字化词汇的句子数总和与年报文本语段句子总数的比率。$DigitalT1$ 和 $DigitalT2$ 取值越大，表示公司数字化转型程度越高。

（二）研究模型

本章采用如下回归模型考察数字化转型对公司商业信用供给的影响：

$$AR_{i,t} = \beta_0 + \beta_1 DigitalT_{i,t} + \beta_2 Bank_{i,t} + \beta_3 ROA_{i,t} + \beta_4 Growth_{i,t} + \beta_5 Size_{i,t}$$
$$+ \beta_6 EBIT_{i,t} + \beta_7 Liq_{i,t} + \beta_8 CFO_{i,t} + \beta_9 Age_{i,t} + \beta_{10} State_{i,t} + Firm\ FE$$
$$+ Year\ FE + \varepsilon_{i,t} \tag{8.1}$$

其中，因变量 AR 为公司的应收账款，表示公司提供商业信用的总量，借鉴已有研究（陆正飞和杨德明，2011；陈胜蓝和刘晓玲，2018），按照公司商业信用所包含的内容，本章衡量商业信用供给的具体计算公式为：$AR =$（应收账款 + 应收票据 + 预付账款）/总资产。$DigitalT$ 为数字化转型变量：$DigitalT1$ 和 $DigitalT2$。回归模型包括公司层面的控制变量如下：银行借款 $Bank$、资产收益率 ROA、成长性 $Growth$、规模 $Size$、盈利能力 $EBIT$、流动性 Liq、产生现金的能力 CFO、公司年龄 Age、产权性质 $State$。各变量的详细定义如表 8 - 2 所示。此外，本章还在回归模型中加入公司固定效应以控制公司层面不可观测的因素对研究结论的干扰，加入时间固定效应以不同年度的宏观因素对结论的干扰。为避免极端值对结果的干扰，本章对所有连续变量在 1% 和 99% 分位数上进行缩尾处理（Winsorize）。为了控制面板数据中时间序列相关性的干扰，本章对所有回归实施了公司层面聚类调整（Cluster）。模型（8.1）中回归系数 β_1 估计了数字化转型对公司商业信用供给的影响，本章预期其显著为正。

表 8 - 2   变量定义

变量名称	变量定义与说明
AR	公司提供的商业信用，$AR =$（应收账款 + 应收票据 + 预付账款）/总资产
$DigitalT1$	公司数字化转型，定义为公司年报文本中数字化词汇频数总和与年报文本语段总词汇的比率
$DigitalT2$	公司数字化转型，定义为公司年报文本中包含数字化词汇的句子数总和与年报文本语段句子总数的比率
$Bank$	银行借款 =（长期借款 + 短期借款）/总资产
ROA	资产收益率 = 净利润/总资产
$Growth$	销售收入增长率 =（当期销售收入 - 上期销售收入）/上期销售收入
$Size$	表示公司规模，定义为总资产的自然对数
$EBIT$	表示公司的盈利能力，定义为息税前利润与总资产的比率
Liq	表示公司的流动性，定义为流动资产与总资产的比率
CFO	表示公司产生现金的能力，定义为经营活动产生的现金流量与总资产的比率
Age	表示公司年龄，定义为公司成立季度数的自然对数
$State$	表示公司的产权性质，虚拟变量，国有公司为 1，否则为 0

（三）描述性统计

表 8 - 3 报告了主要变量的描述性统计结果。可以发现，公司商业信用供给 AR 的均值为 0.168，中位数为 0.147，标准差为 0.123，与已有研究一致。数字化转型变量 DigitalT1 和 DigitaT2 的均值分别为 0.004 和 0.060。公司规模 Size 的均值（中值）为 22.066（21.901），资产收益变量 ROA 的均值（中值）为 0.036（0.038），流动性 Liq 的均值（中值）为 0.576（0.592），产权性质变量 State 的均值为 0.343，表明样本中大约包含 34.3% 国有企业。

表 8 - 3   描述性统计

变量	N	Mean	SD	Min	P25	P50	P75	Max
AR	30393	0.168	0.123	0.002	0.070	0.147	0.243	0.546
DigitalT1	30393	0.004	0.006	0.000	0.000	0.001	0.004	0.029
DigitalT2	30393	0.060	0.089	0.000	0.006	0.025	0.073	0.463
Bank	30393	0.121	0.137	0.000	0.000	0.075	0.211	0.545
ROA	30393	0.036	0.069	-0.329	0.014	0.038	0.068	0.204
Growth	30393	0.172	0.477	-0.621	-0.020	0.087	0.252	3.272
Size	30393	22.066	1.307	19.391	21.127	21.901	22.820	26.027
EBIT	30393	0.052	0.071	-0.298	0.028	0.052	0.084	0.243
Liq	30393	0.576	0.209	0.093	0.432	0.592	0.738	0.966
CFO	30393	0.044	0.072	-0.194	0.005	0.044	0.086	0.244
Age	30393	2.900	0.337	1.792	2.708	2.944	3.135	3.526
State	30393	0.343	0.475	0.000	0.000	0.000	1.000	1.000

第四节 数字化转型与企业商业信用
供给的实证结果与分析

一、数字化转型与商业信用供给：基准回归

本章首先考察数字化转型对商业信用供给的影响，表 8 - 4 提供了相应的回归结果。其中，第（1）列给出了以数字化词频占比测量数字化转型的回归结果。变量 DigitalT1 的系数为 1.0225（t 值为 3.88），在 1% 的

显著性水平下显著，表明数字化转型能够显著提高商业信用供给水平。从经济意义来看，$DigitalT1$ 每增加 1 个标准差使商业信用供给提高 3.65%（$0.006 \times 1.0225/0.168$）。按照公司商业信用供给的均值计算，公司提高的商业信用供给大约为 0.23 亿元（$0.006 \times 1.0225 \times \exp(22.077)$）。

表 8 - 4　　　　　　　　　数字化转型与商业信用供给的回归结果

变量	AR	
	（1）$DigitalT1$	（2）$DigitalT2$
$DigitalT$	1.0225 ***	0.0772 ***
	(3.88)	(4.39)
$Bank$	0.0192 **	0.0191 **
	(2.33)	(2.32)
ROA	-0.3944 ***	-0.3942 ***
	(-5.34)	(-5.34)
$Growth$	0.0101 ***	0.0101 ***
	(8.78)	(8.79)
$Size$	-0.0021	-0.0024
	(-0.90)	(-1.01)
$EBIT$	0.4178 ***	0.4175 ***
	(5.71)	(5.71)
Liq	0.1494 ***	0.1498 ***
	(16.73)	(16.79)
CFO	-0.1350 ***	-0.1347 ***
	(-14.92)	(-14.90)
Age	0.0327 **	0.0321 **
	(2.46)	(2.41)
$State$	0.0065	0.0067
	(1.09)	(1.12)
$Constant$	0.0222	0.0290
	(0.37)	(0.49)
$Firm\ FE$	Yes	Yes
$Year\ FE$	Yes	Yes
N	30393	30393
Adj. R^2	0.8041	0.8043

第（2）列给出了以数字化句频占比测量数字化转型的回归结果。变量 $DigitalT2$ 的系数为 0.0772（t 值为 4.39），在 1% 的显著性水平下显著，也表明数字化转型能够显著提高商业信用供给水平。从经济意义来看，$DigitalT2$ 每增加 1 个标准差将使商业信用供给下降 4.09%（0.089 × 0.0772/0.168）。按照公司商业信用供给的均值计算，公司可以提高的商业信用供给大约为 0.26 亿元（0.089 × 0.0772 × exp(22.077)）。总而言之，数字化转型可以显著提高公司商业信用供给，这为本章假说提供了支持的经验证据。

二、缓解内生性偏误

估计数字化转型对公司商业信用供给的因果效应可能受到内生性问题的干扰。首先，不可观测的公司特征可能会同时影响数字化转型决策和商业信用供给行为，导致缺失变量问题。其次，商业信用供给程度较高的公司可能本身现金流充裕，更有利于公司进行数字化转型，导致反向因果问题。为了缓解潜在内生性问题以加强因果推断，本章进行了如下检验。

（一）倾向得分配比法

倾向得分配比法可以同时按照公司多个维度信息来配比控制组，从而尽可能地减少样本选择偏误带来的干扰（Dehejia and Wahba，2002）。这种方法可以通过平衡协变量来关闭后门路径，以满足后门准则，加强因果推断。首先，本章将数字化转型程度（分别使用 $DigitalT1$ 和 $DigitalT2$）位于上 1/3 的样本定义为处理组样本（$Treat = 1$），把剩下的样本定义为配比池样本（$Treat = 0$）。然后，使用变量 $Treat$ 作为被解释变量估计 Logit 模型计算出倾向分值。最后，根据倾向分值在配比池样本中筛选出与处理组样本在基本特征方面最为匹配的样本作为配比组样本。为了增强处理组与控制组样本在协变量上的平衡性，本章把卡尺设置为 0.01，即只允许在卡尺范围之内选择配比样本。根据以数字化词频占比测量数字化转型程度的变量 $DigitalT1$，表 8 - 5 的 Panel A 给出了使用倾向得分配比法后的处理组和配比组样本的描述性统计和协变量均值差异检验结果。可以发现，相对于数字化转型程度较高的处理组样本，数字化转型程度较低的配比组样本在公司基本特征方面不存在显著的差异。例如，处理组样本的规模均值为 22.129，而控制组样本的规模均值为 22.134。根据以数字化句频占比测量数字化转型程度的变量 $DigitalT2$，表 8 - 5 的 Panel B 给出了使用倾向得分配比法后的处理组和配比组样本的描述性统计和协变量均值差异检验，可以发现也得到类似的结果。

表 8 - 5　　　　　　　　　　处理组和配比组的描述性统计结果

Panel A：*DigitalT*1

Variables	Treatment Group （N = 10186）			Matching Group （N = 10186）			Diff.
	Mean	Median	SD	Mean	Median	SD	
Bank	0. 110	0. 062	0. 129	0. 110	0. 059	0. 131	0. 000
ROA	0. 042	0. 042	0. 063	0. 042	0. 041	0. 064	0. 000
Growth	0. 178	0. 101	0. 432	0. 179	0. 089	0. 480	0. 001
Size	22. 129	21. 978	1. 267	22. 134	21. 941	1. 337	0. 006
EBIT	0. 058	0. 056	0. 065	0. 058	0. 055	0. 067	0. 000
Liq	0. 594	0. 609	0. 201	0. 594	0. 611	0. 206	0. 000
CFO	0. 046	0. 047	0. 070	0. 047	0. 047	0. 073	0. 001
Age	2. 886	2. 944	0. 344	2. 888	2. 944	0. 344	0. 002
State	0. 310	0. 000	0. 463	0. 309	0. 000	0. 462	- 0. 001

Panel B：*DigitalT*2

Variables	Treatment Group （N = 10157）			Matching Group （N = 10157）			Diff.
	Mean	Median	SD	Mean	Median	SD	
Bank	0. 111	0. 066	0. 128	0. 111	0. 056	0. 133	0. 000
ROA	0. 042	0. 042	0. 063	0. 042	0. 040	0. 063	0. 000
Growth	0. 177	0. 103	0. 424	0. 179	0. 089	0. 474	0. 002
Size	22. 128	21. 980	1. 253	22. 129	21. 937	1. 343	0. 001
EBIT	0. 057	0. 056	0. 065	0. 058	0. 055	0. 066	0. 000
Liq	0. 592	0. 608	0. 201	0. 594	0. 613	0. 206	0. 002
CFO	0. 046	0. 047	0. 070	0. 046	0. 046	0. 073	0. 000
Age	2. 885	2. 944	0. 344	2. 885	2. 944	0. 347	0. 000
State	0. 307	0. 000	0. 461	0. 307	0. 000	0. 461	0. 000

　　表 8 - 6 给出了使用处理组样本和配比组样本的回归结果。第（1）列和第（2）列分别给出了以数字化词频占比和数字化句频占比测量数字化转型程度的回归结果。变量 *DigitalT*1 和 *DigitalT*2 的系数分别为 0. 6637（t 值为 2. 59）和 0. 0623（t 值为 3. 51），在 1% 的显著性水平下显著，表明数字化转型能够显著提高商业信用供给水平。这意味着在使用配比法平衡处理组和控制组样本在协变量的差异之后，本章研究结论仍然成立。

表 8 - 6　　　　　　　　　使用倾向得分配比法的回归结果

变量	AR	
	（1）*DigitalT1*	（2）*DigitalT2*
DigitalT	0.6637 *** (2.59)	0.0623 *** (3.51)
Bank	0.0274 *** (2.72)	0.0227 ** (2.29)
ROA	− 0.6281 *** (− 7.30)	− 0.7381 *** (− 8.21)
Growth	0.0103 *** (7.59)	0.0090 *** (6.04)
Size	− 0.0045 (− 1.63)	− 0.0042 (− 1.47)
EBIT	0.6225 *** (7.45)	0.7365 *** (8.44)
Liq	0.1384 *** (14.55)	0.1405 *** (14.26)
CFO	− 0.1425 *** (− 12.99)	− 0.1551 *** (− 12.59)
Age	0.0290 * (1.93)	0.0143 (0.95)
State	0.0076 (1.20)	0.0119 * (1.76)
Constant	0.0952 (1.38)	0.1249 * (1.79)
Firm FE	Yes	Yes
Year FE	Yes	Yes
N	20372	20314
Adj. R^2	0.8259	0.8254

（二）工具变量法

为了进一步缓解企业数字化转型程度变量中可能存在的测量误差以及未观测到的混淆因素可能打开后门路径，本章使用工具变量回归进行估计。借鉴已有研究（黄群慧等，2019；袁淳等，2021），本章使用2个工具变量：第一，公司所在城市的上一年全国互联网上网人数与公司所在城市的1984年每万人固定电话数量的交互项；第二，公司所在省份的互联网普及率。从理论上，这2个工具变量在一定程度上与公司数字化转型的程度相关，即满足工具变量的相关性条件。而且，这2个工具变量不会直接影响公司的商业信用供给决策，即满足工具变量的外生性条件。

表8-7给出了使用工具变量的回归结果。第（1）列给出了以数字化词频占比测量数字化转型的工具变量两阶段回归结果。2个工具变量的Cragg-Donald Wald F值为21.752，超过了Stock和Yogo（2005）给出的临界值为19.93，表明工具变量并不是弱工具变量。回归结果显示 $DigitalT1$ 的系数为12.1013（t值为1.99），在5%的显著性水平下显著，表明数字化转型能够显著提高商业信用供给水平。而且，Hansen J 统计量值为0.047，对应的 p 值为0.8278，并不具有统计显著性，这为工具变量的外生性提供了一定的支持。

表8-7　　　　　　　　　　工具变量回归结果

变量	AR	
	（1） $DigitalT1$	（2） $DigitalT2$
$DigitalT$	12.1013 ** (1.99)	0.7139 ** (2.02)
$Bank$	0.0161 * (1.66)	0.0155 (1.63)
ROA	-0.4962 *** (-5.67)	-0.4801 *** (-5.70)
$Growth$	0.0085 *** (6.14)	0.0088 *** (6.72)
$Size$	-0.0088 * (-1.83)	-0.0097 * (-1.90)
$EBIT$	0.4987 *** (5.86)	0.4846 *** (5.88)
Liq	0.1618 *** (15.00)	0.1633 *** (14.90)

变量	AR	
	（1）*DigitalT*1	（2）*DigitalT*2
CFO	−0.1360 ***	−0.1348 ***
	（−12.36）	（−12.39）
Age	0.0062	0.0046
	（0.33）	（0.25）
State	0.0131 **	0.0140 **
	（2.04）	（2.14）
Firm FE	Yes	Yes
Year FE	Yes	Yes
N	27576	27576
Cragg – Donald Wald F statistic	21.752	25.155
Stock – Yogo WID 10% size	19.93	19.93
Hansen J – test statistic	0.047	0.028
Hansen J – test p-value	0.8278	0.8666

第（2）列给出了以数字化句频占比测量数字化转型的工具变量两阶段回归结果。在第（1）列中，2 个工具变量的 Cragg – Donald Wald F 值为 25.155，超过了 Stock 和 Yogo（2005）给出的临界值为 19.93，表明工具变量并不是弱工具变量。回归结果显示 *DigitalT*2 的系数为 12.1013（t 值为 1.99），在 5% 的显著性水平下显著，在第（2）列中，变量 *DigitalT*2 的系数为 0.7139（t 值为 2.02），在 5% 的显著性水平下显著，也表明数字化转型能够显著提高商业信用供给水平。而且，Hansen J 统计量值为 0.028，对应的 p 值为 0.8666，并不具有统计显著性，这为工具变量的外生性提供了一定的支持。

（三）双重差分法

为了进一步排除其他混淆因素对因果推断带来的干扰，本章借鉴吴非等（2021）基于不同公司在不同时间进行数字化转型的特征，使用多期双重差分法考察数字化转型对其商业信用供给的影响。通过在回归模型中加入公司和时间固定效应可以更好地排除数字化转型企业（处理组）和未转型企业（控制组）一些不可观测的因素在公司和年度之间的差异，建立数字化转型与商业信用供给之间的因果效应。*Digital_Dummy* 为个体虚拟变量，如果公司在样本期内进行了数字化转型（在本章样本期内连续 5 年出现数字化转型关键词）取值为 1，否则为 0；$Post$ 为时间虚拟变量，公司数字化转型之后取值为 1，否则为 0。回归结果如表 8 - 8 所示。第（1）列中 $Digital\_Dummy \times Post$ 的回归系数在 5% 的水平下显著为正，$Digital \times Post$ 的回归系数在 1% 的水平下显著为正，与表 8 - 4 中的结果基本一致，表明本章的基本研究结果具有一定的稳健性。

表 8 - 8   公司数字化转型的双重差分回归结果

变量	AR	
	（1）$DigitalT1$	（2）$DigitalT2$
$Digital\_Dummy \times Post$	0. 0067 ** （2. 15）	
$Before3$		- 0. 0004 （- 0. 15）
$Before2$		0. 0008 （0. 37）
$Current$		0. 0056 ** （2. 04）
$Post1$		0. 0086 *** （2. 63）
$Post2$		0. 0066 * （1. 76）
$Post3$		0. 0070 （1. 61）
$Bank$	0. 0062 （0. 61）	0. 0062 （0. 61）
ROA	- 0. 2343 *** （- 3. 18）	- 0. 2341 *** （- 3. 18）
$Growth$	0. 0098 *** （6. 99）	0. 0099 *** （6. 98）
$Size$	0. 0008 （0. 28）	0. 0008 （0. 28）
$EBIT$	0. 2576 *** （3. 48）	0. 2574 *** （3. 48）

变量	AR	
	(1) *DigitalT*1	(2) *DigitalT*2
Liq	0.1637 *** (13.63)	0.1637 *** (13.63)
CFO	−0.1126 *** (−9.65)	−0.1127 *** (−9.65)
Age	−0.0113 (−0.63)	−0.0113 (−0.63)
State	0.0037 (0.50)	0.0036 (0.50)
Constant	0.0645 (0.83)	0.0616 (0.79)
Firm FE	Yes	Yes
Year FE	Yes	Yes
N	17193	17193
Adj. R^2	0.734	0.734

　　同时，本章也检验了基于公司数字化转型构建的错层准自然实验是否满足平行趋势假定。具体而言，本章将 *Digital_Dummy* × *Post* 替换为年度虚拟变量：*Before*3 和 *Before*2 分别表示公司数字化转型之前的 3 年和 2 年，*Current*、*Post*1、*Post*2 和 *Post*3 分别表示公司数字化转型当年、之后 1 年、2 年和 3 年。回归结果如表 8 – 8 的第（2）列所示。表示企业数字化转型之前年度的虚拟变量 *Before*3 和 *Before*2 的系数均不显著，表明处理组和控制组公司的商业信用供给在企业数字化转型之前的变化趋势是相近的。

三、附加测试

　　首先，本章分析认为，数字化转型作为商业信用供给的前提是数字化转型能够促进公司产品市场表现，为了确保这一前提成立，本章考察数字化转型对公司产品市场表现的影响。借鉴已有文献（He and Huang, 2017；倪骁然，2020），本章将产品市场表现变量 *PMG* 定为企业营业收入占同行业营业收入总额比重的增长率。其中，行业分类采用证监会 2012 版行业分类标准二级代码。*PMG* 取值越大，表示产品市场表现越好。

表 8 - 9 提供了相应的回归结果。其中，第（1）列给出了以数字化词频占比测量数字化转型的回归结果。变量 *DigitalT1* 的系数为 3.9190（t 值为 2.17），在 5% 的显著性水平下显著。第（2）列给出了以数字化句频占比测量数字化转型的回归结果。变量 *DigitalT2* 的系数为 0.2264（t 值为 2.02），在 5% 的显著性水平下显著。以上结果表明数字化转型可以显著提高公司的产品市场表现，这为本章理论推导的前提提供了支持的经验证据。

表 8 - 9　　　　　　　　数字化转型与产品市场表现的回归结果

变量	PMG	
	（1）*DigitalT1*	（2）*DigitalT2*
DigitalT	3.9190 ** (2.17)	0.2264 ** (2.02)
Bank	- 0.0726 (- 1.37)	- 0.0728 (- 1.37)
ROA	- 0.5011 (- 1.45)	- 0.4964 (- 1.44)
Growth	1.2516 *** (49.57)	1.2517 *** (49.57)
Size	0.0593 *** (4.71)	0.0592 *** (4.68)
EBIT	0.4528 (1.29)	0.4490 (1.28)
Liq	- 0.1343 ** (- 2.37)	- 0.1340 ** (- 2.36)
CFO	- 0.0643 (- 0.78)	- 0.0641 (- 0.78)
Age	0.1876 *** (2.66)	0.1873 *** (2.65)
State	- 0.0195 (- 0.58)	- 0.0192 (- 0.57)
Constant	- 1.9209 *** (- 5.79)	- 1.9151 *** (- 5.77)

变量	PMG	
	（1）*DigitalT*1	（2）*DigitalT*2
Firm FE	Yes	Yes
Year FE	Yes	Yes
N	28247	28247
Adj. R²	0.5624	0.5624

其次，本章使用了公司年报信息的文本分析构建数字化转型变量，考虑到公司在年报披露中可能存在选择策略，这就会对本章构建的数字化转型变量带来干扰。为了缓解这种干扰，本章采取以下三种方式：第一，仅保留深圳证券交易所信息披露考评结果为优秀或良好的上市公司样本，因为这类公司进行策略性信息披露的可能性相对较低。重新回归的结果见表8-10第（1）列和第（2）列。第（1）列给出以数字化词频占比测量数字化转型的结果，*DigitalT*1的系数为1.0776（t值为4.02），在1%的显著性水平下显著。第（2）列给出了以数字化句频占比测量数字化转型的结果。*DigitalT*2的系数为0.0806（t值为4.51），在1%的显著性水平下显著。

表8-10　　　　　　　　稳健性测试

变量	AR					
	*DigitalT*1	*DigitalT*2	*DigitalT*1	*DigitalT*2	*DigitalTP*1	*DigitalTP*2
	（1）	（2）	（3）	（4）	（5）	（6）
DigitalT	1.0776*** (4.02)	0.0806*** (4.51)	1.1491*** (4.27)	0.0846*** (4.65)	1.0306*** (3.91)	0.0778*** (4.42)
Controls	Yes	Yes	Yes	Yes	Yes	Yes
Firm FE	Yes	Yes	Yes	Yes	Yes	Yes
Year FE	Yes	Yes	Yes	Yes	Yes	Yes
N	28323	28323	24897	24897	30377	30377
Adj. R²	0.8182	0.8184	0.8207	0.8209	0.8047	0.8049

第二，删除本章样本期内因信息披露等问题受到过证监会或证券交易所处罚的公司样本。重新回归的结果见第（3）列和第（4）列。第（3）

列中 *DigitalT*1 的系数为 1.1491（t 值为 4.27），在 1% 的显著性水平下显著。第（4）列中 *DigitalT*2 的系数为 0.0846（t 值为 4.65），在 1% 的显著性水平下显著。

第三，使用公司现有相关硬件及软件资源构建数字化转型模型，然后使用模型拟合值衡量公司的数字化转型程度。具体模型如下：

$$DigitalT_{i,t} = \delta_0 + \delta_1 Soft_{i,t} + \delta_2 Hard_{i,t} + \delta_3 Cip_{i,t} + Frim\ FE + Year\ FE + \varepsilon_{i,t}$$

$$(8.2)$$

其中，*Soft* 表示软件资源占比，使用公司软件、系统、平台和数据库与总资产的比值衡量；*Hard* 表示硬件资源占比，等于公司计算机、通信设备和电子设备与总资产的比值；*Cip* 表示数字在建工作占比，等于公司在建工程项目中与数字化运营相关项目与总资产的比值。

本章使用上述模型估计出的数字化转型拟合值表示在现有相关硬件及软件资源支持下企业能进行的数字化转型程度（*DigitalTP*1 和 *DigitalTP*2）。接下来，本章使用公司商业信用供给变量 *AR* 对数字化转型拟合值变量 *DigitalTP*1 和 *DigitalTP*2 进行回归。这种方法有助于消除公司在年报披露中的选择策略对关键变量数字化转型程度 *DigitalT*1 和 *DigitalT*2 所带来的测量误差。从 Panel C 报告的结果可以看出，第（5）列中 *DigitalTP*1 系数为 1.0306（t 值为 3.91），在 1% 的显著性水平下显著。第（6）列中 *DigitalTP*2 系数为 0.0778（t 值为 4.42），在 1% 的显著性水平下显著。

四、渠道检验

本章理论分析指出数字化转型通过引入预测能够提高公司资源配置效率（Brynjolfsson and Mitchell，2017；Tananka et al.，2020），这使公司更有能力提供符合客户需要的产品，从而促使公司提供商业信用。借鉴已有研究（Divid et al.，2016），本章使用全要素生产率衡量公司资源配置效率，考察数字化转型影响公司商业信用供给的这一渠道。借鉴已有研究（Cheng et al.，2022；Di Giuli and Laux，2022），本章使用两阶段回归方法进行渠道检验。第一阶段使用全要素生产率 *TFP* 对数字化转型 *DigitalT* 进行回归，第二阶段使用商业信用供给 *AR* 对全要素生产率 *TFP* 的预测值进行回归。其中，全要素生产率 *TFP* 分别采用 LP 法（Levinsohn and Petrin，2003）和 OP 法（Olley and Pakes，1996）计算。两阶段检验方法可以通过估计如下模型组来实现：

$$TFP = \delta_0 + \delta_1 DigitalT + Controls + Frim\ FE + Year\ FE + \varepsilon \quad (8.3)$$

$$AR = \theta_0 + \theta_1 Turnover + Controls + Frim\ FE + Year\ FE + \varepsilon \quad (8.4)$$

表 8 - 11 的 Panel A 给出了以数字化词频占比测量数字化转型的回归结果。首先，采用 LP 法衡量全要素生产率，第（1）列显示 DigitalT1 的系数为 6.8145（t 值为 4.92），在 1% 的显著性水平下显著，表明数字化转型能够显著提高全要素生产率。第（2）列显示 TFP_LP 预测值的系数为 0.1550（t 值为 3.99），在 1% 的显著性水平下显著，表明全要素生产率的提高能够增加商业信用供给。其次，采用 OP 法衡量全要素生产率。第（3）列显示 DigitalT1 的系数为 4.5641（t 值为 3.58），在 1% 的显著性水平下显著，表明数字化转型能够显著提高全要素生产率。第（2）列显示 TFP_OP 预测值的系数为 0.2314（t 值为 3.43），在 1% 的显著性水平下显著，表明全要素生产率的提高能够增加商业信用供给。表 8 - 11 的 Panel B 给出了以数字化句频占比测量数字化转型的回归结果。与 Panel A 的结果一致，Panel B 也表明数字化转型通过提高全要素生产率来增加商业信用供给。

表 8 - 11　　　　　　　渠道检验：两阶段回归结果

Panel A：DigitalT1

变量	TFP_LP	AR	TFP_OP	AR
	(1) First-stage	(2) Second-stage	(3) First-stage	(4) Second-stage
DigitalT1	6.8145 *** (4.92)		4.5641 *** (3.58)	
TFP_LP		0.1550 *** (3.99)		
TFP_OP				0.2314 *** (3.43)
Bank	-0.0560 (-1.12)	0.0252 *** (2.69)	-0.0334 (-0.66)	0.0243 ** (2.01)
ROA	-3.5433 *** (-7.19)	0.1230 (0.77)	-3.3982 *** (-7.40)	0.3603 (1.42)
Growth	0.1830 *** (23.81)	-0.0182 ** (-2.51)	0.1787 *** (22.67)	-0.0312 ** (-2.52)
Size	0.5469 *** (39.43)	-0.0888 *** (-4.17)	0.4665 *** (35.78)	-0.1120 *** (-3.55)

Panel A: *DigitalT*1

变量	TFP_LP	AR	TFP_OP	AR
	(1) First-stage	(2) Second-stage	(3) First-stage	(4) Second-stage
EBIT	4. 3079 *** (9. 01)	− 0. 2194 (− 1. 18)	4. 1485 *** (9. 24)	− 0. 5117 * (− 1. 71)
Liq	0. 9683 *** (19. 94)	0. 0006 (0. 02)	0. 7568 *** (16. 22)	− 0. 0245 (− 0. 47)
CFO	0. 4827 *** (8. 68)	− 0. 2161 *** (− 9. 93)	0. 4917 *** (9. 00)	− 0. 2551 *** (− 7. 09)
Age	0. 3919 *** (5. 31)	− 0. 0243 (− 1. 13)	0. 4112 *** (5. 59)	− 0. 0587 * (− 1. 74)
State	− 0. 0106 (− 0. 36)	0. 0064 (0. 98)	− 0. 0353 (− 1. 14)	0. 0129 (1. 53)
Firm FE	Yes	Yes	Yes	Yes
Year FE	Yes	Yes	Yes	Yes
N	30249	30249	30249	30249
Cragg − Donald Wald F − statistics	104. 20		47. 123	
Stock − Yogo WID 10% size	16. 38		16. 38	

Panel B: *DigitalT*2

变量	TFP_LP	AR	TFP_OP	AR
	(1) First-stage	(2) Second-stage	(3) First-stage	(4) Second-stage
DigitalT2	0. 4567 *** (5. 39)		0. 3004 *** (3. 82)	
TFP_LP		0. 1745 *** (4. 52)		
TFP_OP				0. 2653 *** (3. 82)
Bank	− 0. 0565 (− 1. 13)	0. 0263 *** (2. 65)	− 0. 0338 (− 0. 67)	0. 0254 * (1. 89)
ROA	− 3. 5379 *** (− 7. 19)	0. 1913 (1. 19)	− 3. 3943 *** (− 7. 40)	0. 4744 * (1. 79)

Panel B：*DigitalT2*

变量	TFP_LP	AR	TFP_OP	AR
	(1) First-stage	(2) Second-stage	(3) First-stage	(4) Second-stage
Growth	0. 1832 *** (23. 86)	− 0. 0218 *** (− 3. 00)	0. 1788 *** (22. 70)	− 0. 0373 *** (− 2. 92)
Size	0. 5458 *** (39. 27)	− 0. 0995 *** (− 4. 69)	0. 4659 *** (35. 70)	− 0. 1279 *** (− 3. 93)
EBIT	4. 3024 *** (9. 01)	− 0. 3027 (− 1. 62)	4. 1446 *** (9. 24)	− 0. 6514 ** (− 2. 09)
Liq	0. 9697 *** (19. 99)	− 0. 0182 (− 0. 48)	0. 7577 *** (16. 24)	− 0. 0500 (− 0. 93)
CFO	0. 4841 *** (8. 71)	− 0. 2254 *** (− 10. 25)	0. 4926 *** (9. 02)	− 0. 2717 *** (− 7. 27)
Age	0. 3892 *** (5. 27)	− 0. 0322 (− 1. 46)	0. 4095 *** (5. 56)	− 0. 0729 ** (− 2. 06)
State	− 0. 0097 (− 0. 33)	0. 0066 (0. 97)	− 0. 0347 (− 1. 12)	0. 0142 (1. 53)
Firm FE	Yes	Yes	Yes	Yes
Year FE	Yes	Yes	Yes	Yes
N	30249	30249	30249	30249
Cragg – Donald Wald F – statistics	116. 56		50. 821	
Stock – Yogo WID 10% size	16. 38		16. 38	

五、横截面差异检验

本章接下来从经济政策不确定性和行业同质性这两个相对外生的视角
展开横截面差异检验。首先，经济政策不确定性程度不同，数字化转型对
商业信用供给的影响也会有所差异。特别是，当经济政策不确定性程度较
高时，由于现金流波动性提高以及公司投资意愿降低，公司会减少商业信
用供给（D'Mello and Toscano，2020）。这会在一定程度上削弱数字化转型
对商业信用供给的影响。因此，本章预期相对于经济政策不确定性程度较
高时，在经济政策不确定性程度较低时数字化转型提高商业信用供给的影

响更加明显。

与已有研究一致，本章使用 Baker 等（2016）构建的经济政策不确定性指数来衡量经济政策不确定性程度，即经济政策不确定性变量 *EPU*。根据经济政策不确定性变量 *EPU* 的中位数把样本分为高低两组。表 8 – 12 给出了分组回归以及组间差异检验的结果。第（1）列和第（2）列给出了以数字化词频占比测量数字化转型程度的分组回归结果。在第（1）列中，变量 *DigitalT*1 的系数为 1.0618（t 值为 3.57），在 1% 的显著性水平下显著，表明数字化转型能够显著提高商业信用供给水平。然而，在第（2）列中，变量 *DigitalT*1 的系数为 – 0.2808（t 值为 – 0.91），不具有统计显著性，表明数字化转型对商业信用供给水平并没有明显的影响。组间检验的经验 p 值低于 1%，这表明相对于经济政策不确定性程度较高时，在经济政策不确定性程度较低时，数字化转型提高商业信用供给的影响更加明显。第（3）列和第（4）列给出了以数字化句频占比测量数字化转型的分组回归和组间差异检验结果，基本与第（1）列和第（2）列的结果一致。

表 8 – 12　　　　　　　　　　　　经济政策不确定性的影响

变量	AR			
	*DigitalT*1		*DigitalT*2	
	（1）*Low – EPU*	（2）*High – EPU*	（3）*Low – EPU*	（4）*High – EPU*
DigitalT	1.0618 *** (3.57)	– 0.2808 (– 0.91)	0.0794 *** (4.05)	– 0.0044 (– 0.22)
Diff. of DigitalT （Empirical p-value）	[0.000] **		[0.000] **	
Bank	0.0473 *** (4.22)	– 0.0017 (– 0.16)	0.0474 *** (4.23)	– 0.0015 (– 0.14)
ROA	– 0.2897 *** (– 2.87)	– 0.1591 ** (– 2.25)	– 0.2888 *** (– 2.87)	– 0.1598 ** (– 2.25)
Growth	0.0132 *** (8.53)	0.0105 *** (5.59)	0.0133 *** (8.54)	0.0106 *** (5.60)
Size	– 0.0125 *** (– 4.08)	– 0.0031 (– 0.54)	– 0.0127 *** (– 4.14)	– 0.0032 (– 0.57)
EBIT	0.4100 *** (4.24)	0.1556 ** (2.18)	0.4088 *** (4.23)	0.1558 ** (2.18)

续表

变量	AR			
	DigitalT1		DigitalT2	
	(1) Low－EPU	(2) High－EPU	(3) Low－EPU	(4) High－EPU
Liq	0.1092 *** (10.86)	0.1529 *** (10.76)	0.1094 *** (10.88)	0.1529 *** (10.79)
CFO	－0.1319 *** (－12.05)	－0.1340 *** (－10.42)	－0.1319 *** (－12.05)	－0.1339 *** (－10.41)
Age	0.0606 *** (3.53)	－0.0440 (－1.34)	0.0607 *** (3.54)	－0.0432 (－1.32)
State	0.0054 (0.59)	0.0059 (0.99)	0.0056 (0.61)	0.0061 (1.01)
Constant	0.1878 ** (2.45)	0.2851 ** (1.99)	0.0474 *** (4.23)	－0.0015 (－0.14)
Firm FE	Yes	Yes	Yes	Yes
Year FE	Yes	Yes	Yes	Yes
N	16382	13711	16382	13711
Adj. R^2	0.8474	0.8975	0.8475	0.8975

其次，行业同质性程度不同，数字化转型对商业信用供给的影响也会有所差异。特别是，当行业同质性程度较高时，数字化转型在行业内更容易网络化协同，产生协同效应（Matt et al.，2023）。这有利于数字化转型提高商业信用供给。而且，商业信用供给是一种防止客户转换的有效方式（Fisman and Raturi，2004）。由于客户要更换其供应商存在一定的转换成本（Klemperer，1987），而商业信用供给可以作为供应商增加客户转换成本的一种投资，能够有效防止客户转换供应商（Box et al.，2018；Giannetti et al.，2021）。这意味着当行业同质性程度较高时，公司更需要通过商业信用供给以增加客户的转换成本，以促进数字化转型提高公司产品的市场表现。因此，本章预期相对于行业同质性较低时，在行业同质性较高时数字化转型提高商业信用供给的作用更加明显。

与已有研究一致，本章使用控制市场收益率后公司收益率与行业收益率的偏相关系数来构建行业同质性变量 Homo（Parrino，1997；He et al.，2019）。根据行业同质性变量 Homo 的中位数把样本分为高低两组。表8－13

·262·

给出了分组回归以及组间差异检验的结果。第（1）列和第（2）列给出了以数字化词频占比测量数字化转型程度的分组回归结果。在第（1）列中，变量 *DigitalT* 的系数为 0.6246（t 值为 1.16），不具有统计显著性，表明数字化转型对商业信用供给水平并没有明显的影响。然而，在第（2）列中，变量 *DigitalT*1 的系数为 0.9270（t 值为 3.09），在 1% 的显著性水平下显著，表明数字化转型能够显著提高商业信用供给水平。组间检验的经验 p 值低于 5%，这表明相对于行业同质性较低时，在行业同质性较高时，数字化转型提高商业信用供给的作用更加明显。第（3）列和第（4）列给出了以数字化句频占比测量数字化转型的分组回归和组间差异检验结果，基本与第（1）列和第（2）列的结果一致。

表 8 – 13   行业同质性的影响

变量	AR			
	*DigitalT*1		*DigitalT*2	
	（1）*Low – Homo*	（2）*High – Homo*	（3）*Low – Homo*	（4）*High – Homo*
DigitalT	0.6246 (1.16)	0.9270 *** (3.09)	0.0499 (1.25)	0.0755 *** (3.89)
Diff. of DigitalT （Empirical p-value）	[0.022] **		[0.001] **	
Bank	− 0.0064 （− 0.55）	0.0358 *** (3.35)	− 0.0063 （− 0.55）	0.0355 *** (3.33)
ROA	− 0.1915 * （− 1.77）	− 0.4352 *** （− 4.39）	− 0.1931 * （− 1.78）	− 0.4348 *** （− 4.39）
Growth	0.0077 *** (4.10)	0.0127 *** (7.98)	0.0077 *** (4.10)	0.0127 *** (7.99)
Size	− 0.0022 （− 0.60）	− 0.0058 * （− 1.87）	− 0.0024 （− 0.65）	− 0.0061 ** （− 1.99）
EBIT	0.2075 ** (1.97)	0.4739 *** (4.79)	0.2090 ** (1.98)	0.4730 *** (4.78)
Liq	0.1748 *** (11.65)	0.1358 *** (11.60)	0.1749 *** (11.68)	0.1362 *** (11.65)
CFO	− 0.1128 *** （− 6.76）	− 0.1494 *** （− 13.42）	− 0.1127 *** （− 6.76）	− 0.1492 *** （− 13.41）

变量	AR			
	*DigitalT*1		*DigitalT*2	
	(1) *Low – Homo*	(2) *High – Homo*	(3) *Low – Homo*	(4) *High – Homo*
Age	0.0053 (0.18)	0.0174 (1.05)	0.0053 (0.18)	0.0167 (1.00)
State	0.0061 (0.80)	0.0043 (0.49)	0.0061 (0.80)	0.0045 (0.51)
Constant	0.0852 (0.74)	0.1599 ** (2.10)	0.0881 (0.76)	0.1685 ** (2.22)
Firm FE	Yes	Yes	Yes	Yes
Year FE	Yes	Yes	Yes	Yes
N	10859	19119	10859	19119
Adj. R^2	0.8485	0.8231	0.8485	0.8233

六、基于客户集中度的分析

之前的分析表明公司商业信用供给决策能够在数字化转型战略中发挥重要作用，有助于公司传递高产品质量的信号，以开拓新市场、发展新客户。那么，可以预期数字化转型所带来商业信用供给的增加会降低公司的客户集中度。借鉴已有研究（Campello and Gao，2017；Liu et al.，2022），本章使用公司当年销量最高的前五大客户的销售额与公司当年总销售额的比率来衡量公司客户集中度 *CC*。变量 *Digital_Dummy* 表示数字化转型程度虚拟变量，当数字化转型程度高于中位数时取值为 1，否则取值为 0。变量 ΔAR 表示公司商业信用供给的变动。本章关注的是交互项 *Digital_Dummy* $\times$ ΔAR 的系数。表 8 – 14 给出了回归结果。第（1）列使用数字化词频占比衡量公司数字化转型的变量 *DigitalT*1 来构建虚拟变量 *Digital_Dummy*。变量 ΔAR 的系数为 0.0216（t = 0.74），表明当公司数字化转型程度较低时，公司商业信用供给的提高会提高客户集中度，但这一结果并不具有统计显著性。变量 *Digital_Dummy* 的系数为 − 0.0039（t = − 2.07），表明数字化转型可以显著降低公司的客户集中度。交互项 *Digital_Dummy* $\times$ ΔAR 的系数为 − 0.0607（t = − 2.01），在 5% 水平下通过显著性检验，表明相比数字化转型程度较低的公司，数字化转型程度较高的公司提高商业信用供给会带来客户集中度的下降。第（2）列使用数字化句频占比衡量公司数字

化转型的变量 *DigitalT2* 来构建虚拟变量 *Digital_Dummy*。回归结果与第（1）列类似，交互项 *Digital_Dummy* × Δ*AR* 的系数为 −0.0657（t = −2.14），在5%水平下通过显著性检验。总而言之，公司数字化转型所带来商业信用供给的增加会导致客户集中度显著下降。

表 8 - 14　　　　　　　　公司数字化转型的双重差分回归结果

变量	CC	
	（1） *DigitalT1*	（2） *DigitalT2*
Δ*AR*	0.0216 (0.74)	0.0245 (0.83)
Digital_Dummy	− 0.0039 ** (− 2.07)	− 0.0042 ** (− 2.30)
Digital_Dummy × Δ*AR*	− 0.0607 ** (− 2.01)	− 0.0657 ** (− 2.14)
Bank	− 0.0030 (− 0.26)	− 0.0028 (− 0.24)
ROA	− 0.0768 (− 0.74)	− 0.0772 (− 0.75)
Growth	0.0055 ** (2.47)	0.0056 ** (2.48)
Size	− 0.0115 *** (− 3.36)	− 0.0115 *** (− 3.36)
EBIT	0.0785 (0.76)	0.0791 (0.77)
Liq	0.0243 * (1.91)	0.0242 * (1.90)
CFO	0.0130 (0.95)	0.0130 (0.95)
Age	0.0458 ** (2.16)	0.0458 ** (2.16)
State	− 0.0007 (− 0.10)	− 0.0008 (− 0.11)
Constant	0.1646 * (1.81)	0.1648 * (1.82)

变量	CC	
	（1）*DigitalT*1	（2）*DigitalT*2
Firm FE	Yes	Yes
Year FE	Yes	Yes
N	17749	17749
Adj. R²	0.7548	0.7548
Year FE	Yes	Yes
N	248	248
Adj. R²	0.227	0.271

第五节　数字化转型与企业商业信用
供给的研究结论与启示

2022 年 1 月，国务院发布的《"十四五"数字经济发展规划》指出，要大力推进产业数字化转型。其中，加快公司层面的数字化转型升级是重要举措之一。本章关注数字化转型如何影响公司商业信用供给这一重要的财务决策。通过基于机器学习的文本分析法衡量数字化转型程度，本章研究结果表明，公司数字化转型程度的提高，能够明显降低公司的商业信用供给。平均而言，公司数字化转型程度每提高 1 个标准差，商业信用供给会下降约 4%。考虑到可能存在的内生性问题，本章使用倾向得分配比法、工具变量法以及双重差分法，研究结果并没有发生显著变化，表明缓解潜在的内生性偏误后，本章研究结论仍然成立。本章还进一步考察数字化转型影响公司商业信用供给的可能渠道：全要素生产率。两阶段回归结果表明数字化转型通过提高全要素生产率来提高商业信用供给。横截面差异检验表明，当经济政策不确定性程度较低时，或者行业同质性程度较高时，数字化转型提高公司商业信用供给的作用更加明显。最后，本章发现数字化转型所带来商业信用供给的增加会导致客户集中度下降。本章提供了数字技术发展影响公司商业信用供给决策的经验证据，对于如何把握数字化发展新机遇、拓展经济发展新空间，以及助力全国统一大市场建设具有一定启示意义。

结合上述研究结论，本章的研究启示主要有以下三方面：第一，本章发现公司数字化转型显著提高了商业信用供给，这表明数字技术的应用有利于公司通过增加商业信用供给传递公司产品质量的信号、发展新客户、开拓新市场。这意味着公司高管在实施数字化转型战略时可以同时考虑商业信用供给决策的最优选择，以达到更好的效果。第二，本章发现数字化转型对商业信用供给的影响依赖于外部经济政策不确定性条件。当经济政策不确定性较高时，公司由于预防动机降低商业信用供给，从而削弱了数字化转型对商业信用供给的影响。这意味着公司可以在数字化转型过程中关注如何应对经济政策不确定性的变化，这有利于公司充分发挥数字技术的优势，从而优化数字化转型中商业信用供给决策。第三，本章发现行业同质性也会影响数字化转型对公司商业信用供给的作用。这与政府规划中要大力推进产业数字化转型的精神一致。产业数字化转型程度提高，有利于形成网络化协同，能够让公司数字化转型发挥更明显的作用。

第九章　数字化转型与企业劳动收入份额

第一节　数字化转型与企业劳动收入份额的问题提出

一、选题背景

如何应对收入差距扩大及发展不平衡已成为当前我国经济发展中迫切需要解决的重要问题。统计数据显示，我国劳动收入份额从 2009 年的 72.1% 下降至 2020 年的 55.7%，而且仍然呈现下降趋势①。"十四五"规划指出，要坚持居民收入增长和经济增长基本同步、劳动报酬提高和劳动生产率提高基本同步，持续提高低收入群体收入，扩大中等收入群体，更加积极有为地促进共同富裕。推动提高劳动报酬占初次分配的比重，是推进共同富裕的重心之一。在国家大数据战略的推动下，人工智能等数字技术发展对社会经济活动的改变赋予了资本劳动关系及要素收入分配特有的时代特征。

二、研究问题的提出

第一，本章考察企业数字化转型对劳动收入份额及对劳动报酬分配结构的影响。数字化转型是指企业利用数字技术整合数据、信息、计算、沟通和连接技术对其生产、经营、销售等活动进行重要改革的过程（Vial，2019）。数字技术至少可以通过三种效应对劳动收入份额产生影响。一是新任务创建效应。企业数字化转型不仅会创造出与数字技术相匹配的新工作岗位，而且允许高技能劳动力有更多的时间和资源从事更复杂的认知任务，从而提高企业对高技能劳动力的需求（Graetz and Michaels，

---

① 资料来源：《中国收入分配报告：根源、影响与建议》。

2018）①。由于高技能劳动力具备更高的议价能力，因此，新任务创建效应提高工资总额与人均工资，从而提升劳动收入份额。二是生产率效应。数字技术能够通过资本积累与自动化深化提高生产率，导致产出规模扩大（Acemoglu and Restrepo，2019；李磊等，2021）。由资本积累导致的产出规模扩大将增加对非自动化环节的劳动力需求，而由自动化深化导致的产出规模扩大将增加对各个环节的劳动力需求。劳动力需求的增加会促使工资总额提升，从而改善劳动收入份额。三是替代效应。数字技术可以替代劳动力来完成常规化的工作，减少劳动需求，导致劳动收入份额下降。因此，数字技术影响劳动收入份额的方向具体取决于新任务创建效应、生产率效应以及替代效应的相对大小。

第二，本章进一步考察了企业数字化转型影响劳动收入份额的渠道。新任务创建效应的渠道检验结果显示，企业数字化转型显著提升了高技能劳动力需求，并显著提高了工资总额与人均工资。生产率效应的渠道检验结果显示，企业数字化转型显著提高了生产率，并推动产出规模与市场份额上升，低技能劳动力需求与劳动力总需求增加。替代效应的渠道检验结果显示，企业数字化转型虽然能够在一定程度上提高资本投入，但整体上却显著降低了资本劳动比。渠道检验结果表明，新任务创建效应与生产率效应是数字化转型影响劳动收入份额的主要渠道。

第三，为了进一步加强基本问题的逻辑以及排除其他替代性解释，本章依据研发投入与知识产权保护两个视角进行了横截面差异检验。企业数字化转型所涉及的大数据处理、人工智能、物联网以及数字技术运用本身也是技术投资项目，这意味着那些确实进行数字化投资的企业需要以研发资金的投入作为保障（郭凯明，2019）。如果企业的研发资金投入较少，可以预期年报中谈及的数字化转型信息可能只是策略性披露或者是企业的战略构想，难以对劳动收入份额产生实质性影响。数字化转型对劳动收入份额的影响还可能随着知识产权保护水平的不同而有所变化。企业数字化转型本质上是技术创新的过程，技术创新过程中势必伴随着发明专利（吴非等，2021）。如果企业的知识产权不能得到较好的保护，那么花费大量研发资金投入得到的成果就会被其他企业轻易窃取。较差的知识产权保护会降低企业数字化转型的积极性，也无法对劳动收入份额产生影响。

---

① 《2021 企业数字化年度指南》调查显示：随着数字化转型实践的不断深入，企业对于数字化人才的需求在不断扩大，根据 2021 年度调查，超过 55% 的企业对于数字化人才呈现出增长需要。《2019 中国高科技高成长 50 强榜单》调研显示：32% 的企业认为投资数字化人才发展战略是其需要关注的重点。

最后，本章考察增长的劳动收入份额在高管与普通员工之间的分配及对薪酬差距的影响。收入分配不平等问题是当前大多数经济体面临的重要挑战之一。已有研究指出了收入分配不平等对消费、就业、经济增长以及社会稳定等的负面影响（陈宇峰等，2013；Autor et al.，2020）。2021 年中央经济工作会议指出，实现共同富裕目标，首先要通过全国人民共同奋斗把"蛋糕"做大做好，然后通过合理的制度安排把"蛋糕"切好分好。因此，考察数字化转型对劳动收入分配结构及薪酬差距的影响具有一定的政策与实务意义。

三、研究贡献

本章研究贡献在如下三个方面。第一，本章贡献于劳动收入份额影响因素的有关研究。已有研究大多从地区产业升级（周茂等，2018）、有偏技术进步（王林辉和袁礼，2018）、劳动力转移就业（常进雄等，2019）、劳动力市场摩擦（Favilukis et al.，2020）以及知识产权产品资本化（Koh et al.，2020）等宏观层面探讨劳动收入份额的影响因素。最近一些研究尝试从微观视角对劳动收入份额的变动予以解释，包括行业集中度（Autor et al.，2020）、工会力量（Farber et al.，2021）、税收规避（杜鹏程等，2021）以及高技能劳动供给（张明昂等，2021）等。然而囿于研究框架及数据可得性，特别是数字化水平测量等因素限制，尚未有文献关注数字化技术这一新的时代特征对劳动收入份额的影响。本章结果表明企业数字化转型有助于提升劳动收入份额，丰富了劳动收入份额影响因素的相关研究。

第二，本章贡献于劳动收入分配结构影响因素的相关研究。已有研究较多关注高管权力、高管背景及董事会权力等企业治理因素对薪酬差距的影响（Abernethy et al.，2015；徐灿宇等，2021）。本章区别于这些研究，从数字化转型的角度切入分析其对高管与普通员工的劳动收入分配结构及薪酬差距的影响。研究结果表明数字化转型通过新任务创建效应与生产率效应带来的劳动收入份额提高，更多被普通员工所享有，并据此降低了企业内部薪酬差距。这为缓解收入不平等、促进共同富裕提供了新的微观经验证据。

第三，本章拓展了数字经济实际效应的相关研究。已有文献较多考察数字经济对宏观经济的结构性影响（Acemoglu and Restrepo，2018；陈彦斌等，2019；赵涛等，2020）。此外，近期文献通过构造省级或城市层面的数字化发展指数分析了数字经济发展对个体劳动者权益（柏培文和张云，2021）、企业价格加成（柏培文和喻理，2021）等微观经济主体的影响。最近研究将数字化转型进一步细化至企业层面，并从微观视角考察其对专业化分工、股票流动性等经济后果（吴非等，2021；袁淳等，2021）。但并未有研究考察数字化转型对劳动收入份额及分配结构的影响，而这直接关系到社会和谐稳定及民生福祉，受到学术界及政府的密切关注。基于此，本章的企业层面数字化转型指标是基于机器学习的文本分析法构建，并据此考察对劳动收入份额的影响及其作用机制，有助于补充和完善有关数字经济发展的经济效应现有文献。

第二节　数字化转型与企业劳动收入份额的理论分析与研究假说

数字化转型是指企业利用数字技术整合数据、信息、计算、沟通和连接技术对其生产、经营、销售等活动进行重要改革的过程（Vial，2019）。企业数字化转型可以通过以下几个方面对劳动收入份额产生影响。第一，新任务创造效应。数字技术会创造出劳动力具有相对比较优势的新任务，增加对高技能劳动力的需求，改善劳动收入份额。Autor 等（2003）将生产过程分解为由资本与劳动执行生产任务的过程，并考虑了资本与劳动在不同任务中的比较优势。一方面，数字化转型会创造出与数字技术相匹配的新工作岗位，如计算机编程、软件和手机应用研发、数据安全系统建设等（Lin，2011；Acemoglu and Restrepo，2018）。这类高技能劳动力决定了数字技术在企业生产过程中能否实现数据资产衍生价值，是企业实现数字化能力的核心力量，也是保障数字化战略、数字化组织实施和管理的关键。与这一观点相一致，Graetz 和 Michaels（2018）发现机器人的采用提升了对高技能劳动力的需求。Acemoglu 和 Restrepo（2019）指出技术发展会创造出劳动力具有相对优势的新任务，进而将劳动恢复到更广泛的生产任务中。另一方面，由于数字技术的自动化，高技能员工可能有更多的时间和资源从事更为复杂的认知任务，这也会提高对高技能劳动力的需求。例如，当医院采用机器人将病人从床上抬起来时，护士就可以从这项工作中解脱出来，而且有更多的时间与病人互动并参与临床治疗，那么医院可能会增加对这类护士的需求（Dixon et al.，2021）。Autor 等（2016）研究发现，对计算机技术的投资提高了从事创造性、解决问题和协调任务的高技能劳动力的需求。由于高技能劳动力具备更高的议价能力（Chen et al.，2021）。因此，数字技术的新任务创造效应将通过提高对高技能劳动力的需求，带动工资总额与人均工资上涨，从而提升劳动收入份额。

第二，生产率效应。数字技术的生产率效应有助于企业扩大产出规模，这意味着劳动力需求的增加，那么，劳动收入份额会相应提高。一方面，数字技术可以通过替代部分劳动力实现自动化，提高生产率，从而增加对执行非自动化任务的劳动力需求，提升劳动收入份额。尽管数字技术的发展取得了长足的进步，但目前而言，数字技术仍然无法完全取代劳动力来执行各种任务，特别是一些由低技能劳动力完成的非自动化的任务（Brynjolfsson and Mitchell，2017）。以物流企业为例，虽然数字技术的引入可以替代原先由劳动力执行的分拣任务，但物流运输的任务仍然需要由劳动力来完成。伴随生产率的提升，物流企业的业务规模得以扩张，从而增加对物流运输的劳动力需求，改善劳动收入份额。另一方面，数字技术可以促进自动化深化，提高生产率，从而提高各个任务环节的劳动力需求，改善劳动收入份额。由于在自动化执行的任务中，劳动力已经被资本所取代。因此，自动化深化不会产生额外的劳动力替代，反而会大幅提高对劳动力的需求（Autor，2015；Acemoglu and Restrepo，2019）。例如，人工智能机器人的不断迭代更新可以促使生产率进一步提高，但这并不会对劳动力产生额外的替代。自动化深化带来的生产率提升为企业扩大规模创造了条件，从而增加企业在各个任务环节中的劳动力需求，改善劳动收入份额。值得注意的是，只有当企业的产出规模与市场需求相匹配时，生产率效应才能提高劳动力需求与劳动收入份额。与传统技术不同，数字技术能够随时间推移实现自我改进与完善，不断提高需求预测的准确性（Brynjolfsson and Mitchell，2017）。利用数字技术对客户数据收集并分析，企业可以更加精准掌握市场需求的变化，洞察潜在客户需求；甚至直接让客户参与产品与服务的创新进程，实现企业产品与服务与客户需求的深度融合。因此，数字技术不仅可以通过提高生产率来扩大产出规模，还能够通过需求预测实现供需匹配，提高劳动力需求。劳动力需求的增加将促使工资总额上升，进而改善劳动收入份额。因此，本章预期企业数字化转型会提高劳动收入份额。

然而，数字技术的替代效应将减少劳动力需求，降低劳动收入份额。机器人、人工智能等数字技术的应用促使生产过程自动化，取代数字技术应用前由劳动力执行的任务，减少劳动力需求。一些基于行业层面的研究表明，数字技术的运用显著降低了劳动力需求。例如，Acemoglu 和 Restrepo（2020）考察 1990~2007 年行业机器人的使用增加了对美国劳动力市场的影响，研究发现机器人使用对就业、工资以及劳动收入份额具有显著的负面影响。王永钦和董雯（2020）使用中国数据也发现行业机器人应用显著降低了劳动力需求。数字技术的替代效应意味着劳动生产率提高的同时劳动力需求下降，导致工资与劳动生产率产生脱节，从而对工资、就业以及劳动收入份额产生负面影响。综上所述，企业数字化转型对劳动收入份额的影响取决于新任务创建效应、生产率效应以及替代效应的相对大小。

第三节　数字化转型与企业劳动收入份额的研究设计

一、样本选择与数据来源

本章以 2010～2020 年中国资本市场上市企业数据为初始研究样本[①]，然后筛选如下：（1）把金融、保险行业的样本剔除；（2）剔除 ST、*ST 等特殊处理类企业的观测值；（3）剔除资产负债率大于 1 的样本观测值；（4）剔除相关财务数据缺失的样本观测值。本章所使用的财务数据来源于 CSMAR 以及同花顺金融数据终端（iFinD）。本章通过对企业年报进行分析来构建数字化转型变量，其中企业年报来自证券交易所官网。本章对所有连续变量执行了 1% 的缩尾处理来排除极端值的影响。

二、关键变量定义与模型设置

（一）数字化转型（*Digital*）

随着文本分析技术的发展，经验研究中对于企业数字化转型的经验度量逐步从地区或行业层面的数字经济指标细化至企业层面，为更好地识别及估计数字化转型的经济后果提供了契机。基于此，本章参照吴非等（2021）和袁淳等（2021）的做法，先建立一个相对完备的数字化转型词典，并利用基于深度学习的文本分析法，构建企业数字化转型程度变量。

该方法采取如下流程：首先，构建企业信息大数据语料库。基于 Python 爬虫技术，选用财务报表数据、重要政策文件以及研究报告作为数据来源[②]，

[①] 使用上市公司数据作为样本的优势在于：第一，上市公司数据披露较为完整、规范，且样本量较大。第二，上市公司数据年份较新，可以较好地反映近年来中国企业数字化转型的趋势。第三，上市公司规模较大，影响力较强，更有能力实施数字化转型。

[②] 主要包括《"十四五"数字经济发展规划》《促进大数据发展行动纲要》《2021 年企业数字化转型白皮书》《2021 年中央企业数字化转型研究报告》以及近年《中央经济工作会议内容全文公报》与《政府工作报告》等文件。

利用正则表达数据挖掘技术，将数据来源提炼为以句为单元的规范化文本数据。其次，构建企业数字化转型术语词典。参考一系列数字经济的相关文献与资料，归纳整理出有关企业数字化转型的特定核心关键词。同时，基于企业信息大数据语料库，训练深度神经网络模型，生成同义词扩展词，将核心关键词与扩展词添加到企业数字化转型术语词典①。然后，基于自然语言处理挖掘文本数据。基于构建的企业数字化转型术语扩展词典，使用自然语言处理中文分词模型对企业的财报文本数据进行句子到分词处理，并剔除标点等无关词。接着，使用词频统计算法来量化提取的"企业数字化转型"分词的加权词频。最后，构建企业数字化转型程度指标。运用每份企业年报中所包含关键词的词频总和与年报总词数的比值作为企业数字化转型（Digital）的替代变量。

为了加强本章使用文本分析方法刻画企业数字化转型程度的有效性，本章进行了一系列相关性检验。第一，数字化转型本质上是一项技术创新类项目，创新的过程必然会产生研发投入以及专利产出。本章检验了数字化转型与研发投入 RD、专利申请 Patent 以及数字化无形资产 Digital Intangible 之间的相关性。其中，研发投入 RD 定义为研发投入与营业收入的比率；专利申请 Patent 定义为专利申请数量加1的自然对数；借鉴张永珅等（2021）的做法，本章通过对上市企业年报无形资产附注进行手工整理，当无形资产明细中包含：软件、网络、客户端、管理系统、智能、智慧、自动化等数字化转型关键词时，将该无形资产定义为数字化转型相关无形资产。通过对企业当年包含的数字化转型相关的无形资产加总，以企业数字化转型相关的无形资产占总资产的比重作为企业数字化无形资产 Digital Intangible 的替代变量。表9-1报告了相关性检验结果，第（1）列至第（3）列中 Digital 的回归系数均在1%的水平上显著为正，表明数字化转型与研发投入、专利申请以及数字化无形资产均显著正相关。

第二，大多数企业采取数字化转型策略的主要目的是提升效率，本章分别检验了数字化转型与总资产周转率 Asset Turnover、存货周转率 Inv Turnover 之间的相关性。其中，总资产周转率 Asset Turnover 定义为营业收入与总资产的比率；存货周转率 Inv Turnover 定义为营业成本与存货的比率。表9-1报告了相关性检验结果，第（4）列和第（5）列中 Digital 的回归系数均在1%的水平上显著为正，表明数字化转型与总资产周转率、存货周转率均显著正相关。总体而言，表9-1的回归结果可以在一定程

---

① 具体核心关键词包括：人工智能、大数据、区块链、云计算、数字技术运用五大类。

度上加强文本分析法刻画企业数字化转型程度的有效性。

表9-1　　　　　　数字化转型 *Digital* 指标构建的有效性检验

变量	(1)	(2)	(3)	(4)	(5)
	RD	*Patent*	*Digital Intangible*	*Asset Turnover*	*Inv Turnover*
Digital	0.2123 *** (60.47)	2.4919 *** (13.59)	2.0507 *** (65.64)	0.2184 *** (4.72)	0.5774 *** (12.64)
常数项	0.0291 *** (108.50)	3.0331 *** (216.47)	0.0897 *** (37.60)	0.6243 *** (176.65)	0.1185 *** (34.26)
N	28056	28056	28056	28056	27707
Adj. R^2	0.115	0.007	0.133	0.001	0.006

　　第三，本章计算了各个行业的数字化转型程度的分布情况，以进一步说明本章使用本章分析方法构建数字化转型程度指标的有效性。表9-2报告了各个行业数字化转型的分布情况，可以发现，数字化转型程度最高的行业是信息传输、软件和信息技术服务业，这与现实情况相符。这是由于信息传输、软件和信息技术服务业是基础性、战略性、先导性产业，始终处于科技前沿。数字技术是工业4.0时代主要的前沿技术，因此，信息传输、软件和信息技术服务业势必会成为数字技术的先导者。此外，数字化转型程度较高的行业还包括传播与文化产业、教育、文化、体育和娱乐业、批发和零售业，这也与现实情况较为一致。由于传播与文化产业、教育、文化、体育和娱乐这类行业主要涉及媒体传播，而新媒体的发展越来越与大数据发展密切结合。以教育行业为例，网课、视频课等线上教学模式的快速发展，赋予了教育行业新的增长动能，而这些都离不开人工智能、大数据等数字技术的支撑。表9-2的结果可以在一定程度上说明指标构建的有效性。

表9-2　　　　　　　　数字化转型 *Digital* 行业分布

Code	Name	Mean	SD
A	农、林、牧、渔业	0.0097	0.0174
B	采矿业	0.0042	0.0137
C	制造业	0.0239	0.0522
D	电力、煤气及水的生产和供应业	0.0046	0.0111

Code	Name	Mean	SD
E	建筑业	0.0106	0.0256
F	批发和零售业	0.0522	0.0670
G	交通运输、仓储和邮政业	0.0210	0.0423
H	住宿和餐饮业	0.0214	0.0288
I	信息传输、软件和信息技术服务业	0.1675	0.1265
K	房地产业	0.0106	0.0236
L	传播与文化产业	0.0764	0.0693
M	科学研究和技术服务业	0.0235	0.0425
N	水利、环境和公共设施管理业	0.0167	0.0359
O	居民服务、修理和其他服务业	0.0007	0.0018
P	教育	0.0699	0.0678
Q	卫生和社会工作	0.0375	0.0374
R	文化、体育和娱乐业	0.0566	0.0611
S	综合	0.0124	0.0359

（二）劳动收入份额变量（*Labor Share*）

借鉴 Autor 等（2020）和施新政等（2019）已有文献，本章将劳动收入份额（*Labor Share*）定为企业员工支付占营业收入比重。其中，使用现金流量表中"支付给职工以及为职工支付的现金"一项来计算员工支付的金额。*Labor Share* 取值越大表示劳动力收入份额越高。

（三）研究模型

本章采用如下回归模型考察企业数字化转型对其劳动力收入份额的影响：

$$Labor\ Share_{i,t} = \beta_0 + \beta_1 Digital_{i,t} + \beta_2 Size_{i,t} + \beta_3 ROE_{i,t} + \beta_4 Lev_{i,t} + \beta_5 Growth_{i,t}$$
$$+ \beta_6 COR_{i,t} + \beta_7 CI_{i,t} + \beta_8 MS_{i,t} + \beta_9 Indep_{i,t} + \beta_{10} Age_{i,t}$$
$$+ \beta_{11} SOE_{i,t} + \beta_{12} HHI_{j,t} + Firm\ FE + Year\ FE + \varepsilon_{i,t} \qquad (9.1)$$

其中，因变量 *Labor Share* 为企业劳动收入份额；关键解释变量 *Digital* 为企业数字化转型变量。参考已有关于劳动收入份额的相关研究（王雄元和黄玉菁，2017；施新政等，2019），本章控制如下变量：企业规模（*Size*）、净资产收益率（*ROE*）、资产负债率（*Lev*）、企业成长性（*Growth*）、资本产出比（*COR*）、资本密集度（*CI*）、管理层持股数量（*MS*）、独立董事比例（*Indep*）、企业年龄（*Age*）、产权性质（*SOE*）以及行业集中度（*HHI*）。各变量的详细定义如表9-3所示。此外，本章还在回归模型中加入企业固定效应以控制企业层面不可观测的因素对研究结论的干扰，加入时间固定效应以不同年度的宏观因素对结论的干扰。模型（9.1）中回归系数 β_1 估计了数字化转型对劳动收入份额的影响，本章预期其显著为正。

表9-3 变量定义

变量名称	变量定义与说明
Labor Share	劳动收入份额 = 支付给职工以及为职工支付的现金/营业收入
Digital	数字化转型 = 数字化转型关键词的词频总数/年报总词数
Size	表示企业规模，定义为总资产的自然对数
ROE	净资产收益率 = 净利润/总资产
Lev	资产负债率 = 总负债/总资产
Growth	表示企业成长性，定义为总资产的增长率
COR	资本产出比 = 固定资产净额/营业收入
CI	资本密集度 = 总资产/营业收入
MS	管理层持股数量 = ln（管理层持股数量 +1）
Indep	独立董事比例 = 独立董事人数/董事会成员总数
Age	企业年龄，定义为企业成立年限的自然对数
SOE	产权性质，当企业最终控制人为国有，取值为1，否则为0
HHI	行业集中度，定义为行业内所有企业营业收入占该行业总收入的份额的平方和

三、描述性统计

主要变量的描述性统计结果见表9-4。可以发现，企业劳动收入份额变量 *Labor Share* 的均值为0.1320，中位数为0.1109，标准差为0.0934，与施新政等（2019）使用相同方法测算劳动收入份额的描述性统计结果相近。数字化转型变量 *Digital* 的均值为0.0334，与袁淳等（2021）测度结果较为接近。企业规模 *Size* 的中位数为21.9127，净资产收益率 *ROE* 的中位数为0.0717，资产负债率 *Lev* 的中位数为0.4105，企业成长性 *Growth* 的中位数为0.1017，资本产出比 *COR* 的中位数为0.3118，资本密集度 *CI* 的中位数为1.9166，管理层持股数量 *MS* 的中位数为13.5463，独立董事比例 *Indep* 的中位数为0.3333，企业年龄 *Age* 的中位数为2.8332。本章样本中大约包含 35.83% 的国有企业。

表 9 - 4　　　　　　　　　　　　　　　　　　描述性统计

变量	N	Min	Mean	SD	P25	P50	P75	Max
Labor Share	28056	0.0105	0.1320	0.0934	0.0679	0.1109	0.1711	0.5629
Digital	28056	0.0000	0.0334	0.0687	0.0000	0.0052	0.0304	0.3931
Size	28056	19.0675	22.0838	1.2902	21.1502	21.9127	22.8295	25.8917
ROE	28056	-1.2245	0.0582	0.1597	0.0319	0.0717	0.1154	0.3710
Lev	28056	0.0519	0.4200	0.2092	0.2503	0.4105	0.5769	0.9994
Growth	28056	-0.4104	0.2054	0.3899	0.0167	0.1017	0.2453	2.3746
COR	28056	0.0055	0.4937	0.6223	0.1487	0.3118	0.5875	4.5791
CI	28056	0.3881	2.5609	2.4429	1.3146	1.9166	2.8859	21.3867
MS	28056	0.0000	10.6020	7.3655	0.0000	13.5463	16.9567	19.7740
Indep	28056	0.2727	0.3746	0.0534	0.3333	0.3333	0.4286	0.5714
Age	28056	1.0986	2.7635	0.4030	2.5649	2.8332	3.0445	3.4340
SOE	28056	0.0000	0.3583	0.4795	0.0000	0.0000	1.0000	1.0000
HHI	28056	0.0158	0.0946	0.0873	0.0392	0.0655	0.1192	0.4611

第四节　数字化转型与企业劳动收入
份额的实证结果与分析

一、数字化转型与劳动收入份额：基准回归

本章首先考察企业数字化转型对劳动收入份额的影响，表 9 - 5 提供了相应的回归结果。第（1）列中 *Digital* 的回归系数为 0.0857，在 1% 的水平上显著为正。进一步加入企业固定效应以排除企业层面不随时间变化的遗漏变量的干扰后，第（2）列中 *Digital* 的回归系数仍然在 1% 的统计水平上显著为正，与第（1）列结果基本一致。从经济意义上来看，数字化转型程度每增加一个标准差将导致企业劳动收入份额提高 2.88%（0.0554 × 0.0687/0.1320）。因此，企业数字化转型程度对劳动收入份额的提升不仅具有统计显著性也具有经济显著性，这表明检验结果支持本章的预期。

表 9 - 5 　　　　　　　　　数字化转型与劳动收入份额的回归结果

变量	Labor Share	
	(1)	(2)
Digital	0.0857 *** (4.30)	0.0554 *** (3.62)
Size	-0.0160 *** (-15.31)	-0.0209 *** (-11.11)
ROE	-0.0267 *** (-5.45)	-0.0354 *** (-8.34)
Lev	-0.0355 *** (-5.55)	0.0028 (0.40)
Growth	-0.0158 *** (-9.95)	-0.0148 *** (-13.38)
COR	0.0139 *** (5.01)	0.0187 *** (6.74)
CI	0.0106 *** (13.39)	0.0143 *** (17.33)
MS	0.0001 (0.97)	0.0001 (0.70)
Indep	0.0012 (0.07)	0.0003 (0.03)
Age	0.0022 (0.73)	-0.0030 (-0.53)
SOE	0.0178 *** (6.98)	0.0066 (1.26)
HHI	-0.0225 (-1.00)	0.0161 (0.89)
常数项	0.4566 *** (18.22)	0.5525 *** (13.87)
企业	NO	YES
年度	YES	YES
行业	YES	NO
N	28056	28056
Adj. R^2	0.415	0.832

此外，其他控制变量的系数的符号与显著性也与已有研究基本保持一致：企业规模 Size、盈利能力 ROE、资产负债率 Lev、企业成长性 Growth 与劳动收入份额显著负相关（江轩宇和贾婧，2021）；资本产出比 COR、资本密集度 CI 与劳动收入份额显著正相关（文雁兵和陆雪琴，2018；施新政等，2019）。

二、数字化转型与劳动收入份额：缓解内生性偏误

本章基本结果表明企业数字化转型与劳动收入份额之间具有显著的正相关关系，然而，这一结果可能受到内生性偏误的干扰。例如，劳动收入份额较高的企业可能员工创新意识较强，从而影响企业的数字化转型战略，这将导致反向因果的问题。另外，相比劳动收入份额较低企业，劳动收入份额较高企业可能本身拥有更好的发展前景、财务状况、人力资本等基本面特征，这些因素可能同时影响企业数字化转型决策及转型程度，从而带来遗漏变量的问题。为此，本章将分别采用如下三种方法来缓解内生性偏误。

（一）工具变量法

本章首先使用工具变量法缓解可能存在的内生性问题。根据已有研究（黄群慧等，2019；袁淳等，2021），本章使用 1984 年各地级市固定电话普及率作为企业数字化转型的工具变量。企业所处地区历史上的固定电话普及率会通过技术水平、习惯偏好等方式，影响现阶段企业对数字技术应用的接受程度。因此，选取历史上固定电话普及率作为企业数字化转型的工具变量满足相关性条件。同时，企业所处地区历史上的固定电话普及率体现出地区网络基础设施的水平，其主要目的是提高通信服务便利，并不会直接影响企业的劳动收入份额，满足外生性条件。由于本章的样本为面板数据，直接使用 1984 年各地级市固定电话普及率作为工具变量将导致固定效应模型无法估计。借鉴 Nunn 和 Qian（2014），本章将 1984 年各地级市固定电话普及率与滞后一期的互联网上网人数的交互项作为企业数字化转型的工具变量（IV1）。表 9-6 报告了工具变量（IV1）的检验结果。第（1）列结果显示，IV1 的回归系数在 1% 的水平上显著为正，Cragg - Donald Wald F 为 45.059 >10，这符合相关性条件的经验标准。第（2）列结果显示，Digital IV1 的回归系数对于 1% 的显著性水平具有统计显著性，这表明在缓解可能存在的内生性偏误后，本章的基本结论依然成立。

此外，借鉴郭家堂和骆品亮（2016），本章还使用 2002 ~ 2009 年各省的互联网普及率作为企业数字化转型的工具变量（IV2）。与历史上的固定

电话普及率类似，在本章的样本期前，企业所处地区的互联网普及率可以为企业数字化转型提供良好的网络基础设施，满足相关性条件。同时，互联网普及率不会直接影响企业的劳动收入份额，满足外生性条件。表 12 – 6 报告了工具变量（*IV*2）的检验结果。第（3）列结果显示，*IV*2 的回归系数在 1% 的水平上显著为正，Cragg – Donald Wald F 为 36.062 > 10，这符合相关性条件的经验标准。第（2）列结果显示，*Digital IV*2 的回归系数对于 5% 的显著性水平具有统计显著性，这表明在缓解可能存在的内生性偏误后，本章的基本结论依然成立。

表 9 – 6　　　　　　　　　　工具变量回归结果

变量	第一阶段	第二阶段	第一阶段	第二阶段
	（1）*Digital*	（2）*Labor Share*	（3）*Digital*	（4）*Labor Share*
*IV*1	0.0001 *** (6.00)			
*Digital IV*1		0.6433 *** (2.80)		
*IV*2			0.0334 *** (5.85)	
*Digital IV*2				0.5272 ** (2.41)
Size	0.0117 *** (15.29)	– 0.0273 *** (– 9.41)	0.0122 *** (12.58)	– 0.0256 *** (– 8.18)
ROE	– 0.0030 (– 1.56)	– 0.0346 *** (– 8.57)	– 0.0004 (– 0.18)	– 0.0360 *** (– 9.10)
Lev	– 0.0093 *** (– 3.16)	0.0095 * (1.86)	– 0.0115 *** (– 3.19)	0.0023 (0.37)
Growth	– 0.0026 *** (– 2.61)	– 0.0136 *** (– 10.25)	– 0.0008 (– 0.75)	– 0.0172 *** (– 11.00)
COR	– 0.0037 *** (– 4.97)	0.0199 *** (8.37)	– 0.0025 *** (– 2.83)	0.0200 *** (7.10)
CI	– 0.0001 (– 0.60)	0.0142 *** (25.27)	– 0.0004 * (– 1.74)	0.0152 *** (23.49)
MS	0.0003 *** (3.59)	– 0.0001 (– 0.95)	0.0002 ** (2.00)	– 0.0000 (– 0.33)

变量	第一阶段	第二阶段	第一阶段	第二阶段
	(1) *Digital*	(2) *Labor Share*	(3) *Digital*	(4) *Labor Share*
Indep	-0.0292*** (-3.91)	0.0166 (1.39)	-0.0315*** (-3.58)	0.0150 (1.18)
Age	0.0201*** (5.43)	-0.0143** (-2.33)	0.0065 (1.03)	-0.0094 (-1.38)
SOE	0.0004 (0.16)	0.0064* (1.86)	-0.0029 (-1.20)	0.0064* (1.70)
HHI	-0.1095*** (-12.49)	0.0866*** (3.11)	-0.0847*** (-6.83)	0.0773*** (3.36)
常数项	-0.2554*** (-12.94)	0.7037*** (11.91)	-0.2296*** (-8.12)	0.6561*** (11.68)
企业	YES	YES	YES	YES
年度	YES	YES	YES	YES
N	25913	25913	22082	22082
Adj. R^2	0.728	0.831	0.782	0.853
Cragg - Donald Wald F	45.059	—	36.062	—

(二) 外生冲击检验

本章使用双重差分方法进一步缓解可能存在的内生性问题。2010 年，科技部、中国人民银行、中国银监会、中国证监会、中国保监会联合发布《关于印发促进科技和金融结合试点实施方案的通知》（以下简称试点），截至 2020 年 12 月 31 日，已有两批 50 个城市被列入试点城市（见表 9 - 7）。

表 9 - 7 科技和金融融合试点城市

年度	试点城市
2011	北京、天津、上海、重庆、无锡、连云港、淮安、盐城、徐州、常州、南通、苏州、南京、镇江、扬州、宿迁、泰州、杭州、温州、宁波、湖州、合肥、芜湖、蚌埠、广州、佛山、东莞、深圳、西安、渭南、商洛、铜川、宝鸡、咸阳、成都、绵阳、武汉、长沙、大连、青岛、天水
2016	郑州、厦门、宁波、济南、南昌、贵阳、银川、包头、沈阳

本章利用试点对企业数字化转型产生的外生冲击执行双重差分检验（difference-in-differences）。试点旨在融合创业投资、银行信贷等多种金融资源，共同支持科技创新发展。考虑到企业数字化转型实质上是一种科技创新类投资项目，那么数字化转型预期会受到试点更大的政策支持，这表明利用试点作为企业数字化转型的外生冲击满足相关性要求。与此同时，试点的实施并不会直接影响企业劳动收入份额，从而在一定程度上确保了外生性要求的满足。更为重要的是，各城市被列入试点的年份不同，这就有利于排除不同时间、不同地区的其他因素带来的干扰。相比同一时间发生的单一事件，时间上错层发生的多个事件有助于识别出数字化转型影响企业劳动收入份额的净效应。在研究设计中，本章基于 Bertrand 和 Mullainathan（2003）的模型展开回归设计：

$$Labor\ Share_{i,t} = \alpha_0 + \alpha_1 After_{c,t} + Controls + Firm\ FE + Year\ FE + \xi_{i,t}$$

$$(9.2)$$

其中，$After$ 表示试点实施虚拟变量，当企业注册地对应的地级市被列入试点当年及以后年度，$After$ 取值为 1，否则为 0。$Controls$ 表示模型（9.1）包括的所有控制变量。本章在模型中也同时控制了企业与年度双向固定效应。系数 α_1 捕获了外生冲击对企业劳动收入份额的影响。

为确保以试点作为外生冲击的有效性和相关性，本章首先检验该政策实施对企业数字化转型的影响。相应的回归结果见表 9-8 第（1）列。可以发现，$After$ 的回归系数显著为正，这表明相比于非试点城市的企业，试点城市企业的数字化转型程度在进入示范点之后显著提高，这为使用试点作为外生冲击的有效性提供了直接的证据支持。表 9-8 第（2）列给出的双重差分检验结果显示，$After$ 的回归系数显著为正，与预期保持一致，这表明在使用外生冲击以缓解可能存在的内生性问题后，本章的基本结论依然成立，进一步增强了企业数字化转型提升劳动收入份额的因果效应。进行双重差分的关键假设是平行趋势假定，由于反事实无法观测，平行趋势假定实际上是不可检验的。借鉴 Wang 等（2021）的检验方法，本章使用年度虚拟变量替换 $After$：$Before2$ 和 $Before3$ 分别表示试点实施前 2 年和 3年，结果如表 9-8 第（3）列所示。对于 5% 的显著性水平，$Before2$ 和 $Before3$ 的系数不具有显著性，说明试点城市与非试点城市的企业劳动收入份额在试点实施之前具有平行趋势。

变量	Digital	Labor Share	
	(1)	(2)	(3)
After	0.0105 *** (4.43)	0.0046 ** (2.06)	
Before3			−0.0032 (−0.92)
Before2			0.0058 (1.22)
Current			0.0029 (1.42)
After1			0.0044 * (1.94)
After2			0.0057 ** (2.26)
After3 +			0.0070 *** (2.60)
Size	0.0114 *** (8.71)	−0.0202 *** (−10.74)	−0.0203 *** (−10.74)
ROE	−0.0080 * (−1.67)	0.0024 (0.34)	0.0023 (0.33)
Lev	−0.0026 (−1.30)	−0.0354 *** (−8.32)	−0.0353 *** (−8.29)
Growth	−0.0045 *** (−3.76)	0.0185 *** (6.65)	0.0185 *** (6.66)
COR	−0.0001 (−0.26)	0.0143 *** (17.29)	0.0143 *** (17.32)
CI	0.0003 ** (2.57)	0.0001 (0.81)	0.0001 (0.86)
MS	−0.0300 *** (−2.95)	−0.0012 (−0.10)	−0.0013 (−0.11)
Indep	0.0182 *** (2.63)	−0.0020 (−0.35)	−0.0022 (−0.38)

变量	*Digital*	*Labor Share*	
	(1)	(2)	(3)
Age	− 0.0025 *** (− 2.60)	− 0.0150 *** (− 13.56)	− 0.0151 *** (− 13.62)
SOE	− 0.0013 (− 0.43)	0.0065 (1.24)	0.0063 (1.20)
HHI	− 0.1072 *** (− 6.97)	0.0105 (0.59)	0.0113 (0.63)
常数项	− 0.2470 *** (− 7.50)	0.5374 *** (13.39)	0.5381 *** (13.39)
企业	YES	YES	YES
年度	YES	YES	YES
N	28056	28056	28056
Adj. R²	0.759	0.853	0.853

（三）匹配方法

如上文所述，由于进行数字化转型的企业并不是随机产生的，它们可能与没有数字化转型企业有本质区别。为尽可能平衡两组企业在基本面特征方面具有的差异对结果产生的干扰，本章以数字化转型程度较低企业作为匹配池，并采用倾向得分匹配方法从中选取一组与数字化转型程度较高样本在基本面特征上相似的企业作为对照组。具体来看，本章将样本期内数字化转型企业设置为处理组，*Digital dummy* 取值为1，未进行过数字化转型企业设置为处理组，*Digital dummy* 取值为0，选取的匹配变为 *Size*、*ROE*、*Lev*、*Growth*、*COR* 等模型（9.1）中包含的控制变量。随之，本章把卡尺设置为0.01来估计 Logit 模型，并按照1∶1的比例为每个处理组样本匹配与之最相近的对照组样本。在得到配比组样本后，本章使用处理组和配比组样本对基本问题重新进行检验，结果如表9−9第（1）列所示，*Digital* 的回归系数显著为正，与正文保持一致①。这表明在使用倾向得分匹配方法平衡企业基本面特征后，数字化转型对企业劳动收入份额仍然存在显著的正向影响。

---

① 由于篇幅限制，本章没有报告倾向得分匹配之后进行样本平衡性检验结果。

除去倾向得分匹配法，本章借鉴 Hainmueller（2012）提出的熵平衡匹配法对基本结果进行重新检验，其中熵平衡中选取的协变量为 *Size*、*ROE*、*Lev*、*Growth*、*COR* 等模型（9.1）中包含的控制变量，并将最高协变量调整阶数设定为 2①。通过熵平衡匹配法，本章不仅可以保证处理组与对照组在各协变量高阶矩上分布的相近性，同时也能保持样本的完整性。表 9-9 的第（2）列报告了经熵平衡匹配后的回归结果，可以发现 *Digital* 的回归系数仍然显著为正，结论并没有发生改变。

表 9-9　　　　　　　　　倾向得分匹配和熵平衡匹配后的回归结果

变量	Labor Share	
	（1）倾向得分匹配法	（2）熵平衡匹配法
Digital	0.0485 *** (3.28)	0.0565 *** (3.66)
Size	-0.0205 *** (-9.74)	-0.0196 *** (-10.51)
Lev	-0.0360 *** (-7.49)	-0.0357 *** (-7.34)
ROE	0.0009 (0.12)	-0.0033 (-0.50)
COR	0.0214 *** (6.80)	0.0203 *** (6.34)
CI	0.0139 *** (15.32)	0.0136 *** (16.96)
MS	0.0001 (0.38)	0.0001 (0.54)
Indep	-0.0030 (-0.23)	-0.0007 (-0.06)
Age	-0.0040 (-0.59)	-0.0013 (-0.23)
Growth	-0.0156 *** (-13.29)	-0.0141 *** (-13.02)

① 本章将最高协变量调整阶数设定为 3，检验结果保持不变。

变量	Labor Share	
	（1）倾向得分匹配法	（2）熵平衡匹配法
SOE	0.0065 (1.09)	0.0061 (1.26)
HHI	0.0129 (0.64)	0.0130 (0.77)
常数项	0.5547*** (12.41)	0.5220*** (12.90)
企业	YES	YES
年度	YES	YES
N	23136	28056
Adj. R²	0.843	0.847

三、数字化转型与劳动收入份额：机制检验

根据理论分析部分，数字化转型如何影响企业劳动收入份额取决于新任务创建效应、生产率效应以及替代效应的相对大小。前述证据表明企业劳动收入份额能够受到数字化转型策略的影响而提高，那么应该是新任务创建效应与生产率效应占主导地位。本章接下来通过机制分析来揭示其中主要的影响渠道。为执行机制检验，本章构建的回归模型如下：

$$M_{i,t} = \beta_0 + \beta_1 Digital_{i,t} + Controls + Firm\ FE + Year\ FE + \delta_{i,t} \qquad (9.3)$$

其中，M 表示本章选取的一系列机制变量。当检验新任务创建效应渠道时，M 分别表示高技能劳动力（High-skill）、工资总额（Wage）、人均工资（Per Wage）；当检验生产率效应渠道时，M 分别表示生产率（TFP）、营业收入（Income）、市场份额（Market）以及劳动力总人数（Employees）、低技能劳动力（Low-skill）；当检验替代效应渠道时，M 表示资本劳动比（KL – ratio）与资本投入（Capital）。Controls 表示模型（9.1）中的控制变量①。关于一系列机制变量 M 的定义如下：高技能劳动力 High-skill 定义为企业本科及以上学历人数加 1 的自然对数；工资总额 Wage 定义为支

_____

① 考虑到数字化转型影响劳动收入份额的渠道涉及产出增长、劳动力需求等，这些变量在本质上都反映为企业规模的变化。若此时将企业规模作为控制变量，就会出现 Whited 等（2021）提到的"相同构造"问题。"相同构造"会严重影响因果推断，因此在机制检验中未加入企业规模（Size）。

付给职工以及为职工支付现金的自然对数；人均工资 *Per Wage* 定义为工资总额与员工人数比值的自然对数；生产率 *TFP* 利用 LP 法计算得到企业全要素生产率来衡量（Levinsohn and Petrin，2003）；营业收入 *Income* 定义为主营业务收入的自然对数；市场份额 *Market* 定义为企业营业收入占当年同行业营业收入总和的比重；劳动力总人数 *Employees* 定义为企业员工人数的自然对数；低技能劳动力 *Low-skill* 定义为企业专科及专科以下学历人数加 1 的自然对数；资本劳动比 *KL* 定义为企业固定资产净额与员工人数比值的自然对数；资本投入 *Capital* 定义为企业固定资产净值的自然对数。

表 9 – 10 的第（1）列至第（3）列报告了新任务创建效应的回归结果。第（1）列中 *Digital* 的回归系数为 0.123，在 1% 的水平上显著为正，表明数字技术显著提高了高技能劳动力的需求。第（2）列中 *Digital* 的回归系数为 0.124，在 1% 的水平上显著为正，表明数字技术显著提高了工资总额。第（3）列中 *Digital* 的回归系数为 0.025，在 1% 的水平上显著为正，表明数字技术显著提高了人均工资水平。从新任务创建效应的回归结果来看，数字技术带来的高技能劳动力增加，促使工资总额与人均工资水平显著提升，从而带来了劳动收入份额的增长。这些检验结果为数字技术提高劳动收入份额的新任务创建效应提供证据支持。

表 9 – 10 的第（4）列至第（8）列报告了生产率效应的回归结果。第（4）列中 *Digital* 的回归系数为 0.091，在 1% 的水平上显著为正，表明数字技术显著提高了生产率。第（5）列中 *Digital* 的回归系数为 0.119，在 1% 的水平上显著为正，表明数字技术显著提高了产出规模。第（6）列中 *Digital* 的回归系数为 0.002，在 1% 的水平上显著为正，表明数字技术显著提高了市场份额。第（7）列中 *Digital* 的回归系数为 0.098，在 1% 的水平上显著为正，表明数字技术显著提高了企业劳动力需求。第（8）列中 *Digital* 的回归系数为 0.049，在 5% 的水平上显著为正，表明数字技术显著提高了企业低技能劳动力的需求。从生产率效应的回归结果来看，数字技术促使生产率提升，导致产出规模扩大，低技能劳动力需求与劳动力总需求增加，劳动收入份额得以改善。低技能劳动力需求的增长很可能反映了数字技术对执行非自动化任务劳动力需求的提升，而劳动力总需求的增长反映了高技能与低技能劳动力需求的同时增加。这些检验结果为数字技术提高劳动收入份额的生产率效应提供了证据支持。

表 9 – 10 的第（9）列与第（10）列报告了替代效应的回归结果。第（9）列中 *Digital* 的回归系数为 – 0.064，在 1% 的水平上显著为负，表明数字技术显著降低了企业的资本劳动比。第（10）列中，*Digital* 的回归系

表 9 - 10

机制检验

变量	新任务创建效应			生产率效应			替代效应			
	High-skill	Wage	Per Wage	TFP	Income	M Share	Employee	Low-skill	KL	Capital
	(1)	(2)	(3)	(4)	(5)	(6)	(7)	(8)	(9)	(10)
Digital	0.123*** (4.14)	0.124*** (8.92)	0.025*** (3.23)	0.091*** (7.39)	0.119*** (7.93)	0.002*** (3.24)	0.098*** (6.50)	0.049** (2.57)	-0.064*** (-3.68)	0.037* (1.87)
ROE	0.189*** (3.31)	0.122*** (3.77)	0.041** (2.15)	0.356*** (13.16)	0.424*** (12.30)	0.009*** (5.09)	0.065* (1.73)	0.048 (1.02)	0.150*** (3.94)	0.235*** (5.28)
Lev	0.805*** (6.37)	1.141*** (15.27)	0.016 (0.48)	0.922*** (17.28)	1.496*** (19.39)	0.023*** (6.11)	1.117*** (13.44)	1.143*** (11.20)	0.259*** (3.54)	1.391*** (14.49)
COR	0.147*** (7.04)	-0.033*** (-3.48)	-0.103*** (-15.38)	0.099*** (12.42)	0.112*** (11.26)	0.001 (1.19)	0.078*** (6.93)	0.116*** (6.80)	-0.081*** (-6.65)	-0.004 (-0.26)
CI	-0.024 (-0.57)	-0.033 (-1.32)	-0.055*** (-4.06)	-0.397*** (-16.19)	-0.158*** (-5.45)	-0.004*** (-3.51)	0.026 (0.94)	0.024 (0.68)	0.927*** (25.96)	0.937*** (21.37)
MS	-0.021** (-2.27)	-0.046*** (-8.25)	0.003 (1.13)	-0.104*** (-22.97)	-0.144*** (-25.29)	-0.001*** (-5.47)	-0.055*** (-8.82)	-0.054*** (-6.33)	-0.062*** (-8.83)	-0.110*** (-12.97)
Indep	0.012*** (3.90)	0.014*** (7.97)	0.001 (1.18)	0.008*** (6.44)	0.015*** (8.44)	0.000 (1.32)	0.013*** (7.26)	0.012*** (5.25)	0.003 (1.57)	0.015*** (6.75)

变量	新任务创建效应			生产率效应				替代效应		
	High-skill	Wage	Per Wage	TFP	Income	M Share	Employee	Low-skill	KL	Capital
	(1)	(2)	(3)	(4)	(5)	(6)	(7)	(8)	(9)	(10)
Age	-1.353*** (-4.27)	-0.304** (-2.17)	-0.057 (-0.74)	-0.113 (-1.03)	-0.225 (-1.52)	0.003 (0.37)	-0.274* (-1.73)	-0.268 (-1.19)	-0.030 (-0.20)	-0.283 (-1.56)
Growth	-0.724*** (-4.99)	0.219*** (3.03)	0.110*** (2.97)	0.125** (2.49)	0.236*** (3.38)	-0.004 (-0.74)	0.089 (1.15)	-0.065 (-0.65)	0.327*** (4.67)	0.433*** (4.90)
SOE	-0.012 (-0.13)	0.079 (1.48)	-0.014 (-0.50)	0.011 (0.32)	0.023 (0.45)	-0.004 (-1.42)	0.112* (1.76)	0.067 (0.87)	-0.112** (-2.12)	-0.030 (-0.45)
HHI	0.332 (1.22)	-0.044 (-0.31)	0.089 (1.37)	-0.046 (-0.48)	-0.233* (-1.66)	0.100*** (6.60)	-0.119 (-0.73)	-0.325 (-1.51)	-0.281* (-1.66)	-0.375** (-2.05)
常数项	7.413*** (17.61)	8.875*** (43.79)	11.246*** (104.08)	14.494*** (103.52)	20.412*** (104.77)	0.019 (1.32)	6.895*** (31.77)	6.828*** (23.53)	11.255*** (55.89)	18.101*** (72.74)
企业	YES	YES	YES	YES	YES	YES	YES	YES	YES	YES
年度	YES	YES	YES	YES	YES	YES	YES	YES	YES	YES
N	28056	28055	28037	28030	28055	28056	28038	28056	28031	28049
Adj. R²	0.788	0.911	0.767	0.912	0.924	0.781	0.880	0.840	0.834	0.903

数为 0.037, 在 10% 的水平上显著为正, 这表明数字技术也在一定程度上提高了资本投入。结合表 9 - 10 第 (7) 列的回归结果来看, 数字技术对劳动力需求与资本投入均有显著的正向影响, 但对劳动力需求的影响更大。这可以说明数字技术的新任务创建效应与生产率效应在发挥主导作用, 从而导致资本劳动比下降, 劳动收入份额上升。以上检验结果为本章的理论分析提供了证据支持。

四、数字化转型与劳动收入份额: 横截面检验

前面分析表明企业劳动收入份额能够受到数字化转型策略的影响而提高, 这主要源于数字化转型促进了企业的劳动偏向型技术进步。在该部分本章再根据企业特征进行横截面检验, 以进一步佐证本章的基本逻辑并排除可能的替代性解释。据此, 本章分别依据研发投入与知识产权保护两个视角展开分析。

(一) 研发投入

本质上, 企业数字化转型是一项技术投资项目, 主要内容包括大数据处理、人工智能、物联网以及数字技术运用等, 这意味着企业如果确实要进行数字化转型, 则需要投入大量的研发资金 (郭凯明, 2019)。如果企业本身并没有进行相应的研发资金投入, 那么年报中披露的数字化转型信息可能只是一种策略性披露或者是企业的战略构想, 难以对劳动收入份额产生重要影响。相比之下, 那些研发资金投入较大的企业更可能具有较高的数字化转型需求, 从而对劳动收入份额产生影响。本章使用研发投入与总资产的比值作为衡量企业研发投入 $R\&D$ 的替代变量, 并按照样本中位数将行业年度中位数划分为研发投入水平较高与较低两组分别进行检验。回归结果见表 9 - 11 的第 (1) 列和第 (2) 列。可以发现, 在研发投入水平较高组中, $Digital$ 的回归系数为 0.0657, 在 1% 的水平上显著, 但在研发投入水平较低组中, $Digital$ 的回归系数为 0.0341, 在 5% 的水平上显著, 并且 $Digital$ 的组间系数差异在 1% 的水平上显著①。这结果表明着对于研发投入水平较高的企业而言, 数字化转型对劳动收入份额的影响更大。

① 借鉴 Lu 等 (2019), 本章利用基于 Bootstrap (自抽样) 的组间系数检验方法来判断主要解释变量组间回归系数的差异是否显著。自抽样的基本思想是: 首先通过有放回的自抽样方法获得一系列经验样本, 然后在经验样本中根据其实际分组情况进行分组回归, 从而获得分组回归系数差异统计量 d 的经验分布, 最后通过检验 0 在 d 分布中的相对位置来检验 H_0: $d = 0$。若组间系数差异检验显著, 则可以拒绝假设 H_0, 即可以认为两组之间主要解释变量的回归系数存在显著差异。

表 9 – 11　　　　　　　　　　　横截面差异检验

变量	*Labor Share*			
	研发投入		知识产权保护	
	（1）较高	（2）较低	（3）较好	（4）较差
Digital	0.0657 *** (3.04)	0.0341 ** (2.04)	0.0430 ** (2.11)	0.0321 (1.54)
Size	− 0.0156 *** (− 5.48)	− 0.0250 *** (− 10.41)	− 0.0240 *** (− 7.87)	− 0.0183 *** (− 7.38)
ROE	− 0.0465 *** (− 5.64)	− 0.0279 *** (− 5.79)	− 0.0293 *** (− 5.28)	− 0.0373 *** (− 6.18)
Lev	− 0.0072 (− 0.70)	0.0111 (1.36)	0.0023 (0.19)	− 0.0032 (− 0.39)
Growth	− 0.0124 *** (− 8.45)	− 0.0152 *** (− 9.07)	− 0.0210 *** (− 10.00)	− 0.0131 *** (− 9.68)
COR	0.0257 *** (5.23)	0.0164 *** (4.99)	0.0181 *** (3.75)	0.0208 *** (5.91)
CI	0.0123 *** (7.17)	0.0153 *** (17.56)	0.0155 *** (14.47)	0.0137 *** (13.54)
MS	0.0001 (0.61)	0.0000 (0.27)	0.0002 (0.92)	0.0001 (0.60)
Indep	0.0091 (0.60)	− 0.0064 (− 0.44)	− 0.0044 (− 0.26)	0.0072 (0.53)
Age	0.0007 (0.09)	− 0.0009 (− 0.11)	− 0.0054 (− 0.45)	0.0082 (1.09)
SOE	0.0126 (1.54)	0.0059 (1.15)	0.0061 (0.73)	0.0040 (0.67)
HHI	0.0530 * (1.67)	0.0015 (0.07)	0.0544 (1.50)	− 0.0164 (− 1.06)
常数项	0.4357 *** (7.39)	0.6252 *** (11.91)	0.6343 *** (9.51)	0.4655 *** (8.86)
企业	YES	YES	YES	YES
年度	YES	YES	YES	YES
N	13806	13554	11576	16273

变量	Labor Share			
	研发投入		知识产权保护	
	(1)较高	(2)较低	(3)较好	(4)较差
Adj. R^2	0.877	0.812	0.856	0.854
Empirical p-value	0.006 ***		0.080 *	

（二）知识产权保护

企业数字化转型对劳动收入份额的影响可能依赖于完善的知识产权保护。企业数字化转型本质上是技术创新的过程，技术创新过程中势必伴随着发明专利（吴非等，2021）。如果企业的知识产权不能得到较好的保护，那么花费大量研发资金投入得到的成果就会被其他企业轻易窃取。较差的知识产权保护会降低企业数字化转型的积极性，进而也无法对劳动收入份额产生影响。相反，完善的知识产权保护能够为企业技术创新提供法律保障，激励企业扩大数字技术研发投入规模，预期会对导致数字化转型对劳动收入份额产生更大的影响。

本章使用国家知识产权示范城市来刻画企业所处地级市的知识产权保护水平。2011年，国家知识产权局制定《国家知识产权试点和示范城市（城区）评定办法》，截至2020年12月31日，国家知识产权局已评选出六批77个国家知识产权示范城市（见表9-12）。

表9-12　　　　　　　　　　　国家知识产权示范城市

年度	示范城市
2012	成都、大连、东营、福州、广州、哈尔滨、杭州、济南、洛阳、南京、南通、青岛、泉州、深圳、苏州、温州、芜湖、武汉、西安、烟台、长沙、镇江、郑州
2013	昌吉、东莞、贵阳、合肥、湖州、嘉兴、南阳、宁波、厦门、泰州、潍坊、无锡、新乡、长春、株洲、淄博
2015	安阳、北京、常州、佛山、南昌、攀枝花、湘潭、宜昌、镇江、中山
2016	德阳、惠州、金华、青岛、上海、天津、宣城、重庆
2018	马鞍山、绵阳、汕头、沈阳、石家庄、徐州
2019	昆明、南宁、盐城、珠海、鹰潭、九江、清远、玉林、乐山

被列入知识产权示范的城市将着力加强知识产权政策实施的力度，提

升知识产权执法保护的效果。具体而言，本章设置虚拟变量 *Property*，当企业注册地对应的地级市被列入国家知识产权示范城市当年及以后年度，*Property* 取值为 1，否则为 0。本章依据 *Property* 将样本划分为知识产权保护水平较好与较差两组分别进行检验。回归结果见表 9 – 11 的第（3）列和第（4）列。可以发现，在知识产权保护水平较好组中，*Digital* 的回归系数为 0.0430，在 5% 的水平上显著，但在知识产权保护水平较差组中，*Digital* 的回归系数不显著，并且 *Digital* 的组间系数差异在 10% 的水平上显著。这结果表明着对于知识产权保护水平较好地区的企业而言，数字化转型对劳动收入份额的影响更大。

总体来看，横截面测试结果表明数字化转型对劳动收入份额的在研发投入水平较高及知识产权保护水平较好的样本组中更加明显，这也在一定程度上排除了企业对数字化转型关键词进行策略性披露的顾虑、验证了使用文本分析方法刻画企业数字化转型的有效性。

五、数字化转型与收入分配结构、薪酬差距

在发现数字化转型提高劳动收入份额的基础上，本章进一步探索了这种增长的劳动收入份额在企业内部高管和普通员工之间的分配。以此回答：（1）劳动收入份额提高更多流向高管还是普通员工？（2）这将对企业内部薪酬差距有何影响？为此，本章将劳动收入份额 *Labor Share* 分解为高管收入份额（*Executive Share*）与普通员工收入份额（*Employee Share*）分别进行检验。其中，高管收入份额 *Executive Share* = 董事、监事、高管年薪总额/营业收入；*Employee Share* =（支付给职工以及为职工支付的现金 – 董事、监事、高管年薪总额）/营业收入。表 9 – 13 第（1）列和第（2）列提供的回归结果显示，数字化转型显著降低了高管的收入份额，而对普通员工收入份额则具有显著的提升作用。进一步地，本章检验数字化转型对企业内部薪酬差距的影响。借鉴徐灿宇等（2021），将薪酬差距（*Gap*）定义为企业高管平均薪酬与普通员工平均薪酬之比的自然对数①。第（3）列结果显示 *Digital* 的回归系数在 5% 的水平上显著为负，意味着企业数字化转型显著有助于降低高管与普通员工之间的薪酬差距。在薪酬差距日益扩大的情形下，本章发现数字化转型缓解了企业内部薪酬差距，

---

① 具体而言，*Gap* = ln[（董事、监事、高管年薪总额）/董事、监事、高管总人数]/[（支付给职工以及为职工支付的现金 – 董事、监事、高管年薪总额）/（职工总人数 – 董事、监事、高管总人数）]。

对如何推进共同富裕、缩小收入差距具有一定的启示意义。

表 9 – 13　　　　　　　　数字化转型与收入分配结构、薪酬差距

变量	Executive Share	Employees Share	Gap
	(1)	(2)	(3)
Digital	− 0. 0018 **	0. 0519 ***	− 0. 2352 **
	(− 2. 01)	(3. 62)	(− 2. 07)
Size	− 0. 0031 ***	− 0. 0122 ***	0. 1816 ***
	(− 21. 13)	(− 6. 39)	(10. 97)
ROE	0. 0001	− 0. 0312 ***	0. 1897 ***
	(0. 56)	(− 7. 90)	(6. 68)
Lev	− 0. 0017 ***	− 0. 0079	− 0. 0975 *
	(− 4. 27)	(− 1. 24)	(− 1. 85)
Growth	− 0. 0001	− 0. 0105 ***	0. 0888 ***
	(− 1. 17)	(− 9. 71)	(8. 73)
COR	0. 0001	0. 0215 ***	− 0. 0129
	(0. 48)	(8. 13)	(− 0. 80)
CI	0. 0013 ***	0. 0125 ***	− 0. 0113 ***
	(22. 96)	(15. 51)	(− 2. 93)
MS	0. 0000	0. 0000	0. 0059 ***
	(1. 16)	(0. 41)	(4. 24)
Board Size	0. 0022 ***	− 0. 0024	0. 0669
	(6. 42)	(− 0. 49)	(1. 29)
MSF Fee	− 0. 0004	0. 2228 ***	
	(− 0. 25)	(9. 22)	
Indep	− 0. 0002	− 0. 0005	− 0. 4421 ***
	(− 0. 23)	(− 0. 04)	(− 2. 77)
Age	− 0. 0008 **	− 0. 0058	− 0. 2009 ***
	(− 1. 99)	(− 1. 07)	(− 3. 39)
SOE	− 0. 0003	0. 0088 *	− 0. 1242 ***
	(− 0. 82)	(1. 74)	(− 2. 75)
HHI	0. 0033 ***	0. 0057	0. 0471
	(3. 92)	(0. 36)	(0. 44)

变量	Executive Share	Employees Share	Gap
	（1）	（2）	（3）
常数项	0.0694 *** （21.38）	0.3556 *** （8.37）	−2.1151 *** （−5.11）
企业	YES	YES	YES
年度	YES	YES	YES
N	27749	27749	27966
Adj. R²	0.826	0.832	0.691

六、宏观加总

考虑到本章的样本为上市公司，导致结论缺乏可推广性。为了说明本章结论的一般性，本章将研究结果进行加总，以考察数字化转型对地区劳动收入份额的影响。具体而言，本章设置如下模型估计省份层面的加总结果：

$$Province\ Labor\ Share_{p,t} = \sigma_0 + \sigma_1 \overline{Digital}_{p,t} + Province\ Controls_{p,t} + Year\ FE + \zeta_{p,t}$$

$$(9.4)$$

其中，*Province Labor Share* 表示省份劳动收入份额，参考已有关于宏观劳动收入份额的研究（周茂等，2018），*Province Labor Share* 被定义为劳动者报酬与劳动者报酬、固定资产折旧、营业盈余三者之和的比值。$\overline{Digital}$ 表示省份层面的数字化转型，定义为省份当年所有上市公司数字化转型的平均值。*Province Controls* 表示一系列省份层面的控制变量，包括资本劳动比 *KL*，定义为资本存量与从业人员比值的自然对数；出口规模 *Export*，定义为出口额与地区生产总值的比值；外商投资 *FDI*，定义为外商投资企业固定资产与地区生产总值的比值；城市化 *Urban*，定义为城镇人口与总人口的比值；资本存量 *KY*，定义为资本存量与地区生产总值的比值；预算支出 *Budget*，定义为政府一般预算支出与地区生产总值的比值；教育水平 *Edu*，定义为每十万人口高等学校平均在校生数的自然对数。此外，本章在模型（9.4）中加入时间固定效应以不同年度的宏观因素对结论的干扰。上述省份层面的变量都执行了上下 1% 的缩尾处理，以排除极端值的不利干扰。

表 9 - 14 报告了相应的回归结果。$\overline{Digital}$ 的回归系数均在 1% 的水平上显著为正。这表明在宏观层面上，本章的结论依然存在，进一步提高了

结论的普遍性。

表 9 – 14　　　　　　　　数字化转型与劳动收入份额：宏观加总

变量	Province Labor Share	
	(1)	(2)
$\overline{Digital}$	1.5262 ***	1.7579 ***
	(4.93)	(2.99)
KL	– 0.0649 *	– 0.0627 *
	(– 1.89)	(– 1.75)
Export	– 0.2633	– 0.3198
	(– 0.74)	(– 0.88)
FDI	0.3605	0.3375
	(0.44)	(0.40)
Urban	– 0.0206	– 0.0129
	(– 0.18)	(– 0.11)
KY	0.1462 *	0.1421 *
	(1.96)	(1.85)
Budget	0.0928	0.0989
	(0.84)	(0.83)
Edu	– 0.0656	– 0.0687
	(– 1.41)	(– 1.46)
常数项	1.7000 ***	1.6946 ***
	(4.43)	(4.40)
年度	NO	YES
N	248	248
Adj. R^2	0.443	0.436

七、稳健性测试

(一) 更换关键变量

为缓解被解释变量劳动收入份额的测量偏误，本章首先借鉴魏下海等 (2013) 的做法对劳动收入份额 Labor Share 进行 logistic 转换并取自然对数得到 Labor Share2，其计算公式为：Labor Share2 = ln (Labor Share/(1 – Labor Share))。其次，本章还使用企业所在地级市当年的从业人员平均工资与企业职工人数的乘积来刻画企业的劳动收入，*Labor Share*3 = 企业所在地级市当年的从业人员平均工资 × 企业职工人数/营业收入。再次，本章借鉴施新政等（2019）的做法将劳动收入份额定义为支付给职工以及为职工支付的现金与应付职工薪酬的贷方发生额之和再除以营业收入（*Labor Share*4）。最后，本章借鉴方军雄（2011）的做法，*Labor Share*5 = 支付给职工以及为职工支付的现金/（营业收入 − 营业成本 + 固定资产折旧 + 支付给职工以及为职工支付的现金）。本章分别用 *Labor Share*2、*Labor Share*3、*Labor Share*4、*Labor Share*5 替换 *Labor Share* 重新对模型（9.1）进行回归，表9 – 15 的第（1）列至第（4）列结果显示 *Digital* 的回归系数显著为正，与正文基本保持一致。

表9 – 15　　　　　　　　　　替换被解释变量的回归结果

变量	Labor Share2	Labor Share3	Labor Share4	Labor Share5
	（1）	（2）	（3）	（4）
Digital	0. 3096 ***	0. 0603 ***	0. 0402 **	0. 0518 ***
	(2. 65)	(3. 68)	(2. 26)	(3. 10)
Size	− 0. 1808 ***	− 0. 0227 ***	− 0. 0325 ***	− 0. 0193 ***
	(− 10. 70)	(− 11. 57)	(− 11. 36)	(− 9. 44)
ROE	− 0. 3053 ***	− 0. 0248 ***	− 0. 1681 ***	− 0. 0398 ***
	(− 9. 93)	(− 6. 78)	(− 21. 66)	(− 8. 20)
Lev	− 0. 1259 **	0. 0163 **	0. 0586 ***	0. 0087
	(− 2. 30)	(2. 52)	(5. 96)	(1. 11)
Growth	− 0. 1206 ***	0. 0008	− 0. 0218 ***	− 0. 0098 ***
	(− 13. 98)	(0. 71)	(− 15. 04)	(− 5. 98)
COR	0. 1650 ***	0. 0239 ***	0. 0010	0. 0198 ***
	(7. 78)	(7. 77)	(0. 24)	(6. 64)
CI	0. 1108 ***	0. 0106 ***	0. 0114 ***	0. 0146 ***
	(21. 49)	(12. 70)	(11. 51)	(16. 63)
MS	0. 0012	0. 0002 *	− 0. 0001	0. 0001
	(1. 07)	(1. 70)	(− 0. 49)	(0. 44)
Indep	− 0. 1206	− 0. 0019	− 0. 0144	− 0. 0041
	(− 1. 16)	(− 0. 14)	(− 0. 74)	(− 0. 33)
Age	0. 0099	0. 0003	0. 0063	− 0. 0045
	(0. 19)	(0. 05)	(0. 72)	(− 0. 70)

变量	Labor Share2	Labor Share3	Labor Share4	Labor Share5
	（1）	（2）	（3）	（4）
SOE	0.0722 *	0.0101 *	0.0313 ***	0.0050
	（1.72）	（1.73）	（4.06）	（0.89）
HHI	0.2056	0.0026	−0.0366 *	0.0220
	（1.64）	（0.14）	（−1.76）	（1.12）
常数项	1.5529 ***	0.5552 ***	0.9402 ***	0.5213 ***
	（4.18）	（13.27）	（14.74）	（11.76）
企业	YES	YES	YES	YES
年度	YES	YES	YES	YES
N	28018	26387	28029	25868
Adj. R²	0.863	0.812	0.753	0.827

在正文分析中，本章使用数字化转型关键词词频与年报总词数的比值进行分析。在稳健性测试部分，本章依次将企业数字化转型替换为：（1）$Digital2 = \ln($年报数字化转型关键词词频 $+ 1)$；（2）$Digital3 =$ 管理层讨论与分析部分数字化转型关键词词频/管理层讨论与分析部分总词数；（3）$Digital4 =$ 年报数字化转型关键词的句频/年报总句数；（4）$Digital5 =$ 管理层讨论与分析部分包含数字化转型关键词的句频/管理层讨论与分析部分总句数；（5）根据张永珅等（2021）的做法，本章将企业数字化无形资产占总资产的比重作为企业数字化转型程度 $Digital6$ 的替代变量[①]。表 9 – 16 中的 Panel A 报告了相应的回归结果。$Digital2$、$Digital3$、$Digital4$、$Digital5$ 以及 $Digital6$ 均显著为正。

此外，本章分别检验了不同大类数字化转型的影响，即：人工智能（AI）、区块链（BC）、云计算（CC）、大数据（BD）、数字技术运用（Appl），其中，$AI =$ 年报中人工智能关键词词频/年报总词数，以此类推。表 9 – 16 中的 Panel B 报告了相应的回归结果。AI、BC、CC、BD 以及 $Appl$ 的系数均显著为正。这些结果可以在一定程度上可以缓解数字化转型测量偏差对研究结论的不利影响。

---

① 本章通过对上市公司年报无形资产附注进行手工整理，当无形资产明细中包含：软件、网络、客户端、管理系统、智能、智慧、自动化等数字化转型关键词时，将该无形资产定义为数字化转型相关无形资产。

表 9 - 16　　　　　　　　　替换解释变量的回归结果

Panel A

变量	Labor Share				
	(1)	(2)	(3)	(4)	(5)
Digital2	0.0035 *** (5.39)				
Digital3		0.0109 *** (3.16)			
Digital4			0.0043 *** (3.82)		
Digital5				0.0008 *** (3.68)	
Digital6					0.0107 *** (5.07)
Size	-0.0211 *** (-11.25)	-0.0208 *** (-11.13)	-0.0210 *** (-11.19)	-0.0210 *** (-11.23)	-0.0206 *** (-11.08)
ROE	-0.0353 *** (-8.34)	-0.0365 *** (-8.43)	-0.0353 *** (-8.33)	-0.0365 *** (-8.43)	-0.0350 *** (-8.29)
Lev	0.0028 (0.41)	0.0028 (0.40)	0.0028 (0.40)	0.0028 (0.40)	0.0026 (0.38)
Growth	-0.0148 *** (-13.45)	-0.0152 *** (-13.57)	-0.0148 *** (-13.35)	-0.0151 *** (-13.52)	-0.0145 *** (-13.14)
COR	0.0188 *** (6.81)	0.0188 *** (6.74)	0.0187 *** (6.75)	0.0189 *** (6.75)	0.0186 *** (6.70)
CI	0.0143 *** (17.39)	0.0144 *** (17.26)	0.0143 *** (17.34)	0.0144 *** (17.28)	0.0143 *** (17.31)
MS	0.0001 (0.68)	0.0001 (0.84)	0.0001 (0.69)	0.0001 (0.82)	0.0001 (0.70)
Indep	0.0007 (0.06)	0.0024 (0.20)	0.0004 (0.03)	0.0026 (0.22)	-0.0001 (-0.01)
Age	-0.0028 (-0.49)	-0.0025 (-0.42)	-0.0033 (-0.57)	-0.0027 (-0.46)	-0.0016 (-0.27)
SOE	0.0068 (1.30)	0.0067 (1.26)	0.0065 (1.25)	0.0067 (1.27)	0.0065 (1.25)

Panel A

变量	Labor Share				
	(1)	(2)	(3)	(4)	(5)
HHI	0.0114 (0.64)	0.0133 (0.73)	0.0163 (0.90)	0.0142 (0.78)	0.0125 (0.70)
常数项	0.5546*** (13.92)	0.5498*** (13.87)	0.5557*** (13.99)	0.5534*** (13.98)	0.5443*** (13.73)
企业	YES	YES	YES	YES	YES
年度	YES	YES	YES	YES	YES
N	28056	27687	28056	27687	28056
Adj. R^2	0.832	0.832	0.832	0.832	0.833

Panel B

变量	Labor Share				
	(1)	(2)	(3)	(4)	(5)
AI	0.3846*** (4.15)				
BC		0.8184* (1.79)			
CC			0.1304*** (3.25)		
BD				0.1422*** (2.77)	
Appl					0.0731*** (3.04)
Size	-0.0207*** (-11.09)	-0.0204*** (-10.82)	-0.0205*** (-10.83)	-0.0206*** (-11.02)	-0.0205*** (-10.91)
ROE	-0.0353*** (-8.32)	-0.0354*** (-8.32)	-0.0354*** (-8.34)	-0.0355*** (-8.37)	-0.0354*** (-8.35)
Lev	0.0023 (0.34)	0.0026 (0.38)	0.0024 (0.35)	0.0024 (0.34)	0.0028 (0.40)
Growth	-0.0147*** (-13.26)	-0.0149*** (-13.43)	-0.0148*** (-13.44)	-0.0149*** (-13.45)	-0.0149*** (-13.51)

Panel B

变量	Labor Share				
	（1）	（2）	（3）	（4）	（5）
COR	0.0186 *** (6.72)	0.0185 *** (6.64)	0.0184 *** (6.64)	0.0186 *** (6.69)	0.0186 *** (6.71)
CI	0.0143 *** (17.32)	0.0143 *** (17.30)	0.0143 *** (17.31)	0.0143 *** (17.30)	0.0143 *** (17.32)
MS	0.0001 (0.78)	0.0001 (0.83)	0.0001 (0.80)	0.0001 (0.79)	0.0001 (0.73)
Indep	− 0.0005 （− 0.04）	− 0.0012 （− 0.10）	− 0.0009 （− 0.07）	− 0.0006 （− 0.05）	− 0.0004 （− 0.03）
Age	− 0.0027 （− 0.48）	− 0.0022 （− 0.38）	− 0.0024 （− 0.42）	− 0.0025 （− 0.44）	− 0.0024 （− 0.41）
SOE	0.0063 (1.21)	0.0064 (1.22)	0.0064 (1.23)	0.0063 (1.21)	0.0069 (1.31)
HHI	0.0194 (1.07)	0.0130 (0.73)	0.0124 (0.70)	0.0167 (0.92)	0.0102 (0.57)
常数项	0.5503 *** (13.87)	0.5417 *** (13.53)	0.5450 *** (13.53)	0.5474 *** (13.77)	0.5438 *** (13.59)
企业	YES	YES	YES	YES	YES
年度	YES	YES	YES	YES	YES
N	28056	28056	28056	28056	28056
Adj. R^2	0.832	0.832	0.832	0.832	0.832

（二）排除策略性披露

由于本章利用基于深度学习的文本分析法来刻画企业的数字化转型程度，该测度方式可能受到企业为迎合政策而导致策略性披露的可能。本章通过以下几种方式来缓解策略性披露问题：（1）考虑到企业选择是否披露数字化转型关键词可能一种策略性披露行为，本章剔除样本期内未披露数字化转型关键词的样本重新进行检验。表 9 – 17 的第（1）列中报告了相应的回归结果，Digital 的回归系数显著为正，结论未发生变化。（2）考虑到披露较多数字化转型关键词的企业可能存在夸大嫌疑，本章剔除样本期

内 *Digital* 上 1/4 分位数的样本重新进行检验。表 9 - 17 的第（2）列中报告了相应的回归结果，*Digital* 的回归系数显著为正，结论未发生变化。（3）考虑到信息披露质量较高的企业更不可能存在策略性披露行为，本章仅保留样本期内信息披露质量评级为 A、B 的样本重新进行检验[1]。表 9 - 17 的第（3）列中报告了相应的回归结果，*Digital* 的回归系数显著为正，结论未发生变化。（4）考虑到不同行业的数字化转型关键词披露存在较大差异，本章使用经行业均值调整后的数字化转型程度 *Digital Adj* 重新进行检验。表 9 - 17 的第（4）列中报告了相应的回归结果，*Digital Adj* 的回归系数显著为正，结论未发生变化。（5）考虑到高科技行业的企业更可能披露更多的数字化转型关键词，那么本章发现的结果很可能只来自高科技行业，从而导致研究结论缺乏普遍性。因此，本章将高科技行业剔除后重新进行检验[2]。表 9 - 17 的第（5）列中报告了相应的回归结果，*Digital* 的回归系数显著为正，结论未发生变化。（6）考虑到按行业类别直接划分是否属于高科技行业略微粗糙，本章利用企业当年是否被认定为高新技术企业来刻画企业是否属于高科技公司。本章将高新技术企业的样本剔除后重新进行检验，表 9 - 17 的第（6）列中报告了相应的回归结果，*Digital* 的回归系数仍然显著为正，结论未发生改变。总体而言，表 9 - 17 的回归结果可以在一定程度上缓解策略性披露对结论的不利干扰，并提高本章结论的普遍性。

表 9 - 17   排除策略性披露的回归结果

变量	Labor Share					
	（1）	（2）	（3）	（4）	（5）	（6）
Digital	0. 0374 ** (2. 51)	0. 1826 *** (3. 06)	0. 0529 *** (2. 83)		0. 0490 ** (2. 52)	0. 0554 *** (3. 80)
Digital Adj				0. 0429 *** (2. 66)		

---

① 深交所、沪交所综合考虑上市公司信息披露的及时性、准确性、完整性和合法性，给出四档考评：A、B、C、D。其中，A 表示最高，D 表示最低。

② 借鉴刘诗源等（2020），本章将化学原料及化学制品制造业（C26）、医药制造业（C27）、通用设备制造业（C34）、专用设备制造业（C35）、铁路、船舶、航空航天和其他运输设备制造业（C37）、计算机、通信和其他电子设备制造业（C39）、仪器仪表制造业（C40）、软件和信息技术服务业（I65）、研究和试验发展（M73）定义为高科技行业。

变量	Labor Share					
	(1)	(2)	(3)	(4)	(5)	(6)
Size	-0.0224 ***	-0.0210 ***	-0.0174 ***	-0.0206 ***	-0.0176 ***	-0.0201 ***
	(-7.66)	(-10.46)	(-6.29)	(-10.92)	(-6.92)	(-10.50)
ROE	-0.0366 ***	-0.0322 ***	-0.0563 ***	-0.0356 ***	-0.0227 ***	-0.0355 ***
	(-6.54)	(-6.58)	(-8.45)	(-8.38)	(-4.89)	(-7.95)
Lev	-0.0111	0.0108	-0.0029	0.0026	0.0045	0.0026
	(-1.37)	(1.61)	(-0.36)	(0.38)	(0.46)	(0.35)
Growth	-0.0164 ***	-0.0132 ***	-0.0131 ***	-0.0149 ***	-0.0147 ***	-0.0152 ***
	(-10.73)	(-10.35)	(-9.83)	(-13.44)	(-8.79)	(-11.83)
COR	0.0220 ***	0.0167 ***	0.0252 ***	0.0185 ***	0.0220 ***	0.0178 ***
	(4.61)	(5.85)	(5.71)	(6.66)	(6.48)	(6.13)
CI	0.0149 ***	0.0140 ***	0.0127 ***	0.0143 ***	0.0136 ***	0.0142 ***
	(13.73)	(16.91)	(10.20)	(17.31)	(14.18)	(16.69)
MS	-0.0001	0.0001	0.0001	0.0001	0.0002	0.0001
	(-0.52)	(1.17)	(0.64)	(0.73)	(0.96)	(0.81)
Indep	0.0042	0.0028	-0.0128	-0.0005	0.0003	0.0039
	(0.26)	(0.24)	(-0.88)	(-0.04)	(0.02)	(0.31)
Age	-0.0006	0.0006	0.0007	-0.0026	-0.0090	-0.0054
	(-0.07)	(0.11)	(0.11)	(-0.45)	(-1.24)	(-0.91)
SOE	0.0066	0.0051	-0.0004	0.0066	0.0123	0.0069
	(1.16)	(1.08)	(-0.06)	(1.26)	(1.54)	(1.27)
HHI	0.0029	0.0242	0.0335	0.0164	0.0630 **	0.0194
	(0.14)	(1.42)	(1.54)	(0.91)	(2.26)	(0.95)
常数项	0.6028 ***	0.5308 ***	0.4803 ***	0.5482 ***	0.4732 ***	0.5405 ***
	(9.17)	(12.60)	(8.37)	(13.70)	(8.23)	(13.35)
企业	YES	YES	YES	YES	YES	YES
年度	YES	YES	YES	YES	YES	YES
N	15929	20878	14920	28056	16866	24453
Adj. R²	0.858	0.819	0.850	0.832	0.821	0.826

第五节 数字化转型与企业劳动收入份额的研究结论与政策建议

数字化变革成为企业转型升级、提高核心竞争优势的关键策略之一。本章通过对企业年报进行本章分析来构建数字化转型变量，考察其对劳动收入份额的影响，研究发现企业数字化转型程度越高，劳动收入份额增加越多，平均而言，企业数字化转型程度每变动 1 个标准差，劳动收入份额将提高 2.88%。进一步检验发现，新任务创建效应与生产率效应是数字化转型促进企业劳动收入份额提升的重要机制。本章也发现当企业研发投入水平较高、地区知识产权保护较好时，数字化转型对劳动收入份额的提升作用会显著更大。本章还发现数字化转型带来的劳动收入份额提高主要来源于普通员工收入份额的增加，而且数字化转型能够显著降低企业内部高管与普通员工间的薪酬差距。最后，本章基于潜在结果因果模型框架执行了稳健性测试来加强因果推断。本章提供了数字技术发展影响企业劳动收入份额的经验证据，对于数字经济时代下如何改善要素收入分配、提高劳动收入比重、促进共同富裕具有一定的启示意义。

结合研究结论，本章的研究启示主要有以下三点：第一，本章研究发现企业数字化转型显著提高了劳动收入份额，这意味着地方政府应当发挥好导向作用，引导并支持地方企业加快数字化转型进程，进而在促使企业技术进步、地区产业转型升级的同时，提高劳动力在初次收入分配的比重，加快推动共同富裕。第二，本章研究发现新任务创建效应与生产率效应是数字化转型促进企业劳动收入份额提升的重要渠道，这表明企业需要提高对现有员工数字化技能的培训，还需要积极引进数字化人才，完善配套的薪酬激励措施，为企业数字化转型提供人力保障。第三，本章发现数字化转型对高技能劳动力的需求要大于对低技能劳动力的需求，这意味着对于劳动者个人而言，要提高数字经济时代的应变能力，积极采取多种手段掌握数字化技能，提升议价能力，保持个人在劳动力市场的竞争优势。

第十章 数字化转型与企业产能利用

第一节 数字化转型与企业产能利用的问题提出

一、选题背景

数字技术通过融合实体经济来变现数据价值正成为提升经济增长的新引擎,[①] 现有研究从供给产出视角考察了数字化发展对企业创新活动、专业化分工等实体运营方面的重要影响（王永进等，2017；黄群慧等，2019；袁淳等，2021）。然而，正如习近平总书记所强调，实现高质量发展和构建新发展格局还需要提升供给体系对国内需求的适配性。如果单纯注重供给产出而不考虑其对买方需求的适配性，那么就可能会忽视供应增速远超消费增速而引发的产能过剩、经济内部供需结构失衡等问题，而这必将损害经济发展韧性及可持续性。从这个意义来讲，在考虑供需适配的基础上估计数字化发展的经济净效应，对理解其助推高质量发展的经济逻辑具有重要启示。

二、研究问题的提出

第一，本章考察企业数字化发展对产能利用率的影响旨在关注安装产能多大程度上能被市场消化。随着国内大循环为主发展模式的建立，经济增长动力转向内需驱动的同时也突出了改善产能利用率的重要性和迫切性，推动供需协调匹配、健全市场化法治化化解过剩产能的长效机制近来已被多次重申。[②] 无可置否，提升产能利用率的根本在于降低信息摩擦以

---

① 2020 年我国数字经济规模占 GDP 比重为 38.6%，到 2025 年该占比预计将超过 50%，数字经济时代全面到来。

② 例如，2020 年 5 月出台的《中共中央 国务院关于新时代加快完善社会主义市场经济体制的意见》、2021 年 3 月发布的"十四五"规划和 2035 年远景目标纲要。

减少不确定性而实现的资源优化配置。① 一方面，这需要增强企业事前识别及捕获有关市场偏好、需求转换及购买力等关键信息的能力，从而对项目前景形成合理预测以避免建成的产能投资与市场需求相脱离，造成产能利用率低下（Paraskevopoulos et al.，1991；Gilbert and Lieberman，1987）；同时也要求企业及时掌握竞争对手动态信息以优化自身资源配置，如果企业只基于自身信息而不纳入潜在对手信息，其制定的最优资源投入也会偏离其市场（行业）一般均衡，最终使得市场（行业）加总产能远大于市场需求，导致较低的产能利用率（林毅夫，2007；林毅夫等，2010）。数字化发展为从互补汇聚的海量数据中提取更多价值信息并对生产方式进行迭代优化提供了条件，本章以此为分析逻辑来探索企业产能利用率是否及如何被影响。

数字化技术通过采集解析数据元素以重塑信息结构，有助于提升企业对市场需求趋势和竞争态势的感知能力及据此优化决策判断的能力（Louck et al.，2019）。具体来看，企业借助数字化技术采集分析客户历史的交易数据、浏览足迹等能更好地识别其消费偏好、需求转变、潜在购买力等关键市场信息、锁定目标客户及细化目标市场，进而对未来销售业绩、存货管理、产品创新及产品升级等形成更为精准的预测（Miklós - Thal and Tucker，2019；Milgrom and Tadelis，2019）。这也意味着企业数字化技术对可获取外部需求信息的增强能降低其在产能投资决策时面临的不确定性、形成更准确的市场前景预测，从而提高产能利用率。

数字化技术也有助于增强企业对潜在对手信息的获取解析并优化其投资决策的能力。采集分析潜在竞争对手动态信息在进行未来战略布局时不可或缺，如同行企业可能会推出什么类型的新产品或服务、潜在的盈利前景又会催生哪些新的竞争对手等，对这些信息的获取将有助于提升企业对市场总体产出的感知力和预测性，进而优化自身资源投入来最大化其收益。已有研究发展当掌握有关客户、契约、产品的详细信息后，企业本身有动机与其竞争对手进行协调从而在产品市场中获取更大收益（Goncharov and Peter，2019；Bourveau et al.，2020）。Bernard 等（2020）研究表明企业有动机利用相关信息技术工具对其他企业年报进行解读以获取更多价值信息，并随之用以自身投资决策制定：通过实施投资差异化战略来与对手

---

① 例如，《中共中央 国务院关于加快建设全国统一大市场的意见》明确提出"优化行业公告公示等重要信息发布渠道，推动各领域市场公共信息互通共享，便利市场主体信息互联互通，……依法公开市场主体、投资项目、产量、产能等信息，引导供需动态平衡。"

企业进行错位竞争。按照该分析逻辑，当数字化技术能使企业更大程度地获取竞争对手动态信息时，那么投资潮涌的缓解也会相应提升产能利用率。[①]

第二，本章认为数字化发展提升产能利用率的一个重要中间机理是市场需求对手动态等相关信息摩擦的降低。具体来讲，本章试图通过管理层预测及投资潮涌现象作为机制变量展开检验，企业数字化发展是否能够显著提升管理层预测准确性、降低投资潮涌风险。进而，管理层预测准确性的提升及投资潮涌风险的降低又显著提高了企业产能利用率。本章使用两阶段的机制检验方法进一步佐证了数字化发展通过减少信息摩擦进而提高产能利用率的基本逻辑。

第三，本章进一步分析企业数字化发展是否对同行及供应链上企业具有溢出效应。正如 Gu 等（2107）所言，任何一家企业的行为决策必然会对经济关联网络中的其他企业产生影响，这意味着数字化发展对产能利用率的改善可能并不局限于企业自身。毫无疑问，竞争关系及供应链关系是企业行为得以溢出的两条最重要途径（Dye，1990；Bushee and Leuz，2005；Shroff et al.，2017）。最后，本章也考察了企业数字化发展对其产品差异化战略、扩大产品市场份额及提高盈利能力的影响，从产品市场层面为企业数字化发展的经济后果提供了直接证据。

三、研究贡献

本章研究贡献主要在于：第一，本章贡献于数字化发展经济后果的相关研究。随着数字经济发展，企业数字化发展的实际效应也引发了学术界广泛探索。现有研究主要集中考察对企业实体经营层面的影响，如专业化分工、创新投入、经营业绩、全要素生产率等（黄群慧等，2019；袁淳等，2021；王永进等，2017；李琦等，2021；赵宸宇等，2021），但这些研究更多是从供给产出视角对其经济效益进行测量，但却忽视了供给体系对市场实际需求的适配能力，即市场对产能的消化问题。与之不同，本章关注产能利用率旨在考虑供给需求适配情形下来估计数字化发展的经济净效应，这不仅丰富了有关数字化发展潜在后果的相关研究，同时也为以数字经济作为我国经济增长新引擎的战略部署提供新的分析逻辑。

---

① 广东省制造业数字化转型实施方案（2021~2025）明确提出要借助工业互联网平台，打破行业壁垒、打通行业信息不对称，将多种类型和规模的制造业企业联系起来，形成有效的信息资源共享机制，提升产能匹配效率。

尽管刘淑春等（2021）也从投入产出视角分析了企业数字化发展，但值得注意的是该文的关注点在于企业数字化活动本身的投入产出效率。与之不同，本章关注的是：数字化发展对信息摩擦的改善如何通过提升市场预测及优化决策机制，从而影响既有生产要素的投入产出效率。而且，本章也发现企业数字化发展不仅能提升自身产能利用率，同时也能提升同行及供应链上其他企业的产能利用率，产生积极的正外部性。据本章所知，本章是第一篇关注并检验企业数字化发展外部性的研究，这对于准确估计数字化技术发展的经济效应具有重要意义。此外，本章也发现企业数字化发展有助于企业提升产品差异化、拓展市场份额、提高盈利能力，为数字化发展的产品市场后果提供了直接证据。

第二，本章丰富了有关产能利用率的研究。以信息不对称为逻辑分析起点，企业面临的需求不确定性、对潜在进入者信息缺失而造成的投资潮涌是导致企业产能利用率低下的重要因素（Malmendier and Tate，2005；徐朝阳和周念利，2015；林毅夫等，2007）。但目前考察对产能利用率改善的研究更多考察简化行政审批、设立行政审批中心等制度改革的影响（吴利学和刘诚，2018；卞元超和白俊红，2021；李启佳等，2020），鲜少关注信息环境改善的潜在作用，也并未对基于市场化的长效机制进行探索。本章立足于数字经济发展的时代背景，探索并识别提升企业产能利用率的一个新型治理机制——企业数字化发展，为理解优化企业运营的信息环境如何影响产能利用率提供了更多证据。

第三，本章考察数字化发展对企业产能利用率的影响，对于如何增强数字经济服务实体经济以赋能高质量发展具有重要的现实意义。厘清数字化发展对产能利用率的影响及其作用机制，有利于总结数字技术赋能实体决策、改善信息环境进而优化产能配置决策的相关经验，有助于为如何强化科技赋能、加快数字化转型，进而推动经济高质量发展，构建"双循环"新发展格局提供政策启示。

第二节　数字化转型与企业产能利用的理论分析与研究假说

如何提升产能利用率、避免产能过剩是经济发展面临的重要问题，也受到学术界密切关注。正如其定义所指：作为市场消化产能与潜在产能的比率，产能利用率提升必然同时涉及经济活动的主要参与者：企业、市场和政府等（Stiglitz，1999；徐朝阳和周念利，2015）。

在经济运行中，市场的决定性作用实质上反映的是市场运行信息在资源配置中的引导作用，各主体据此优化其决策函数。但现实世界中信息摩擦的存在，会损害市场主体的决策质量，如产能利用率低下就是一个重要体现。事前难以掌握市场需求的完备信息，使得企业更可能高估市场需求而形成较为乐观的市场预测，导致产能建设大于均衡条件下所需产能，最终造成事后真正投入的产能利用率相对较低（Paraskevopoulos et al.，1991；Malmendier and Tate，2005；Lu and Poddar，2006）。例如，Goyal 等（2007）理论研究表明企业的产能投资决策在市场需求不确定解决前做出，而企业倾向于做出更大的产能投资。徐朝阳和周念利（2015）基于中国企业数据研究发现即使行业的发展前景相对确定，不确定的市场需求使得高效率企业对产能投资相对谨慎，这反而留给低效率企业更多产能投资空间，最终造成总体产能利用率低下。肖明月和郑亚莉（2018）从市场需求视角也发现，通过结构优化提高供给质量以满足需求结构升级的需要，是化解产能过剩的有效方式。

此外，潜在竞争者的相关信息也是企业决策函数中不可忽视的重要参数（Beatty et al.，2013；Bernard et al.，2020）。Bernard 等（2020）考察发现企业会主动搜索学习同行企业的年报资料来提取有价值信息并将其用以指导自身的投资决策，最终促使企业自身及同行的投资效率均显著提高，更为重要的是企业会采取与竞争对手错位的竞争战略，即采取了差异化的产品战略。Bourveau 等（2020）结果表明当企业在财务报告中披露更多有关客户、产品等详细信息时，行业内企业会相互协调彼此在产品市场上的行为，以维护各自较高的利润率。那么相反地，潜在竞争者的相关信息的缺失可能就会造成企业投资决策呈现出潮涌现象，导致事后产能利用率低下的问题（林毅夫，2007；林毅夫等，2010）。在投资潮涌的分析框架中：即使掌握完备的市场需求信息，当大量企业对发展前景和预期利润达成高度共识时，对潜在竞争者决策行为信息的未知引发了投资潮涌现象，使得市场（行业）加总产能远大于市场需求最终造成实际产能利用率较低。

除去市场中的信息问题，政府也是我国企业产能利用率低下的重要解释因素。这主要是因为在"GDP 锦标赛"下，地方政府为了获取"GDP 锦标赛"的胜利去干预企业投资，加之各地区在土地和环境的"模糊产权"及金融体系的"预算软约束"问题使地方政府掌控了对企业投资进行实质性补贴的能力，从而造成企业投资行为上的潮涌现象、引发产能利用率低下（江飞涛等，2012）。徐业坤和马光源（2019）基于中国工业企业数据库的研究表明在政治晋升激励下，地方官员在临近变更时会加剧辖区内企业的产能过剩、造成产能利用率下降。无可置否，尽管地方政府在政治动机驱使下借助政策支持、政府补贴等干预手段会招致大量企业过度进入某个行业或产业从而造成产能利用率低下，但这本质上还是源于企业自身对同类企业行为信息缺失而导致企业之间难以进行有效协调，个体最优状态加总之后反而成为次优结果。

基于此，相关研究也积极探索有助于改善企业产能利用率的具体机制，但截至目前其考察视角更多聚焦在诸如行政审批改革、区域市场整合、"一带一路"倡议、混合所有制等制度改革之上（吴利学和刘诚，2018；卞元超和白俊红，2021；李启佳等，2020），而对于企业自身在改善产能利用率方面的可能机制却较少关注。与已有研究不同，本章立足于数字经济时代，从企业数字技术发展的维度来识别并探索防范产能过剩风险的市场化长效机制，为如何提升产能利用率提供思考。

面对数字经济的迅速发展，企业越来越多地采用大数据、云计算、物联网、社交媒体和移动平台等数字技术，积极推动数字化发展战略。企业数字化发展的经济意义，可以更为直观地理解为通过提升自身数据搜集利用及信息处理流通效率来对信息环境进行重塑，以便降低不确定性、提升超前感知能力从而提取价值源泉、优化决策制定，即从数据资源中提取信息、创建知识并实现价值变现的过程（马慧等，2021）。从这个意义来讲，企业可利用信息集的扩展甚至重塑是分析数字化发展的逻辑起点也是基本支撑点，这既源于数据量的扩大也受益于数据质的提升（Rozario and Zhang，2021）。

数据资源的获取和分析是企业超前感知市场需求及竞争态势变化的基础。数字化技术推进了企业与供应商、客户、政府、竞争对手之间的信息交换与学习，打通了在研发、生产、流通、分配、消费各经济环节中的信息流通，实现全渠道、全链条、全流程的信息连接，帮助企业填补数据盲点、弥合数据鸿沟以形成完整的数据链条。在此基础上，将其转化为有效信息输出用于市场需求预测、竞争对手分析以及供应链管理等，进而服务于自身的项目筛选评估、生产销售等经营决策（Liu et al.，2011；Constantiou and Kallinikos，2015；Meng and Wang，2020）。正如 Tucker 等（2020）所言，数字化技术是应对当前瞬息万变商业环境的有效方式，人工智能、机器学习及高级算法等能帮助企业揭示出业绩变化背后的一些未预期因素，如行业潮涌、供应链风险等，以便企业做出更好的应对。Ding

等（2020）发现使用机器学习方法对与保险索赔相关项目进行会计估计时，其估计准确性显著提高。Babina 等（2021）也证实使用数字化技术有助于企业更好地捕捉客户的潜在需求偏好及消费类型从而加快产品研发、丰富产品组合类型，最终实现更高的销售业绩。Bernard 等（2020）结果表明当企业在制定自身投资决策时有动机利用信息技术工具积极捕获提取竞争对手企业相关信息，从而实现投资效率及经营业绩的改善。那么在产能投资决策中，当数字化发展能帮助企业扩大可获取的市场需求及竞争对手信息量时，由于信息摩擦造成的产能利用率低下也将得以缓解。

此外，数据化技术发展通过改善信息质量也能降低不确定性、提升预测准确性进而优化决策质量。具体来看，数字化技术的采用使得企业与内外部之间发生信息记录、信息收集、信息交换等方式更趋自动化与智能化，有助于识别数据异常、减少错误信息（Seow et al.，2021）。例如，Tucker 等（2020）指出，数字化技术赋予财务会计工作流线性的自动化处理方式，对于准备财务报告时必须验证的凭证信息、会计处理一致性与相关准则的执行性，数字化工具能够最小化人为错误、认知偏差，从而提升财务报告质量。而且，数字技术也促使数据要素具有更强的即时性、透明性、可验证性（Dai and Vasarhelyi，2017；Gaur and Gaiha，2020）。以区块链技术为例，不同于传统会计记账，区块链提供了一个去中心化的分布式账本数据库，它对各节点当前交易的资金流及信息流等提供实时的记录和验证，而这种实时性恰恰使得企业管理层进行盈余操纵动机和机会被削弱（Chiu et al.，2021）。更为重要的是，一旦信息经过验证并添加至区块链就会被永久存储，除非获得各个节点同意否则单个节点无法对数据修改，这意味着依托于区块链的数据具有更高的稳定性和可靠性（Korpela et al.，2017）。Chod 等（2020）研究发现相比其他信息，银行在放贷决策中更相信基于区块链的存货信息对企业资质的信号传递。因此给定同行或供应链上企业的信息质量对于提升未来需求、成本等预测准确性以及提升投资质量具有重要作用（Beatty et al.，2013；Radhakrishnan et al.，2014），那么数字化发展对信息质量的提升也有助于企业获取更高质量的市场需求信息及潜在竞争对手信息，进而优化其产能投资决策、提升产能利用率。

基于以上分析，企业数字化发展通过改善信息环境能降低对市场需求信息及潜在竞争对手信息的信息摩擦，进而促使产能利用率提升。据此，本章提出如下研究假说：

研究假说：企业数字化发展能提高产能利用率。

第三节　数字化转型与企业产能利用的研究设计

一、样本选择与数据来源

本章以 2010～2020 年中国 A 股上市企业数据为初始研究样本，接下来进行筛选：（1）不考虑金融、保险行业的企业样本；（2）删除上市当年的企业样本；（3）删除数据缺失的样本。经上述筛选后，共得到 26966 家企业—年度观测值。企业财务数据从 CSMAR 获取，省级层面数据来自统计年鉴数据库。为避免极端值影响，本章对所有连续变量在分布两段的 1% 分位数上进行缩尾处理。

二、关键变量和模型设置

（一）企业产能利用率

企业产能利用率是指其实际产出与生产能力的比率，本章借鉴照课题组（2015）的做法，采用超越对数成本函数法测度样本企业的实际产出和最优产出，实际产出与最优产出的比值即为产能利用率（CU），CU 取值越大表示企业生产能力的利用程度越好。使用该方法来估算企业产能利用率也常见于近期相关研究（徐业坤和马光源，2019；马新啸等，2021）。

（二）企业数字化发展

数字化是一个系统性过程，其根本上依赖于企业对关键核心技术的布局和发展，而人工智能、区块链、云计算、大数据等技术则是核心技术的基本架构（戚聿东和肖旭，2020）。以此为依据，近期相关研究通过人工定义的数字化关键词对企业年报文本进行语义特征识别的词频分析方法构建了企业层面的数字化程度指标（吴非等，2021；袁淳等，2021）。但值得注意的是，表达者往往会使用语义相似的词汇对同一概念或事物进行描述，这意味着如果只利用人工定义的关键词的语义特征识别可能会遗漏掉年报文本中其他相似词汇提供的信息特征，造成测量偏误。基于此，本章首先以吴非等（2021）定义出的企业数字化关键词词集作为种子词集；接着借鉴胡楠等（2020）的方法采用 Word2Vec 机器学习技术对上述种子词集进行相似词扩充，最后分别使用数字化词汇总词频和总句频来构建企业数字化水平变量。具体而言，本章设置如下两个数字化程度指标，$DigitalW$ 为企业年报"管理层分析与讨论"文本中数字化词汇频数总和与该文本语段中总词汇的比率；$DigitalS$ 为企业年报"管理层分析与讨论"文本中包含数字化词汇的句子数总和与该文本中句子总数的比率。$DigitalW$ 和 $DigitalS$ 取值越大表示企业数字化程度越高。

（三）模型设定

为考察企业数字化水平对产能利用率的影响，本章估计如下回归模型：

$$CU_{i,t} = \alpha_0 + \beta_1 Digital_{i,t-1} + Controls_{i,t-1} + FixedEffects + \varepsilon \qquad (10.1)$$

其中，CU 为企业产能利用率变量；$Digital$ 为企业数字化程度变量——$DigitalW$ 和 $DigitalS$。借鉴已有研究（徐业坤和马光源，2019，马新啸等，2021；方森辉和毛其淋，2021），控制变量 $Controls$ 包括企业规模（$Size$）、负债率（$Leverage$）、资产回报率（ROA）、经营现金流比率（CFO）、全要素生产率（TFP）、员工数量（$Employee$）、企业年龄（Age）、董事会规模（$BSize$）、独董比率（$IndR$）第一大股东持股比例（$SH1$）、产权性质（SOE）和行业集中度变量（HHI）。具体变量定义见表 10 - 1。为了缓解内生性问题的干扰，使用关键解释变量和控制变量滞后一期进入回归。同时，回归模型还控制了企业与年度双向固定效应。本章使用异方差和（Cluster）调整所有回归系数的标准误。回归系数 β_1 测量的是企业数字化水平对未来产能利用率的影响，本章预期 β_1 将显著为正。

表 10 - 1   变量定义

变量名称	变量定义
CU	企业产能利用率，基于超越对数生产函数计算的企业实际产能与最优产能之比
$DigitalW$	企业数字化发展指标，年报管理层分析与讨论文本中数字化词汇频数总和与该文本语段总词汇的比率
$DiitalS$	企业数字化发展指标，年报管理层分析与讨论文本中包含数字化词汇的句子数总和与该文本中句子总数的比率
$Size$	企业规模，总资产的自然对数
$Leverage$	企业资产负债率，总负债/总资产
ROA	企业资产回报率，净利润/总资产
CFO	企业经营活动现金流/总资产
TFP	企业全要素生产率，以 LP 方法估计出的全要素生产率
$Employee$	企业员工数量，企业员工数量的自然对数
Age	企业年龄，企业上市年数的自然对数

变量名称	变量定义
BSize	企业董事会规模，ln（董事会人数）
IndR	企业独董比率变量，独立董事人数/董事会总人数
SH1	企业第一大股东持股比例
SOE	企业产权性质变量，如果为国有企业则取值为1，否则为0
HHI	行业集中度变量，基于企业销售收入计算的赫芬达尔指数变量

三、描述性统计

本章主要变量的描述性统计结果见表 10 - 2。可以看出，企业产能利用率 *CU* 的均值为 0.785，中位数为 0.682，标准差为 0.145，这与已有研究的描述性结果类似（徐业坤和马光源，2019）。企业数字化水平变量 *DigitalW* 和 *DigitalS* 的均值分别 0.004 和 0.060。企业规模 *Size* 的均值为 22.149，资产负债率 *Leverage* 的均值为 0.436，企业资产回报率 *ROA* 的均值为 0.046，*CFO* 的均值为 0.044，*TFP* 的均值为 14.544，第一大股东平均持股 34.2%。产权性质变量 *SOE* 和行业集中度变量 *HHI* 的均值分别为 0.363 和 0.047。

表 10 - 2 描述性统计

变量	N	Mean	SD	Q1	Median	Q3
CU	26966	0.785	0.145	0.479	0.682	0.962
DigitalW	26966	0.004	0.031	0.000	0.001	0.004
DigitalS	26966	0.060	0.249	0.006	0.025	0.072
Size	26966	22.149	1.292	21.230	21.988	22.893
Leverage	26966	0.436	0.213	0.267	0.427	0.591
ROA	26966	0.046	0.077	0.014	0.040	0.077
CFO	26966	0.044	0.071	0.006	0.044	0.086
TFP	26966	14.544	1.735	13.161	14.343	15.734
Employee	26966	7.642	1.273	6.802	7.591	8.440
Age	26966	2.918	0.327	2.708	2.944	3.135
BSize	26966	2.289	0.251	2.197	2.303	2.485
IndR	26966	0.381	0.072	0.333	0.364	0.429
SH1	26966	0.342	0.148	0.226	0.320	0.443

变量	N	Mean	SD	Q1	Median	Q3
SOE	26966	0.363	0.481	0.000	0.000	1.000
HHI	26966	0.047	0.051	0.020	0.037	0.059

第四节　数字化转型与企业产能利用的实证结果与分析

一、基准回归结果：企业数字化发展与产能利用率

首先，本章检验企业数字化发展如何影响其未来产能利用率，回归结果如表 10 – 3 所示。其中，第（1）和第（2）列给出了以数字化词频占比测量企业数字化发展的回归结果，可以发现，*DigitalW* 的回归系数分别在 1% 和 5% 水平下显著为正，这表明企业数字化发展水平越高其未来产能利用率越高。该结果也具有经济显著性，以第（2）列结果为例，企业数字化发展水平 *DigitalW* 每增加 1 个标准差，其未来产能利用率 *CU* 将提升 4.95%。当使用数字化关键词的句频占比作为数字化水平的测量指标时，第（3）和第（4）列中 *DigitalS* 的回归系数仍然显著为正，其经济意义也与前 2 列基本一致：*DigitalS* 每增加 1 个标准差将带来企业未来产能利用率 *CU* 提升 4.12%。综合表 10 – 3 结果可知，企业数字化发展都对产能利用率具有显著的改善作用，与本章研究假说一致。

表 10 – 3　　　　　　　　企业数字化发展与产能利用效率

变量	UC			
	(1)	(2)	(3)	(4)
DigitalW	2.722 *** (3.09)	1.850 ** (2.30)		
DigitalS			0.183 *** (3.35)	0.150 *** (2.61)
Size		− 0.078 *** (− 6.77)		− 0.078 *** (− 6.79)
Leverage		0.196 *** (5.96)		0.196 *** (5.96)

变量	UC			
	(1)	(2)	(3)	(4)
ROA		0.792 *** (19.09)		0.792 *** (19.08)
CFO		0.411 *** (10.51)		0.412 *** (10.52)
TFP		0.079 *** (13.77)		0.079 *** (13.75)
Employee		-0.002 (-0.20)		-0.002 (-0.21)
Age		0.211 *** (4.07)		0.211 *** (4.05)
BSize		0.017 (1.60)		0.017 (1.58)
IndR		0.015 (0.54)		0.015 (0.55)
SH1		-0.001 (-0.01)		-0.001 (-0.02)
SOE		-0.000 (-0.00)		0.000 (0.01)
HHI		-0.163 *** (-3.12)		-0.162 *** (-3.12)
截距	0.775 *** (239.01)	0.587 ** (2.34)	0.774 *** (236.69)	0.596 ** (2.37)
企业	√	√	√	√
年度	√	√	√	√
N	26966	26966	26966	26966
Adj. R^2	0.745	0.772	0.745	0.772

二、内生性检验

上述基本结果表明企业数字化发展能显著提升其未来产能利用率,但这可能会受到内生性问题干扰。例如,数字化发展不同的企业之间其基本面特征（如财务状况、信息环境、竞争环境、高管能力）可能显著不同，同时这些特征可能也会影响产能利用率，造成遗漏变量偏误。另外，产能利用率高的企业也可能能有更强动机和资源支持来主动进行数字化技术投资，导致反向因果。为增强基本问题的因果推断，本章将采用如下三种方法来缓解内生性问题的干扰。

（一）倾向得分匹配法

从某种意义来讲，企业是否进行数字化投资及其数字化发展程度是内生于其自身特征而非随机化的，这意味着数字化发展水平不同的企业在基本特征等方面也可能存在较大差别从而导致了产能利用率的不同。为缓解该顾虑，本章使用倾向得分匹配方法对企业基本特征在数字化发展水平不同的企业组之间进行平衡。具体而言，本章将数字化发展水平位于上三分位数企业定义为高数字化发展水平样本（$Treat = 1$），剩下的则为低数字化发展水平样本（$Treat = 0$）。接下来以数字化发展水平的虚拟变量（$Treat$）作为被解释变量，回归模型（10.1）中的控制变量作为解释变量来估计 Logit 模型，并根据由此计算出的倾向分值筛选出与高数字化发展水平样本组在基本特征方面最为匹配的低数字化发展水平样本作为对照组。表 10 - 4 的 Panel A 提供了 PSM 后的描述性统计结果，可以发现企业基本特征在两组样本中并不存在显著差异。接下来，本章使用 PSM 匹配后的新样本对基本问题重新检验，Panel B 的回归结果显示 *DigitalW* 和 *DigitaS* 的系数仍然显著为正，与表 10 - 4 结果基本保持一致。这意味着在一定程度上控制企业基本特征差异对产能利用率的影响后，数字化发展改善产能利用率的这一基本结果依然成立。

表 10 - 4 倾向得分匹配法

Panel A：描述性统计

变量	HDigital （N = 8972）		LDigital （N = 8972）		Mean Diff.	Median Diff.
	Mean	Median	Mean	Median		
Size	22. 211	22. 042	22. 213	22. 051	- 0. 002	- 0. 008
Leverage	0. 421	0. 415	0. 422	0. 410	- 0. 001	0. 005
ROA	0. 052	0. 046	0. 053	0. 043	- 0. 001	0. 003
CFO	0. 046	0. 047	0. 046	0. 044	0. 001	0. 002
TFP	14. 590	14. 410	14. 591	14. 372	- 0. 001	0. 039
Employee	7. 788	7. 739	7. 792	7. 712	- 0. 004	0. 027

Panel A：描述性统计

变量	HDigital（N = 8972）		LDigital（N = 8972）		Mean Diff.	Median Diff.
	Mean	Median	Mean	Median		
Age	2.904	2.944	2.905	2.944	0.000	0.000
BSize	2.285	2.303	2.282	2.303	0.003	0.000
IndR	0.384	0.364	0.384	0.364	0.000	0.000
SH1	0.342	0.321	0.343	0.319	−0.001	0.002
SOE	0.325	0.000	0.327	0.000	−0.002	0.000
HHI	0.047	0.037	0.047	0.037	0.000	0.000

Panel B：回归结果

变量	UC	
	（1）	（2）
DigitalW	1.669 *	
	(1.83)	
DigitalS		0.125 **
		(2.24)
Size	−0.094 ***	−0.094 ***
	(−5.83)	(−5.86)
Leverage	0.261 ***	0.261 ***
	(6.91)	(6.90)
ROA	0.786 ***	0.786 ***
	(14.12)	(14.12)
CFO	0.462 ***	0.462 ***
	(9.04)	(9.05)
TFP	0.083 ***	0.083 ***
	(10.98)	(10.96)
Employee	−0.002	−0.002
	(−0.15)	(−0.16)
Age	0.185 ***	0.184 ***
	(2.95)	(2.92)
BSize	0.012	0.011
	(0.80)	(0.78)

Panel B：回归结果

变量	UC	
	（1）	（2）
IndR	0.012 （0.31）	0.012 （0.32）
SH1	0.018 （0.27）	0.018 （0.27）
SOE	0.010 （0.36）	0.010 （0.37）
HHI	− 0.176 *** （ − 2.69）	− 0.176 *** （ − 2.68）
截距	0.997 *** （3.21）	1.009 *** （3.25）
企业	控制	控制
年度	控制	控制
N	17944	17944
Adj. R²	0.790	0.790

（二）工具变量法

此外，本章也参考黄群慧等（2019）以及袁淳等（2021），本章使用1984年中国各城市固定电话和邮局数量作为当地上市公司数字化转型的工具变量。从逻辑上来讲，该工具变量满足相关性条件，因为该工具变量应该对上市公司的数字化转型决策具有直接影响。上市公司所在地历史通信技术发展会从技术水平、社会习俗等方面对研究期间内上市公司应用数字技术产生潜移默化的作用。因此，理论上该工具变量与数字化转型变量相关。与此同时，上市公司所在地历史通信技术发展并不会对上市公司当前的数字化转型决策产生直接影响。因此，理论上该工具变量只会通过影响数字化转型来影响企业决策。然而，由于每个城市在1984年的固定电话和邮局数据是一个单年度的数据，据此本章参照已有研究的做法（赵涛等，2020；袁淳等，2021），使用全国互联网上网人数的滞后项乘以每个城市在1984年每万人固定电话数量得到的新变量（Phone）作为工具。检验结果如表10－5所示。Panel A 结果显示，工具变量的回归系数对于1%

的显著性水平具有统计显著性，而且，Cragg – Donald Wald F 统计量大于值均大于 10，这符合相关性条件的经验标准。Panel B 提供的第二阶段回归结果显示 *DigitalW* 和 *DigitalS* 的回归系数仍然显著为正，这表明在使用工具变量缓解内生性偏误后，仍然有经验证据表明企业数字化发展水平能够提高未来产能利用率。

表 10 – 5　　　　工具变量回归：企业数字化发展与产能利用率

Panel A：第一阶段结果

Dep Var =	（1）*DigitalW*	（2）*DigitalS*
Phone	0.001 *** (4.83)	0.008 *** (5.16)
第一阶段 F 值	23.35	26.66

Panel B：第二阶段结果

变量	UC	
	（1）	（2）
DigitalW	29.394 ** (1.96)	
DigitalS		1.693 ** (1.99)
Size	− 0.197 *** (− 20.77)	− 0.199 *** (− 22.02)
Leverage	0.367 *** (10.99)	0.367 *** (11.08)
ROA	0.903 *** (12.88)	0.910 *** (13.59)
CFO	0.426 *** (7.23)	0.431 *** (7.24)
TFP	0.344 *** (28.19)	0.345 *** (28.72)
Employee	− 0.059 *** (− 6.20)	− 0.058 *** (− 6.31)
Age	0.006 (0.33)	0.004 (0.22)

Panel B：第二阶段结果

变量	UC	
	（1）	（2）
BSize	0.010 (0.70)	0.006 (0.43)
IndR	-0.045 (-0.91)	-0.041 (-0.85)
SH1	0.127 *** (3.16)	0.123 *** (3.17)
SOE	0.064 *** (4.07)	0.066 *** (4.07)
HHI	0.094 (1.46)	0.095 (1.49)
企业	控制	控制
年度	控制	控制
N	26966	26966
Adj. R^2	0.257	0.270

（三）外生事件冲击

企业数字化发展需要当地的数字基础设施和数字技术的配套支持，即地区数字经济发展水平与企业数字化发展将密切相关。因此，为更加稳健地评估企业数字化发展能否改善其产能利用率，本章采用"宽带中国"试点的网络基础设施升级作为外生政策冲击，然后执行双重差分（DID）方法对基本研究问题重新检验。2013年8月，国务院印发《国务院关于印发"宽带中国"战略及实施方案的通知》，随后中国政府分批逐步推进宽带等网络基础设施的建设。具体而言，工业和信息化部、国家发展和改革委员会于2014年、2015年和2016年分三批共遴选出120个城市（群）作为"宽带中国"示范点。相比非示范点城市（群），示范点城市（群）开始着力提升宽带用户规模、推进宽带网络提速、增加网络覆盖范围，以此服务经济社会发展。可以发现，"宽带中国"试点的推行有利于展开一个错层DID的研究设计。但值得注意的是，近期研究发现如果只按照观测值是否在不同时间点接受处理效应设置虚拟变量执行统计检验，那么就会导致较大的估计偏误甚至相反结果，因为不同时点接受处理的个体之间其处理效应具有异质性以及其自身的处理效应具有动态性（Sun and Abraham，2020；de Chaisemartin and D'Haultfoeuille，2020）。

为此，在使用"宽带中国"形成的错层准自然实验情境时，我们借鉴Sun 和 Abraham（2020）的估计方法来纠正处理效应的异质性和动态性对结果产生的偏误。具体来看，通过执行如下步骤来进行分析：（1）对每个事件构建数据集，包含处理组和干净的对照组；（2）选定估计区间，以事件发生的时间为中心构造事件发生前后的时间窗口。在本章的研究情境下，我们选取的控制组是那些从未进入示范点城市（群）的样本，以此避免将已处理的处理组作为控制组带来的偏差。对于时间窗口的设置，我们首先按照每个城市入选示范点城市（群）的年度将时间段分为前后两个阶段，之前年度 $BDChina$ 取值为 1，之后年度 $BDChina$ 取值为 0。为进一步检验处理组和控制组企业之间在入选示范点之前的时间动态效应，我们以城市入选年度为中心，然后按照是否属于入选年度的前 5（4、3、2）年来设置虚拟变量 $Pre(-5)$（$Pre(-4)$、$Pre(-3)$、$Pre(-2)$）取值为 1，按照是否属于入选年度之后来设置虚拟变量 $Post$ 取值为 1。[①] 表 10 – 6 提供了相应的回归结果，可以发现，第（1）列中 $BDChina$ 的回归系数显著为正，这表明企业所在城市入选"宽带中国"示范点，企业的产能利用率显著提升。进一步观察处理前的时间动态效应，第（2）列结果显示，$Pre(-5)$、$Pre(-4)$、$Pre(-3)$、$Pre(-2)$ 的回归系数均不显著，但 $Post$ 的回归系数显著为正，这表明在入选示范点城市（群）前，处理组企业和控制组企业的产能利用率并没有显著差异，但在入选示范点城市（群）后，处理组企业的产能利用率得以显著提升。由于反事实无法观测，平行趋势假定实际上是不可检验的，但该检验结果在一定程度上能够支持平行趋势假定。

在此基础上，我们进一步将处理后动态效应打开，结果如图 10 – 1 所示，处理组企业所在城市在入选示范点城市（群）后，其对产能利用率的改善效应随时间逐渐增强。总体而言，从表 10 – 6 和图 10 – 1 结果可知，"宽带中国"示范点对企业数字化发展形成的外生冲击对企业未来产能利用率具有显著的提升作用，与基本结果保持一致。

---

① 入选前 1 年作为比较基准组。

表 10 – 6　　　外生冲击法:"宽带中国"形成的准自然实验情境

变量	UC	
	(1)	(2)
BDChina	0.015 ** (2.01)	
Pre(−5)		−0.005 (−0.87)
Pre(−4)		0.003 (0.52)
Pre(−3)		0.000 (0.02)
Pre(−2)		0.005 (0.96)
Post		0.016 ** (2.16)
Size	−0.080 *** (−6.90)	−0.109 *** (−9.18)
Leverage	0.201 *** (5.98)	0.134 *** (4.21)
ROA	0.795 *** (18.37)	0.552 *** (16.05)
CFO	0.393 *** (10.03)	0.385 *** (10.56)
TFP	0.079 *** (13.82)	0.131 *** (17.37)
Employee	−0.000 (−0.02)	0.001 (0.09)
Age	0.211 *** (4.06)	0.190 *** (3.64)
BSize	0.017 (1.63)	0.011 (1.07)
IndR	0.018 (0.62)	0.018 (0.63)

变量	UC	
	(1)	(2)
SH1	-0.019 (-0.34)	0.014 (0.25)
SOE	-0.010 (-0.51)	0.005 (0.26)
HHI	-0.185 *** (-3.58)	-0.339 *** (-6.41)
截距	0.629 ** (2.51)	0.588 ** (2.35)
企业	√	√
年度	√	√
N	26966	26966
Adj. R^2	0.757	0.794

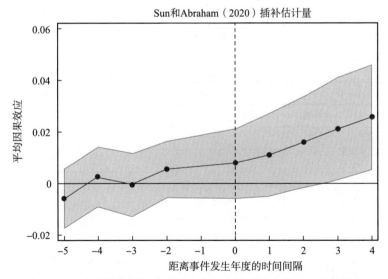

图 10 - 1　"宽带中国"冲击影响企业产能利用率的时间动态效应

三、其他稳健性测试

此外，本章还执行如下测试以确保研究结论的稳健性和可靠性：

（1）借鉴李雪松等（2017）的研究，本章采用企业总产值、资本投入和劳动投入构建 C－D 生产函数来估计上市企业产能利用率；（2）使用企业数字化关键词的词汇频数或包含关键词的句子频数的自然对数测量企业数字化发展水平；（3）使用标准化后的数字化水平变量；（4）为控制地区层面或行业层面的相关特征对结果的干扰，在模型中进一步控制省级×年度、省级×年度×行业的固定效应。表 10－7 报告的稳健性测试结果与表 10－3 基本保持一致，即企业数字化水平有助于提升其产能利用率。

表 10－7   其他稳健性测试

Panel A：基于 C－D 生产函数计算的产能利用率

变量	UC	
	(1)	(2)
DigitalW	1.948 ** (2.20)	
DigitalS		0.137 ** (2.53)
控制变量	√	√
企业	√	√
年度	√	√
N	26966	26966
Adj. R²	0.741	0.741

Panel B：取对数值的数字化发展水平变量

变量	UC	
	(1)	(2)
DigitalW	0.005 * (1.88)	
DigitalS		0.006 * (1.95)
控制变量	√	√
企业	√	√
年度	√	√
N	26966	26966
Adj. R²	0.745	0.772

Panel C：标准化处理的数字化发展水平变量

变量	UC	
	（1）	（2）
DigitalW	0.003 * （1.94）	
DigitalS		0.003 ** （1.96）
控制变量	√	√
企业	√	√
年度	√	√
N	26966	26966
Adj. R²	0.772	0.772

Panel D：更为严格的固定效应

Dep Var =	UC			
	（1）	（2）	（3）	（4）
DigitalW	1.416 * （1.74）		1.393 * （1.93）	
DigitalS		0.107 ** （2.11）		0.112 ** （2.43）
其他变量	√	√	√	√
年度×省份	√	√	—	—
年度×省份×行业	—	—	√	√
企业	√	√	√	√
N	27609	27609	27597	27597
Adj. R²	0.770	0.770	0.792	0.792

四、机制检验

接下来，本章进行机制检验以更好地识别数字化发展影响产能利用率的中间路径。较低的产能利用率可以直观理解为企业实际产出小于其资源配置所能达到的最优产能，这意味着企业有部分生产能力尚未被使用而处于闲置状态。究其原因，对市场需求及偏好变化等关键信息掌握不完全会导致企业形成准确度较低的市场预测，直接造成供给难以有效匹配需求，从而出现供给方产能过剩和有效需求得不到满足并存的供需结构错配现象，即市场需求预测不准确诱发企业较低的产能利用率（Paraskevopoulos 等，1991；肖明月和郑亚莉，2018）。此外，企业对行业内其他竞争对手产能建设决策信息掌握不完全而无法合理预期和判断投资总量，由此引发的投资潮涌也会直接导致产能过剩（林毅夫，2007；林毅夫等，2010）。即使处于同地区企业也难以克服这种由于信息不完全性带来的投资潮涌风险（赵娜等，2017）。基于此，本章分别从企业市场预测准确性及投资潮涌两个维度来解析企业数字化发展提升产能利用率的作用路径。

关于机制检验的研究设计，本章借鉴 Di Giuli 和 Laux（2022）的两阶段法。其基本思路是：第一阶段首先估计企业数字化水平对机制变量（M）的影响；在第二阶段，使用第一阶段得出的预测机制变量（$\hat{M}$）对产能利用率进行分析。两阶段方法实际上是将表 10-3 中的总效应加以分解，这样不仅可以观测到每一阶段的影响程度，还能得到相应的统计值来检验机制变量在连接解释变量和被解释变量时所发挥的关系强度是否具有统计显著性。简单来看，两阶段检验方法可以通过估计如下模型组来实现：

$$M = \alpha_0 + \beta_1 Digital + Controls + FixedEffects + \varepsilon \qquad (10.2)$$

$$CU = \alpha_0 + \gamma_1 \hat{M} + Controls + FixedEffects + \varepsilon \qquad (10.3)$$

其中，M 为机制变量，$Digital$ 为企业数字化水平变量，CU 为产能利用率变量，$Controls$ 为控制变量与模型（10.1）使用的控制变量保持一致。模型（2）为第一阶段检验，β_1 表示数字化水平对机制变量的影响程度，模型（3）为第二阶段检验，γ_1 表示由数字化发展驱动的机制变量对企业产能利用率产生的影响。

（一）企业数字化水平与市场预测准确性

管理层对未来市场前景的预测是影响内部资源配置的重要因素，因而一旦管理层对投资项目未来投入市场所产生的回报率得出了错误估计，也会随之扭曲其投资决策扭曲：对未来市场需求过度乐观往往会高估投资收益从而导致过度投资（Goodman et al.，2014）。采用两阶段机制检验方法，本章将数字化发展对产能利用率的总效应分解为数字化发展对市场预测准确性的影响及市场预测准确性对产能利用率两部分，以此来验证机制检验的统计显著性。在对该机制进行检验时，本章使用管理层盈余预测准确性作为其市场预测准确性的替代变量，这主要是因为企业并未提供直接反映市场需求的销售收入的预测数据，但不可否认的是管理层盈余预测实际上已经将市场需求、项目营利性等多方面因素考虑在内。据此，本章基于管理层做出的预测类型与企业当年实现的息税前利润变化相匹配，如果匹配一致则认为管理层预测相对准确，Forecast 取值为 1，否则为 0。如果企业数字化发展有助于企业更好地识别市场需求而提升市场预测准确性，那么可以预期模型（10.2）中 β_1 将显著为正，模型（10.3）中的 γ_1 则相应地显著为正，即相对准确的市场预测对于企业提升产能利用率具有重要意义。

回归结果见表 10-8。第（1）和第（2）列显示，第一阶段回归中 DigitalW 和 DigitalS 的回归系数分别在 10% 和 5% 水平下显著为正，这表明企业数字化发展水平越高，管理层预测准确性越高，即数字化发展水平有助于企业更好地识别市场需求。与此同时，第二阶段回归结果显示 $\widehat{ForecastW}$（$\widehat{ForecastS}$）的系数均显著为正，这表明准确性较高质量预测能够显著提升企业产能利用率。综合表 10-8 结果可以发现，企业数字化发展通过改善市场需求预测准确性而实现了更高的产能利用率。

表 10-8 机制检验：市场预测准确性

变量	第一阶段（Diff_CS）		第二阶段（UC）	
	（1）	（2）	（3）	（4）
DigitalW	1.920 * (1.78)			
DigitalS		0.143 ** (2.12)		
$\widehat{ForecastW}$			1.086 *** (2.71)	
$\widehat{ForecastS}$				0.100 *** (3.04)
Size	-0.030 *** (-2.95)	-0.031 *** (-2.97)	-0.045 *** (-2.73)	-0.048 *** (-3.17)
Leverage	0.192 *** (5.94)	0.192 *** (5.94)	-0.012 (-0.14)	0.005 (0.07)
ROA	0.270 *** (4.84)	0.272 *** (4.86)	0.504 *** (4.39)	0.527 *** (5.48)
CFO	0.175 *** (3.38)	0.176 *** (3.39)	0.226 *** (2.82)	0.242 *** (3.49)

变量	第一阶段（Diff_CS）		第二阶段（UC）	
	（1）	（2）	（3）	（4）
TFP	−0.005 （−0.96）	−0.005 （−0.98）	0.084*** （13.66）	0.083*** （14.00）
Employee	−0.008 （−0.91）	−0.008 （−0.94）	0.006 （0.57）	0.005 （0.51）
Age	0.092 （1.54）	0.091 （1.52）	0.108* （1.70）	0.117* （1.93）
BSize	0.039** （2.35）	0.038** （2.34）	−0.023 （−1.25）	−0.020 （−1.23）
IndR	0.022 （0.43）	0.022 （0.45）	−0.009 （−0.31）	−0.007 （−0.25）
SH1	−0.223*** （−4.09）	−0.222*** （−4.09）	0.244** （2.23）	0.224** （2.35）
SOE	0.010 （0.40）	0.010 （0.41）	−0.012 （−0.61）	−0.011 （−0.57）
HHI	0.060 （0.84）	0.061 （0.85）	−0.226*** （−3.87）	−0.221*** （−3.88）
截距	0.690*** （2.67）	0.700*** （2.71）	−0.158 （−0.43）	−0.100 （−0.30）
企业	√	√	√	√
年度	√	√	√	√
N	26966	26966	26966	26966
Adj. R²	0.111	0.111	0.770	0.770

（二）企业数字化水平与投资潮涌

本章采用两阶段方法来检验投资潮涌缓解是否为企业数字化发展提升产能利用率的重要机制。首先，本章借鉴 Jing 和 Zhang（2021）的方法计算出每个企业和同行其他企业间的投资相似度 InvSimi，并以此来衡量企业可能出现的投资潮涌程度。其基本逻辑在于：大量企业或资本同时投资于某类项目或某行业而形成的投资潮涌实际上也意味着企业间进行了大量相同或相似投资，即其投资相似度较高。如果企业数字化发展有助于改善企业由于对行业总量投资信息掌握不完全而引发的投资潮涌,那么可以预期模型(10.2)中β_1将显著为负。与此同时,模型(10.3)中的γ_1应显著为负。与之相反,如果在第一阶段中,β_1不显著或符号与预期相反,那么本章提出的投资潮涌机制并不成立;如果第二阶段中γ_1不具有统计显著性,这意味着数字化水平对产能利用率的降低并非由于投资潮涌的改善。

表10-9给出了两阶段回归结果。其中,第(1)和第(2)列首先提供了以投资潮涌变量(InvSimi)作为被解释变量的检验结果。可以发现,第一阶段回归中DigitalW和DigitalS的回归系数在1%水平下显著为负,这表明企业数字化发展程度越高其投资相似性越低,即数字化水平降低了企业的投资潮涌程度,与预期一致。在第(3)和第(4)列,在第二阶段中$\widehat{InvSimiW}$($\widehat{InvSimiS}$)的回归系数显著为负,这表明由企业数字化发展驱动的投资相似性降低能显著提升企业产能利用率。表10-9的机制检验结果证实:投资潮涌缓解是企业数字发展化水平提高得以改善产能利用率的重要路径。

表10-9　　　　　　　　　　机制检验:投资潮涌

变量	第一阶段(Inv_Simi)		第二阶段(UC)	
	(1)	(2)	(3)	(4)
DigitalW	-0.180*** (-3.64)			
DigitalS		-0.012*** (-3.82)		
$\widehat{InvSimiW}$			-0.103** (-2.30)	
$\widehat{InvSimiS}$				-0.112*** (-2.61)
Size	0.000 (0.89)	0.000 (0.91)	-0.075*** (-6.40)	-0.074*** (-6.39)
Leverage	0.012*** (9.99)	0.012*** (9.96)	0.325*** (5.04)	0.336*** (5.42)
ROA	0.021*** (7.53)	0.021*** (7.54)	1.010*** (9.61)	1.029*** (10.11)

变量	第一阶段（Inv_Simi）		第二阶段（UC）	
	（1）	（2）	（3）	（4）
CFO	0.017 *** (5.78)	0.017 *** (5.74)	0.590 *** (6.81)	0.605 *** (7.23)
TFP	-0.003 *** (-10.99)	-0.003 *** (-10.98)	0.046 *** (3.00)	0.043 *** (2.89)
Employee	0.000 (0.40)	0.000 (0.42)	-0.001 (-0.07)	-0.001 (-0.06)
Age	-0.004 *** (-4.01)	-0.004 *** (-4.00)	0.174 *** (3.20)	0.170 *** (3.11)
BSize	-0.002 ** (-2.36)	-0.002 ** (-2.33)	-0.001 (-0.10)	-0.003 (-0.22)
IndR	0.003 (1.04)	0.003 (1.04)	0.041 (1.36)	0.044 (1.45)
SH1	0.002 (1.16)	0.002 (1.16)	0.019 (0.33)	0.021 (0.36)
SOE	-0.003 *** (-5.95)	-0.003 *** (-6.00)	-0.032 (-1.37)	-0.035 (-1.51)
HHI	0.012 ** (2.49)	0.012 ** (2.49)	-0.042 (-0.55)	-0.030 (-0.42)
截距	0.091 *** (12.81)	0.091 *** (12.79)	1.522 *** (3.15)	1.610 *** (3.39)
企业	√	√	√	√
年度	√	√	√	√
N	26966	26966	26966	26966
Adj. R^2	0.199	0.199	0.772	0.772

五、横截面检验

前面分析表明，企业数字化发展提高企业产能利用率的作用路径体现在：依托于数字化发展水平提升对市场需求信息及潜在对手动态信息的改善，带来市场预测准确性的提升及投资潮涌的缓解。本章将基于行业及企业特征进行横截面差异检验以进一步佐证上述路径。

首先，本章关注行业同质性差异是否会导致数字化发展水平对产能利用率的影响产生截面差异。行业同质性是指在对于所属相同行业环境的企业，其技术能力、目标客户、产品结构、资源等方面具有高度一致性（Cairney and Young，2006）。与该逻辑一致，Mauri 和 Michaels（1998）发现对于所属行业同质性较高的企业，往往会在研发、营销、资本投资等方面高度趋同。从某种意义来讲，对于那些属于同质性较高行业的企业，管理层更可能在市场需求预测及潜在的投资机会等方面形成共同认知而采用相同的产能建设决策，最后反而造成产能利用率低下。按照这一分析思路，如果企业数字化发展通过纳入更多市场需求信息及竞争对手动态信息来提升产能利用效率，那么可以预期这种提升作用将在同质性较高的企业中更加明显。为此，本章借鉴 Parrino（1997）的方法使用同行业内每家企业的股票回报与行业回报相关系数的均值来测量行业同质性变量（Homo），然后再按照行业同质性是否高于样本中位数水平将行业区分为行业同质性较高和较低两组并对基本问题进行分组检验。从表 10 - 10 的回归结果可以发现，当企业属于同质性较高行业时，数字化发展水平变量均显著为正，但在行业同质性较低企业组，数字化水平发展变量都不显著，这表明企业数字化发展水平提升对产能利用率的改善主要存在于那些处于行业同质性较高的企业。

表 10 - 10　　　　　　　　横截面差异检验：行业同质性

变量	UC			
	（1）同质性高	（2）同质性低	（3）同质性高	（4）同质性低
DigitalW	3.585 ** (2.00)	1.074 (1.31)		
DigitalS			0.291 *** (2.60)	0.057 (1.14)
Size	-0.079 *** (-4.48)	-0.085 *** (-5.76)	-0.079 *** (-4.52)	-0.085 *** (-5.76)
Leverage	0.086 (1.58)	0.254 *** (6.44)	0.087 (1.60)	0.254 *** (6.44)
ROA	0.812 *** (12.67)	0.738 *** (13.36)	0.812 *** (12.67)	0.739 *** (13.36)
CFO	0.509 *** (9.38)	0.283 *** (5.52)	0.509 *** (9.39)	0.283 *** (5.53)

变量	UC			
	(1) 同质性高	(2) 同质性低	(3) 同质性高	(4) 同质性低
TFP	0.072 *** (8.86)	0.086 *** (11.41)	0.072 *** (8.81)	0.086 *** (11.40)
Employee	-0.032 ** (-2.04)	0.005 (0.40)	-0.032 ** (-2.04)	0.005 (0.39)
Age	0.071 (0.60)	0.320 *** (5.13)	0.071 (0.60)	0.320 *** (5.12)
BSize	0.017 (1.12)	0.017 (1.30)	0.017 (1.12)	0.017 (1.29)
IndR	0.028 (0.61)	0.007 (0.21)	0.028 (0.60)	0.007 (0.22)
SH1	-0.001 (-0.01)	0.041 (0.58)	-0.001 (-0.01)	0.040 (0.56)
SOE	-0.022 (-0.69)	0.051 ** (1.98)	-0.021 (-0.66)	0.051 ** (1.99)
HHI	-0.100 (-1.46)	-0.151 ** (-2.05)	-0.100 (-1.45)	-0.152 ** (-2.06)
截距	1.409 *** (2.98)	0.221 (0.68)	1.425 *** (3.01)	0.223 (0.69)
企业	√	√	√	√
年度	√	√	√	√
N	12054	14584	12054	14584
Adj. R^2	0.790	0.813	0.790	0.813

其次，本章关注产业政策对基本结果产生的不同影响。对于那些产业政策支持的行业或产业，往往会展现出较为乐观的发展前景时（如产业升级方向、潜在的总需求等），而且国家在信贷配给和财政补贴方面会给予企业优惠政策、提供更有利的融资平台，无可置否这些都会促使企业对这些行业的未来前景产生一致共识，但值得注意的是企业对潜在竞争对手动态信息及行业总量供给信息的不完全掌握会直接导致企业高度自身所能匹配的市场需求以及产能建设中的过度投资（林毅夫等，2010；花贵如等，

2021），最终后果是真正投入使用产能投资相对较低。如果企业数字化发展能帮助企业更加及时动态地掌握潜在对手企业及市场需求等关键信息，那么企业数字化发展对产能利用率的改善作用将在产业政策支持行业中更加明显。为此，我们首先按照产业政策将行业区分为支持型和非支持性行业进行分组检验表 10 - 11 提供了相应的回归结果。可以发现，企业数字化发展水平对产能利用率的影响主要存在于产业政策支持行业的样本组中，在非产业政策支持行业并没有显著影响，这意味着当企业对市场预测及投资潮涌风险更难识别时，数字化发展对产能利用率的边际效应更大，与预期基本保持一致。

表 10 - 11　　　　　　　横截面差异检验：产业政策

变量	UC			
	（1）支持	（2）非支持	（3）支持	（4）非支持
DigitalW	2.085 * (1.79)	0.333 (0.95)		
DigitalS			0.184 ** (2.40)	0.060 (0.98)
Size	-0.082 *** (-4.49)	-0.106 *** (-7.10)	-0.083 *** (-4.50)	-0.106 *** (-7.10)
Leverage	0.231 *** (4.91)	0.194 *** (5.07)	0.232 *** (4.92)	0.194 *** (5.07)
ROA	0.753 *** (10.33)	0.756 *** (15.93)	0.752 *** (10.31)	0.756 *** (15.93)
CFO	0.356 *** (6.15)	0.373 *** (7.81)	0.357 *** (6.17)	0.373 *** (7.81)
TFP	0.070 *** (7.57)	0.090 *** (10.93)	0.070 *** (7.55)	0.090 *** (10.92)
Employee	-0.034 ** (-2.12)	0.013 (0.97)	-0.034 ** (-2.14)	0.013 (0.97)
Age	0.147 * (1.75)	0.251 *** (3.82)	0.144 * (1.72)	0.251 *** (3.81)
BSize	0.026 (1.52)	0.009 (0.81)	0.026 (1.52)	0.009 (0.81)

变量	UC			
	(1) 支持	(2) 非支持	(3) 支持	(4) 非支持
IndR	-0.002 (-0.05)	0.017 (0.51)	-0.003 (-0.06)	0.017 (0.52)
SH1	0.067 (0.73)	-0.117* (-1.86)	0.068 (0.74)	-0.117* (-1.86)
SOE	0.041 (1.28)	-0.013 (-0.57)	0.042 (1.29)	-0.013 (-0.57)
HHI	-0.057 (-0.79)	-0.070 (-1.15)	-0.056 (-0.78)	-0.070 (-1.15)
截距	1.198*** (2.86)	0.868*** (2.77)	1.211*** (2.89)	0.871*** (2.77)
企业	√	√	√	√
年度	√	√	√	√
N	10582	15989	10582	15989
Adj. R^2	0.807	0.816	0.807	0.816

最后，我们也关注了企业数字化发展对产能利用率的影响是否随企业信息获取能力的不同而不同。如果企业数字化发展对产能利用率的改善是由于其对市场需求及潜在对手信息摩擦的提升，那么可以预期在那些信息获取能力较差企业中，产能利用率受数字化发展的边际影响相对更大。为此，我们使用企业高管和董事的校友关系网络中心度来测量其信息获取能力，这主要是因为大量社会学研究表明个体在其网络关系中所处的位置越中心，其信息获取和处理方面越具优势（Newman，2010）。与该逻辑一致，Faleye 等（2014）研究发现在校友关系网络中处于中心位置的 CEO 其信息优势更加明显、面临的不确定性相对更低，这促使企业进行更多 R&D 投资并且也产生了更高质量的专利产品。Javakhadze 等（2016）提供证据表明当 CEO 的网络中心度较高时，企业的投资效率显著更高，这主要是因为 CEO 的网络关系有助于缓解在投资决策中面临的不确定性，从而提升资源配置效率。因而类似地，当企业高管网络中心度较高时，更可能通过其网络优势获取有关市场需求及竞争对手动态方面的信息以优化产能投资决策。

具体而言，本章借鉴已有研究的做法首先计算企业高管的四种网络中心度变量（Freeman，1977）：度中心度（*Degree*）、接近中心度（*Closeness*）、中介中心度（*Betweenness*）和特征向量中心度（*Eigenvector*）；[①] 接着以上述四个中心度指标进行主成分分析，并选取第一大主成分作为衡量来构建企业高管中心度变量，最后按照行业中位数将样本分为中心度较高组合中心度较低组。表 10-12 的回归结果显示，数字化发展对产能利用率的提升主要存在于企业高管网络中心度较低企业组，这表明即企业数字化发展对产能利用率的改善在获取市场需求及竞争对手信息能力较差的企业组中具有更大边际影响，与预期保持一致。

表 10-12　　　　　　横截面差异检验：企业信息获取能力

变量	UC			
	（1）高管中心度高	（2）高管中心度低	（3）高管中心度高	（4）高管中心度低
DigitalW	0.582 (0.37)	2.811 *** (2.58)		
DigitalS			0.077 (0.78)	0.173 *** (2.60)
Size	-0.068 *** (-3.66)	-0.115 *** (-4.99)	-0.068 *** (-3.68)	-0.115 *** (-4.99)
Leverage	0.154 ** (2.31)	0.241 *** (3.51)	0.154 ** (2.31)	0.241 *** (3.51)
ROA	0.758 *** (10.81)	0.876 *** (11.86)	0.757 *** (10.81)	0.876 *** (11.85)
CFO	0.453 *** (7.42)	0.286 *** (4.20)	0.454 *** (7.43)	0.286 *** (4.21)
TFP	0.069 *** (7.14)	0.082 *** (8.11)	0.069 *** (7.14)	0.081 *** (8.10)
Employee	-0.021 (-1.07)	0.008 (0.47)	-0.021 (-1.08)	0.007 (0.45)

① 度中心度主要反映两个节点之间的直接联系，其他三种中心度变量则通过不同维度描绘了网络中所有节点之间的关系。具体而言，接近中心度反映了信息从节点 i 到达其他节点的速度，中介中心度强调了节点 i 的中介作用，即连接其他节点的重要作用，特征向量中心度不仅计算了与节点 i 关联的节点数量，而且考虑了这些关联节点本身具有的关联数量。

变量	UC			
	（1）高管中心度高	（2）高管中心度低	（3）高管中心度高	（4）高管中心度低
Age	0.174 **	0.388 ***	0.172 **	0.388 ***
	(2.09)	(4.20)	(2.06)	(4.20)
BSize	0.004	0.016	0.004	0.016
	(0.26)	(0.91)	(0.26)	(0.90)
IndR	−0.013	0.024	−0.013	0.025
	(−0.30)	(0.49)	(−0.30)	(0.50)
SH1	−0.102	−0.007	−0.102	−0.007
	(−1.04)	(−0.07)	(−1.03)	(−0.07)
SOE	0.031	−0.009	0.031	−0.009
	(1.13)	(−0.32)	(1.14)	(−0.30)
HHI	0.009	−0.064	0.010	−0.064
	(0.12)	(−0.74)	(0.13)	(−0.74)
截距	0.853 **	0.747	0.865 **	0.752
	(1.97)	(1.59)	(1.99)	(1.60)
企业	√	√	√	√
年度	√	√	√	√
N	9733	6914	9733	6914
Adj. R^2	0.815	0.818	0.815	0.818

六、附加分析

（一）企业数字化发展的溢出效应

正如 Gu 等（2017）所言，任何一家企业的行为决策必然会对经济关联网络中的其他企业产生影响，那么数字化发展对产能利用率的改善作用可能也不局限于企业自身，而是会溢出到其他企业。据此，本章也进一步考察了企业数字化发展对同行企业及供应链上企业所产生的溢出效应。企业信息披露及经营决策在同行业企业中产生的溢出效应在理论分析及实证检验中均已被大量证实（Dye，1990；Bushee and Leuz，2005；Shroff et al.，2017）。那么可以预期企业数字化发展改善的市场预测及投资决策同时也将溢出至同行其他企业，帮助同行其他企业在市场定位及产能投资时做出更为精准的预测，从而实现更高的产能利用率。

为检验该溢出效应，本章构建了同行其他企业的平均数字化程度 *Peer_DigitalW*（*Peer_DigitalS*）。表 10 - 13 第（1）至（2）列报告了回归结果，*DigitalW* 和 *DigitalS* 的回归系数均显著为正，即企业自身的数字化发展能改善企业产能利用率；更为重要的是，*Peer_DigitalW* 和 *Peer_DigitalS* 的回归系数也都显著为正，这表明在控制企业自身数字化程度后，同行其他企业数字化发展程度也能显著提升企业产能利用率。以第（2）列为例，*Peer_DigitalS* 每增加 1 个标准差将使企业产能利用率提升 7.74%，这表明同行数字化发展对企业产能利用率的改善作用不仅具有统计显著性还具有经济显著性，该结果证实了数字化发展对同行企业产能利用率具有正的外部性。

此外，供应链也是溢出效应产生的重要经济渠道（Cohen and Frazzini，2008）。企业需要供应链上其他企业信息来有效地规划其经营业务。例如，Radhakrishnan 等（2014）发现客户企业提供的高质量信息能帮助企业更好地制定产能投入、生产安排及存货管理决策，最终促使业绩得以改善。Chiu 等（2018）考察发现当客户对自身经营风险信息披露较多时，企业投资效率得以显著提升，这主要是因为对客户企业经营状况信息的掌握有助于企业更好地评估未来前景及相关投资的回报率，从而改善投资效率。类似地，有关供应链的大量研究也证实企业过度投资的重要原因之一是客户高估其产品需求所致（Lee et al.，1997）。基于该逻辑可以预期，企业数字化发展对自身市场预测及投资决策的改善实际上也有助于供应链上其他企业更好地进行市场定位及产能投资，从而实现更高的产能利用率。

为检验该溢出效应，本章借鉴 Ke 等（2019）的做法使用投入 - 产出表关系来识别企业所在行业的供应链行业，进而计算出供应链上其他企业的平均数字化程度均值 *SupplyChain_DigitalW*（*SupplyChain_DigitalS*）。表 10 - 13 第（3）和第（4）列的回归结果显示，在控制企业自身的数字化发展变量后，*SupplyChain_DigitalW* 和 *SupplyChain_DigitalS* 的回归系数均在 5% 水平下显著为正，这表明供应链上其他企业数字化发展程度对企业产能利用率具有显著为正的溢出效应。这种溢出效应也具有显著的经济意义：以第（4）列为例，*Supply_DigitalS* 每增加 1 个标准差将使企业产能利用率提升 10%。综合表 10 - 13 结果可知，企业数字化发展能对行业内及供应链上其他企业的产能利用率产生正的外部性。

表 10 – 13　　数字化发展对同行及供应链上企业的溢出效应

变量	UC			
	同行溢出效应		供应链溢出效应	
	(1)	(2)	(3)	(4)
Peer_DigitalW	4. 525 ** (2. 22)			
Peer_DigitalS		0. 244 * (1. 89)		
Supplychain_DigitalW			5. 706 ** (2. 52)	
Supplychain_DigitalS				0. 315 ** (2. 16)
DigitalW	6. 112 *** (2. 78)		1. 602 ** (2. 02)	
DigitalS		0. 351 ** (2. 52)		0. 105 ** (2. 10)
Size	− 0. 097 *** (− 7. 37)	− 0. 097 *** (− 7. 39)	− 0. 109 *** (− 8. 86)	− 0. 109 *** (− 8. 86)
Leverage	0. 265 *** (8. 12)	0. 265 *** (8. 12)	0. 269 *** (8. 79)	0. 269 *** (8. 78)
ROA	0. 808 *** (18. 38)	0. 809 *** (18. 39)	0. 830 *** (19. 28)	0. 831 *** (19. 28)
CFO	0. 464 *** (11. 22)	0. 464 *** (11. 24)	0. 434 *** (10. 90)	0. 434 *** (10. 92)
TFP	0. 085 *** (12. 88)	0. 085 *** (12. 87)	0. 121 *** (16. 67)	0. 121 *** (16. 67)
Employee	0. 005 (0. 39)	0. 005 (0. 39)	0. 002 (0. 15)	0. 001 (0. 14)
Age	0. 217 *** (3. 81)	0. 217 *** (3. 79)	0. 210 *** (3. 99)	0. 210 *** (3. 98)
BSize	0. 018 (1. 64)	0. 018 (1. 63)	0. 018 * (1. 65)	0. 017 (1. 63)
IndR	0. 009 (0. 31)	0. 009 (0. 30)	0. 009 (0. 31)	0. 008 (0. 30)

变量	UC			
	同行溢出效应		供应链溢出效应	
	（1）	（2）	（3）	（4）
SH1	0.073 （1.14）	0.071 （1.12）	0.058 （0.99）	0.058 （0.98）
SOE	−0.020 （−0.98）	−0.020 （−0.97）	−0.020 （−1.00）	−0.019 （−0.99）
HHI	−0.142** （−2.47）	−0.142** （−2.47）	0.067 （1.28）	0.068 （1.30）
截距	0.767*** （2.67）	0.776*** （2.69）	0.554** （2.05）	0.560** （2.07）
企业	√	√	√	√
年度	√	√	√	√
N	26966	26966	21427	21427
Adj. R^2	0.791	0.791	0.799	0.799

（二）差异化战略及产品市场后果检验

我们也考察了数字化发展如何影响企业在产品市场中的战略布局及相应的经济后果。Poter（1980）将企业竞争战略包括成本领先战略和差异化战略。其中，差异化战略聚焦于产品创新和客户个性化需求，其产品的辨识度和独特性更高；但成本领先战略则主要凭借过程创新以实现降低成本、增效应的目标。相对而言，低成本的竞争优势更容易被同行模仿、对企业竞争优势的维持性更低（胡楠等，2020）。因此，如果数字化技术帮助企业更好地识别市场需求及竞争对手动态，这也使其有能力在产能决策中纳入更多的客户个性化需求使其产品或服务与竞争对手相区别，以更好地针对细分市场和目标客户，即其竞争战略更趋向于差异化战略。为此，本章借鉴胡楠等（2020）方法构建了企业的差异化战略指标（DiffS），该指标是利用基于 Word2Vec 机器学习技术扩充竞争战略词集和计算词频的方法来构建的，最终以 165 个差异化战略词集在年报中出现的比率来衡量。表 10－14 第（1）和第（2）列给出了相应的回归结果，可以发现，数字化发展变量 DigitalW 和 DigitalS 的回归系数都显著为正，这表明企业数字化发展水平显著提升了其产品差异化程度。① 进一步地，我们也考察了企业数字化发展对其市场份额（*Market_Share*）和盈利能力（*ROA*）的影响，第（3）至第（6）列结果显示企业数字化发展对于扩大市场份额以及提升盈利能力均具有明显的促进作用。综合表 10 - 14 结果可知，企业数字化发展有助于其在产品市场中更好地实施差异化竞争战略、增大市场份额、提升盈利能力。

表 10 - 14 经济后果检验

变量	*DiffS*		*Market_Share*		*ROA*	
	（1）	（2）	（3）	（4）	（5）	（6）
DigitalW	0.052 *** (3.37)		0.120 ** (2.40)		0.631 *** (3.13)	
DigitalS		0.004 *** (4.32)		0.007 ** (2.12)		0.034 *** (2.58)
Size	− 0.000 * (− 1.83)	− 0.000 * (− 1.90)	0.003 *** (3.95)	0.003 *** (3.94)	0.040 *** (16.99)	0.040 *** (17.00)
Leverage	− 0.003 *** (− 5.94)	− 0.003 *** (− 5.93)	0.005 *** (3.67)	0.005 *** (3.67)	− 0.166 *** (− 22.93)	− 0.166 *** (− 22.94)
ROA	0.002 *** (3.53)	0.002 *** (3.51)	0.004 (1.57)	0.004 (1.59)	—	—
CFO	0.001 (0.97)	0.001 (1.00)	0.007 *** (3.28)	0.007 *** (3.29)	0.204 *** (16.72)	0.204 *** (16.72)
TFP	0.000 (0.61)	0.000 (0.56)	0.002 *** (3.51)	0.002 *** (3.51)	− 0.008 *** (− 6.65)	− 0.008 *** (− 6.65)
Employee	0.001 *** (6.56)	0.001 *** (6.51)	0.003 *** (4.90)	0.003 *** (4.89)	− 0.005 ** (− 2.37)	− 0.005 ** (− 2.38)
Age	− 0.001 (− 1.33)	− 0.001 (− 1.38)	0.000 (0.06)	0.000 (0.06)	− 0.003 (− 0.29)	− 0.003 (− 0.28)
BSize	− 0.000 (− 1.45)	− 0.000 (− 1.49)	0.001 (0.58)	0.001 (0.57)	0.004 (1.34)	0.004 (1.33)
IndR	0.001 (1.01)	0.001 (1.01)	0.004 (1.58)	0.004 (1.58)	− 0.002 (− 0.27)	− 0.002 (− 0.27)

① 本章也检验了数字化发展对企业成本领先战略的影响，但没有发现显著结果。

变量	DiffS		Market_Share		ROA	
	(1)	(2)	(3)	(4)	(5)	(6)
SH1	0.002 ** (2.03)	0.002 ** (2.05)	− 0.002 (− 0.62)	− 0.003 (− 0.63)	0.095 *** (8.10)	0.095 *** (8.07)
SOE	− 0.000 (− 0.00)	0.000 (0.04)	− 0.003 * (− 1.88)	− 0.003 * (− 1.86)	− 0.014 *** (− 2.85)	− 0.014 *** (− 2.83)
HHI	− 0.000 (− 0.44)	− 0.000 (− 0.40)	0.038 *** (3.71)	0.038 *** (3.71)	0.031 * (1.88)	0.031 * (1.88)
截距	0.020 *** (4.86)	0.020 *** (4.96)	− 0.133 *** (− 5.38)	− 0.133 *** (− 5.36)	− 0.662 *** (− 12.56)	− 0.662 *** (− 12.55)
企业	√	√	√	√	√	√
年度	√	√	√	√	√	√
N	26966	26966	26966	26966	26966	26966
Adj. R^2	0.671	0.671	0.440	0.440	0.453	0.453

第五节　数字化转型与企业产能利用的研究结论与政策建议

本章从企业产能利用率视角考察企业数字化发展对实体经济效率的影响，旨在为数字化战略助力高质量发展的经济逻辑提供新的思考。基于 2010～2020 年度上市企业样本，运用基于文本分析技术构建企业数字化发展指标，本章使用固定效应模型、倾向得分匹配、工具变量法、外生冲击等多种方法，实证检验了企业数字化发展对其产能利用率的影响及潜在的作用机制。

分析结果表明企业数字化发展能显著提升其未来产能利用率。具体而言，企业数字化转型程度每增加 1 个标准差，未来产能利用率能提升近 4%至5%。接下来围绕市场需求及竞争对手动态的信息不完备进行机制检验，结果发现数字化发展对市场需求预测准确性的优化及投资潮涌的改善是促使产能利用率提升的重要渠道。此外，数字化发展对产能利用率的提升作用也存在横截面差异：其影响在同质性较高行业、产业政策支持行业以及信息获取能力较低企业更为显著。本章还发现企业数字化发展也能显著提升同行企业及供应链上企业的产能利用率，具有显著的溢出效应。本章最后发现企业数字化发展有助于实施差异化竞争战略，最终扩大市场份额、提升盈利能力。在考虑内生性问题及相关稳健性测试后，本章基本结果仍然存在。本章提供了企业数字化发展提升产能利用率以及产品市场后果的相关经验证据，不仅从实体经济效率视角丰富了数字化转型经济后果的相关研究，也对国家进一步推进企业数字化变革、建立防范产能过剩的长效机制具有现实意义。

第十一章　数字化转型与企业产品市场表现

第一节　数字化转型与企业产品市场表现的问题提出

一、选题背景

大数据、物联网、人工智能等数字技术与实体经济的深度融合，带动全球经济加速进入工业 4.0 时代。2022 年 1 月，国务院印发《"十四五"数字经济发展规划》指出要以数字技术与实体经济深度融合为主线，赋能传统产业转型升级，为构建数字中国提供有力支撑。中国企业目前已经开始运用数字技术实施数字化转型战略，例如，2021 年 3 月 10 日，国务院国有资产监督管理委员会发布《2020 年国有企业数字化转型典型案例的通知》，介绍了 2020 年国有企业数字化转型 100 个典型案例。了解数字化转型对于企业所产生的实际效益对于后期理解数字化转型发展是非常必要的。

二、研究问题的提出

第一，本章考察企业数字化转型对产品市场表现的影响及其作用机理。数字技术是继蒸汽机、电气化、信息化之后的新型通用技术，是推动第四次工业革命的关键动力来源[①]。作为通用技术，数字技术至少可以从以下两方面提高资源配置效率，从而提升企业的产品市场表现。首先，数字技术可以提高市场信息的可获得性，增强需求预测的准确性（Brynjolfsson and Mitchell，2017；单宇等，2021）。利用数字技术，企业可以通过客户

[①]　Bresnahan 和 Trajtenberg（1995）将通用技术定义为普遍的、能够随着时间推移自我改进的、并能够产生互补创新的技术。

数据的收集与分析，更加精准掌握市场需求的变化，从而引导企业合理安排要素投入，提高资源配置效率。其次，数字技术还可以提高内部信息的可获得性，促进内部信息共享（Goldfarb and Tucker，2019；戚聿东和肖旭，2020）。数字技术针对研发、生产、经营等活动中数据运算和信息处理，促使信息在企业内各部门有效传递，提高决策效率并降低监督成本，实现资源配置优化。资源配置效率的提升将允许企业以更低的成本提供质量更高的产品与服务，提高企业的产品市场竞争优势。特别是对于企业开发新客户而言，数字技术有助于企业降低市场拓展成本，建立市场声誉，为开发新客户创造条件。因此，本章预期企业数字化转型可以提升其产品市场表现。

第二，为了加强基本问题的逻辑及排除其他替代性解释，本章试图从市场信息可获得性、内部信息可获得性两个维度进行横截面差异检验。首先，当市场信息可获得性较低时，管理者难以获取准确的市场信息来指导决策。而数字技术可以通过客户数据的收集与分析，更加精准掌握市场需求的变化，预期可以发挥更强的市场信息摩擦减少作用，对产品市场表现的提升作用更大。其次，当内部信息可获得性较差时，企业内各部门信息传递效率较低，决策与监督成本较高。而数字技术针对企业内部研发、生产、经营等各类信息的收集与分析有助于减少内部信息摩擦，提高信息共享程度，预期会对内部信息可获得性较差的企业发挥更大的作用。

第三，本章检验了企业数字化转型影响产品市场表现的作用渠道——资源配置效率提升。资源配置效率是影响产品市场表现的重要因素（Hsieh and Klenow，2009；Jovanovic，2014）。而资源配置效率是一系列决策的结果，决策的有效性又受制于信息的可获得性（David et al.，2016）。数字化转型将赋能需求预测与信息共享，提高市场需求预测的准确性，促进内部信息共享，优化资源配置，提升企业的产品市场竞争优势。本章尝试使用最新的两阶段中介法来验证这一作用机制渠道。

第四，本章关注数字化转型带来的产品市场表现提升究竟主要来自现有客户销售规模的扩大，还是新客户的开发？本章从考察企业数字化转型对商业信用供给、主营业务销售地区变化及客户集中度的影响，为理解数字化转型过程中对于客户的战略变化提供一定的见解。

三、研究贡献

本章研究贡献主要在于以下三方面。第一，本章拓展了数字技术经济效应的相关研究。已有研究主要关注数字技术对劳动力市场的影响，如就业（李磊等，2021；Dixon et al. ，2021）、工资（Acemoglu and Restrepo，2018；Acemoglu and Restrepo，2020）、技能极化（王永钦和董雯，2020；柏培文和张云，2021）。最近的研究考察了数字技术对企业资本市场表现的影响。例如，吴非等（2021）考察企业数字化转型对股票流动性的影响，研究发现数字化转型程度越高，股票流动性越大。张叶青等（2021）分析企业大数据应用对市场价值的影响，研究表明大数据应用可以显著提升企业市场价值。然而，现有研究忽略了数字化转型对产品市场表现的影响，而这直接关系到供给质量的优化与双循环新发展格局的构建，受到学术界及政府的密切关注。本章提供新的经验证据表明，数字化转型对企业产品市场表现具有积极的影响作用，有助于补充和完善有关数字经济发展经济效应的现有研究。

第二，本章贡献于产品市场表现影响因素的有关研究。已有研究主要关注企业治理因素对企业产品市场表现的影响。例如，Billett 等（2017）研究发现信息不对称程度越高，外部投资者的风险感知越强，企业产品市场表现越差。He 和 Huang（2017）提供证据表明，机构投资者交叉持股有助于提高企业的企业治理水平，改善其产品市场表现。刘行和吕长江（2018）则关注企业避税的战略效应，研究发现企业避税程度每提高 1 个标准差，其市场份额将增长 1.9%。倪骁然（2020）基于卖空压力视角，研究表明卖空压力上升提高了客户的风险感知，削减了同企业的业务往来，导致企业产品市场表现变差。本章则发现数字技术应用是影响企业产品市场表现的重要因素，丰富了产品市场表现影响因素的相关研究。

第三，本章贡献于企业客户关系影响因素的相关研究。已有研究较多关注客户关系对企业行为决策的影响，包括银行贷款契约（Campello and Gao，2017）、债券发行定价（王雄元和高开娟，2017）以及 CEO 期权薪酬（Liu et al. ，2021）等。最近的研究开始关注企业客户关系的影响因素。包群和但佳丽（2021）考察企业网络地位对大客户占比的影响，研究发现与位于网络边缘地位的企业相比，核心企业更有可能利用网络优势来分散客户市场份额，降低大客户占比。李姝等（2021）从创新角度出发，探讨研发投入对客户集中度的影响，结果表明研发投入增加能够显著降低客户集中度，削弱大客户制约风险。与这些研究不同，本章关注企业数字技术应用对新客户关系的影响。结果表明数字化转型带来的产品市场表现提升主要来自新客户的业务往来，为理解企业如何减少大客户依赖提供新的视角。

第二节　数字化转型与企业产品市场 表现的理论分析与研究假说

产品市场表现是深化供给侧结构性改革，推动构建双循环新发展格局的关键动力。已有研究表明，产品市场表现的重要影响因素之一是资源配置效率（Hsieh and Klenow，2009；Jovanovic，2014）。较高的资源配置效率意味着企业可以在相同要素投入的情况下生产出更多的产品，增强企业的成本竞争优势，改善产品市场表现。根据信息摩擦理论，资源配置效率取决于企业做出要素投入决策时依赖的市场信息和内部信息（David et al.，2016）。首先，当市场信息可获得性较低时，企业难以根据外部市场需求变化及时调整生产经营决策，资源配置效率与产出规模较低。Tanaka等（2020）利用企业针对 GDP 的预测来衡量企业预测准确性，结果发现预测误差提高将对生产率与利润率带来负面影响。其次，当内部信息可获得较低时，企业内各部门之间的信息共享程度较差。这会导致协调成本与监督成本增加，使得管理者难以对企业内部的人、财、物实现优化配置，由此造成的效率损失将导致产品市场表现变差。Graham 等（2015）利用调查数据研究发现，CEO 在内部资本配置决策上依赖于部门经理提供的信息。因此，如何通过缓解信息摩擦促进资源配置效率提升是改善企业产品市场表现的关键。

数字技术可以视为一种通用技术[①]，能够带来互补的创新，如需求预测、信息整合以及自动化等（Agrawal et al.，2017）。数字化转型是指企业利用数字技术整合数据、信息、计算、沟通和连接技术对其生产、经营、销售等活动进行重要变革的过程（Vial，2019）。本章预期企业数字化转型能够缓解信息摩擦，优化资源配置，提升产品市场表现。首先，数字技术可以提高市场信息的可获得性，增强需求预测的准确性。这有助于减少企业在要素配置决策时面临的市场信息摩擦，提高资源配置效率，进而改善产品市场表现。预测就是根据已有信息产生新的信息，与传统技术

[①]　通用技术包括蒸汽机、电气化、自动化和信息化等。这些通用技术不仅直接提高了生产率，而且还激发了重要的互补创新。例如，蒸汽机最初的作用是从煤矿中抽水，但后续促进了工业机械、轮船以及铁路等设备的发明。

不同，数字技术能够随时间推移实现自我改进与完善，不断提高预测的准确性。Brynjolfsson 和 McElheran（2016）发现数据驱动增强了管理层的预测能力，并显著提高了企业业绩。Brynjolfsson 和 Mitchell（2017）指出当数据集足够大时，机器学习的算法可以自动生成一个函数，并利用计算机训练系统，以提高预测的准确性。单宇等（2021）以"林清轩"生物科技企业为案例，发现数字技术的预测效应提高了企业在危机期间的风险应对能力。以上分析表明，如果企业利用数字技术对客户业务往来数据收集并分析，那么，企业更能精准掌握市场需求的变化，洞察潜在客户需求，甚至直接让客户参与产品与服务的创新进程，实现企业产品与服务与客户需求的深度融合。这有助于企业根据预测结果针对性地改进产品与服务质量，提升企业的产品市场竞争优势。

其次，数字技术还可以提高内部信息的可获得性，促进内部信息共享。数字技术的不断迭代更新，推动了企业内部信息加速流转。信息实时共享能够减少企业内各部门间的信息摩擦，提高决策效率，优化资源配置（Goldfarb and Tucker，2019）。例如，制造执行系统（Manufacturing Execution System）利用条码扫描技术、数字连接终端、设备芯片存储等自动化数据采集手段，满足企业对生产过程的实时监控与全面追溯需求，为企业不同层次管理者的决策提供有效数据，帮助企业不断优化资源配置、改进产品质量、提升客户满意度。戚聿东和肖旭（2020）指出数字技术提高了企业内各职能部门的信息共享，加强了部门之间的相互配合，推动组织结构趋于网络化、扁平化。张叶青等（2021）发现大数据应用可以使企业内部各组织之间信息传递的成本更低，效率更高。曹鑫等（2022）以小米科技企业为案例，发现人工智能部、大数据部、云平台部能够有效加强部门间的内在联系，提高数据共享程度和数据处理效率。此外，数字技术还可以减少人工流程与人为干预，促进生产过程的自动化，降低错误发生率，这对于改进生产工艺、提高良品率与产品质量具有重要意义。以上分析表明，数字技术有助于减少内部信息摩擦，提高资源配置效率与产品质量，从而改善产品市场表现。

综上所述，数字化转型赋能需求预测与信息共享，推动资源配置效率提升，使企业能够以更低的成本为客户提供质量更高的产品与服务，从而提升企业的产品市场表现。基于此，本章预期企业数字化转型能够提升产品市场表现。

第三节　数字化转型与企业产品市场表现的研究设计

一、样本选择与数据来源

本章以 2007～2020 年中国资本市场上市企业数据为初始研究样本，然后进行筛选：（1）不考虑金融、保险行业的样本；（2）剔除 ST、*ST 等特殊处理类企业的观测值；（3）剔除资产负债率大于 1 的样本观测值；（4）剔除相关财务数据缺失的样本观测值。本章所使用的财务数据 CSMAR 同花顺金融数据终端（iFinD）获取。本章通过对企业年报进行文本分析来构建数字化转型变量，其中企业年报来自证券交易所官网。根据已有关于产品市场表现的研究，本章剔除了年度内小于 10 家企业的二级行业。为避免极端值对结果的干扰，本章对所有连续变量执行了上下 1% 的缩尾处理。回归中使用企业层面 Cluster 调整以增强推断的稳健性。

二、关键变量定义与模型设置

（一）数字化转型（*DT*）

随着文本分析技术的发展，经验研究中对于企业数字化转型的经验度量逐步从地区或行业层面的数字经济指标细化至企业层面，为更好地识别及估计数字化转型的经济后果提供了契机。为了有效衡量企业数字化转型程度，本章利用基于深度学习的文本分析法构建变量。

该方法的具体步骤如下：第一，构建企业信息大数据语料库。基于 Python 爬虫技术，选用财务报表数据、重要政策文件以及研究报告作为数据来源①，利用正则表达数据挖掘技术，将数据来源提炼为以句为单元的规范化文本数据。第二，构建企业数字化转型术语词典。通过参考一系列数字化相关的文献，归纳整理出有关企业数字化转型的特定核心关键词。同时，使用企业信息大数据语料库，训练深度神经网络模型，生成同义词扩展词，将核心关键词与扩展词添加到企业数字化转型术语

---

① 主要包括《"十四五"数字经济发展规划》《促进大数据发展行动纲要》《2021 年企业数字化转型白皮书》《2021 年中央企业数字化转型研究报告》以及近年《中央经济工作会议内容全文公报》与《政府工作报告》等文件。

词典①。第三，基于自然语言处理挖掘文本数据。基于构建的企业数字化转型术语扩展词典，使用自然语言处理中文分词模型对企业的财报文本数据进行句子到分词处理，并剔除标点等无关词。接着，使用词频统计算法来量化提取的"企业数字化转型"分词的加权词频。第四，构建企业数字化转型程度指标。运用每份企业年报中所包含关键词的词频总和，将其对数化处理得到企业数字化转型变量（DT）。

（二）产品市场表现（MSG）

借鉴已有文献（He and Huang，2017；倪骁然，2020），本章将产品市场表现（MSG）定为企业营业收入占同行业营业收入总额比重的增长率。其中，行业分类采用证监会 2012 版行业分类标准二级代码。MSG 取值越大表示产品市场表现越好。此外，本章还选取了一系列替代性指标来刻画产品市场表现，结论基本保持不变。

（三）研究模型

本章采用如下回归模型考察企业数字化转型对其产品市场表现的影响：

$$MSG_{i,t+1} = \beta_0 + \beta_1 DT_{i,t} + \beta_2 Size_{i,t} + \beta_3 Lev_{i,t} + \beta_4 ROA_{i,t} + \beta_5 CF_{i,t} + \beta_6 CH_{i,t}$$
$$+ \beta_7 CEG_{i,t} + \beta_8 RD_{i,t} + \beta_9 MB_{i,t} + \beta_{10} Age_{i,t} + \beta_{11} Top10_{i,t}$$
$$+ \beta_{12} SOE_{i,t} + Firm\ FE + Ind \times Year\ FE + Prov \times Year\ FE + \varepsilon_{i,t}$$

$$(11.1)$$

其中，因变量 MSG 为企业 i 在 $t+1$ 年的产品市场表现；关键解释变量 DT 为企业数字化转型变量。参考已有关于产品市场表现的相关研究（He and Huang，2017；倪骁然，2020），本章执行如下控制：企业规模（Size）、资产负债率（Lev）、总资产收益率（ROA）、企业现金流（CF）、企业现金持有（CH）、资本支出增长率（CEG）、研发支出（RD）、市值账面价值比（MB）、企业年龄（Age）、股权集中度（Top10）以及国有股持股比例（SOE）。各变量的详细定义如表 11 − 1 所示。此外，本章还在回归模型中加入企业固定效应以控制企业层面不可观测的因素对研究结论的干扰；加入行业×年度固定效应以控制不可观测的随时间变化的行业特征对研究结论的不利干扰；加入省份×年度固定效应以控制不可观测的随时间变化的省份特征对研究结论的不利干扰。模型（11.1）中回归系数 β_1 估计了数字化转型对产品市场表现的影响，本章预期其显著为正。

---

① 具体核心关键词包括：商业职能、智能数据、数据可视化、异构数据、云计算、流计算、图计算、分布式计算、数字营销等。

表 11 –1   变量定义

变量名称	变量定义与说明
MSG	产品市场表现，定义为企业营业收入占同行业营业收入总额比重的增长率
DT	数字化转型，定义为数字化转型关键词的词频总数加1的自然对数
Size	表示企业规模，定义为总资产的自然对数
Lev	资产负债率，定义为总负债与总资产的比率
ROA	总资产收益率，定义为净利润与总资产的比率
CF	企业经营活动现金流量，定义为经营活动产生的现金流量净额与总资产的比率
CH	企业现金持有量，定义为现金及其等价物与总资产的比率
CEG	资本支出增长率，定义为购建固定资产、无形资产及其他长期资产支付的现金的增长率
RD	研发支出，定义为研发投入额与营业收入的比率
MB	市值账面价值比，定义为市场价值与净资产账面价值的比率
Age	企业年龄，定义为企业成立年限的自然对数的比率
*Top*10	股权集中度，定义为企业前十大股东持股比率之和
SOE	国有持股，定义为国有股东持股数与总股本的比率

三、描述性统计

本章的主要变量描述性统计结果见表 11 – 2。可以发现，产品市场表现 *MSG* 的均值为 0.0606，中位数为 – 0.0408，标准差为 0.7084。数字化转型变量 *DT* 的均值为 0.8354，标准差为 1.2277，说明数字化转型程度在不同企业存在较大差异。企业规模 *Size* 的中位数为 21.9278，资产负债率 *Lev* 的中位数为 0.4386，总资产收益率 *ROA* 的中位数为 0.0354，企业现金流 *CF* 的中位数为 0.0445，企业现金持有 *CH* 的中位数为 0.1484，资本支出增长率 *CEG* 的中位数为 0.0608，市值账面价值比 *MB* 的中位数为 3.2907，企业年龄 *Age* 的中位数为 2.7726)，股权集中度 *Top*10 的中位数为 0.5864。国有股持股比例 *SOE* 的均值为 0.0628。

表 11 –2   描述性统计

变量	N	Min	Mean	SD	P25	P50	P75	Max
MSG	27976	– 0.8367	0.0606	0.7084	– 0.1773	– 0.0408	0.1020	5.6203
DT	27976	0.0000	0.8354	1.2277	0.0000	0.0000	1.3863	4.6634

变量	N	Min	Mean	SD	P25	P50	P75	Max
Size	27976	19.0567	22.1014	1.2818	21.1780	21.9278	22.8421	25.9247
Lev	27976	0.0518	0.4404	0.2057	0.2779	0.4386	0.5972	0.9952
ROA	27976	-0.4175	0.0361	0.0644	0.0136	0.0354	0.0645	0.2106
CF	27976	-0.2035	0.0448	0.0734	0.0054	0.0445	0.0867	0.2628
CH	27976	0.0072	0.1849	0.1331	0.0921	0.1484	0.2395	0.7116
CEG	27976	-0.9451	0.8591	3.3860	-0.3349	0.0608	0.7366	28.1071
RD	27976	0.0000	0.0300	0.0410	0.0000	0.0185	0.0421	0.2386
MB	27976	0.8150	4.1049	3.2040	2.3743	3.2907	4.7007	29.1453
Age	27976	1.0986	2.7167	0.4009	2.4849	2.7726	2.9957	3.4340
Top10	27976	0.2263	0.5780	0.1535	0.4690	0.5864	0.6941	0.9459
SOE	27976	0.0000	0.0628	0.1536	0.0000	0.0000	0.0000	0.6929

第四节　数字化转型与企业产品市场表现的实证结果与分析

一、数字化转型与产品市场表现：基准回归

本章首先考察企业数字化转型对产品市场表现的影响，表11-3提供了相应的回归结果。第（1）列引入了企业与行业×年度的高维固定效应，DT 的估计结果为 0.0277，对于 1% 的显著性水平具有统计显著性。进一步加入省份×年度固定效应以排除省份层面随时间变化的遗漏变量的干扰后，第（2）列中 DT 的回归系数仍然显著，与第（1）列结果基本一致。因此，企业数字化转型能够显著提升其产品市场表现，本章的研究假说得到了支持。此外，其他控制变量的系数与显著性也与已有研究基本保持一致：企业规模 Size、总资产收益率 ROA 与产品市场表现显著负相关，资本支出增长率 CEG、研发投入 RD、市值账面价值比 MB 与产品市场表现显著正相关。

表 11 -3　　　　　　　　　　数字化转型与产品市场表现

变量	MSG	
	(1)	(2)
DT	0.0277 ***	0.0294 ***
	(3.43)	(3.65)
Size	-0.1429 ***	-0.1391 ***
	(-7.96)	(-7.89)
Lev	-0.2911 ***	-0.3072 ***
	(-3.53)	(-3.73)
ROA	-0.0949	-0.1101
	(-0.79)	(-0.91)
CF	-0.4086 ***	-0.4046 ***
	(-4.23)	(-4.20)
CH	0.0647	0.0587
	(1.03)	(0.94)
CEG	0.0060 ***	0.0061 ***
	(2.95)	(3.00)
RD	1.4520 ***	1.4284 ***
	(4.14)	(4.11)
MB	0.0277 ***	0.0274 ***
	(6.04)	(6.09)
Age	-0.0769	-0.0653
	(-1.33)	(-1.12)
Top10	0.0014	0.0017 *
	(1.62)	(1.92)
SOE	0.0915 **	0.0694
	(2.04)	(1.55)
Constant	3.2915 ***	3.1746 ***
	(8.15)	(8.16)
Firm FE	YES	YES
Ind × Year FE	YES	YES
Prov × Year FE	NO	YES
N	27976	27976
Adj. R^2	0.122	0.128

二、数字化转型与产品市场表现：缓解内生性偏误

本章基准回归结果表明企业数字化转型能够提升产品市场表现，但这一研究结果可能受到内生性偏误的干扰。例如，由于企业是否实施数字化转型的决策并不是随机产生的，如果实施数字化转型企业与未实施数字化转型企业在一些可观察的特征上存在重要差异，那么可能会带来选择偏误而干扰因果推断。而且，一些不可观测的混淆因素可能同时影响企业数字化转型与产品市场表现，从而带来遗漏变量偏误。此外，产品市场表现较好的企业更有能力进行数字化转型，这将导致反向因果问题。

（一）配比法

配比法可以通过平衡实施数字化转型与未实施数字化转型这两组企业在可观察的变量上的差异，来缓解选择偏误。一旦两组企业在可观察的变量上具有平衡性，那么意味着两组企业都不实施数字化转型，其产品市场表现潜在结果的期望值应该相等。本章使用倾向得分配比法（Dehejia and Wahba，2002），以样本期内从未实施数字化转型的企业作为配比池，从中选取一组与实施数字化转型的样本在基本面特征上相似的企业作为配比组。首先，设置虚拟变量 *Match* 作为被解释变量，当企业在样本期内实施数字化转型则取值为 1，否则为 0。然后，选取配比变量为 *Size*、*Lev*、*ROA*、*CF*、*CH* 等模型（11.1）中包含的控制变量，把卡尺设置为 0.05 来估计 logit 模型，并按照 1∶1 的最近比邻配比。在平衡性分析中，各配比变量在配比后的标准偏差的绝对值小于 7%，低于经验标准 20%，表明配比后平衡性程度较高①。在通过倾向得分配比遴选出配比组后，以新样本对基本问题重新进行检验，结果如表 11-4 第（1）列所示，*DT* 的回归系数显著为正。这表明在使用倾向得分配比法平衡企业基本面特征后，数字化转型仍然显著提高企业产品市场表现。

使用倾向得分配比法会减少样本，如表 11-4 第（1）列的样本观察值为 17540 个，相比基准回归模型样本观察值 27976 个，减少了 10436 个。本章借鉴 Hainmueller（2012）提出的熵平衡配比法对基本结果进行重新检验，其中选取的协变量为 *Size*、*Lev*、*ROA*、*CF*、*CH* 等模型（11.1）中包含的控制变量，并将最高协变量调整阶数设定为 2②。通过熵平衡配

---

① 由于篇幅限制，本章没有报告倾向得分配比之后进行样本平衡性检验结果。

② 本章将最高协变量调整阶数设定为 3，检验结果保持不变。

比法，不仅可以保证处理组与控制组样本在各协变量高阶矩上分布的相近性，同时也能保持样本的完整性。表 11-4 的第（2）列报告了经熵平衡配比后的回归结果，样本观察值为 27976 个，与基准回归模型样本观察值个数相同。可以发现，DT 的回归系数仍然显著为正，结论并没有发生改变。

表 11-4　　　　倾向得分配比和熵平衡配比后的回归结果

变量	MSG	
	（1）倾向得分配比法	（2）熵平衡配比法
DT	0.0218 ** （2.43）	0.0222 *** （2.92）
Size	-0.1372 *** （-5.11）	-0.1546 *** （-7.65）
Lev	-0.2269 ** （-1.98）	-0.3429 *** （-3.90）
ROA	0.0430 （0.32）	0.0242 （0.21）
CF	-0.1854 （-1.44）	-0.3006 *** （-3.02）
CH	0.0180 （0.25）	0.0106 （0.18）
CEG	0.0046 * （1.87）	0.0051 ** （2.32）
RD	1.9045 *** （4.77）	1.9601 *** （4.44）
MB	0.0189 *** （3.91）	0.0239 *** （5.74）
Age	0.0555 （0.66）	0.0146 （0.22）
Top10	0.0012 （1.05）	0.0011 （1.04）
SOE	-0.0581 （-0.82）	0.0734 （1.26）

变量	MSG	
	（1）倾向得分配比法	（2）熵平衡配比法
Constant	2.8033 *** （4.57）	3.3407 *** （7.27）
Firm FE	YES	YES
Ind × Year FE	YES	YES
Prov × Year FE	YES	YES
N	17540	27976
Adj. R²	0.162	0.204

（二）外生冲击：《促进大数据发展行动纲要》

尽管配比法可以缓解可观测变量的重要差异带来的选择偏误，但无法缓解一些不可观测的混淆因素带来的遗漏变量偏误。而且，反向因果问题也会带来干扰。本章基于对企业数字化转型程度的外生冲击，进一步使用双重差分方法消除在时间上不变的不可观测混淆因素带来的干扰和缓解反向因果问题的干扰。具体而言，本章利用国务院2015年8月印发的《促进大数据发展行动纲要》（以下简称纲要）对企业数字化转型产生的外生冲击，考察其对产品市场表现的影响。纲要的发布旨在推动大数据发展和应用，加快建设数据强国，其发布与否并不会受到企业层面产品市场表现的影响。而且，纲要的发布能够对企业数字化转型产生直接的推动作用，但并不会直接影响企业的产品市场表现。从这个意义上讲，利用纲要发布这一政策作为外生冲击同时满足外生性与相关性条件。根据 Chen 等（2021）的研究思路①，本章将纲要发布前一年（2014年）实施数字化转型的企业定义为处理组（*Treat* = 1），否则为控制组（*Treat* = 0）；*Post* 表示虚拟变量，纲要发布当年与之后（2015 ~ 2020年）定义为1，发布之前（2007 ~ 2014年）定义为0。这样划分处理组与控制组方式的原因在于：纲要发布之前就已经进行数字化转型的企业已经拥有了数字技术的应用基础，可以预期这类企业会受到纲要发布更大的影响，受到的政策支持更

---

① Chen 等（2021）利用2004年美国针对 H-1B 签证限额突然大幅下降作为对企业高技能外国人才供给的负面冲击构建准自然实验，考察了对企业绩效的影响。其中处理组与控制组的划分方式为：将 H-1B 签证限额突然大幅下降前一年（2003年）存在高技能外国人才需求的企业定义为处理组，其余为控制组。

多。考虑到处理组与控制组之间的固有差异可能对因果推断带来不利影响，本章使用倾向得分配比法来遴选配比组样本，具体过程与上一部分配比法的过程相同。本章构建的具体模型如下：

$$MSG_{i,t+1} = \alpha_0 + \alpha_1 Treat \times Post_{i,t} + Controls + Firm\ FE + Ind \times Year\ FE$$
$$+ Prov \times Year\ FE + \varepsilon_{i,t} \tag{11.2}$$

其中，$Controls$ 表示模型（11.1）中的控制变量，系数 α_1 捕获了纲要发布前后处理组与控制组产品市场表现的差异。

为了确保以纲要发布作为外生冲击的有效性，本章首先检验该政策实施对企业数字化转型的影响。可以发现，表 11 – 5 第（1）列中 $Treat \times Post$ 的回归系数显著为正，表明相比于控制组企业，处理组企业的数字化转型程度在纲要发布之后显著提高，这为纲要作为外生冲击的有效性提供了支持。表 11 – 5 的第（2）列报告了模型（11.2）的回归结果，$Treat \times Post$ 的回归系数显著为正，表明相比于控制组（纲要发布之前不存在数字化转型的企业）而言，纲要发布之后，处理组（纲要发布之前存在数字化转型的企业）的产品市场表现显著提升。这表明使用纲要作为企业数字化转型程度的外生冲击，缓解可能的遗漏变量偏误和反向因果问题后，本章的基本研究结论仍然成立，即数字化转型能够显著提升企业的产品市场表现。

表 11 –5　　　　　　　　　　双重差分法回归结果

变量	DT	MSG
	(1)	(2)
$Treat \times Post$	0.1488 *** (3.01)	0.0960 *** (2.82)
$Size$	0.3083 *** (9.87)	– 0.1113 *** (– 4.48)
Lev	– 0.3705 *** (– 2.97)	– 0.3387 *** (– 2.85)
ROA	– 0.1060 (– 0.62)	– 0.0333 (– 0.19)
CF	– 0.0010 (– 0.01)	– 0.2555 * (– 1.81)
CH	– 0.2538 ** (– 2.42)	– 0.0573 (– 0.74)

变量	DT	MSG
	(1)	(2)
CEG	−0. 0004 (−0. 18)	0. 0056 * (1. 94)
RD	0. 0780 (0. 17)	1. 6389 *** (3. 87)
MB	0. 0033 (0. 64)	0. 0242 *** (4. 50)
Age	0. 0733 (0. 50)	−0. 0838 (−1. 07)
Top10	−0. 0054 *** (−3. 61)	0. 0010 (0. 81)
SOE	0. 1199 (1. 21)	0. 0645 (0. 95)
Constant	−5. 3425 *** (−7. 10)	2. 6695 *** (4. 84)
Firm FE	YES	YES
Ind × Year FE	YES	YES
Prov × Year FE	YES	YES
N	13925	13925
Adj. R^2	0. 727	0. 182

由于反事实无法观测，双重差分方法的关键假定——平行趋势假定——实际上是不可检验的。一种间接的检验方式是比较外生事件发生前的 DID 系数。如果事件前的 DID 系数接近于 0，就表明处理组和控制组的 DID 在事件前遵循相似的趋势。借鉴 Wang 等（2021），本章将 Post 替换为年度虚拟变量：Before87、Before65、Before43、Before21、Current、After12、After34。例如，Before21 表示纲要发布前 1 年和前 2 年，After12 表示纲要发布后第 1 年和第 2 年，以此类推，Current 表示纲要发布当年。本章将 Before87 作为基期，然后将年度虚拟变量与 Treat 做交互，对模型（11.2）重新进行回归。图 11 − 1 绘制了交互项系数的变化趋势图，Treat × Before65、Treat × Before43、Treat × Before21 的系数均不显著，这在一定程度上支持了平行趋势假定。

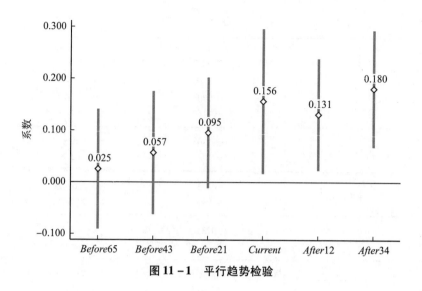

图 11-1 平行趋势检验

(三) 外生冲击:"宽带中国"

在上一部分中,本章使用"宽带中国"作为企业数字化转型程度的外生冲击,然而,企业是否选择实施数字化转型并不是随机的,这仍然存在一定的选择偏误。如果企业实施数字化转型决策是考虑了产品市场表现的潜在结果,那么所带来的选择偏误就会干扰因果推断。本章利用国务院2013年发布"宽带中国"战略实施方案对企业是否采取数字化转型战略产生的外生冲击作为工具变量,以缓解选择偏误对因果推断的干扰。国务院在2013年8月印发了《国务院关于引发"宽带中国"战略及实施方案的通知》,旨在全面推进我国宽带等网络基础设施建设。随后,工业和信息化部、国家发展和改革委员会分别于2014年、2015年和2016年分三批共指定了120个城市(群)作为"宽带中国"①。被列入示范点的城市(群),将着力提高地区的网络基础设施建设水平、为当地经济社会发展提

① 2014年"宽带中国"试点城市:北京、天津、上海、长沙、湘潭、株洲、石家庄、大连、本溪、延边朝鲜族自治州、哈尔滨、大庆、南京、苏州、镇江、昆山、金华、芜湖、安庆、福州、厦门、泉州、南昌、上饶、青岛、淄博、威海、临沂、郑州、洛阳、武汉、广州、深圳、中山、成都、攀枝花、阿坝藏族羌族自治州、贵阳、银川、吴忠、阿拉尔。2015年"宽带中国"试点城市:太原、呼和浩特、鄂尔多斯、鞍山、盘锦、白山、扬州、嘉兴、合肥、铜陵、莆田、新余、赣州、东营、济宁、德州、新乡、永城、黄石、襄阳、宜昌、十堰、随州、岳阳、汕头、梅州、东莞、重庆、绵阳、内江、宜宾、达州、玉溪、兰州、张掖、固原、中卫、克拉玛依。2016年"宽带中国"试点城市:阳泉、晋中、乌海、包头、通辽、沈阳、牡丹江、无锡、泰州、南通、杭州、宿州、黄山、马鞍山、吉安、烟台、枣庄、商丘、焦作、南阳、鄂州、衡阳、益阳、玉林、海口、雅安、泸州、南充、遵义、文山壮族苗族自治州、拉萨、林芝、渭南、武威、酒泉、天水、西宁。

供服务。直观上，地区网络基础设施发展为当地企业的数字化转型与发展提供了基础支撑，这意味着该外生冲击满足相关性要求。与此同时，"宽带中国"政策旨在推动网络基础设施建设，其实施并不会直接影响企业产品市场表现，从而满足外生性要求。更为重要的是，各城市被列入示范点的年份不同，这就有助于展开一个错层 DID 的研究设计。借鉴 Benetton 和 Fantino（2021）的研究方法，本章构建的工具变量两阶段模型如下：

$$Treat \times Post_{i,t} = \gamma_0 + \gamma_1 Broadband_{i,t} + Controls + Firm\ FE + City\ FE$$
$$+ Ind \times Year\ FE + Prov \times Year\ FE + \varepsilon_{i,t} \qquad (11.3)$$

其中，$Broadband$ 表示"宽带中国"实施虚拟变量，当企业注册地对应的地级市被列入"宽带中国"试点当年及以后年度，$Broadband$ 取值为 1，否则为 0。模型（11.3）是工具变量第一阶段的回归结果，通过模型（11.3）的回归可以分离出 $Treat \times Post$ 的外生部分，即拟合值 $Treat \times Post\ IV$。在此基础上，可以得到第二阶段的估计模型：

$$MSG_{i,t+1} = \theta_0 + \theta_1 Treat \times Post\ IV_{i,t} + Controls + Firm\ FE + City\ FE$$
$$+ Ind \times Year\ FE + Prov \times Year\ FE + \varepsilon_{i,t} \qquad (11.4)$$

其中，θ_1 表示通过缓解选择偏误的情况下，处理组与控制组在纲要发布前后产品市场表现的差异。

工具变量法的回归结果见表 11 – 6。在第（1）列中，$Broadband$ 的回归系数显著为正，这表明"宽带中国"战略实施显著提高了企业采取数字化转型战略的概率。Cragg – Donald F 值为 68.079 > 10，这符合相关性条件的经验标准。第（2）列中，$Treat \times Post\ IV$ 的回归系数同样显著为正，这说明在通过"宽带中国"这一工具变量分离出 $Treat \times Post$ 的外生部分后，"宽带中国"对处理组企业的产品市场表现仍然具有显著的正向影响，这可以在一定程度上缓解选择偏误带来的内生性干扰。

表 11 – 6　　　　　　　　　　工具变量法回归结果

变量	$Treat \times Post$	MSG
	（1）第一阶段	（2）第二阶段
$Broadband$	0.0495 *** (3.07)	
$Treat \times Post\ IV$		0.9957 * (1.68)
$Size$	0.0313 *** (3.53)	− 0.1591 *** （− 5.93）

变量	Treat × Post	MSG
	(1) 第一阶段	(2) 第二阶段
Lev	−0.0009 (−0.03)	−0.3199 *** (−3.62)
ROA	−0.0224 (−0.62)	−0.1220 (−0.97)
CF	0.0174 (0.68)	−0.4409 *** (−4.32)
CH	−0.0125 (−0.47)	0.0601 (0.88)
CEG	−0.0008 ** (−2.50)	0.0069 *** (3.27)
RD	0.0090 (0.07)	1.4530 *** (3.91)
MB	0.0001 (0.09)	0.0282 *** (5.94)
Age	0.0735 * (1.67)	−0.1259 (−1.50)
Top10	−0.0012 *** (−2.69)	0.0030 ** (2.46)
SOE	0.0216 (1.10)	0.0440 (0.90)
Firm FE	YES	YES
City FE	YES	YES
Ind × Year FE	YES	YES
Prov × Year FE	YES	YES
N	27973	27973
Adj. R^2	0.703	0.125
Cragg − Donald F statistic	68.079	—

三、数字化转型与产品市场表现：横截面检验

为了考察数字化转型对产品市场表现影响的作用条件，本章分别从市

场信息可获得性与内部信息可获得性两个维度进行横截面测试。

（一）市场信息可获得性

前述的理论分析中指出，数字技术可以提高市场信息的可获得性，减少市场信息摩擦。市场信息摩擦的减少可以帮助企业优化资源配置，从而提高产品市场表现。那么数字技术应该会对那些难以获取市场信息的企业而言发挥更大的作用。已有研究发现管理者可以从股票价格（Bennett et al.，2020）、分析师（Billett et al.，2017）等多种渠道获取市场信息来指导企业决策，优化资源配置。本章从股票流动性（*Stock Liquidity*）与分析师关注度（*Analyst Focus*）两个角度来刻画企业获取市场信息时面临的难易程度。首先，当企业股票流动性较低时，股票价格中包含的市场信息量较低，管理者难以根据股价中包含的市场信息来指导决策。此时，数字技术针对市场信息的获取能够发挥更大的作用，对产品市场表现的提升更多。参考 Amihud 和 Mendelson（1986）、吴非等（2021），本章构建如下模型计算股票流动性：

$$Stock\ Liquidity_{i,t} = \frac{1}{D_{i,t}} \sum_{d=1}^{D_{i,t}} \sqrt{\frac{|r_{i,t,d}|}{V_{i,t,d}}} \tag{11.5}$$

其中，$|r_{i,t,d}|$ 表示企业 i 在 t 年第 d 个交易日考虑现金红利再投资的回报率，$V_{i,t,d}$ 表示企业 i 在 t 年第 d 个交易日的成交额，$D_{i,t}$ 为企业 i 在 t 年的交易日天数。*Stock Liquidity* 数值越大，股票流动性越低。

本章依据 *Stock Liquidity* 的年度中位数将样本划分为两组分别进行检验。表 11 – 7 的第（1）列和第（2）列报告了相应的回归结果。可以发现，在股票流动性较低组中，*DT* 的回归系数为 0.0487，在 1% 的水平上显著，但在股票流动性较高组中，*DT* 的回归系数为不显著，*DT* 的组间系数差异在 1% 的水平上显著。

其次，当分析师关注度较低时，企业难以从分析师获取市场信息，导致市场信息可获得性变差、决策效率降低。相反，当分析师关注度较高时，企业可以凭借分析师的关注来获取更多关于企业未来前景的市场信息，此时数字技术对市场信息的获取作用可能会变得不明显。因此，对于分析师关注度较低的企业而言，数字技术预期会导致这类企业的产品市场表现提升更多。本章使用企业当年分析师跟踪人数来衡量分析师关注度（*Analyst Focus*），依据 *Analyst Focus* 的年度中位数将样本划分为两组分别进行检验。表 11 – 7 的第（3）列和第（4）列告了相应的回归结果。可以发现，在分析师关注度较低组中，*DT* 的回归系数为 0.0323，在 5% 的水平上显著，但在分析师关注度较高组中，*DT* 的回归系数为不显著，*DT* 的组间系数差异在 5% 的水平上显著。这些结果表明着对于市场信息可获得性较低的企业而言，数字化转型可以发挥更强的市场信息预测作用，对产品市场表现的提升作用更大。

（二）内部信息可获得性

与传统技术相比，数字技术的关键特征在于能够更加系统、准确地捕获企业研发、生产、经营、销售等活动过程中的一切数据和信息。基于海量数据收集与分析，数字技术可以促进各部门之间信息共享，提高信息传递效率，减少内部信息摩擦。由此推动决策效率提升，起到优化资源配置，提升产品市场表现的作用。因此，数字化转型应该会对那些内部信息可获得性较差的企业而言作用更大，对产品市场表现的提升作用更强。本章从内部控制水平（*ICQ*）与信息披露质量（*IDQ*）两个角度来刻画企业获取内部信息时面临的难易程度。

首先，当企业内部控制水平较低时，各部门之间的沟通效率较低，信息共享程度较差，管理者的监督成本较高（陈红等，2018）。这导致管理者难以获取内部信息，决策效率低下，资源配置效率也相应较低。这意味着对于内部控制水平较低的企业而言，数字化转型预期可以发挥更强的内部信息获取能力，对产品市场表现的促进作用更强。根据已有研究（陈红等，2018），本章使用 DIB 内部控制指数（*ICQ*）来刻画企业内部控制水平，并依据 *ICQ* 的年度中位数将样本划分为两组分别进行检验。表 11 - 7 的第（5）列和第（6）列报告了相应的回归结果。可以发现，在内部控制水平较低组中，*DT* 的回归系数为 0.0377，在 1% 的水平上显著，但在内部控制水平较高组中，*DT* 的回归系数为 0.0202，在 5% 的水平上显著，*DT* 的组间系数差异具有一定的统计显著性。

其次，较差的信息披露质量反映出企业内各部门之间较低的信息共享程度，也反映出管理者在信息披露时难以获取准确、及时的内部信息（Chen et al.，2018）。那么，数字化转型预期会对信息披露质量较低的企业发挥更强的信息共享作用，对产品市场表现的改善作用更大。本章使用深交所、沪交所披露的上市公司信息披露考评结果作为信息披露质量（*IDQ*）的替代变量。深交所、沪交所综合考虑上市公司信息披露的及时性、准确性、完整性和合法性，给出四档考评：A、B、C、D。其中，A 表示最高，D 表示最低。本章将 A 定义为信息披露质量较高组，将 B、C、D 定义为信息披露质量较低组，分别进行检验。表 11 - 7 的第（7）列和第（8）列报告了相应的回归结果。可以发现，在信息披露质量较低组中，

表 11-7

数字化转型与产品市场表现：横截面检验

变量	MSG							
	市场信息可获得性				内部信息可获得性			
	股票流动性		分析师关注		内部控制		信息披露质量	
	(1) 较低	(2) 较高	(3) 较低	(4) 较高	(5) 较差	(6) 较好	(7) 较低	(8) 较高
DT	0.0487*** (3.45)	0.0037 (0.40)	0.0323** (2.31)	0.0144 (1.56)	0.0377*** (2.94)	0.0202** (1.98)	0.0276** (2.52)	0.0107 (0.90)
Size	-0.1145*** (-3.35)	-0.1579*** (-5.41)	-0.1641*** (-5.34)	-0.1110*** (-3.79)	-0.1439*** (-5.52)	-0.1437*** (-4.72)	-0.1511*** (-5.44)	-0.1732* (-1.70)
Lev	-0.3570** (-2.48)	-0.2220** (-1.98)	-0.2218* (-1.69)	-0.3480*** (-3.50)	-0.2049 (-1.62)	-0.3299*** (-2.93)	-0.2510** (-2.13)	-0.3414* (-1.72)
ROA	-0.0961 (-0.47)	-0.2201 (-1.23)	-0.1277 (-0.68)	-0.7152*** (-4.05)	0.0276 (0.17)	-1.1490*** (-4.37)	-0.0027 (-0.02)	-3.0720*** (-5.21)
CF	-0.2970* (-1.72)	-0.3652*** (-3.05)	-0.4066*** (-2.68)	-0.2204** (-1.98)	-0.3488** (-1.97)	-0.2048 (-1.48)	-0.3598*** (-2.61)	0.6556*** (2.82)
CH	-0.0303 (-0.29)	0.1001 (1.14)	0.0653 (0.59)	-0.0373 (-0.53)	0.1143 (1.11)	-0.0228 (-0.28)	0.0238 (0.28)	-0.0059 (-0.05)
CEG	0.0062** (2.02)	0.0049* (1.81)	0.0067** (2.17)	0.0006 (0.23)	0.0056 (1.63)	0.0028 (1.03)	0.0042 (1.45)	-0.0001 (-0.02)
RD	1.8105*** (2.77)	1.2740*** (2.92)	1.9975*** (3.43)	0.8564** (2.16)	1.1687** (1.99)	1.1020** (2.31)	1.4224*** (2.99)	0.4216 (0.72)

变量	MSG							
	市场信息可获得性				内部信息可获得性			
	股票流动性		分析师关注		内部控制		信息披露质量	
	(1) 较低	(2) 较高	(3) 较低	(4) 较高	(5) 较差	(6) 较好	(7) 较低	(8) 较高
MB	0.0313***	0.0191***	0.0261***	0.0329***	0.0300***	0.0281***	0.0273***	0.0252***
	(4.48)	(3.00)	(4.07)	(5.40)	(4.81)	(4.70)	(4.51)	(3.03)
Age	-0.1540	-0.0550	-0.0059	-0.1052	-0.0339	-0.0548	0.0038	0.0248
	(-1.49)	(-0.68)	(-0.06)	(-1.39)	(-0.38)	(-0.66)	(0.04)	(0.16)
Top10	0.0016	0.0019*	0.0021	0.0002	0.0019	0.0021*	0.0014	-0.0050**
	(0.89)	(1.83)	(1.54)	(0.21)	(1.32)	(1.92)	(1.03)	(-2.42)
SOE	0.1470*	0.0277	0.0871	0.0438	0.1919**	0.0683	0.0754	0.0381
	(1.73)	(0.48)	(1.13)	(0.75)	(2.27)	(1.26)	(0.89)	(0.44)
Constant	2.8088***	3.6462***	3.4207***	2.8719***	3.0753***	3.3460***	3.1971***	4.3635***
	(3.95)	(5.56)	(5.09)	(4.39)	(5.27)	(5.09)	(5.37)	(1.96)
Firm FE	YES	YES	YES	YES	YES	YES	YES	YES
Ind×Year FE	YES	YES	YES	YES	YES	YES	YES	YES
Prov×Year FE	YES	YES	YES	YES	YES	YES	YES	YES
N	12984	14016	13958	13152	12940	13957	14905	2917
Adj. R²	0.126	0.181	0.082	0.287	0.105	0.203	0.126	0.466
Empirical p-value	0.000***		0.040**		0.080*		0.030**	

DT 的回归系数为 0.0276，在 1% 的水平上显著，但在信息披露质量较高组中，*DT* 的回归系数不显著，*DT* 的组间系数差异在 5% 的水平上显著。这些结果表明着对于内部信息可获得性较低的企业而言，数字化转型可以发挥更强的信息共享作用，对产品市场表现的提升作用更大。

综合来看，横截面差异结果表明对于市场信息可获得性与内部信息可获得性较差的企业而言，数字化转型可以发挥更大的信息摩擦减少作用，对产品市场表现的提升作用更强。

四、数字化转型与产品市场表现：机制检验

前述的检验结果表明数字化转型可以显著提升企业的产品市场表现，但目前对于数字化转型如何影响产品市场表现还缺乏相应的经验证据。已有研究表明，资源配置效率是影响产品市场表现的重要因素（Hsieh and Klenow，2009；Jovanovic，2014）。而资源配置效率是一系列决策的结果，决策的有效性又受制于信息的可获得性（David et al.，2016）。数字化转型将赋能需求预测与信息共享，提高市场需求预测的准确性，促进内部信息共享，优化资源配置，提升企业的产品市场竞争优势。因此，本章预期数字化转型提升企业产品市场表现一个可能的渠道是资源配置效率提升。

本章借鉴 Di Giuli 和 Laux（2022）使用两阶段法得到企业数字化转型对产品市场表现传导机制——资源配置效率的回归结果。其中，第一阶段用以检验企业数字化转型对资源配置效率的影响，具体的回归模型如下：

$$RAE_{i,t} = \phi_0 + \phi_1 DT_{i,t} + Controls + Firm\ FE + Ind \times Year\ FE$$
$$+ Prov \times Year\ FE + \delta_{i,t} \tag{11.6}$$

其中，*RAE* 表示资源配置效率，根据已有研究（Levinsohn and Petrin，2003），本章使用 LP 法计算的全要素生产率作为衡量资源配置效率 *RAE* 的替代变量。*Controls* 表示模型（11.1）中包括的控制变量。如果数字化转型确实通过促进资源配置效率从而改善产品市场表现，那么可以预期 φ_1 显著为正，即企业资源配置效率得以提升。

在验证数字化转型影响资源配置效率的基础上，本章进一步执行第二阶段分析，即根据模型（11.6）的回归结果得到机制变量的拟合值 *RAE Fitted* 是否可以解释产品市场表现的变化，第二阶段的估计模型：

$$MSG_{i,t+1} = \rho_0 + \rho_1 RAE\ Fitted_{i,t} + Controls + Firm\ FE + Ind \times Year\ FE$$
$$+ Prov \times Year\ FE + \delta_{i,t} \tag{11.7}$$

其中，系数 ρ_1 反映了企业数字化转型带来资源配置效率的变化对产品市场表现的影响。本章通过两阶段方法在将表 11 - 3 中的总效应进行分解之后，不仅可以估计出每一阶段的影响程度，还能得到相应的统计值来检验机制变量在连接解释变量和被解释变量时的关系强度，从而为机制检验的统计显著性提供证据。

表 11 - 8 报告了机制检验的回归结果。其中，第（1）列显示，数字化转型变量 DT 的回归系数在 1% 的水平上显著为正，这表明数字化转型显著提高了资源配置效率。第（2）列中，RAE Fitted 的回归系数在 1% 的水平上显著为正，这表明由数字化转型带来的资源配置效率提升可以显著改善企业的产品市场表现。总体来看，表 11 - 8 回归结果表明，资源配置效率提高是数字化转型提升产品市场表现的重要机制，为本章基本问题的作用机理提供了证据支持。

表 11 - 8　　　　数字化转型与产品市场表现：机制检验

变量	RAE	MSG
	（1）第一阶段	（2）第二阶段
DT	0.0222 *** (5.21)	
RAE Fitted		1.3146 *** (2.77)
Size	0.5164 *** (39.01)	- 0.8143 *** (- 3.29)
Lev	0.3244 *** (6.12)	- 0.7287 *** (- 3.67)
ROA	1.3232 *** (15.83)	- 1.8704 *** (- 2.90)
CF	0.5085 *** (9.22)	- 1.0347 *** (- 3.87)
CH	0.0750 * (1.82)	- 0.0622 (- 0.63)
CEG	0.0005 (0.55)	0.0053 ** (1.96)
RD	- 3.3038 *** (- 14.85)	5.7764 *** (3.48)

变量	RAE	MSG
	（1）第一阶段	（2）第二阶段
MB	0.0005	0.0255***
	(0.23)	(4.52)
Age	0.0710	-0.1686*
	(1.57)	(-1.83)
Top10	0.0019***	-0.0008
	(3.41)	(-0.51)
SOE	0.0064	0.0480
	(0.20)	(0.73)
Firm FE	YES	YES
Ind × Year FE	YES	YES
Prov × Year FE	YES	YES
N	27946	27946
Adj. R^2	0.917	0.128
Cragg – Donald F statistic	60.615	—

基于两阶段法的机制检验表明资源配置效率是数字化转型影响产品市场表现的主要渠道。本章的理论分析指出，数字化转型主要通过减少信息摩擦，提高资源配置效率，从而提升企业的产品市场表现。既然数字化转型带来的信息摩擦减少的直接效果是资源配置效率提高，那么对于市场信息与内部信息可获得性较低的企业而言，数字化转型对资源配置效率的提升作用应该更大。为此，本章从市场信息与内部信息可获得性两个维度出发，考察数字化转型对资源配置效率影响的异质性效应。

表11-9报告了相应的回归结果。第（1）列至第（4）列报告了基于市场信息可获得性的分组检验结果。在股票流动性较低组中，DT的回归系数为0.0328，在1%的水平上显著，在股票流动性较高组中，DT的回归系数为0.0149，在1%的水平上显著，DT的组间系数差异在1%的水平上显著。在分析师关注度较低组中，DT的回归系数为0.0414，在1%的水平上显著，在分析师关注度较高组中，DT的回归系数不显著，DT的组间系数差异在1%的水平上显著。这表明当市场信息可获得性较差时，企业数字化转型对资源配置效率的提升作用更强。

表 11 - 9

数字化转型与资源配置效率：横截面检验

	RAE							
	市场信息可获得性				内部信息可获得性			
	股票流动性		分析师关注		内部控制		信息披露质量	
变量	(1) 较低	(2) 较高	(3) 较低	(4) 较高	(5) 较差	(6) 较好	(7) 较低	(8) 较高
DT	0.0328 *** (4.56)	0.0149 *** (2.65)	0.0414 *** (5.10)	0.0071 (1.55)	0.0394 *** (5.10)	0.0129 *** (2.72)	0.0230 *** (3.92)	-0.0030 (-0.32)
Size	0.4277 *** (20.69)	0.4117 *** (19.86)	0.4177 *** (18.95)	0.3698 *** (23.42)	0.4229 *** (22.38)	0.4330 *** (26.48)	0.4025 *** (21.43)	0.3843 *** (9.00)
Lev	0.3229 *** (4.09)	0.2893 *** (3.81)	0.3584 *** (4.17)	0.2560 *** (4.60)	0.2675 *** (3.25)	0.3835 *** (5.96)	0.3124 *** (4.12)	0.4068 *** (3.28)
ROA	0.8836 *** (7.14)	1.0574 *** (9.33)	0.8158 *** (7.19)	1.0549 *** (8.97)	0.6157 *** (6.29)	1.6832 *** (9.92)	0.7567 *** (7.99)	1.4594 *** (4.76)
CF	0.3112 *** (3.46)	0.3123 *** (4.12)	0.2834 *** (3.13)	0.3431 *** (5.21)	0.3736 *** (3.79)	0.2583 *** (3.44)	0.2919 *** (3.75)	0.4577 *** (3.63)
CH	-0.1090 * (-1.86)	0.0666 (1.20)	-0.0523 (-0.74)	-0.0263 (-0.62)	-0.0381 (-0.61)	-0.0540 (-1.07)	0.0361 (0.67)	-0.1658 ** (-2.13)
CEG	-0.0004 (-0.30)	0.0013 (0.91)	0.0006 (0.37)	0.0008 (0.71)	0.0004 (0.26)	0.0002 (0.17)	0.0003 (0.22)	0.0029 (1.15)
RD	-1.9043 *** (-6.33)	-1.6286 *** (-6.19)	-1.8607 *** (-4.77)	-1.7711 *** (-7.50)	-2.1582 *** (-6.20)	-1.7644 *** (-6.82)	-2.1599 *** (-7.66)	-1.2675 *** (-2.81)

变量	RAE							
	市场信息可获得性				内部信息可获得性			
	股票流动性		分析师关注		内部控制		信息披露质量	
	(1) 较低	(2) 较高	(3) 较低	(4) 较高	(5) 较差	(6) 较好	(7) 较低	(8) 较高
MB	0.0076** (2.32)	0.0165*** (4.50)	0.0050 (1.56)	0.0204*** (7.06)	0.0102*** (2.94)	0.0108*** (3.62)	0.0134*** (4.06)	0.0098* (1.75)
Age	0.1229* (1.90)	0.0978 (1.41)	0.1534* (1.78)	0.1118** (2.25)	0.0532 (0.74)	0.1447** (2.57)	0.1021 (1.49)	0.2086* (1.91)
Top10	0.0035*** (3.82)	0.0038*** (4.87)	0.0025*** (2.91)	0.0005 (0.74)	0.0031*** (3.57)	0.0022*** (3.18)	0.0028*** (3.27)	-0.0019 (-1.41)
SOE	0.0623 (1.24)	0.0237 (0.61)	0.0110 (0.22)	0.0385 (1.11)	0.0294 (0.59)	0.0247 (0.68)	-0.0268 (-0.45)	0.1020 (1.27)
Constant	5.3776*** (11.88)	5.9602*** (11.84)	5.5188*** (10.96)	7.1310*** (19.14)	5.6732*** (12.77)	5.4456*** (14.11)	6.0662*** (14.16)	6.6379*** (7.17)
Firm FE	YES	YES	YES	YES	YES	YES	YES	YES
Ind × Year FE	YES	YES	YES	YES	YES	YES	YES	YES
Prov × Year FE	YES	YES	YES	YES	YES	YES	YES	YES
N	12674	13815	13539	13081	12495	13893	14581	2917
Adj. R²	0.855	0.920	0.843	0.944	0.847	0.932	0.879	0.966
Empirical p-value	0.000***		0.000***		0.000***		0.000***	

第（5）列至第（8）列报告了基于内部信息可获得性的分组检验结果。在内部控制水平较低组中，DT 的回归系数为 0.0394，在 1% 的水平上显著，在内部控制水平较高组中，DT 的回归系数为 0.0129，在 1% 的水平上显著，DT 的组间系数差异在 1% 的水平上显著。在信息披露质量较低组中，DT 的回归系数为 0.0230，在 1% 的水平上显著，在信息披露质量较高组中，DT 的回归系数不显著，DT 的组间系数差异在 1% 的水平上显著。这表明数字化转型对资源配置效率的提升作用在内部信息可获得性较差的情况下更为显著。以上检验结果为本章的理论分析提供了进一步的证据支持。

五、数字化转型与新客户开发

本章的基本结果表明，企业数字化转型可以显著提升产品市场表现。但还没有回答的问题是：数字化转型带来的产品市场表现提升究竟是来自现有客户销售规模的扩大，还是新客户的开发？值得注意的是，数字技术赋能信息摩擦减少对于寻求新客户关系而言尤为重要。企业在发展新客户的过程中面临的困难在于无法有效获取与识别新市场的需求信息，导致市场拓展成本变高，潜在客户流失（Allen，2014）。一方面，数字技术赋能需求预测可以降低搜寻成本，减少市场信息摩擦；另一方面，数字技术带来的产品与服务质量提升，能够帮助企业建立市场声誉，增强新客户对企业的信任感，提高同企业的合作意愿，为增加新客户的业务往来创造条件。

为了回答这一问题，本章分别考察数字化转型对商业信用供给、主营业务销售地区变化以及客户集中度的影响。根据已有研究（包群和但佳丽，2021），本章使用客户集中度赫芬达尔指数，即前五大客户销售额占总销售额比率平方之和作为客户集中度（CC）的替代变量。商业信用供给（TC）定义为企业应收账款、应收票据与预付账款之和的自然对数。主营业务销售地区变化（$Main$）为虚拟变量，若企业当年主营业务销售排名第一的地区较上年而言发生变化，则取值为 1，否则为 0。表 11 - 10 报告了相应的回归结果。第（1）列报告了数字化转型对商业信用供给的影响，DT 的回归系数显著为正，表明企业数字化转型提高了企业的商业信用供给。第（2）列报告了数字化转型对主营业务销售地区变化的影响，DT 的回归系数显著为正，表明数字化转型提高了企业主要销售地区变化的可能性。第（3）列报告了数字化转型对客户集中度的回归结果，DT 的回归系数显著为负，表明企业数字化转型显著降低了客户集中度。这些证据表明，数字化转型带来的产品市场表现提升更可能是来自新客户业务规模的扩大，企业为建立新客户关系提供了更多商业信用，变更了主要销售地区，由此降低了客户集中度。

表 11 - 10　　　　　　　　数字化转型与新客户开发

变量	TC	Main	CC
	(1)	(2)	(3)
DT	0.0278 ***	0.0094 ***	- 0.1391 *
	(3.94)	(2.68)	(- 1.77)
Size	0.7883 ***	- 0.0280 ***	- 0.8444 ***
	(39.19)	(- 3.57)	(- 3.29)
Lev	- 0.2186 **	- 0.0246	- 0.2760
	(- 2.58)	(- 0.71)	(- 0.24)
ROA	1.0264 ***	- 0.0851	1.8355 *
	(9.21)	(- 1.53)	(1.70)
CF	- 0.6435 ***	- 0.1141 ***	- 0.2465
	(- 7.27)	(- 3.01)	(- 0.24)
CH	- 0.4149 ***	0.0349	1.3734 *
	(- 6.36)	(1.21)	(1.81)
CEG	0.0012	- 0.0007	0.0167
	(0.84)	(- 0.97)	(0.89)
RD	- 1.2580 ***	0.1551	- 8.4282 **
	(- 3.52)	(1.04)	(- 2.11)
MB	0.0113 ***	0.0052 ***	0.0757 *
	(2.82)	(3.36)	(1.77)
Age	0.0522	0.0002	0.9499
	(0.69)	(0.01)	(1.07)
Top10	0.0036 ***	- 0.0006	0.0254 **
	(3.96)	(- 1.51)	(2.25)
SOE	- 0.0595	0.0016	0.2298
	(- 1.11)	(0.07)	(0.26)
Constant	2.3880 ***	0.7700 ***	19.8186 ***
	(5.29)	(4.23)	(3.24)

变量	TC	Main	CC
	(1)	(2)	(3)
Firm FE	YES	YES	YES
Ind × Year FE	YES	YES	YES
Prov × Year FE	YES	YES	YES
N	27852	26815	20180
Adj. R^2	0.869	0.153	0.738

六、稳健性检验

（一）更换关键变量

为缓解被解释变量产品市场表现的测量偏误，本章将产品市场表现的计算方式依次替换为：（1）市场份额的对数差分 MSG2；（2）制造业取两位代码，其他行业取一位代码计算产品市场表现 MSG3；（3）利用申银万国证券行业分类标准计算产品市场表现 MSG4；（4）利用经行业均值调整后的销售收入增长率作为产品市场表现 MSG5 的替代变量。表 11-11 的第（1）列至第（4）列报告了替换被解释变量的回归结果，DT 的回归系数均显著为正，结论未发生变化。为缓解解释变量测量偏误的影响，本章将数字化转型程度变量 DT 替换为是否存在数字化转型战略 DT dum，具体定义为当企业在年报中披露了有关数字化转型的关键词时，DT dum 取值为1，否则为0。本章将 DT dum 替换 DT 重新对模型（11.1）进行了回归，表 11-11 报告了相应的回归结果，DT dum 的回归系数依然显著为正，结论未发生变化。

（二）调整样本

为进一步加强结论的稳健性。本章剔除了：（1）企业数量低于15家的二级行业；（2）企业数量低于20家的二级行业。本章利用剔除后的样本重新对模型（11.1）进行了回归，表 11-11 的第（6）列与第（7）列报告了相应的回归结果，DT 的回归系数均显著为正，结论依然没有发生改变。考虑到企业存在策略性披露的可能，本章剔除了数字化转型程度排名前5%的样本后重新对模型（11.1）进行了回归，表 11-11 的第（8）列报告了相应的回归结果，DT 的回归系数显著为正，结论依然存在。

表 11-11

稳健性检验

变量	MSC2	MSC3	MSC4	MSG5	MSG			
	(1)	(2)	(3)	(4)	(5)	(6)	(7)	(8)
DT	0.0109** (2.47)	0.0137** (2.17)	0.0493** (2.11)	0.0178*** (2.94)		0.0291*** (3.58)	0.0278*** (3.42)	0.0219** (2.57)
DT_dum					0.0302** (2.31)			
Size	-0.0906*** (-9.23)	-0.1467*** (-10.10)	-0.3383*** (-5.90)	-0.1375*** (-10.30)	-0.1339*** (-7.61)	-0.1368*** (-7.73)	-0.1351*** (-7.45)	-0.1328*** (-7.19)
Lev	-0.0807* (-1.79)	-0.2206*** (-3.32)	-0.8567*** (-3.04)	-0.1039 (-1.63)	-0.3137*** (-3.80)	-0.2931*** (-3.53)	-0.3066*** (-3.62)	-0.2978*** (-3.46)
ROA	0.0409 (0.52)	-0.0445 (-0.43)	-0.0157 (-0.05)	-0.1648* (-1.74)	-0.1109 (-0.91)	-0.1159 (-0.95)	-0.1243 (-1.00)	-0.1642 (-1.25)
CF	-0.2885*** (-4.80)	-0.4222*** (-5.20)	-0.9433*** (-3.21)	-0.3452*** (-3.91)	-0.4055*** (-4.21)	-0.4061*** (-4.16)	-0.3897*** (-3.95)	-0.3998*** (-4.08)
CH	0.0384 (1.07)	0.0304 (0.58)	0.2335 (1.30)	0.0772 (1.44)	0.0553 (0.89)	0.0586 (0.94)	0.0565 (0.89)	0.0722 (1.11)
CEG	0.0046*** (4.03)	0.0052*** (2.97)	-0.0000 (-0.00)	0.0023 (1.37)	0.0061*** (2.98)	0.0066*** (3.22)	0.0064*** (3.05)	0.0063*** (2.93)

变量	MSG2	MSG3	MSG4	MSG5	MSG			
	(1)	(2)	(3)	(4)	(5)	(6)	(7)	(8)
RD	1.2188***	1.3047***	2.2921	1.3437***	1.4269***	1.4557***	1.4386***	1.5546***
	(6.25)	(4.54)	(1.39)	(5.02)	(4.11)	(4.17)	(4.12)	(3.90)
MB	0.0100***	0.0213***	0.0824***	0.0158***	0.0275***	0.0271***	0.0276***	0.0280***
	(4.27)	(5.75)	(4.72)	(4.80)	(6.11)	(5.99)	(5.98)	(5.96)
Age	-0.0338	-0.0193	0.2717*	0.0026	-0.0614	-0.0619	-0.0653	-0.0915
	(-1.01)	(-0.43)	(1.65)	(0.06)	(-1.05)	(-1.05)	(-1.10)	(-1.52)
Top10	0.0024***	0.0014*	-0.0011	0.0017***	0.0016*	0.0018**	0.0017*	0.0016*
	(5.15)	(1.96)	(-0.45)	(2.74)	(1.82)	(2.03)	(1.94)	(1.78)
SOE	-0.0059	0.0400	0.3035**	-0.0020	0.0712	0.0754*	0.0732	0.0799*
	(-0.22)	(1.04)	(2.45)	(-0.05)	(1.60)	(1.67)	(1.60)	(1.78)
Constant	1.8600***	3.2256***	6.8936***	2.6295***	3.0688***	3.1019***	3.0846***	3.1117***
	(8.44)	(10.00)	(5.31)	(8.39)	(7.92)	(7.97)	(7.77)	(7.70)
Firm FE	YES	YES	YES	YES	YES	YES	YES	YES
Ind×Year	YES	YES	YES	YES	YES	YES	YES	YES
Prov×Year	YES	YES	YES	YES	YES	YES	YES	YES
N	27974	27976	27976	27976	27976	27563	27157	26691
Adj. R^2	0.174	0.105	0.093	0.478	0.128	0.127	0.130	0.130

第五节　数字化转型与企业产品市场
表现的研究结论与政策建议

数字化转型成为了企业搭乘数字经济发展快车，实现转型升级的关键策略之一。本章通过对企业年报进行文本分析来构建数字化转型变量，考察其对产品市场表现的影响，研究发现企业数字化转型程度越高，产品市场表现越好。横截面检验结果表明，当市场信息与内部信息可获得性较差时，数字化转型对产品市场表现的提升作用会显著更大。进一步检验发现，资源配置效率提升是数字化转型提高产品市场表现的重要机制。本章还发现数字化转型提高了商业信用供给，增加了企业更换主营业务销售地区的可能性，并降低了客户集中度。最后，本章基于潜在结果因果模型框架进行检验，以加强基本研究结论的因果推断。本章提供了数字技术影响企业产品市场表现的经验证据，对于深化供给侧结构性改革、加快推动数字技术与实体经济深度融合具有一定的启示意义。

结合研究结论，本章的政策启示主要有以下三点：第一，本章研究发现数字化转型可以显著提升企业的产品市场表现，对于现阶段我国大力发展数字经济，加快构建双循环新发展格局具有较强的现实意义。2020 年 4 月，习近平总书记在中央财经委员会第七次会议上，提出要构建以国内大循环为主体、国内国际双循环相互促进的新发展格局。畅通国内大循环，本质上就是要以满足国内需求为出发点和落脚点，这就要求作为供给侧的企业提供更高质量的产品与服务。本章研究结果表明，数字化转型对于企业提高产品与服务质量，扩大竞争优势具有重要作用。因此，地方政府要充分认识到企业数字化转型对现阶段中国经济发展的重大意义，充分发挥导向作用，引导并支持地方企业加快数字化转型进程，进而在促使企业竞争优势提升、地区产业转型升级的同时，进一步深化供给侧结构性改革，为加快推动双循环新发展格局构建，促进经济高质量发展提供动力。

第二，本章研究发现对于市场信息可获得性与内部信息可获得性较差的企业而言，数字化转型对产品市场表现的提升作用更大。因此，对于这两类的企业而言，可以根据实际情况推进数字化转型战略，利用数字技术提高市场信息与内部信息的可获得性，提升决策效率、降低监督成本，减少企业在配置要素资源时面临的信息摩擦，推动资源配置效率提升，从而提高企业在产品市场的竞争优势。

第三，本章研究发现数字化转型带来的产品市场表现提升更可能是来自新客户的业务往来。在当前逆全球化思潮兴起、世界政治军事冲突加剧、新冠疫情肆虐等来自供给端与需求端不利冲击频发的背景下，数字化转型对于防范化解供应链风险冲击传染具有较强的现实意义。2022 年政府工作报告指出，要着力防范化解重大风险，继续按照稳定大局、统筹协调、分类施策、精准拆弹的基本方针，做好经济金融领域风险防范和处置工作。本章的结果表明，数字化转型有助于降低企业客户集中度，为防范化解实体经济运行风险提供了新的洞见。因此，对于客户集中度较高的企业而言，利用数字技术不仅能够帮助企业建立声誉，提高新客户的信任感；而且能够帮助企业提高市场需求预测能力，降低市场搜寻成本，为企业建立新的客户关系创造条件，从而有效缓解由于较高客户集中度而带来的潜在风险。

第十二章 数字化转型与企业跨国并购

第一节 数字化转型与企业跨国并购的问题提出

一、选题背景

依托我国超大规模市场优势，健全对外投资管理服务体系，推动产业链和供应链国际合作，是完善高水平对外开放体制机制中的重要一环。根据中国商务部的数据，2023年中国对外直接投资额达到1772.9亿美元，同比增长8.7%，占全球份额的11.4%。作为对外直接投资的关键途径，跨国并购已被众多企业广泛采用。党的二十大报告强调我国要深度参与全球产业分工和合作，维护多元稳定的国际经济格局和经贸关系。中国信息通信研究院发布《全球数字经济发展研究报告（2024年）》中指出，2023年我国数字化转型支出高达3850亿美元，约占全球数字化转型支出的18.3%。然而，关于如何利用数字技术优势支持企业跨国并购的决策，目前研究尚不充分。本章通过考察数字化转型对跨国并购的因果效应及作用机制，不仅有助于丰富数字技术应用于企业决策的知识体系，也为在数字经济环境下深化对外投资管理体制、推动产业链和供应链国际合作提供有益的启示和借鉴。

二、研究问题提出

本章使用2010～2020年中国A股上市公司数据作为研究样本，考察数字化转型对跨国并购之间的因果效应以及作用机制。数字化转型是指企业结合信息、计算、通信和连接技术，以改善自身运营和管理的过程（Vial，2019）。这一转型可以从两个方面显著影响企业的跨国并购决策。首先，数字化转型通过推动企业创新来增强其所有权优势，进而促进跨国并购。数字技术的应用使企业能够深入洞察用户行为和偏好，更好地理解消费者独特需求，从而激发创新活力（Babina et al.，2024）。创新能够提升企业的所有权优势，为跨国并购创造了有利条件。其次，数字技术的信息获取和资源整合能力有助于提升企业内部化优势，推动跨国并购。凭借数字技术，企业能够全面、准确地获取市场信息（蒋殿春和唐浩丹，2021），有效降低与海外目标企业之间的信息不对称。同时，云计算、电子系统等数字技术的应用提高了企业的资源整合效率。随着信息获取和资源整合能力的提升，企业内部化优势显著增强，进而会促使企业做出跨国并购的决策。

三、研究贡献

本章的主要贡献在于：第一，本章贡献于跨国并购的相关研究。国际生产折中理论认为所有权优势、内部化优势是企业进行以跨国并购为代表的对外投资的关键因素（Dunning，1977）。后续研究则分别从国家双边关系（Erel et al.，2012；Bhagwat et al.，2021）、信息获取成本（Ferreira et al.，2010；Zhang et al.，2021）、融资能力（谢红军和吕雪，2022）、研发创新能力（Nocke and Yeaple，2007；郭艳婷等，2023）、内部代理问题（Arena et al.，2022）等宏微观角度分析了影响跨国并购的因素。然而，现有研究忽略了数字经济时代下，数字技术的使用对其跨国并购行为的影响。本章考察发现企业使用数字技术能够提升企业创新、信息获取以及整合能力，进而促进了企业进行跨国并购。本章研究为数字经济时代下，我国深度参与全球产业分工和合作，维护多元稳定的国际经济格局和经贸关系提供启示。

第二，本章贡献于数字经济所带来的实体经济效益研究。目前已有研究通过行业以及区域层面数据考察了数字化技术对劳动力市场变动（Acemoglu and Restrepo，2020；Aghion et al.，2020）、城市创新（赵涛等，2020）、企业绿色创新（刘畅等，2023）等方面的影响。随着深度学习以及文本分析技术的发展，微观企业层面的数字化转型得到学者的广泛关注。例如，吴非等（2021）发现数字化转型能够降低企业与投资者之间的信息不对称，进而提升企业股票流动性。张叶青等（2021）以及Chen和Srinivasan（2024）都发现企业大数据的应用能够提升其自身价值。肖土盛等（2022）发现数字化转型能够提高企业劳动力收入份额。然而，尚未有研究考察企业数字化转型对跨国并购的影响，跨国并购有助于推动中国新时期对外开放的宏大布局，受到政府以及学术界的密切关注。基于此，本章通过考察企业数字化转型与跨国并购之间的因果效应及其作用机制，在以数字经济作为现代化经济体系重要引擎的新发展战略下，进一步补充、提供了数字经济所带来的微观实体效益。

第二节 数字化转型与企业跨国并购文献综述与研究假说

一、文献综述

（一）跨国并购

跨国并购作为企业的一项关键战略决策，不仅深刻影响其经营模式和商业策略，也体现了企业对利润最大化的追求。国际生产折中理论强调，企业的特定技术与资源等所有权优势，是推动其进行跨国并购的核心因素（Dunning，1977；Frésard et al.，2017）。Neary 等（2007）通过建立寡头垄断一般均衡模型，进一步揭示了国际技术差异对跨国并购的推动作用，使企业能够获取超额收益。此外，Helpman 等（2004）和 Loncan（2023）也发现，技术创新带来的生产率提升，显著增加了企业进行跨国并购的可能性。

然而，跨国并购过程中往往伴随着更高的信息不对称和风险（Di Giovanni，2005；Erel et al.，2012）。尽管利润最大化动机可能提升企业进行跨国并购的意愿，但实际操作中，企业未必具备获取海外目标企业信息的能力。Ferreira 等（2010）研究指出，海外投资机构在这一过程中发挥了关键作用，帮助企业获得目标企业的信息，从而促进跨国并购的实施。另外，Zhang 等（2021）研究表明，直通航班的便利性显著提高了并购企业获取目标企业信息的能力，进一步推动了跨国并购的进行。尽管这些研究主要集中于地理距离所导致的信息不对称问题，但在数字经济快速发展的大背景下，这一视角可能已不再完全适用。蒋殿春和唐浩丹（2021）就提出，企业能够有效利用数字技术，缓解地理距离所产生的信息不对称问题。

此外，跨国并购中的资源整合与协调也是一大挑战。Nocke 和 Yeaple（2007）研究强调，生产率和研发投入较高的企业通常拥有更强的转移优势，能够更好地实现并购资源的整合，从而更有可能进行跨国并购。这一观点同样得到了蒋冠宏和蒋殿春（2017）的支持，他们发现，研发强度更高的企业更倾向于进行跨国并购。Erel 等（2024）进一步指出，企业治理能力较强的企业更有可能通过跨国并购实现并购协同效应。随着数字技术的快速发展，其对企业信息获取、资源整合以及市场竞争优势的影响日益显著。然而，数字技术是否能够真正促进企业进行跨国并购决策，目前相关研究多依赖于其他文献的推论，其中的具体机制尚需进一步探讨。本章直接考察数字化转型对企业跨国并购的影响及其内在机制，为深入理解数字化转型在国际市场竞争中的理论价值提供新的视角。

（二）数字化转型

以大数据、人工智能、区块链、自动化等数字技术为代表的数字技术正在迅速与企业深度融合（Brynjolfsson and McElheran，2019；Vial，2019；Aghion et al.，2020），对企业经营决策产生了深远影响。已有研究表明，数字化转型可以推动企业信息获取、整合，打破数据孤岛（陈冬梅等，2020；方明月等，2022），并最终有助于提高企业整体价值（张叶青等，2021；Chen and Srinivasan，2024）。张洪胜和潘钢健（2021）发现，跨境电子商务可以降低搜寻成本，改善贸易绩效。综合现有观点，数字化转型满足了企业对实时信息的获取与整合需求，并利用信息优势改变企业决策。本章试图从数字化转型影响跨国并购的视角展开，为数字经济时代我国企业进入国际市场竞争提供证据。

企业数字技术应用会影响企业内部管理。数字技术的使用会促进企业进行网络化、扁平化管理，从而提高价值创造效率（戚聿东和肖旭，2020）。袁淳等（2021）发现，以财务信息系统等为代表的数字技术能够有效地缓解企业内部代理问题，加强内部管理效率。刘淑春等（2021）以及张叶青等（2021）认为，数字技术能够为企业提供智能化生产，提高了企业的生产效率。袁业虎和吴端端（2024）发现，企业数字化转型能够有效促进供应链与企业经营管理的深度融合，从而提高企业的韧性。可以发现，数字化技术的使用能够帮助企业提高管理效率。然而，目前研究更多关注于数字技术对企业自身的管理，较少有研究关注数字技术的并购整合，尤其是更具有挑战的跨国并购整合。

此外，部分研究考察了数字化转型对企业所有权优势的影响。Babina等（2024）研究发现，人工智能能够帮助企业实现产品创新，提高所有权优势。数字化转型能够加速产品迭代升级，提升企业出口产品的质量（杜明威等，2022；DeStefano and Timmis，2024）。机器人的应用可以降低企业生产的相对成本，提高企业的资源配置效率（Koch et al.，2021）。尽管提升所有权优势是企业数字化转型的重要目的之一，然而，较少有研究考虑在数字化转型提高所有权优势的过程中如何影响企业开辟新市场的战略决策。跨国并购是打开海外市场的重要战略决策，对企业发展产生较大影响，因此，本章将重点关注企业数字化转型与跨国并购之间的关系。

二、研究假说

跨国并购作为企业最重要的投资决策之一，本章认为数字化转型可以通过以下两个方面对企业跨国并购产生影响。

第一，数字化转型有助于企业获得所有权优势，从而推动其跨国并购决策。国际生产折中理论指出，所有权优势是推动跨国并购的关键因素，包括企业的独特技术和资源，如专利技术和品牌，这些优势为企业在全球市场中提供了持续的竞争力（Dunning，1977；Lu et al.，2022）。其中，创新被视为形成所有权优势并推动经济高质量发展的核心动力（Romer，1990；Barth and Gee，2024）。技术创新所带来的生产技术突破促使企业通过跨国并购参与全球市场竞争，以获取更高的收益。Helpman 等（2004）和 Loncan（2023）指出，企业创新所带来的生产效率提升能够促进跨国并购等市场活动的开展。

在数字化转型后，企业能够利用数字技术收集和分析市场信息，深入洞察消费者行为与偏好，从而创造具有高度可移动性的创新成果，形成自身的所有权优势。Babina 等（2024）发现，借助人工智能，企业能够精准分析消费者数据，预测市场需求，并基于此开发具有竞争力的产品。与其他国家相比，中国在数字技术研发和应用方面相对领先。麦肯锡 2017 年报告称，中国数字经济引领全球趋势。根据信通院《全球数字经济发展研究报告（2024 年）》，2023 年中国数字化转型支出为 3850 亿美元，占全球数字化转型支出约 18.3%。良好的数字化转型市场环境能够帮助企业有效利用数字技术进行研发创新，从而更好地获取所有权优势。在企业获得所有权优势后，其通常会倾向于通过远程搜索寻求海外并购机会，以追求超额收益（2016 年 12 月，华为以 1.92 亿美元收购了以色列的两家初创企业；同年，阿里巴巴斥资 10 亿美元收购了东南亚电商平台 Lazada。）综上，依托数字技术形成的所有权优势能够促进企业通过跨国并购拓展海外市场，从而获得更高的边际收益。

第二，数字化转型有助于企业获得内部化优势，从而促进其跨国并购决策。内部化优势同样是影响企业跨国并购决策的关键因素（Dunning，1977；Xiao and Tian，2023），其是指企业在跨国并购过程中，通过整合特定资源和流程，提升并购协同效应的能力。为了实现这一目标，企业需要具备增强的信息获取能力，深入了解目标企业，并具备高效的资源整合能力，以推动并购协同效应的实现。

从信息获取的角度来看，跨国并购较跨区域并购具有更加复杂的特点。跨国并购涉及多个国家的市场、法规及监管环境，因此信息不对称问题更加突出，这使得跨国并购的风险较高，并伴随更大的沉没成本（Nocke and Yeaple，2007；蒋冠宏和蒋殿春，2017）。与跨区域并购更多考虑地区文化差异的不同，跨国并购面临国家间的语言、文化、法律及政治环境差异，信息不对称性更为显著。德勤 2017 年对中国企业 2012 ~ 2016 年间跨国并购案例的分析显示，21.1% 的企业将信息搜寻和筛选视为海外并购的主要痛点，约 18.3% 的企业在尽职调查过程中未能及时发现重大风险。获取精准信息以降低不确定性，成为跨国并购成功的关键（Bernanke，1983）。蒋殿春和唐浩丹（2021）指出，依赖数字技术，企业能够更有效地搜寻并购目标，并增加对目标企业的了解。以大数据、云计算、人工智能为代表的数字技术增强了企业的信息搜寻能力，使其能够以较低成本快速聚集和分析海量市场数据，从而缓解信息不对称问题。通过数字技术手段，企业能够显著降低信息不对称带来的风险，更全面地理解目标企业的市场、法规和文化环境，从而为跨国并购决策提供可靠支持。

从资源整合的角度来看，数字技术的进步推动了企业间的协作与互补，尤其是在数据和算法共享的基础上，使得企业能够更高效地利用市场信息，从而实现协同效应（Brynjolfsson and Mcelheran，2019；陈冬梅等，2020）。在跨国并购中，资源整合的难度更大，企业不仅需要克服地理距离带来的障碍，还要面对语言、文化和管理方式的差异（Erel et al.，2012）。数字技术帮助企业克服这些障碍，尤其在信息共享和协作方面发挥了关键作用。例如，云计算和大数据技术使得企业能够实现云端信息共享，不同地区的员工可以通过互联网进行远程办公和协作；人工智能支持下的机器学习能够有效缓解并购过程中语言障碍的问题。这些技术的应用大大加快了跨国企业间的资源整合进程，促进了跨国员工流动和信息交流，从而提升了企业的资源整合效率。综上所述，本章提出如下研究假说：

研究假说：其他条件不变，数字化转型能够促进企业跨国并购。

第三节　数字化转型与企业跨国并购的研究设计

一、样本选择与数据来源

本章选取 2010 ~ 2020 年中国 A 股上市企业数据作为初始研究样本，考察企业数字化转型对跨国并购的影响。根据研究需要，本章对初始样本进行了以下筛选：（1）剔除金融、保险行业的企业样本数据；（2）剔除关键控制变量缺失的样本数据；（3）剔除资产负债率大于 1 的异常样本数据。经过以上筛选，最终得到 25087 个企业－年度观测值。为了避免极端值对因果推断的影响，本章对所有连续变量在 1% 和 99% 分位上进行缩尾处理（Winsorize），同时为了控制潜在的异方差和序列相关性问题，本章对所有回归系数的标准误都使用了异方差调整和企业层面上进行"聚类"（Cluster）处理。本章使用的企业财务数据以及海外并购数据来源于中国研究数据服务平台（CNRDS）。

二、跨国并购

借鉴臧成伟和蒋殿春（2020）及 Bhagwat 等（2021），本章使用以下三种方法衡量跨国并购：（1）企业当年是否进行跨国并购 Oversea 的虚拟变量，如果企业当年进行了跨国并购，则取值为 1，否则为 0；（2）企业当年进行跨国并购的频率 Frequency，定义为企业当年进行跨国并购的次数加 1 取对数；（3）企业当年跨国并购的规模 Volume，定义为企业当年跨国并购交易的金额加 1 取对数。

三、数字化转型

随着机器学习和文本分析法的不断发展完善，为通过微观企业视角系统深入地衡量企业数字化转型提供了契机。参考吴非等（2021）以及袁淳等（2021），使用机器学习和文本分析方法抓取上市公司年报中包含数字化转型的关键词，并使用包含数字化转型关键词的数量来构建企业数字化转型的程度。具体来说，本章使用机器学习技术构建数字化转型的关键词词典，其中涉及了人工智能、大数据、区块链、云计算、数字技术运用五大类。然后，使用自然语言处理中文分词模型对上市公司年报进行分词处理，将涉及数字化转型的关键词进行统计汇总。年报中的数字化转型关键词词频总和加 1 的对数即为企业数字化转型程度 Digital。

四、模型设定

为了考察企业数字化转型对其跨国并购的影响，本章构建了如下回归模型：

$$MA = \beta_0 + \beta_1 Digital + \beta_2 Size + \beta_3 Lev + \beta_4 ROA + \beta_5 CashFlow + \beta_6 Growth$$
$$+ \beta_7 Blndep + \beta_8 BM + \beta_9 SOE + \beta_{10} Age + \beta_{11} Top1 + \beta_{12} Mshare$$
$$+ Industry \times Year\ FE + \varepsilon \qquad (12.1)$$

其中，*Digital* 为企业数字化转型程度；*MA* 为企业跨国并购的代理变量，本章使用企业当年是否出现了跨国并购 *Oversea*，企业当年进行跨国并购的频率 *Frequency* 以及企业当年跨国并购的规模 *Volume* 作为跨国并购的代理变量。本章最关心的系数为 β_1。如果数字化转型能够促进企业进行跨国并购，那么可以预期 β_1 将显著为正。

借鉴现有研究（臧成伟和蒋殿春，2020；袁淳等，2021；Arena et al.，2022），本章在模型中控制了公司规模 *Size*、负债水平 *Lev*、公司业绩 *ROA*、公司现金流 *CashFlow*、公司发展水平 *Growth*、独立董事比例 *Blndep*、公司价值 *TobinQ*、公司第一大股东持股比例 *Top*1、公司企业年龄 *Age*、公司管理层持股比例 *Mshare*。具体变量如表 12 - 1 所示。使用行业—时间高维固定效应以缓解行业层面随时间变动的混淆因素对本章因果推断的干扰。

表 12 - 1　　　　　　　　　　　　　　　**变量定义**

变量名称	变量定义与说明
Oversea	是否出现跨国并购，当年发生跨国并购则为 1，否则为 0
Frequency	企业跨国并购频率，为企业当年跨国并购次数加 1 取对数
Volume	企业跨国并购规模，为企业跨国并购所支付的价值与公司总资产的比值
Digital	企业数字化转型程度，使用上市企业年报中与数字化转型相关的关键词词频加 1 的对数值
Size	企业规模，为企业年末总资产的自然对数值
Lev	负债水平，为企业年末总负债与总资产的比值
ROA	资产收益率，上市企业期末净利润除以总资产
CashFlow	企业现金流，为企业经营活动产生的现金与总资产的比值
Growth	发展能力，为企业营业收入增长率
Blndep	董事会独立性，企业董事会独立董事席位数与总席位数的比率
TobinQ	企业成长性变量，使用企业市场价值与账面价值的比率衡量
Age	企业年龄，为企业成立年数加 1 取对数
*Top*1	企业第一大股东持股比例
Mshare	高管持股比例，企业高管持股总量占总股数的比率

第四节 数字化转型与企业跨国并购的实证结果与分析

一、描述性统计

表12－2报告了主要变量的描述性统计结果，企业当年是否进行跨国并购 $Oversea$ 的均值（中值）为0.0536（0.0000），这与已有研究的描述性统计相一致（安磊和沈悦，2020）。企业当年进行跨国并购的频率 $Frequency$ 的均值（中值）为0.0424（0.0000），企业当年跨国并购的规模 $Volume$ 的均值（中值）为0.9121（0.0000），企业数字化转型程度 $Digital$ 的均值（中值）为2.9244（2.8904），公司规模 $Size$ 的均值（中值）为22.1175（21.9361），公司负债水平 Lev 的均值（中值）为0.4174（0.4083），公司的盈利能力 ROA 的均值（中值）为0.0394（0.0392），公司的 $TobinQ$ 的均值（中值）为2.0525（1.6170），公司发展水平 $Growth$ 的均值（中值）为0.2776（0.1200），独立董事占比 $Blndep$ 的均值（中值）为0.3742（0.3333），公司第一大股东持股比例 $Top1$ 的均值（中值）为0.3463（0.3250）。可以发现，控制变量的描述性统计与袁淳等（2021）以及张叶青等（2021）基本保持一致。

表 12 －2 描述性统计

变量	N	Mean	SD	Min	P25	Median	P75	Max
$Oversea$	25087	0.0536	0.2252	0.0000	0.0000	0.0000	0.0000	1.0000
$Frequency$	25087	0.0424	0.1827	0.0000	0.0000	0.0000	0.0000	1.0986
$Volume$	25087	0.9121	4.0673	0.0000	0.0000	0.0000	0.0000	20.5704
$Digital$	25087	2.9244	1.0991	0.0000	2.1972	2.8904	3.6636	5.3891
$Size$	25087	22.1175	1.3073	19.0952	21.1808	21.9361	22.8539	26.8421
Lev	25087	0.4174	0.2106	0.0533	0.2453	0.4083	0.5766	0.9981
ROA	25087	0.0394	0.0639	－ 0.4064	0.0156	0.0392	0.0688	0.2085
$CashFlow$	25087	0.0454	0.0710	－ 0.2061	0.0070	0.0457	0.0864	0.2648
$Growth$	25087	0.2776	0.7610	－ 0.7401	－ 0.0147	0.1200	0.3176	5.9798
$Blndep$	25087	0.3742	0.0534	0.0000	0.3333	0.3333	0.4286	0.5714
$TobinQ$	25087	2.0525	1.3352	0.8780	1.2468	1.6170	2.3252	8.7940

变量	N	Mean	SD	Min	P25	Median	P75	Max
Age	25087	2.8461	0.3605	1.0986	2.6391	2.8904	3.0910	3.4965
*Top*1	25087	0.3463	0.1488	0.0848	0.2306	0.3251	0.4472	0.7500
Mshare	25087	0.1413	0.2028	0.0000	0.0000	0.0061	0.2705	0.6931

二、数字化转型与企业跨国并购

本章首先考察了数字化转型对跨国并购的影响，回归结果如表 12-3 所示。表 12-3 的第（1）列报告了当因变量为 *Oversea* 时的回归结果，*Digital* 的估计系数为 0.0063（t=2.77），在 1% 的水平上显著为正。替换因变量为 *Frequency* 时，回归结果如表 13-3 的第（2）列所示，*Digital* 的估计系数为 0.0048（t=2.60），在 1% 的水平上显著为正。在第（3）列中，本章使用公司当年跨国并购的规模 *Volume* 作为因变量，*Digital* 的系数为 0.1248（t=3.06），同样在 1% 的水平上显著为正。就经济意义而言，以第（2）列为例，数字化转型程度每增加一个标准差，公司进行跨国并购的概率提高约 12.92%（=0.0063×1.0991/0.0536），表明数字化转型能够显著促进企业进行跨国并购。

表 12-3　　　　　数字化转型与企业跨国并购

变量	（1）*Oversea*	（2）*Frequency*	（3）*Volume*
Digital	0.0063***	0.0048***	0.1249***
	(2.77)	(2.60)	(3.06)
Size	0.0117***	0.0093***	0.2004***
	(5.39)	(5.34)	(5.04)
Lev	0.0206*	0.0148	0.4213**
	(1.78)	(1.61)	(2.01)
ROA	0.0413	0.0394*	0.7826
	(1.40)	(1.69)	(1.46)
Cashflow	0.0806***	0.0690***	1.5174***
	(3.30)	(3.52)	(3.43)
Growth	-0.0022	-0.0016	-0.0349
	(-1.43)	(-1.29)	(-1.19)

变量	(1) Oversea	(2) Frequency	(3) Volume
Blndep	0.0192 (0.50)	0.0224 (0.70)	0.3071 (0.43)
TobinQ	0.0099 *** (4.86)	0.0078 *** (4.61)	0.1829 *** (4.81)
Age	−0.0163 ** (−2.47)	−0.0125 ** (−2.28)	−0.3669 *** (−3.03)
Top1	−0.0206 (−1.46)	−0.0175 (−1.52)	−0.3791 (−1.50)
Mshare	−0.0193 (−1.59)	−0.0163 (−1.64)	−0.2846 (−1.29)
Constant	−0.2082 *** (−3.83)	−0.1678 *** (−3.84)	−3.4252 *** (−3.43)
Industry × Year FE	Yes	Yes	Yes
N	25087	25087	25087
Adj R²	0.007	0.007	0.007

三、机制检验

已发现数字化转型能够显著促进企业跨国并购，为了考察企业数字化转型对跨国并购的作用机制，本章分别从企业创新以及企业信息获取能力两个视角进行机制分析。

（一）企业研发创新

根据国际生产折中理论，所有权优势是推动企业进行跨国并购的重要因素之一（Dunning，1977）。创新作为企业所有权优势的关键组成部分，对企业发展具有重要意义（Grossman and Shapiro，1986；He and Huang，2017；陈胜蓝等，2023）。Nguyen 等（2023）研究表明，提升企业研发创新能力能够有效增强其所有权优势。高质量的创新能够降低产品的替代性，进而提升企业所有权优势（Babina et al.，2024）。随着数字技术的广泛应用，企业组织内外边界的限制被逐渐打破，不仅促进了企业间信息的互联互通，还大幅提升了企业与用户之间的互动频率（戚聿东和肖旭，2020），为企业知识创新提供了强大的推动力。本章采用企业专利申请数量加1的对数 Patent 来衡量企业的创新水平，Patent 值越高，表明企业的创新能力越强。替换因变量为超前一期的 *Patent*，回归结果如表 12 − 4 所示，*Digital* 的回归系数为 0. 1757（t = 7. 92），在 1% 的水平上显著为正。这一结果表明，数字化转型能够显著促进企业创新，进而推动企业通过跨国并购开拓国际市场。

表 12 − 4　　　　　　　　　　机制分析

变量	(1) *Patent*	(2) *DD*
Digital	0. 1757 *** (7. 92)	0. 0513 *** (9. 46)
Size	0. 3161 *** (11. 84)	0. 0919 *** (17. 12)
Lev	− 0. 0339 (− 0. 30)	− 0. 0098 (− 0. 36)
ROA	2. 6464 *** (11. 67)	− 0. 0513 (− 0. 87)
Cashflow	1. 0491 *** (5. 51)	− 0. 1814 *** (− 3. 16)
Growth	− 0. 0611 *** (− 4. 31)	0. 0076 (1. 62)
Blndep	− 0. 4139 (− 1. 19)	0. 0766 (0. 99)
TobinQ	0. 0131 (0. 92)	0. 0177 *** (5. 23)
Age	− 0. 2788 *** (− 4. 03)	− 0. 0018 (− 0. 11)
*Top*1	− 0. 1427 (− 0. 98)	− 0. 1558 *** (− 4. 79)
Mshare	0. 4818 *** (4. 47)	0. 0534 ** (2. 24)
Constant	− 5. 1120 *** (− 8. 16)	− 2. 0002 *** (− 15. 61)
Industry × Year FE	Yes	Yes
N	25087	18029
Adj R^2	0. 107	0. 077

（二）企业信息获取、资源整合能力

内部化优势是促进企业进行跨国并购的重要因素之一。了解目标企业信息，缓解信息不对称能够有效提升企业内部化优势。在高沉没成本的项目投资中，推迟投资决策并更好地了解投资信息是较为理智的选择（Bernanke，1983）。相较于跨区域并购，跨国并购面临的信息不确定性更高。当企业能够更好地获取有效信息时，跨国并购的成功率会显著提升（Ferreira et al.，2010；Zhang et al.，2021）。通过数字化技术，企业能够从市场、竞争企业等途径中获取更多详细且有效的信息，从而帮助企业做出更好的决策（Brynjolfsson and McElheran，2019；戚聿东和肖旭，2020）。尽职调查是企业在跨国并购前获取目标企业信息的重要途径。例如，2017年德勤分析了2012～2016年中国企业的跨国并购案例，发现21.1%的企业认为并购目标的信息搜寻与筛选是企业海外并购的主要痛点，约18.3%的企业未能在尽职调查过程中及时发现重大风险。

从资源整合的角度来看，当企业拥有具备并购技能的员工时，能够更高效地获取目标企业信息，并完成并购整合，从而创造更高的并购价值（Gokkaya et al.，2023）。为了缓解对并购目标的信息不对称，并帮助企业更好地进行并购整合，企业会招聘尽职调查人员专业的人才。例如，东方雨虹在其尽职调查职责描述中要求：与第三方会计师事务所和律师事务所联合开展尽职调查，协调风险控制团队对项目风险进行识别和控制，并对被投资项目进行全面管理和关键节点的控制。这些雇用了尽职调查员工的企业在跨国并购过程中能够更好地进行资源整合。

本章基于岗位数据，构建了企业对数字技术尽职调查员工的需求指标 DD。具体而言，本章总结了尽职调查的不同表述方式，包括"尽职调查""尽调"等。如果某个岗位的招聘要求中同时包含与尽职调查相关的关键词和数字化转型的关键词［依据肖土盛等（2022）公开的数字化词典］，则该岗位更可能要求劳动者通过数字技术手段来完成尽职调查工作。本章将数字技能尽职调查 DD 定义为一个虚拟变量，当企业在某一年度发布了数字技术型尽职调查员工的岗位时，DD 取值为 1；否则取值为 0。替换因变量替换为 DD，回归结果如表 12-4 第（2）列所示。$Digital$ 的回归系数为 0.0513（$t = 9.46$），且在 1% 的水平上显著为正。这一结果表明，数字化转型能够显著促进企业雇用具备数字技术的尽职调查员工，进而有效缓解企业与目标企业之间的信息不对称问题和并购整合问题，提升了企业的内部化优势。

四、异质性分析

为了考察企业数字化转型对跨国并购的作用条件，本章从企业市场竞争优势、企业外部信息获取能力以及企业产权性质三个维度进行异质性分析。

（一）企业市场竞争优势

本章考察企业市场竞争优势如何影响基准回归的结果。当企业具备较强的市场竞争优势时，其更可能进行跨国并购决策（Dunning，1977；Helpman et al.，2004；Loncan，2023）。所有者优势要求企业利用技术创新、组织管理等方面的优势，形成市场竞争优势。例如，Nguyen 等（2023）发现，研发创新的提升会导致企业市场竞争优势的提高。因此，如果数字化转型能够帮助企业获得所有权优势，进而激发企业开拓海外市场，那么本章预期，在市场竞争优势相对较弱的企业中，数字化转型对跨国并购的促进效应应该更为明显。本章采用勒纳指数 Lerner 作为企业市场竞争优势的代理变量。具体而言，本章使用滞后一期的 Lerner 样本中位数进行分组：高于中位数，则为竞争优势较高组（High Lerner），低于中位数，则为竞争优势较低组（Low Lerner），并对这两组进行了分组回归分析，结果见表 12 - 5 Panel A。以第（1）~（2）列为例（因变量为 Oversea），在竞争优势较低组中，Digital 的估计系数为 0.0089（t = 2.87），在 1% 的水平上显著为正；而在竞争优势较高组中，Digital 的估计系数为 0.0034（t = 1.09）。组间差异检验表明，两组中 Digital 的估计系数存在显著差异。当因变量替换为 Frequency 和 Volumn 时，估计结果基本相似。上述结果表明，数字化转型对跨国并购的促进效应在市场竞争优势较低的企业中更为明显。

（二）企业外部信息获取能力

本章考察企业外部信息获取能力如何影响基准回归的结果。信息不对称问题是跨国并购过程中所要面对的重大问题（Ferreira et al.，2010；Zhang et al.，2021；Erel et al.，2024）。当企业对并购目标的信息了解不充分时，企业更难实现并购整合，从而无法形成并购协同效应，这会降低企业跨国并购的可能。如果数字化转型能够帮助企业更好地获取外部信息，加强企业对并购目标的信息获取，那么本章预期，数字化转型对企业跨国并购的促进效应在外部信息获取能力较差的企业中更为显著。根据结构洞理论，网络成员之间是否存在结构洞决定了处于关键位置的个体获取信息与机会的潜力（陈运森，2015）。换言之，成员的结构洞越丰富，其获取信息和机会的潜力越大。借鉴陈运森（2015），本章使用董事会网络结构洞指数均值 CI 来衡量企业获取外部信息的能力。具体而言，本章使用滞后一期的 CI 样本中位数进行分组：高于中位数，则为外部信息获取能力较强组（High CI），低于中位数，则为外部信息获取能力较弱组（Low CI），并对这两组进行了分组回归分析，结果如表 12 – 5 Panel B 所示。同样以第（1）~（2）列为例，在外部信息获取能力较弱组中，Digital 的估计系数为 0.0109（t = 3.24），在 1% 的水平上显著为正；而在外部信息获取能力较强组中，Digital 的估计系数为 0.0026（t = 0.91）。组间差异检验表明，两组中 Digital 的估计系数存在显著差异。当因变量替换为 Frequency 和 Volumn 时，回归结果基本类似。上述结果表明，数字化转型对跨国并购的促进效应在外部信息获取能力较弱的企业中更为明显。

（三）企业产权性质

本章考察企业产权性质如何影响基准回归的结果。东道国及其利益相关者对国有企业存在更为严重的刻板印象和负面标签，通常认为国有企业的投资行为代表了国家意志，通过并购获取的技术资源更可能用于非商业目的，从而可能损害东道国的国家安全（Cuervo – Cazurra et al.，2014）。因此，本章预期，相比于国有企业，数字化转型对跨国并购的促进效应在非国有企业中更为明显。本章使用企业性质将样本分为国有企业组（SOE）和非国有企业组（Non SOE），并进行分组回归，回归结果如表 12 – 5 的 Panel C 所示。当因变量为 Oversea 时，使用国有企业的样本进行分析，Digital 估计系数接近于 0；使用非国有企业样本进行分析，Digital 的估计系数为 0.0065（t = 2.04），在 5% 的水平上显著为正。替换因变量为 Frequency 和 Volume 时，估计结果也基本相似。上述结果表明，数字化转型对跨国并购的促进效应在非国有企业样本中更为明显。

表 12 – 5 　　　　　　　　　　　　异质性分析

Panel A　市场竞争优势

变量	(1) Oversea	(2) Oversea	(3) Frequency	(4) Frequency	(5) Volume	(6) Volume
	Low Lerner	High Lerner	Low Lerner	High Lerner	Low Lerner	High Lerner
Digital	0.0089 *** (2.87)	0.0034 (1.09)	0.0076 *** (2.97)	0.0016 (0.64)	0.1662 *** (3.01)	0.0784 (1.37)
Diff. of Digital (Empirical p-value)	0.061 *		0.018 **		0.084 *	
Size	0.0135 *** (4.05)	0.0094 *** (3.24)	0.0095 *** (3.62)	0.0083 *** (3.48)	0.2059 *** (3.55)	0.1757 *** (3.21)

Panel A 市场竞争优势

变量	(1) Oversea Low Lerner	(2) Oversea High Lerner	(3) Frequency Low Lerner	(4) Frequency High Lerner	(5) Volume Low Lerner	(6) Volume High Lerner
Lev	0.0119 (0.85)	0.0469 ** (2.48)	0.0110 (1.00)	0.0338 ** (2.23)	0.3170 (1.28)	0.9001 ** (2.57)
ROA	0.0436 (1.05)	0.0042 (0.10)	0.0384 (1.21)	0.0118 (0.34)	0.9617 (1.31)	-0.0582 (-0.07)
Cashflow	0.0583 (1.63)	0.0728 ** (2.25)	0.0511 * (1.78)	0.0605 ** (2.34)	1.1935 * (1.86)	1.3752 ** (2.36)
Growth	-0.0023 (-0.97)	-0.0026 (-1.19)	-0.0020 (-1.07)	-0.0015 (-0.85)	-0.0335 (-0.76)	-0.0481 (-1.17)
Blndep	-0.0242 (-0.48)	0.0641 (1.32)	-0.0096 (-0.22)	0.0557 (1.38)	-0.2327 (-0.25)	0.9109 (1.02)
TobinQ	0.0083 *** (3.05)	0.0126 *** (4.13)	0.0058 *** (2.67)	0.0103 *** (3.99)	0.1418 *** (2.88)	0.2355 *** (4.06)
Age	-0.0211 ** (-2.07)	-0.0123 (-1.53)	-0.0151 * (-1.77)	-0.0101 (-1.49)	-0.4589 ** (-2.48)	-0.2501 * (-1.69)
Top1	-0.0228 (-1.22)	-0.0160 (-0.81)	-0.0153 (-1.03)	-0.0172 (-1.04)	-0.3966 (-1.19)	-0.2888 (-0.81)
Mshare	-0.0142 (-0.75)	-0.0282 * (-1.77)	-0.0117 (-0.75)	-0.0244 * (-1.88)	-0.2171 (-0.64)	-0.4375 (-1.49)
Constant	-0.2191 *** (-2.71)	-0.1879 *** (-2.59)	-0.1560 ** (-2.42)	-0.1630 *** (-2.75)	-3.0931 ** (-2.20)	-3.4905 ** (-2.55)
Industry × Year FE	Yes	Yes	Yes	Yes	Yes	Yes
N	11507	13447	11507	13447	11507	13447
Adj R^2	0.006	0.009	0.006	0.009	0.006	0.009

Panel B 外部信息获取能力

变量	(1) Oversea Low CI	(2) Oversea High CI	(3) Frequency Low CI	(4) Frequency High CI	(5) Volume Low CI	(6) Volume High CI
Digital	0.0109 *** (3.24)	0.0026 (0.91)	0.0094 *** (3.42)	0.0013 (0.54)	0.1893 *** (3.07)	0.0789 (1.62)

Panel B 外部信息获取能力

变量	(1) Oversea	(2) Oversea	(3) Frequency	(4) Frequency	(5) Volume	(6) Volume
	Low CI	High CI	Low CI	High CI	Low CI	High CI
Diff. of Digital (Empirical p-value)	0.012 **		0.002 ***		0.050 **	
Size	0.0117 *** (3.85)	0.0111 *** (3.81)	0.0089 *** (3.68)	0.0088 *** (3.80)	0.1725 *** (3.20)	0.2169 *** (4.05)
Lev	0.0226 (1.40)	0.0203 (1.40)	0.0196 (1.54)	0.0122 (1.04)	0.5247 * (1.77)	0.3503 (1.36)
ROA	0.0546 (1.26)	0.0452 (1.10)	0.0571 * (1.68)	0.0390 (1.21)	1.0943 (1.38)	0.7898 (1.04)
Cashflow	0.1021 *** (2.74)	0.0589 ** (1.99)	0.0868 *** (2.85)	0.0509 ** (2.17)	2.0090 *** (2.97)	1.0318 * (1.95)
Growth	−0.0010 (−0.42)	−0.0038 * (−1.87)	−0.0005 (−0.25)	−0.0031 ** (−2.01)	−0.0270 (−0.61)	−0.0540 (−1.41)
Blndep	0.0368 (0.60)	0.0058 (0.13)	0.0326 (0.62)	0.0126 (0.35)	0.4422 (0.38)	0.2130 (0.27)
TobinQ	0.0066 ** (2.28)	0.0122 *** (4.77)	0.0045 * (1.89)	0.0101 *** (4.66)	0.1233 ** (2.24)	0.2254 *** (4.69)
Age	−0.0294 ** (−2.46)	−0.0097 (−1.36)	−0.0226 ** (−2.32)	−0.0084 (−1.39)	−0.5603 ** (−2.51)	−0.2478 ** (−1.98)
Top1	−0.0345 * (−1.70)	−0.0023 (−0.13)	−0.0282 * (−1.69)	−0.0036 (−0.26)	−0.5496 (−1.46)	−0.1118 (−0.36)
Mshare	−0.0187 (−0.91)	−0.0230 * (−1.74)	−0.0162 (−0.95)	−0.0192 * (−1.77)	−0.3330 (−0.87)	−0.3122 (−1.31)
Constant	−0.1817 ** (−2.25)	−0.2057 *** (−3.04)	−0.1408 ** (−2.18)	−0.1614 *** (−2.97)	−2.3846 * (−1.65)	−4.0710 *** (−3.28)
Industry × Year FE	Yes	Yes	Yes	Yes	Yes	Yes
N	11523	13453	11523	13453	11523	13453
Adj R^2	0.008	0.007	0.008	0.007	0.007	0.007

Panel C 是否为国企

变量	(1) Oversea	(2) Oversea	(3) Frequency	(4) Frequency	(5) Volume	(6) Volume
	Non SOE	SOE	Non SOE	SOE	Non SOE	SOE
Digital	0.0065 **	− 0.0000	0.0046 *	0.0005	0.1028 *	0.0524
	(2.04)	(− 0.01)	(1.76)	(0.24)	(1.75)	(1.14)
Diff. of Digital (Empirical p-value)	0.045 **		0.085 *		0.264	
Size	0.0194 ***	0.0085 ***	0.0161 ***	0.0063 ***	0.3589 ***	0.1104 ***
	(5.40)	(3.52)	(5.51)	(3.37)	(5.31)	(2.93)
Lev	0.0307 *	0.0117	0.0217	0.0080	0.6599 **	0.1609
	(1.75)	(0.94)	(1.54)	(0.78)	(2.04)	(0.74)
ROA	0.0315	0.0212	0.0298	0.0246	0.6074	0.0314
	(0.84)	(0.46)	(1.00)	(0.66)	(0.89)	(0.04)
Cashflow	0.0876 **	0.0108	0.0776 ***	0.0067	1.7198 ***	0.2491
	(2.54)	(0.36)	(2.82)	(0.27)	(2.75)	(0.49)
Growth	− 0.0045 **	0.0021	− 0.0032 *	0.0015	− 0.0699	0.0373
	(− 2.01)	(0.91)	(− 1.75)	(0.83)	(− 1.64)	(0.94)
Blndep	0.0567	− 0.0449	0.0508	− 0.0263	0.8243	− 0.5600
	(1.08)	(− 1.19)	(1.15)	(− 0.86)	(0.85)	(− 0.86)
TobinQ	0.0132 ***	0.0008	0.0108 ***	0.0002	0.2575 ***	− 0.0074
	(4.66)	(0.38)	(4.51)	(0.15)	(4.77)	(− 0.21)
Age	− 0.0089	− 0.0072	− 0.0054	− 0.0071	− 0.2377	− 0.1347
	(− 1.07)	(− 0.69)	(− 0.78)	(− 0.79)	(− 1.57)	(− 0.71)
Top1	0.0300	− 0.0399 **	0.0231	− 0.0352 ***	0.6009	− 0.7594 ***
	(1.40)	(− 2.56)	(1.31)	(− 2.73)	(1.56)	(− 2.81)
Mshare	− 0.0560 ***	0.0088	− 0.0446 ***	0.0083	− 0.9263 ***	− 0.1937
	(− 3.84)	(0.14)	(− 3.73)	(0.16)	(− 3.48)	(− 0.18)
Constant	− 0.4137 ***	− 0.1209 **	− 0.3472 ***	− 0.0849 *	− 7.4750 ***	− 1.4175
	(− 4.75)	(− 1.96)	(− 4.93)	(− 1.74)	(− 4.59)	(− 1.45)
Industry × Year FE	Yes	Yes	Yes	Yes	Yes	Yes
N	15436	9040	15436	9040	15436	9040
Adj R²	0.015	0.004	0.014	0.004	0.015	0.003

五、经济后果

上面已经发现企业数字化转型能够通过提高企业创新以及信息获取能力来促进跨国并购。接下来，本章进一步考察数字化转型是否能够促进企业跨国并购的并购绩效。如果数字化转型能够提高企业创新以及企业信息获取能力，那么本章预期企业进行跨国并购时能够获得更高的并购市场反应。为了考察企业数字化转型对其并购绩效的影响，本章构建了如下回归模型：

$$
\begin{aligned}
CAR_{i,t}(\Delta ROA_{i,t}) = {} & \beta_0 + \beta_1 Digital_{i,t-1} + \beta_2 Size_{i,t-1} + \beta_3 Lev_{i,t-1} + \beta_4 ROA_{i,t-1} \\
& + \beta_5 Cashflow_{i,t-1} + \beta_6 Growth_{i,t-1} + \beta_7 Blndep_{i,t-1} \\
& + \beta_8 TobinQ_{i,t-1} + \beta_9 Top_{i,t-1}1 + \beta_{10} Age_{i,t-1} \\
& + \beta_{11} Mshare_{i,t-1} + Industry \times Year\ FE + \varepsilon_{i,t} \quad\quad (12.2)
\end{aligned}
$$

其中，CAR 为企业海外并购事件引起的股票市场反应，使用海外并购信息发布前后的累计超额收益率衡量。借鉴已有文献（Chang et al.，2019；Flammer，2021），本章使用企业发布首次并购公告前 210 个交易日至前 31 个交易日的企业个股日收益率和市场日收益率数据并按照市场模型计算出企业跨国并购公告日前后 1 个、3 个以及 5 个交易日的个股收益率的预测值，并以实际值减去预测值计算出跨国并购公告日前后 1 个、3 个以及 5 个交易日的累计异常收益 CAR。此外，长期并购绩效为 ΔROA，本章参考王艳和李善民（2017）使用企业跨国并购后一年的 ROA 与并购前一年 ROA 之差。在模型（12.2）中，本章将自变量和控制变量全部滞后一期，并控制了行业-时间高维固定效应。为了缓解自相关和异方差对回归的干扰，本章在企业层面上进行聚类处理（Cluster）。

表 12-6 报告了数字化转型对公司海外并购绩效的影响。当窗口期分别为（-1，1）、（-3，3）、（-5，5）时，$Digital$ 的估计系数分别为 0.0160（t = 3.09）、0.0232（t = 3.25）、0.0251（t = 2.84），全都在 1% 的水平上显著为正。这表明数字化转型显著提高了公司的海外并购过程中的短期市场反应。第（4）列展示了数字化转型对公司长期并购绩效的影响。可以发现 $Digital$ 的估计系数为 0.0160（t = 1.69），同样具有一定的显著性。这表明数字化转型一定程度上也提高了公司的长期并购绩效。

表 12 - 6　　　　　　　数字化转型与公司海外并购绩效

变量	(1) CAR (-1, 1)	(2) CAR (-3, 3)	(3) CAR (-5, 5)	(4) ΔROA (-1, 1)
Digital	0.0160 *** (3.06)	0.0209 *** (3.10)	0.0230 *** (2.78)	0.0160 * (1.69)
Size	-0.0042 (-1.15)	-0.0101 * (-1.84)	-0.0124 * (-1.67)	0.0135 ** (2.37)
Lev	0.0020 (0.08)	0.0005 (0.02)	-0.0210 (-0.51)	-0.1026 ** (-2.44)
ROA	0.0436 (0.78)	-0.0471 (-0.65)	-0.1193 (-1.30)	-0.6409 *** (-6.39)
Cashflow	-0.0245 (-0.39)	0.0706 (0.82)	0.0770 (0.72)	0.1615 (1.42)
Growth	-0.0000 (-0.00)	-0.0059 (-0.57)	0.0039 (0.27)	-0.0268 (-1.39)
Blndep	0.0320 (1.24)	0.0150 (0.35)	0.0517 (0.97)	0.1443 *** (2.82)
TobinQ	0.0002 (0.06)	0.0009 (0.18)	-0.0018 (-0.22)	0.0051 (0.76)
PPE	-0.0342 (-0.90)	-0.0016 (-0.03)	0.0196 (0.30)	0.1537 ** (1.98)
Age	0.0049 (0.92)	0.0081 (1.15)	0.0104 (1.26)	-0.0132 (-1.43)
Top1	-0.0133 (-0.62)	-0.0169 (-0.64)	-0.0171 (-0.47)	-0.0204 (-0.61)
Mshare	-0.0292 * (-1.68)	-0.0044 (-0.17)	0.0036 (0.11)	0.0382 (1.02)
Constant	0.0601 (0.82)	0.1441 (1.28)	0.1667 (1.09)	-0.4618 *** (-3.36)
Industry × Year FE	Yes	Yes	Yes	Yes
N	474	474	472	474
Adj R^2	0.006	0.001	0.002	0.253

　　尽管数字化转型能够显著提升公司海外并购过程中的短期市场反应以

及长期并购绩效，企业数字化转型下的跨国并购是否能够带来更好的价值增长？对这一问题进行回归分析的检验模型如下所示。

$$
\begin{aligned}
TobinQ_{i,t+1} = {} & \beta_0 + \beta_1 Digital_{i,t} \times Oversea_{i,t} + \beta_2 Digital_{i,t} + \beta_3 Oversea_{i,t} + \beta_4 Size_{i,t} \\
& + \beta_5 Lev_{i,t} + \beta_6 ROA_{i,t} + \beta_7 Cashflow_{i,t} + \beta_8 Growth_{i,t} + \beta_9 Blndep_{i,t} \\
& + \beta_{10} TobinQ_{i,t} + \beta_{11} Top1_{i,t} + \beta_{12} Age_{i,t} + \beta_{13} Mshare_{i,t} \\
& + Industry \times Year\ FE + \varepsilon_{i,t}
\end{aligned} \tag{12.3}
$$

其中，使用 $TobinQ$ 作为企业市场价值的代理变量（张叶青等，2021）。$TobinQ$ 越大，则表示公司价值越高。其中关键变量 $Oversea$ 为企业是否进行跨国并购的虚拟变量，$Digital$ 为数字化转型程度。其余控制变量与本章的基准回归保持一致。此外为了防止行业以及宏观经济上不可观测因素对本章因果推断的影响，本章同样加入了行业 – 年度高维固定效应。

表 12 – 7 报告了数字化转型下，企业跨国并购对下一年企业价值的影响。第（1）列没有加入控制变量，可以发现 $Digital \times Oversea$ 的回归系数为 0.1803（t = 3.19），在 1% 的水平上显著为正。进一步加入控制变量进行回归，估计结果如第（2）列所示，$Digital \times Oversea$ 的回归系数为 0.0574（t = 2.04），同样在 5% 的水平上显著为正。上述结果都说明了数字化转型下的跨国并购带来了更好的企业市场价值，这也为本章基本逻辑提供了进一步的证据支持。

表 12 – 7 　　　　　　　　　　数字化转型下跨国并购的市场价值

变量	（1） $TobinQ$	（2） $TobinQ$
$Digital \times Oversea$	0. 1803 *** (3. 19)	0. 0574 ** (2. 04)
$Oversea$	− 0. 4138 ** (− 2. 40)	− 0. 1189 (− 1. 33)
$Digital$	− 0. 1529 *** (− 6. 71)	− 0. 0240 *** (− 3. 22)
$Size$		− 0. 1211 *** (− 15. 02)
Lev		− 0. 0974 ** (− 2. 15)
ROA		0. 3127 ** (2. 27)

变量	（1）TobinQ	（2）TobinQ
Cashflow		0.5791*** (5.62)
Growth		0.0187** (2.39)
Blndep		0.1464 (1.45)
TobinQ		0.7234*** (65.82)
Age		-0.0764*** (-4.23)
Top1		0.0222 (0.58)
Mshare		-0.1697*** (-5.00)
Constant	2.5158*** (34.04)	3.5196*** (18.84)
Industry × Year FE	Yes	Yes
N	24631	24631
Adj R²	0.010	0.574

六、稳健性检验

直接考察企业数字化转型与跨国并购之间的因果效应可能受到内生性问题的干扰。一方面，存在不可观测的混淆因素可能会同时影响企业的数字化转型和跨国并购决策，产生内生性问题；另一方面，企业很可能通过跨国并购的方式促进自身数字化转型，导致反向因果问题。为了缓解这些潜在的内生性问题，本章进行了如下稳健性检验。

（一）配比法

企业是否进行数字化转型内生于自身的基本面特征，这意味着数字化转型存在差异的企业很可能基本面特征也有着显著的不同，从而导致本章因果推断可信度下降。为了缓解这一问题对于因果推断的干扰，本章采用倾向得分配比法平衡数字化转型程度不同的企业在基本面上的差异，以满足后门准则，加强因果推断。具体而言，借鉴马慧和陈胜蓝（2022），本章首先将数字化转型程度位于样本上 1/3 的企业定义为高数字化转型样本（$Treat = 1$），剩下的为低数字化转型样本（$Treat = 0$）。然后，选取模型（12.1）中的控制变量作为配比变量，将卡尺设置为 0.01，使用 Logit 模型进行逐年估计匹配。本章按照 1∶1 的比例为每个高数字化转型样本配比与之最相近的低数字化转型样本。最后，本章使用配比后的样本进行回归分析，回归结果如表 12 - 8 所示。当因变量为企业是否进行跨国并购 *Oversea* 时，*Digital* 的回归系数为 0.0061（t = 1.98），在 5% 的水平上显著为正。使用企业当年跨国并购的频率 *Frequency* 以及规模 *Volume* 时，结果分别如第（2）列及第（3）列所示，*Digital* 的回归系数分别为 0.0046（t = 1.84）、0.1045（t = 1.88），都具有较好的显著性水平。这一研究结果表明，本章的基本研究发现在缓解高、低数字化转型企业之间在基本面特征上的差异之后仍然是存在的。

表 12 - 8 倾向得分配比后的回归结果

变量	（1）*Oversea*	（2）*Frequency*	（3）*Volume*
Digital	0.0061 ** (1.98)	0.0046 * (1.84)	0.1045 * (1.88)
Size	0.0112 *** (3.69)	0.0087 *** (3.71)	0.1955 *** (3.54)
Lev	0.0324 * (1.89)	0.0268 ** (1.99)	0.6242 ** (2.01)
ROA	0.0458 (0.99)	0.0468 (1.31)	1.1175 (1.29)
Cashflow	0.0793 ** (2.09)	0.0714 ** (2.32)	1.4086 ** (2.05)
Growth	− 0.0001 （− 0.03）	0.0002 (0.08)	− 0.0003 （− 0.01）
Blndep	0.0388 (0.72)	0.0325 (0.75)	0.5622 (0.57)
TobinQ	0.0103 *** (3.62)	0.0080 *** (3.39)	0.1952 *** (3.58)
Age	− 0.0271 *** （− 3.11）	− 0.0210 *** （− 2.94）	− 0.5719 *** （− 3.59）

变量	(1) *Oversea*	(2) *Frequency*	(3) *Volume*
*Top*1	−0.0317 (−1.56)	−0.0275 * (−1.66)	−0.5144 (−1.40)
Mshare	−0.0184 (−1.18)	−0.0138 (−1.06)	−0.3066 (−1.08)
Constant	−0.1731 ** (−2.34)	−0.1362 ** (−2.31)	−2.8031 ** (−2.07)
Industry × Year FE	Yes	Yes	Yes
N	11136	11136	11136
Adj R^2	0.008	0.007	0.008

(二) 工具变量法

配比法能够有效平衡可观测变量之间的差异, 但本研究仍面临反向因果和遗漏其他不可观测变量等内生性问题, 这可能导致估计结果出现偏误。为缓解上述内生性问题, 本研究采用工具变量法进行处理。

首先, 借鉴黄群慧等 (2019) 及袁淳等 (2021), 本章选取 1984 年中国各城市的邮电业务数量作为当地上市企业数字化转型的工具变量。一个有效的工具变量应满足两个条件。第一, 该工具变量应对上市企业的数字化转型决策具有直接影响。历史上, 上市企业所在地通信技术的发展会影响技术水平和社会偏好, 这种潜移默化的影响会反映在样本期内企业对信息技术的应用和接受程度上, 因此, 工具变量满足相关性条件。第二, 上市企业所在地历史通信技术的发展并不会直接影响当前的数字化转型决策, 因此, 工具变量较好地满足外生性要求。然而, 由于 1984 年各城市的邮电业务数据为截面数据, 为更灵活地控制时间效应并提高第一阶段的估计强度, 本章采用 1984 年城市邮电业务金额与滞后一期的全国互联网上网人数的交互项作为工具变量 *IV*。

表 12 −9 的 Panel A 报告了工具变量的回归结果。其中, 第 (1) 列报告了第一阶段的回归结果。结果显示, *IV* 对企业数字化转型决策具有显著的正向影响, 第一阶段的 *F* 值为 17.160, 大于 10, 表明工具变量满足相关性条件。第二阶段的回归结果如第 (2) ~ (4) 列所示。当因变量为 *Oversea* 时, *Digital* 的回归系数为 0.0992 (t = 1.90), 在 10% 的水平上显著为正。使用 *Frequency* 和 *Volume* 分别作为因变量时, 结果如第 (3) 和

第 （4） 列所示，*Digital* 的回归系数分别为 0.0787 （t = 1.83） 和 1.6113 （t = 1.76），均在 10% 的水平上显著为正。

其次，借鉴 Goldsmith – Pinkham 等 （2020） 和祝树金等 （2023），本章采用移动份额法构建 Bartik 工具变量。具体来说，本章使用同一城市滞后一年除企业自身以外的数字化转型均值与全国互联网用户增长的乘积来构建 *Bartik_IV*。回归结果如表 12 – 9 的 Panel B 所示。第 （1） 列报告了第一阶段的回归结果，*Bartik_IV* 对企业数字化决策具有显著的正向影响，第一阶段的 F 值为 43.395，大于 10，表明工具变量满足相关性条件。第二阶段的回归结果见第 （2） ~ （4） 列，*Digital* 的回归系数分别为 0.0597 （t = 2.14）、0.0506 （t = 2.23）、1.2455 （t = 2.50），均在 5% 的水平上显著为正。最后，本章将上述两个工具变量同时纳入工具变量回归模型中，回归结果如 Panel C 所示。第一阶段的回归结果仍然显著为正，第一阶段的 F 值为 23.189，表明工具变量具有良好的相关性。Hansen J 统计量分别为 1.176、0.869、0.445，均不具有显著性，支持了工具变量的外生性要求。第二阶段的回归结果见 Panel C 的第 （2） ~ （4） 列，*Digital* 的回归系数分别为 0.0804 （t = 2.58）、0.0654 （t = 2.56）、1.4736 （t = 2.66），均显著为正。上述结果表明，本章的基本研究结论在缓解了潜在的内生性问题后仍然稳健。

表 12 – 9　　　　　　　　　双重差分检验

Panel A　1984 年各城市人均邮电业务总量和滞后一期互联网上网人数的交互项				
变量	（1） *Digital*	（2） *Oversea*	（3） *Frequency*	（4） *Volume*
IV	0.0151 *** （4.14）			
Digital		0.0992 * （1.90）	0.0787 * （1.83）	1.6113 * （1.76）
Size	0.1246 *** （11.09）	− 0.0003 （− 0.04）	− 0.0002 （− 0.04）	0.0088 （0.07）
Lev	− 0.3030 *** （− 4.50）	0.0499 ** （2.34）	0.0382 ** （2.19）	0.8912 ** （2.39）
ROA	0.4336 *** （3.43）	0.0023 （0.06）	0.0083 （0.28）	0.1577 （0.24）
Cashflow	− 0.3391 *** （− 3.20）	0.1133 *** （3.46）	0.0951 *** （3.57）	2.0415 *** （3.48）

Panel A　1984 年各城市人均邮电业务总量和滞后一期互联网上网人数的交互项

变量	（1）Digital	（2）Oversea	（3）Frequency	（4）Volume
Growth	0. 0210 ** (2. 22)	− 0. 0043 ** (− 2. 03)	− 0. 0032 * (− 1. 93)	− 0. 0669 * (− 1. 80)
Blndep	0. 0199 (0. 11)	0. 0149 (0. 35)	0. 0190 (0. 54)	0. 2386 (0. 31)
TobinQ	− 0. 0172 ** (− 2. 01)	0. 0113 *** (4. 83)	0. 0089 *** (4. 61)	0. 2058 *** (4. 79)
Age	− 0. 1600 *** (− 4. 43)	− 0. 0008 (− 0. 07)	− 0. 0003 (− 0. 03)	− 0. 1200 (− 0. 60)
Top1	− 0. 0575 (− 0. 78)	− 0. 0170 (− 1. 10)	− 0. 0147 (− 1. 16)	− 0. 3214 (− 1. 17)
Mshare	0. 4589 *** (8. 01)	− 0. 0631 ** (− 2. 36)	− 0. 0511 ** (− 2. 30)	− 0. 9850 ** (− 2. 09)
Constant	0. 6458 ** (2. 42)			
Industry × Year FE	Yes	Yes	Yes	Yes
N	25087	25087	25087	25087
Adj R^2	0. 053			
Kleibergen − Paap rk Wald F 值	17. 160			

Panel B　Bartik IV

变量	（1）Digital	（2）Oversea	（3）Frequency	（4）Volume
Bartik_IV	1. 7637 *** (6. 59)			
Digital		0. 0597 ** (2. 14)	0. 0506 ** (2. 23)	1. 2455 ** (2. 50)
Size	0. 1262 *** (10. 89)	0. 0024 (0. 59)	0. 0013 (0. 39)	0. 0143 (0. 19)
Lev	− 0. 3066 *** (− 4. 37)	0. 0373 ** (2. 46)	0. 0292 ** (2. 39)	0. 7776 *** (2. 85)
ROA	0. 4616 *** (3. 58)	0. 0425 (1. 26)	0. 0404 (1. 52)	0. 7106 (1. 16)

Panel B Bartik IV

变量	(1) Digital	(2) Oversea	(3) Frequency	(4) Volume
Cashflow	-0.3976*** (-3.51)	0.0981*** (3.38)	0.0823*** (3.54)	1.9189*** (3.62)
Growth	0.0205** (2.07)	-0.0036** (-1.98)	-0.0029* (-1.95)	-0.0662* (-1.92)
Blndep	0.0602 (0.31)	0.0084 (0.20)	0.0103 (0.29)	-0.0039 (-0.00)
TobinQ	-0.0149* (-1.68)	0.0093*** (4.26)	0.0073*** (4.04)	0.1758*** (4.30)
Age	-0.1790*** (-4.62)	-0.0123 (-1.29)	-0.0088 (-1.12)	-0.2649 (-1.51)
Top1	-0.0508 (-0.66)	-0.0155 (-0.99)	-0.0130 (-1.00)	-0.2926 (-1.02)
Mshare	0.4908*** (8.10)	-0.0533*** (-2.60)	-0.0456*** (-2.70)	-0.9567** (-2.55)
Constant	0.3606 (1.27)			
Industry × Year FE	Yes	Yes	Yes	Yes
N	22646	22646	22646	22646
Adj R^2	0.057			
Kleibergen–Paap rk Wald F 值	43.395			

Panel C 双工具变量

变量	(1) Digital	(2) Oversea	(3) Frequency	(4) Volume
IV	0.0113*** (2.90)			
Bartik_IV	1.4335*** (5.33)			
Digital		0.0804*** (2.58)	0.0654** (2.56)	1.4736*** (2.66)
Size	0.1233*** (10.58)	-0.0002 (-0.04)	-0.0006 (-0.16)	-0.0148 (-0.19)

Panel C 双工具变量

变量	(1) Digital	(2) Oversea	(3) Frequency	(4) Volume
Lev	-0.2981 *** (-4.26)	0.0438 *** (2.65)	0.0339 ** (2.53)	0.8490 *** (2.89)
ROA	0.4732 *** (3.68)	0.0329 (0.95)	0.0336 (1.24)	0.6050 (0.97)
Cashflow	-0.3865 *** (-3.43)	0.1062 *** (3.49)	0.0881 *** (3.60)	2.0085 *** (3.62)
Growth	0.0203 ** (2.05)	-0.0041 ** (-2.11)	-0.0032 ** (-2.07)	-0.0709 ** (-2.00)
Blndep	0.0415 (0.22)	0.0070 (0.16)	0.0093 (0.26)	-0.0187 (-0.02)
TobinQ	-0.0163 * (-1.84)	0.0096 *** (4.25)	0.0075 *** (4.02)	0.1790 *** (4.25)
Age	-0.1754 *** (-4.54)	-0.0085 (-0.85)	-0.0061 (-0.74)	-0.2226 (-1.23)
Top1	-0.0643 (-0.84)	-0.0145 (-0.90)	-0.0123 (-0.93)	-0.2820 (-0.97)
Mshare	0.4846 *** (8.01)	-0.0638 *** (-3.03)	-0.0531 *** (-3.04)	-1.0726 *** (-2.81)
Constant	0.4356 (1.53)			
Industry × Year FE	Yes	Yes	Yes	Yes
N	22646	22646	22646	22646
Adj R^2	0.059			
Kleibergen - Paap rk Wald F 值	23.189			
Hansen J 检验		1.176	0.869	0.445

（三）数字化转型测量误差问题

使用上市企业年报文本数据进来衡量数字化转型程度可能存在着测量误差（方明月等，2022；马慧和陈胜蓝，2022）。为了缓解这一测量偏误，借鉴 Darendeli 等（2022）和 Babina 等（2024）的思路，本章使用岗位层面数据来衡量企业的数字化转型。具体而言，本章手工爬取了前程无忧网平台的上市企业岗位招聘数据。首先，使用自然语言处理中文分词模型对岗位招聘中岗位描述进行文本分词处理；其次，结合肖土盛等（2022）公开的关于数字化转型词典作为数字化技能关键词。若企业当年发布的岗位描述中含有数字化词典中的关键词，则将该岗位定义为数字化岗位。本章在企业层面进行汇总，并分别使用企业岗位数量发布数量加一的对数 $LnDigital\_Job$ 以及企业岗位数量发布数量占企业当年发布岗位总数量的比率 $Digital\_percent$ 来衡量企业数字化转型程度。回归结果如表 12 - 10 所示，$LnDigital\_Job$（$Digital\_percent$）的估计系数均显著为正，表明本章的基准回归具有较强的稳健性①。

表 12 - 10　　　　　　　　　岗位数字化转型与跨国并购

变量	(1) Oversea	(2) Frequency	(3) Volume	(4) Oversea	(5) Frequency	(6) Volume
$LnDigital\_Job$	0.0091 *** (6.72)	0.0070 *** (6.35)	0.1528 *** (6.13)			
$Digital\_percent$				0.0321 *** (3.70)	0.0252 *** (3.57)	0.5628 *** (3.52)
$Size$	0.0067 ** (2.51)	0.0053 ** (2.50)	0.1290 ** (2.57)	0.0124 *** (4.76)	0.0096 *** (4.65)	0.2223 *** (4.59)
Lev	0.0372 *** (2.60)	0.0290 ** (2.56)	0.7398 *** (2.81)	0.0374 *** (2.60)	0.0292 ** (2.56)	0.7441 *** (2.81)
ROA	0.0619 * (1.83)	0.0573 ** (2.17)	1.0673 * (1.72)	0.0656 * (1.93)	0.0601 ** (2.27)	1.1290 * (1.81)
$Cashflow$	0.1029 *** (3.27)	0.0860 *** (3.46)	1.9295 *** (3.35)	0.1018 *** (3.22)	0.0852 *** (3.42)	1.9147 *** (3.31)
$Growth$	-0.0027 (-1.39)	-0.0019 (-1.21)	-0.0497 (-1.36)	-0.0028 (-1.41)	-0.0019 (-1.24)	-0.0509 (-1.39)
$Blndep$	0.0070 (0.16)	0.0095 (0.26)	-0.1694 (-0.21)	0.0112 (0.25)	0.0126 (0.34)	-0.1018 (-0.12)
$TobinQ$	0.0098 *** (4.13)	0.0077 *** (3.88)	0.1929 *** (4.28)	0.0109 *** (4.60)	0.0085 *** (4.31)	0.2109 *** (4.69)

①　在线招聘数据的样本区间为 2014～2020 年，因此在回归分析中可能会有一定比例的样本损失。

变量	(1) *Oversea*	(2) *Frequency*	(3) *Volume*	(4) *Oversea*	(5) *Frequency*	(6) *Volume*
Age	-0.0158 * (-1.87)	-0.0105 (-1.48)	-0.3597 ** (-2.29)	-0.0162 * (-1.90)	-0.0108 (-1.51)	-0.3655 ** (-2.32)
*Top*1	-0.0195 (-1.09)	-0.0160 (-1.10)	-0.3042 (-0.94)	-0.0262 (-1.47)	-0.0211 (-1.45)	-0.4153 (-1.29)
Mshare	-0.0299 ** (-2.05)	-0.0250 ** (-2.11)	-0.4833 * (-1.79)	-0.0220 (-1.50)	-0.0191 (-1.60)	-0.3528 (-1.30)
Constant	-0.1069 (-1.59)	-0.0910 * (-1.69)	-1.8517 (-1.48)	-0.2178 *** (-3.33)	-0.1754 *** (-3.33)	-3.7014 *** (-3.04)
Industry × Year FE	Yes	Yes	Yes	Yes	Yes	Yes
N	18029	18029	18029	18029	18029	18029
Adj R^2	0.012	0.011	0.011	0.009	0.009	0.009

（四）其他稳健性测试

为了提高结果的稳健性，本章进行了其他一系列的稳健性检验：（1）由于数据中跨国并购样本量较少，本章的因果推断可能会受到没有进行跨国并购的行业数字化转型程度的影响。为了缓解这种情况可能引起的估计偏误，本章筛选出样本中行业当年出现了跨国并购的子样本数据进行分析，结果如表 12-11 的 Panel A 所示，当因变量为 *Oversea* 时，*Digital* 的回归系数为 0.0076（t=2.70），在 1% 的水平上显著为正。替换因变量为 *Frequency* 和 *Volumn*，回归结果分别如第（2）列及第（3）列所示，*Digital* 的回归系数也都显著为正。可以发现，仅使用当年出现了跨国并购行业的样本数据，本章的结果依然具有较好的稳健性。（2）本章使用机器学习与文本分析的方法来衡量企业的数字化转型。然而，该方法很可能会受到企业策略性披露的影响。为了防止企业策略性披露数字化转型程度对本章因果推断的影响，借鉴马慧和陈胜蓝（2022），本章剔除了样本期间内因为信息披露问题而受到证监会或者证券交易所处罚的样本以进一步缓解企业进行策略性披露对本章因果推断的影响。回归结果如 Panel B 所示，可以发现 *Digital* 的估计系数全部显著为正。（3）借鉴方明月等（2022），本章剔除企业信息披露考核评级曾经被评级为不合格的企业，以缓解企业策略性信息披露行为对本章因果推断的影响。回归结果如 Panel C 所示，*Digital* 的估计系数依然显著为正。（4）参考张永珅等（2021）以及袁业虎和吴端端（2024），使用数字化无形资产占无形资产的比例作为企业数字化转型的代理衡量，回归结果如 Panel D 所示，本章的基准回归依然稳健。上述结果在一定程度上表明了策略性披露可能不是影响本章因果推断的重要因素，本章的基本研究发现具有较强的稳健性。

表 12 – 11　　　　　　　　　　　其他稳健性测试

Panel A　仅使用出现跨国并购的行业

变量	（1）*Oversea*	（2）*Frequency*	（3）*Volume*
Digital	0. 0076 *** (2. 70)	0. 0076 *** (2. 70)	0. 1519 *** (3. 00)
Size	0. 0142 *** (5. 35)	0. 0142 *** (5. 35)	0. 2429 *** (5. 00)
Lev	0. 0248 * (1. 76)	0. 0248 * (1. 76)	0. 5069 ** (1. 98)
ROA	0. 0460 (1. 32)	0. 0460 (1. 32)	0. 8703 (1. 38)
Cashflow	0. 1015 *** (3. 39)	0. 1015 *** (3. 39)	1. 9044 *** (3. 51)
Growth	− 0. 0028 (− 1. 41)	− 0. 0028 (− 1. 41)	− 0. 0433 (− 1. 19)
Blndep	0. 0295 (0. 65)	0. 0295 (0. 65)	0. 4874 (0. 58)
TobinQ	0. 0116 *** (4. 92)	0. 0116 *** (4. 92)	0. 2144 *** (4. 86)
Age	− 0. 0211 ** (− 2. 51)	− 0. 0211 ** (− 2. 51)	− 0. 4767 *** (− 3. 08)
*Top*1	− 0. 0218 (− 1. 26)	− 0. 0218 (− 1. 26)	− 0. 4020 (− 1. 30)
Mshare	− 0. 0217 (− 1. 56)	− 0. 0217 (− 1. 56)	− 0. 3213 (− 1. 26)
Constant	− 0. 2504 *** (− 3. 78)	− 0. 2504 *** (− 3. 78)	− 4. 1034 *** (− 3. 37)
Industry × Year FE	Yes	Yes	Yes
N	20404	20404	20404
Adj R^2	0. 009	0. 009	0. 009

Panel B　剔除存在信息处罚的样本

变量	（1）Oversea	（2）Frequency	（3）Volume
Digital	0.0057 ** (2.37)	0.0047 ** (2.41)	0.1164 *** (2.71)
Size	0.0115 *** (5.07)	0.0091 *** (5.03)	0.1924 *** (4.62)
Lev	0.0262 ** (2.09)	0.0190 * (1.91)	0.5248 ** (2.31)
ROA	0.0384 (1.20)	0.0362 (1.42)	0.6029 (1.02)
Cashflow	0.0929 *** (3.52)	0.0796 *** (3.74)	1.7638 *** (3.69)
Growth	−0.0014 (−0.82)	−0.0009 (−0.63)	−0.0196 (−0.62)
Blndep	0.0230 (0.56)	0.0234 (0.68)	0.3894 (0.51)
TobinQ	0.0110 *** (4.86)	0.0087 *** (4.60)	0.2069 *** (4.87)
Age	−0.0145 ** (−2.12)	−0.0113 ** (−1.99)	−0.3462 *** (−2.76)
Top1	−0.0201 (−1.35)	−0.0160 (−1.31)	−0.3946 (−1.48)
Mshare	−0.0205 (−1.61)	−0.0171 (−1.64)	−0.3363 (−1.45)
Constant	−0.2139 *** (−3.77)	−0.1714 *** (−3.77)	−3.4043 *** (−3.26)
Industry × Year FE	Yes	Yes	Yes
N	22985	22985	22985
Adj R²	0.008	0.008	0.008

Panel C　剔除曾经被评级为不合格的公司

变量	（1）Oversea	（2）Frequency	（3）Volume
Digital	0.0046 * (1.84)	0.0036 * (1.76)	0.0916 ** (2.04)

Panel C 剔除曾经被评级为不合格的公司

变量	(1) Oversea	(2) Frequency	(3) Volume
Size	0.0111 *** (4.75)	0.0090 *** (4.80)	0.1920 *** (4.47)
Lev	0.0195 (1.46)	0.0136 (1.28)	0.3908 (1.62)
ROA	0.0429 (1.18)	0.0423 (1.47)	0.6563 (0.98)
Cashflow	0.0753 *** (2.67)	0.0666 *** (2.92)	1.4501 *** (2.85)
Growth	−0.0020 (−1.00)	−0.0013 (−0.77)	−0.0343 (−0.93)
Blndep	0.0298 (0.69)	0.0297 (0.82)	0.5689 (0.71)
TobinQ	0.0106 *** (4.46)	0.0085 *** (4.27)	0.1969 *** (4.43)
Age	−0.0145 ** (−2.01)	−0.0116 * (−1.92)	−0.3561 *** (−2.68)
Top1	−0.0214 (−1.36)	−0.0188 (−1.45)	−0.4133 (−1.47)
Mshare	−0.0189 (−1.42)	−0.0163 (−1.50)	−0.2992 (−1.24)
Constant	−0.1998 *** (−3.38)	−0.1633 *** (−3.45)	−3.2556 *** (−3.00)
Industry × Year FE	Yes	Yes	Yes
N	21705	21705	21705
Adj R^2	0.006	0.007	0.007

Panel D 使用数字化无形资产占无形资产比例作为数字化转型衡量

变量	(1) Oversea	(2) Frequency	(3) Volume
Digital	0.0227 *** (3.66)	0.0183 *** (3.55)	0.4441 *** (3.83)
Size	0.0126 *** (5.81)	0.0100 *** (5.77)	0.2168 *** (5.45)

Panel D　使用数字化无形资产占无形资产比例作为数字化转型衡量

变量	（1）Oversea	（2）Frequency	（3）Volume
Lev	0.0182 (1.55)	0.0131 (1.39)	0.3769 * (1.76)
ROA	0.0428 (1.42)	0.0403 * (1.69)	0.8277 (1.51)
Cashflow	0.0799 *** (3.15)	0.0691 *** (3.40)	1.4982 *** (3.25)
Growth	−0.0025 (−1.53)	−0.0019 (−1.41)	−0.0403 (−1.31)
Blndep	0.0148 (0.38)	0.0172 (0.53)	0.2637 (0.37)
TobinQ	0.0096 *** (4.58)	0.0076 *** (4.33)	0.1765 *** (4.49)
Age	−0.0185 *** (−2.75)	−0.0144 ** (−2.56)	−0.4067 *** (−3.29)
Top1	−0.0224 (−1.56)	−0.0186 (−1.58)	−0.4167 (−1.61)
Mshare	−0.0173 (−1.40)	−0.0147 (−1.45)	−0.2480 (−1.10)
Constant	−0.2021 *** (−3.64)	−0.1630 *** (−3.65)	−3.2957 *** (−3.23)
Industry × Year FE	Yes	Yes	Yes
N	24550	24550	24550
Adj R^2	0.007	0.007	0.008

第五节　数字化转型与企业跨国并购的研究结论与政策建议

近年来，随着大数据、人工智能、云计算等为代表的数字技术迅速发展，其对企业的业务、流程以及经营决策产生了深刻的影响。本章以2010～2020年的中国A股上市企业数据为样本，利用机器学习与文本分析的方法构建了微观企业层面的数字化转型指标，并考察了数字化转型对跨国并购的影响。研究发现，数字化转型程度每增加一个标准差，企业进行跨国并购的概率提高约 12.92%。本章使用配比法、工具变量法以及剔除企业策略性披露等稳健性检验以强化基本研究结论的因果效应。

进一步研究发现，企业创新以及企业信息获取与资源整合能力是数字化转型促进跨国并购的重要机制。异质性分析表明，在市场竞争优势较弱、外部信息获取能力较差以及非国有企业样本中，数字化转型对跨国并购的促进效应更加明显。最后，本章也考察数字化转型驱动下的跨国并购的短期市场反应、长期并购绩效以及对企业市场价值的影响。考察发现，数字化转型驱动下的跨国并购能够显著提升企业的短期市场反应、长期并购绩效和企业价值。

本章的研究发现具有如下启示。第一，本章的研究表明企业数字化转型能够通过提高资源使用效率等方式促进其进行跨国并购。因此，政府可以通过推进数字设备建设、数字资源共享以及完善数字要素流通规则等方式，加快数字经济发展，推动企业在生产、管理等环节进行数字化转型，以提高企业的市场竞争优势，并最终推动中国企业"走出去"。

第二，本章发现数字化转型可以提高企业创新能力、生产率、信息获取能力，从而促进其跨国并购。这对于推动我国全国价值链向微笑曲线两端转型升级具有一定的启示。党的二十大报告中，习近平总书记强调要提升国际循环质量和水平，加快建设现代化经济体系。本章的结果表明，数字技术发展能够帮助企业提高信息获取能力、加强资源高效配置等方式，促进企业高质量发展。因此，政府相关部门应该做好整合咨询、法律、会计等相关公共服务以加强数字经济走出国门，参与国际市场竞争，为激发数字经济变革国际竞争格局提供公共服务支持体系。

参 考 文 献

[1] 安磊, 沈悦. 企业 "走出去" 能否抑制经济 "脱实向虚" ——来自中国上市企业海外并购的经验证据 [J]. 国际贸易问题, 2020 (12).

[2] 柏培文, 喻理. 数字经济发展与企业价格加成: 理论机制与经验事实 [J]. 中国工业经济, 2021 (11).

[3] 柏培文, 张云. 数字经济、人口红利下降与中低技能劳动者权益 [J]. 经济研究, 2021, 56 (5).

[4] 包群, 但佳丽. 网络地位、共享商业关系与大客户占比 [J]. 经济研究, 2021, 56 (10).

[5] 毕晓方, 张俊民, 李海英. 产业政策、管理者过度自信与企业流动性风险 [J]. 会计研究, 2015 (3).

[6] 卞元超, 白俊红. 区域市场整合能否提升企业的产能利用率? [J]. 财经研究, 2021, 47 (11).

[7] 蔡昉. 中国经济改革效应分析——劳动力重新配置的视角 [J]. 经济研究, 2017, 52 (7).

[8] 蔡伟贤, 李炳财. 税收征管、税收压力与企业社保遵从 [J]. 世界经济, 2021, 44 (12).

[9] 蔡跃洲, 牛新星. 中国数字经济增加值规模测算及结构分析 [J]. 中国社会科学, 2021 (11).

[10] 曹鑫, 欧阳桃花, 黄江明. 智能互联产品重塑企业边界研究: 小米案例 [J]. 管理世界, 2022, 38 (4).

[11] 常进雄, 朱帆, 董非. 劳动力转移就业对经济增长、投资率及劳动收入份额的影响 [J]. 世界经济, 2019, 42 (7).

[12] 陈德球, 陈运森, 董志勇. 政策不确定性、税收征管强度与企业税收规避 [J]. 管理世界, 2016 (5).

[13] 陈冬梅, 王俐珍, 陈安霓. 数字化与战略管理理论——回顾、挑战与展望 [J]. 管理世界, 2020, 35 (5).

［14］陈红，纳超洪，雨田木子，韩翔飞．内部控制与研发补贴绩效研究［J］．管理世界，2018，34（12）．

［15］陈晖丽，刘峰．融资融券的治理效应研究——基于公司盈余管理的视角［J］．会计研究，2014（9）．

［16］陈胜蓝，马慧．卖空压力与公司并购——来自卖空管制放松的准自然实验证据［J］．管理世界，2017（7）．

［17］陈胜蓝，刘晓玲．经济政策不确定性与公司商业信用供给［J］．金融研究，2018（5）．

［18］陈胜蓝，刘晓玲．中国城际高铁与商业信用供给——基于准自然实验的研究［J］．金融研究，2019（10）．

［19］陈胜蓝，刘晓玲．最低工资与跨区域并购：基于劳动力成本比较优势的视角［J］．世界经济，2020，43（9）．

［20］陈世来，李青原．IPO、商业信用供给与企业绩效［J］．南开管理评论，2022．

［21］陈彦斌，林晨，陈小亮．人工智能、老龄化与经济增长［J］．经济研究，2019，54（7）．

［22］陈宇峰，贵斌威，陈启清．技术偏向与中国劳动收入份额的再考察［J］．经济研究，2013，48（6）．

［23］程惠芳，陆嘉俊．知识资本对工业企业全要素生产率影响的实证分析［J］．经济研究，2014，49（5）．

［24］程欣，邓大松．社保投入有利于企业提高劳动生产率吗？——基于"中国企业—劳动力匹配调查"数据的实证研究［J］．管理世界，2020，36（3）．

［25］程郁，陈雪．创新驱动的经济增长——高新区全要素生产率增长的分解［J］．中国软科学，2013（11）．

［26］翟华云，李倩茹．企业数字化转型提高了审计质量吗？——基于多时点双重差分模型的实证检验［J］．审计与经济研究，2022，37（2）．

［27］杜凯，周勤．中国对外直接投资：贸易壁垒诱发的跨越行为［J］．南开经济研究，2010（2）．

［28］杜鹏程，王姝勋，徐舒．税收征管、企业避税与劳动收入份额——来自所得税征管范围改革的证据［J］．管理世界，2021，37（7）．

［29］方明月，林佳妮，聂辉华．数字化转型是否促进了企业内共同富裕？——来自中国A股上市公司的证据［J］．数量经济技术经济研究，2022（11）．

[30] 范子英，彭飞．"营改增"的减税效应和分工效应：基于产业互联的视角 [J]．经济研究，2017，52 (2)．

[31] 费孝通．乡土中国 [M]．生活·读书·新知三联书店，1985.

[32] 方军雄．劳动收入比重，真的一致下降吗？——来自中国上市公司的发现 [J]．管理世界，2011 (7)．

[33] 方森辉，毛其淋．人力资本扩张与企业产能利用率——来自"中国大学扩招"的证据 [J]．经济学（季刊），2021，21 (6)．

[34] 葛新宇，庄嘉莉，刘岩．贸易政策不确定性如何影响商业银行风险——对企业经营渠道的检验 [J]．中国工业经济，2021 (8)．

[35] 郭凯明．人工智能发展、产业结构转型升级与劳动收入份额变动 [J]．管理世界，2019，35 (7)．

[36] 郭艳婷，郑刚，刘雪锋，于亚．复杂产品系统后发企业如何实现快速追赶？——中集海工纵向案例研究（2008～2021）[J]．管理世界，2023，39 (2)．

[37] 郭晔，赵静．存款保险制度、银行异质性与银行个体风险 [J]．经济研究，2017，52 (12)．

[38] 郭晓丹，张军，吴利学．城市规模、生产率优势与资源配置 [J]．管理世界，2019，35 (4)．

[39] 侯青川，靳庆鲁，刘阳．放松卖空管制与公司现金价值——基于中国资本市场的准自然实验 [J]．金融研究，2016 (11)．

[40] 侯青川，靳庆鲁，苏玲，于潇潇．放松卖空管制与大股东"掏空"[J]．经济学（季刊），2017，16 (3)．

[41] 花贵如，周树理，刘志远，靳光辉．产业政策、投资者情绪与企业资源配置效率 [J]．财经研究，2021，47 (1)．

[42] 黄俊威，龚光明．融资融券制度与公司资本结构动态调整——基于"准自然实验"的经验证据 [J]．管理世界，2019，35 (10)．

[43] 黄群慧，余泳泽，张松林．互联网发展与制造业生产率提升：内在机制与中国经验 [J]．中国工业经济，2019，377 (8)．

[44] 纪洋，边文龙，黄益平．隐性存保、显性存保与金融危机：国际经验与中国实践 [J]．经济研究，2018，53 (8)．

[45] 江飞涛，耿强，吕大国，李晓萍．地区竞争、体制扭曲与产能过剩的形成机理 [J]．中国工业经济，2012 (6)．

[46] 江轩宇，贾婧．企业债券融资与劳动收入份额 [J]．财经研究，2021，47 (7)．

［47］姜付秀，蔡文婧，蔡欣妮，李行天．银行竞争的微观效应：来自融资约束的经验证据［J］．经济研究，2019，54（6）．

［48］蒋冠宏，蒋殿春．绿地投资还是跨国并购：中国企业对外直接投资方式的选择［J］．世界经济，2017，40（7）．

［49］金碚．债务支付拖欠对当前经济及企业行为的影响［J］．经济研究，2006（5）．

［50］靳庆鲁，侯青川，李刚，谢亚茜．放松卖空管制、公司投资决策与期权价值［J］．经济研究，2015，50（10）．

［51］靳庆鲁，孔祥，侯青川．货币政策、民营企业投资效率与公司期权价值［J］．经济研究，2013，47（5）．

［52］科斯，王宁．变革中国：市场经济的中国之路［J］．中信出版社，2013．

［53］孔东民，李海洋，杨薇．定向降准、贷款可得性与小微企业商业信用——基于断点回归的经验证据［J］．金融研究，2021（3）．

［54］李贲，吴利华．开发区设立与企业成长：异质性与机制研究［J］．中国工业经济，2018（4）．

［55］李波，蒋殿春．劳动保护与制造业生产率进步［J］．世界经济，2019，42（11）．

［56］李丹，袁淳，廖冠民．卖空机制与分析师乐观性偏差——基于双重差分模型的检验［J］．会计研究，2016（9）．

［57］李昊楠．减税效率的提升路径——来自结构性减税时期小微企业应税收入弹性的证据［J］．管理世界，2021，37（11）．

［58］李科，徐龙炳，朱伟骅．卖空限制与股票错误定价——融资融券制度的证据［J］．经济研究，2014，49（10）．

［59］李磊，王小霞，包群．机器人的就业效应：机制与中国经验［J］．管理世界，2021，37（9）．

［60］李磊，韦晓珂，郑妍妍．全球价值链参与增加了劳动力就业风险吗？基于中国工业企业的经验分析［J］．世界经济研究，2019（6）．

［61］李力行，申广军．经济开发区、地区比较优势与产业结构调整［J］．经济学（季刊），2015，14（3）．

［62］李琦，刘力钢，邵剑兵．数字化转型、供应链集成与企业绩效——企业家精神的调节效应［J］．经济管理，2021，43（10）．

［63］李启佳，罗福凯，庞廷云．“一带一路”倡议能够缓解中国企业产能过剩吗？［J］．产业经济研究，2021（4）．

[64] 李姝，李丹，田马飞，杜亚光．技术创新降低了企业对大客户的依赖吗 [J]．南开管理评论，2021，24（5）．

[65] 李旭超，宋敏．僵尸企业债务支付拖欠与民营企业全要素生产率 [J]．世界经济，2021，44（11）．

[66] 李雪松，赵宸宇，聂菁．对外投资与企业异质性产能利用率 [J]．世界经济，2017，40（5）．

[67] 李志生，陈晨，林秉旋．卖空机制提高了中国股票市场的定价效率了吗？——基于自然实验的证据 [J]．经济研究，2015，50（4）．

[68] 李志生，李好，马伟力，林秉璇．融资融券交易的信息治理效应 [J]．经济研究，2017，52（11）．

[69] 连立帅，朱松，陈超．资本市场开放与股价对企业投资的引导作用：基于沪港通交易制度的经验证据 [J]．中国工业经济，2019（3）．

[70] 林毅夫，李永军．中小金融机构发展与中小企业融资 [J]．经济研究，2001（1）．

[71] 林毅夫，巫和懋，邢亦青．“潮涌现象”与产能过剩的形成机制 [J]．经济研究，2010，45（10）．

[72] 林毅夫，向为，余淼杰．区域型产业政策与企业生产率 [J]．经济学（季刊），2018，17（2）．

[73] 林毅夫．潮涌现象与发展中国家宏观经济理论的重新构建 [J]．经济研究，2007（1）．

[74] 刘畅，潘慧峰，李珮，冯雅欣．数字化转型对制造业企业绿色创新效率的影响和机制研究 [J]．中国软科学，2023（4）．

[75] 刘冲，吴群锋，刘青．交通基础设施、市场可达性与企业生产率——基于竞争和资源配置的视角 [J]．经济研究，2020，55（7）．

[76] 刘贯春，叶永卫，张军．社会保险缴费、企业流动性约束与稳就业——基于《社会保险法》实施的准自然实验 [J]．中国工业经济，2021（5）．

[77] 刘瑞明，赵仁杰．国家高新区推动了地区经济发展吗？——基于双重差分方法的验证 [J]．管理世界，2015（8）．

[78] 刘诗源，林志帆，冷志鹏．税收激励提高企业创新水平了吗？——基于企业生命周期理论的检验 [J]．经济研究，2020，55（6）．

[79] 刘淑春，闫津臣，张思雪，林汉川．企业管理数字化变革能提升投入产出效率吗 [J]．管理世界，2021，37（5）．

[80] 刘行，赵晓阳．最低工资标准的上涨是否会加剧企业避税？[J]．

经济研究，2019，54（10）.

［81］刘行，吕长江．企业避税的战略效应——基于避税对企业产品市场绩效的影响研究［J］．金融研究，2018（7）.

［82］刘烨，方立兵，李冬昕，李心丹．融资融券交易与市场稳定性：基于动态视角的证据［J］．管理科学学报，2016，19（1）.

［83］刘媛媛，刘斌．劳动保护、成本粘性与企业应对［J］．经济研究，2014，49（5）.

［84］吕朝凤，朱丹丹．中国垂直一体化生产模式的决定因素——基于金融发展和不完全契约视角的实证分析［J］．中国工业经济，2016（3）.

［85］马慧，陈胜蓝．企业数字化转型、坏消息隐藏与股价崩盘风险［J］．会计研究，2022（10）.

［86］马慧，靳庆鲁，王欣．大数据与会计功能——新的分析框架和思考方向［J］．管理科学学报，2021，24（9）.

［87］马新啸，汤泰劼，郑国坚．非国有股东治理与国有企业的税收规避和纳税贡献——基于混合所有制改革的视角［J］．管理世界，2021，37（6）.

［88］倪骁然．卖空压力、风险防范与产品市场表现：企业利益相关者的视角［J］．经济研究，2020，55（5）.

［89］倪骁然，朱玉杰．劳动保护、劳动密集度与企业创新——来自2008年《劳动合同法》实施的证据［J］．管理世界，2016（7）.

［90］牛志伟，许晨曦，武瑛．营商环境优化、人力资本效应与企业劳动生产率［J］．管理世界，2023，39（2）.

［91］潘红波，杨朝雅，李丹玉．如何激发民营企业创新——来自实际控制人财富集中度的视角［J］．金融研究，2022（4）.

［92］戚聿东，肖旭．数字经济时代的企业管理变革［J］．管理世界，2020，36（6）.

［93］钱雪松，康瑾，唐英伦，曹夏平．产业政策、资本配置效率与企业全要素生产率——基于中国2009年十大产业振兴规划自然实验的经验研究［J］．中国工业经济，2018（8）.

［94］权小锋，尹洪英．中国式卖空机制与公司创新——基于融资融券分步扩容的自然实验［J］．管理世界，2017（1）.

［95］阮睿，孙宇辰，唐悦，聂辉华．资本市场开放能否提高企业信息披露质量？——基于"沪港通"和年报文本挖掘的分析［J］．金融研究，2021（2）.

[96] 单宇，许晖，周连喜，周琪．数智赋能：危机情境下组织韧性如何形成？——基于林清轩转危为机的探索性案例研究［J］．管理世界，2021，37（3）．

[97] 盛丹．国有企业改制、竞争程度与社会福利——基于企业成本加成率的考察［J］．经济学（季刊），2013，12（4）．

[98] 施新政，高文静，陆瑶，李蒙蒙．资本市场配置效率与劳动收入份额——来自股权分置改革的证据［J］．经济研究，2019，54（12）．

[99] 宋建波，文雯，王德宏．海归高管能促进企业风险承担吗——来自中国 A 股上市公司的经验证据［J］．财贸经济，2017（12）．

[100] 宋敏，周鹏，司海涛．金融科技与企业全要素生产率——"赋能"和信贷配给的视角［J］．中国工业经济，2021（4）．

[101] 孙伟增，吴建峰，郑思齐．区位导向性产业政策的消费带动效应——以开发区政策为例的实证研究［J］．中国社会科学，2018（12）．

[102] 孙早，侯玉琳．工业智能化如何重塑劳动力就业结构［J］．中国工业经济，2019（5）．

[103] 唐珏，封进．社会保险缴费对企业资本劳动比的影响——以21世纪初省级养老保险征收机构变更为例［J］．经济研究，2019，54（11）．

[104] 田秀娟，李睿．数字技术赋能实体经济转型发展——基于熊彼特内生增长理论的分析框架［J］．管理世界，2022，38（5）．

[105] 佟家栋，刘竹青．房价上涨、建筑业扩张与中国制造业的用工问题［J］．经济研究，2018，53（7）．

[106] 王春杨，兰宗敏，张超，侯新烁．高铁建设、人力资本迁移与区域创新［J］．中国工业经济，2020（12）．

[107] 王桂军，卢潇潇．"一带一路"倡议与中国企业升级［J］．中国工业经济，2019（3）．

[108] 王克敏，刘静，李晓溪．产业政策、政府支持与公司投资效率研究［J］．管理世界，2017（3）．

[109] 王林辉，袁礼．有偏型技术进步、产业结构变迁和中国要素收入分配格局［J］．经济研究，2018，53（11）．

[110] 汪琼，李栋栋，王克敏．营商"硬环境"与公司现金持有：基于市场竞争和投资机会的研究［J］．会计研究，2020（4）．

[111] 王伟同，李秀华，陆毅．减税激励与企业债务负担——来自小微企业所得税减半征收政策的证据［J］．经济研究，2020，55（8）．

［112］王晓博，徐秋韵，辛飞飞．存款保险制度对银行利率风险影响的实证研究［J］．管理科学学报，2019，22（5）．

［113］王馨，王营．绿色信贷政策增进绿色创新研究［J］．管理世界，2021，37（6）．

［114］王雄元，高开娟．如虎添翼抑或燕巢危幕：承销商、大客户与公司债发行定价［J］．管理世界，2017（9）．

［115］王雄元，黄玉菁．外商直接投资与上市公司职工劳动收入份额：趁火打劫抑或锦上添花［J］．中国工业经济，2017（4）．

［116］王艳，李善民．社会信任是否会提升企业并购绩效？［J］．管理世界，2017（12）．

［117］王永进，匡霞，邵文波．信息化、企业柔性与产能利用率［J］．世界经济，2017，40（1）．

［118］王永钦，陈映辉，熊雅文．存款保险制度如何影响公众对不同银行的信心？——来自中国的证据［J］．金融研究，2018（6）．

［119］王永钦，董雯．机器人的兴起如何影响中国劳动力市场？——来自制造业上市公司的证据［J］．经济研究，2020，55（10）．

［120］魏下海，董志强，刘愿．政治关系、制度环境与劳动收入份额——基于全国民营企业调查数据的实证研究［J］．管理世界，2013（5）．

［121］文雁兵，陆雪琴．中国劳动收入份额变动的决定机制分析——市场竞争和制度质量的双重视角［J］．经济研究，2018，53（9）．

［122］吴非，胡慧芷，林慧妍，任晓怡．企业数字化转型与资本市场表现——来自股票流动性的经验证据［J］．管理世界，2021，37（7）．

［123］吴利学，刘诚．项目匹配与中国产能过剩［J］．经济研究，2018，53（10）．

［124］吴联生．国有股权、税收优惠与公司税负［J］．经济研究，2009，44（10）．

［125］项后军，张清俊．存款保险制度是否降低了银行风险：来自中国的经验证据［J］．世界经济，2020a，43（3）．

［126］项后军，张清俊．中国的显性存款保险制度与银行风险［J］．经济研究，2020b，55（12）．

［127］肖明月，郑亚莉．供给质量提升能否化解中国制造业的产能过剩？——基于结构优化与技术进步视角［J］．中国软科学，2018（12）．

［128］肖土盛，孙瑞琦，袁淳和孙健．企业数字化转型、人力资本结构调整与劳动收入份额［J］．管理世界，2022（12）．

［129］肖土盛，吴雨珊，亓文韬．数字化的翅膀能否助力企业高质量发展——来自企业创新的经验证据［J］．经济管理，2022，44（5）．

［130］肖文，薛天航．劳动力成本上升、融资约束与企业全要素生产率变动［J］．世界经济，2019，42（1）．

［131］邢小强，汤新慧，王珏，张竹．数字平台履责与共享价值创造——基于字节跳动扶贫的案例研究［J］．管理世界，2021，37（12）．

［132］谢红军，吕雪．负责任的国际投资：ESG 与中国 OFDI［J］．经济研究，2022，57（3）．

［133］徐灿宇，李烜博，梁上坤．董事会断裂带与企业薪酬差距［J］．金融研究，2021（7）．

［134］徐朝阳，周念利．市场结构内生变迁与产能过剩治理［J］．经济研究，2015，50（2）．

［135］徐业坤，马光源．地方官员变更与企业产能过剩［J］．经济研究，2019，54（5）．

［136］杨连星．反倾销如何影响了跨国并购［J］．金融研究，2021（8）．

［137］尹志超，钱龙，吴雨．银企关系、银行业竞争与中小企业借贷成本［J］．金融研究，2015（1）．

［138］袁淳，耿春晓，孙健等．不确定性冲击下纵向一体化与企业价值——来自新冠疫情的自然实验证据［J］．经济学（季刊），2022，22（2）．

［139］袁淳，肖土盛，耿春晓，盛誉．数字化转型与企业分工：专业化还是纵向一体化［J］．中国工业经济，2021（9）．

［140］袁航，朱承亮．国家高新区推动了中国产业结构转型升级吗［J］．中国工业经济，2018（8）．

［141］臧成伟，蒋殿春．"主场优势"与国有企业海外并购倾向［J］．世界经济，2020，43（6）．

［142］张纯，潘亮．转型经济中产业政策的有效性研究——基于我国各级政府利益博弈视角［J］．财经研究，2012，38（12）．

［143］张华．环境污染对劳动力就业的影响——来自环保问责制的证据［J］．财经研究，2019，45（6）．

［144］张克中，欧阳洁，李文健．缘何"减税难降负"：信息技术、征税能力与企业逃税［J］．经济研究，2020，55（3）．

［145］张莉，朱光顺，李世刚，李夏洋．市场环境、重点产业政策与

企业生产率差异 [J]. 管理世界, 2019, 35 (3).

[146] 张明昂, 施新政, 纪珽. 人力资本积累与劳动收入份额: 来自中国大学扩招的证据 [J]. 世界经济, 2021, 44 (2).

[147] 张维迎, 柯荣住. 信任及其解释: 来自中国的跨省调查分析 [J]. 经济研究, 2002 (10).

[148] 张叶青, 陆瑶, 李乐芸. 大数据应用对中国企业市场价值的影响——来自中国上市公司年报文本分析的证据 [J]. 经济研究, 2021, 56 (12).

[149] 张永珅, 李小波, 邢铭强. 企业数字化转型与审计定价 [J]. 审计研究, 2021 (3).

[150] 赵宸宇, 王文春, 李雪松. 数字化转型如何影响企业全要素生产率 [J]. 财贸经济, 2021, 42 (7).

[151] 赵健宇, 陆正飞. 养老保险缴费比例会影响企业生产效率吗? [J]. 经济研究, 2018, 53 (10).

[152] 赵娜, 王博, 刘燕. 城市群、集聚效应与"投资潮涌"——基于中国 20 个城市群的实证研究 [J]. 中国工业经济, 2017 (11).

[153] 赵涛, 张智, 梁上坤. 数字经济、创业活跃度与高质量发展——来自中国城市的经验证据 [J]. 管理世界, 2020, 36 (10).

[154] 郑宝红, 张兆国. 企业所得税率降低会影响全要素生产率吗? ——来自我国上市公司的经验证据 [J]. 会计研究, 2018 (5).

[155] 中国经济增长前沿课题组, 张平, 刘霞辉, 袁富华, 王宏淼, 陆明涛, 张磊. 中国经济增长的低效率冲击与减速治理 [J]. 经济研究, 2014, 49 (12).

[156] 周茂, 陆毅, 杜艳, 姚星. 开发区设立与地区制造业升级 [J]. 中国工业经济, 2018 (3).

[157] 周茂, 陆毅, 李雨浓. 地区产业升级与劳动收入份额: 基于合成工具变量的估计 [J]. 经济研究, 2018, 53 (11).

[158] 周文, 韩文龙. 平台经济发展再审视: 垄断与数字税新挑战 [J]. 中国社会科学, 2021 (3).

[159] 邹静娴, 申广军, 刘超. 减税政策对小微企业债务期限结构的影响 [J]. 金融研究, 2022 (6).

[160] Abdulla, Y., Dang, V. A., Khurshed, A. Suppliers' listing status and trade credit provision [J]. *Journal of Corporate Finance*, 2020 (60): 101535.

[161] Abernethy, M. A. , Kuang, Y. F. , Qin, B. The influence of CEO power on compensation contract design [J]. *The Accounting Review*, 2015, 90 (4): 1265 - 1306.

[162] Abowd, J. M. , Kramarz, F. , Margolis, D. N. High wage workers and high wage firms [J]. *Econometrica*, 1999, 67 (2): 251 - 333.

[163] Acemoglu, D. , Johnson, S. Mitton, T. Determinants of vertical integration: financial development and contracting costs [J]. *The Journal of Finance*, 2009, 64 (3): 1251 - 1290.

[164] Acemoglu, D. , Restrepo, P. The race between man and machine: Implications of technology for growth, factor shares, and employment [J]. *American Economic Review*, 2018, 108 (6): 1488 - 1542.

[165] Acemoglu, D. , Restrepo, P. Automation and new tasks: How technology displaces and reinstates labor [J]. *Journal of Economic Perspectives*, 2019, 33 (2): 3 - 30.

[166] Acemoglu, D. , Restrepo, P. Robots and jobs: Evidence from US labor markets [J]. *Journal of Political Economy*, 2020, 128 (6): 2188 - 2244.

[167] Acemoglu, D. , V. M. Carvalho, A. Ozdaglar, A. Tahbaz - Salehi. The network origins of aggregate fluctuations [J]. *Econometrica*, 2012, 80 (5): 1977 - 2016.

[168] Acharya, V. V. , Baghai, R. P. , Subramanian, K. V. Wrongful discharge laws and innovation [J]. *The Review of Financial Studies*, 2014, 27 (1): 301 - 346.

[169] Acharya, V. V. , Eisert, T. , Eufinger, C. , Hirsch, C. Real effects of the sovereign debt crisis in Europe: Evidence from syndicated loans [J]. *The Review of Financial Studies*, 2018, 31 (8): 2855 - 2896.

[170] Adelman, M. A. Concept and statistical measurement of vertical integration, business concentration and price policy [J]. *Princeton University Press*, 1955, 281 - 330.

[171] Aggarwal, R. , Erel, I. , Ferreira, M. , Matos, P. Does governance travel around the world? Evidence from institutional Investors [J]. *Journal of Financial Economics*, 2011, 100 (1): 154 - 181.

[172] Aghion, P. , Antonin, C. , Bunel, S. , Jaravel, X. What are the labor and product market effects of automation? new evidence from france

[J]. *Working Paper*, 2020.

[173] Agrawal, A. , Gans, J. Goldfarb, A. What to expect from artificial intelligence? [J]. *Working Paper*, 2017.

[174] Agrawal, A. , Gans, J. S. , Goldfarb, A. Artificial intelligence: the ambiguous labor market impact of automating prediction [J]. *Journal of Economic Perspectives*, 2019, 33 (2): 31 –50.

[175] Alcacer, J. , Cantwell, J. , Piscitello, L. Internationalization in the information age: A new era for places, firms, and international business-networks? [J]. *Journal of International Business Studies*, 2016, 47 (5): 499 – 512.

[176] Alder, S. , L. Shao, F. Zilibotti. Economic reforms and industrial policy in a panel of Chinese cities [J]. *Journal of Economic Growth*, 2016, 21 (4): 305 – 349.

[177] Alfaro, L. , Chor, D. , Antras, P. and Conconi, P. Internalizing global value chains: A firm-level analysis [J]. *Journal of Political Economy*, 2019, 127 (2): 508 – 559.

[178] Allen, F. , Qian, J. , Qian, M. Law, finance and economic growth in China [J]. *Journal of Financial Economics*, 2005, 77 (1): 57 – 116.

[179] Allen, J. W. , Phillips, G. M. Corporate equity ownership, strategic alliances and product market relationships [J]. *Journal of Finance*, 2000, 55 (6): 2791 – 2815.

[180] Allen, T. Information frictions in trade [J]. *Econometrica*, 2014, 82 (6): 2041 – 2083.

[181] Altman, E. I. Financial ratios, discriminant analysis and the prediction of corporate bankruptcy [J]. *The Journal of Finance*, 1968, 23 (4): 589 – 609.

[182] Amihud, Y. , Mendelson, H. Asset pricing and the Bid – Ask spread [J]. *Journal of Financial Economics*, 1986, 17 (2): 223 – 249.

[183] Amihud, Y. , Mendelson, H. Liquidity and stock returns [J]. *Financial Analysts Journal*, 1986, 42 (3): 43 – 48.

[184] Andrews, I. , Stock, J. H. and Sun, L. Weak instruments in instrumental variables regression: Theory and practice [J]. *Annual Review of Economics*, 2019 (11): 727 – 753.

[185] Anginer, D. , A. Demirguc – Kunt, M. Zhu. How does deposit insurance affect bank risk? Evidence from the Recent Crisis [J]. *Journal of Banking and Finance*, 2014 (48): 312 –321.

[186] Arena, M. P. , Dewally, M. , Jain, B. A. , Shao, Y. Family firms' cross-border mergers and acquisitions [J]. *International Review of Financial Analysis*, 2022 (82): 102191.

[187] Aretz, K. , Campello, M. , Marchica, M. T. Access to collateral and the democratization of credit: France's reform of the Napoleonic security code [J]. *The Journal of Finance*, 2020, 75 (1): 45 –90.

[188] Armstrong, C. S. , J. E. Core, W. R. Guay. Do independent directors cause improvements in firm transparency? [J]. *Journal of Financial Economics*, 2014, 113 (3): 383 –403.

[189] Armstrong, C. S. , W. R. Guaya, J. P. Weber. The role of information and financial reporting in corporate governance and debt contracting [J]. *Journal of Accounting and Economics*, 2010, 50 (2 –3): 179 –234.

[190] Atanasov, V. A. , Black, B. S. Shock-based causal inference in corporate finance and accounting research [J]. *Critical Finance Review*, 2016 (5): 207 –304.

[191] Atwood, T. J. , Drake, M. S. , Myers, J. N. , and Myers, L. A. Home country tax system characteristics and corporate tax avoidance: International evidence [J]. *The Accounting Review*, 2012, 87 (6): 1831 – 1860.

[192] Autor, D. H. Why are there still so many jobs? The history and future of workplace automation [J]. *Journal of Economic Perspectives*, 2015, 29 (3): 3 –30.

[193] Autor, D. H. , D. Dorn. The growth of Low – Skill service jobs and the polarization of the US labor market [J]. *American Economic Review*, 2013, 103 (5): 1553 –1597.

[194] Autor, D. H. , Dorn, D. Hanson, G. H. The China shock: Learning from labor market adjustment to large changes in trade [J]. *Annual Review of Economics*, 2016 (8): 205 –240.

[195] Autor, D. H. , Levy, F. , Murnane, R. J. The skill content of recent technological change: An empirical exploration [J]. *The Quarterly Journal of Economics*, 2003, 118 (4): 1279 –1333.

[196] Autor, D. , Dorn, D. , Katz, L. F. , Patterson, C. Van Reenen,

J. The fall of the labor share and the rise of superstar firms [J]. *The Quarterly Journal of Economics*, 2020, 135 (2): 645 –709.

[197] Ayers, B. , S. Ramalingegowda, E. Yeung. Hometown advantage: The effects of monitoring institution location on financial reporting discretion [J]. *Journal of Accounting and Economics*, 2011, 52 (1): 41 –61.

[198] Babina, T. , Fedyk, A. , He, A. , Hodson, J. Artificial intelligence, firm growth, and product innovation [J]. *Working Paper*, 2021.

[199] Bai, J. , D. Carvalho, G. M. Phillips. The impact of bank credit on labor reallocation and aggregate industry productivity [J]. *Journal of Finance*, 2018, 73 (6): 2787 –2836.

[200] Baker, S. R. , Bloom, N. , Davis, S. J. Measuring economic policyuncertainty [J]. *The Quarterly Journal of Economics*, 2016, 131 (4): 1593 – 1636.

[201] Baloria, V. P. , Klassen, K. J. Supporting tax policy change through accounting discretion: Evidence from the 2012 elections [J]. *Management Science*, 2018, 64 (10): 4893 –4914.

[202] Barbosa, L. , Bilan, A. , Celerier, C. Credit supply shocks and human capital: Evidence from a change in accounting norms [J]. *Working Paper*, 2019.

[203] Barbosa, L. , Bilan, A. , Célérier, C. Capital inflows, credit growth and skill allocation [J]. *Working Paper*, 2020.

[204] Barrot, J. Trade credit and industry dynamics: Evidence from trucking firms [J]. *The Journal of Finance*, 2016, 71 (5): 1975 –2016.

[205] Barrot, J. E. L. , Nanda, R. The employment effects of faster payment: Evidence from the federalquickpay reform [J]. *The Journal of Finance*, 2020, 75 (6): 3139 –3173.

[206] Barrot, J. Trade credit and industry dynamics: Evidence from trucking firms [J]. *The Journal of Finance*, 2016, 71 (5): 1975 –2016.

[207] Barrot, J. N. , Sauvagnat. , J. Input specificity and the propagation of idiosyncratic shocks in production networks [J]. *The Quarterly Journal of Economics*, 2016, 131 (3): 1543 – 1592.

[208] Barth, M. E. , Landsman, W. R. , Lang, M. H. International accounting standards and accounting quality [J]. *Journal of Accounting Research*, 2008, 46 (3): 467 –498.

[209] Bauckloh, T. , Hardeck, I. , Inger, K. K. , Wittenstein, P. , Zwergel, B. Spillover effects of tax avoidance on peers' firm value [J]. *The Accounting Review*, 2021, 96 (4): 51 –79.

[210] Beatty, A. , Liao, S. , Yu, J. J. The spillover effect of fraudulent financial reporting on peer firms' investments [J]. *Journal of Accounting and Economics*, 2013, 55 (2 –3): 183 –205.

[211] Beck, T. , R. Levine, A. Levkov. Big bad banks? The winners and losers from bank deregulation in the US [J]. *Journal of Finance*, 2010, 65 (5): 1637 –1667.

[212] Bednarek, P. , V. Dinger, D. te Kaat, and N. von Westernhagen. Central bank funding and credit risk-taking [J]. *Working Paper*, 2020.

[213] Bellucci, A. , A. Borisov, A. Zazzaro. Do banks price discriminate spatially? Evidence from small business lending in local credit markets [J]. *Journal of Banking & Finance*, 2013, 37 (11): 4183 –4197.

[214] Belo, F. , X. Lin, S. Bazdresch. Labor hiring, investment and stock return predictability in the cross section [J]. *Journal of Political Economy*, 2014, 122 (1): 129 –177.

[215] Benetton, M. , Fantino, D. Targeted monetary policy and bank lending behavior [J]. *Journal of Financial Economics*, 2021, 142 (1): 404 – 429.

[216] Benmelech, E. , Frydman, C. , Papanikolaou, D. Financial frictions and employment during the great depression [J]. *Journal of Financial Economics*, 2019, 133 (3): 541 –563.

[217] Bennett, B. , Stulz, R. E. Wang, Z. Does the stock market make firms more productive? [J]. *Journal of Financial Economics*, 2020, 136 (2): 281 –306.

[218] Berger, David, Nicholas Turner, Eric Zwick. Stimulating housing markets [J]. *The Journal of Finance*, 2020, 75 (1): 277 –321.

[219] Berger, P. G. , Ofek, E. , Swary, I. Investor valuation of the abandonment option [J]. *Journal of Financial Economics*, 1996, 42 (2): 259 –287.

[220] Bernanke, B. S. Irreversibility, uncertainty, and cyclical investment [J]. *Quarterly Journal Economics*, 1983, 98 (1): 85 –106.

[221] Bernard, D. , Blackburne, T. , Thornock, J. Information flows

among rivals and corporate investment [J]. *Journal of Financial Economics*, 2020, 136 (3): 760 – 779.

[222] Berton, F. , S. Mocetti, A. F. Presbitero, M. Richiardi. Banks, firms, and jobs [J]. *Review of Financial Studies*, 2018, 31 (6): 2113 – 5126.

[223] Bertrand, M. , A. Schoar, D. Thesmar. Banking deregulation and industry structure: Evidence from the french banking reforms of 1985 [J]. *The Journal of Finance*, 2007, 62 (2): 597 – 628.

[224] Bertrand, M. , Mullainathan, S. Enjoying the quiet life? Corporate governance and managerial preferences [J]. *Journal of Political Economy*, 2003, 111 (5): 1043 – 1075.

[225] Bhagwat, V. , Brogaard, J. , and Julio, B. A BIT Goes a long way: bilateral investment treaties and cross-border mergers [J]. *Journal of Financial Economics*, 2021, 140 (2): 514 – 538.

[226] Bharath, S. , S. Dahiya, A. Saunders, A. Srinivasan. Lending relationships and loan contract terms [J]. *Review of Financial Studies*, 2011, 24 (4): 1141 – 1203.

[227] Bharath, S. , Shumway, T. Forecasting default with the Merton distance to default model [J]. *Review of Financial Studies*, 2008, 21 (3): 1339 – 1369.

[228] Billett, M. T. , Garfinkel, J. A. Yu, M. The effect of asymmetric information on product market outcomes [J]. *Journal of Financial Economics*, 2017, 123 (2): 357 – 376.

[229] Black, F. , Scholes, M. The pricing of options and corporate liabilities [J]. *Journal of Political Economy*, 1973, 81 (3): 637 – 654.

[230] Bloom, N. , Brynjolfsson, E. , Foster, L. , Jarmin, R. , Patnaik, M. , Saporta – Eksten, I. , Van Reenen, J. What drives differences in management practices? [J]. *American Economic Review*, 2019, 109 (5): 1648 – 1683.

[231] Boehmer, E. , Wu, J. Short selling and the price discovery process [J]. *Review of Financial Studies*, 2013, 26 (2): 287 – 322.

[232] Bond, P. , A. Edmans, I. Goldstein. The real effects of financial markets [J]. *Annual Review of Financial Economics*, 2012, 4 (1): 339 – 360.

[233] Boning, W. C. , Guyton, J. , Hodge, R. , Slemrod, J. Heard it through the grapevine: The direct and network effects of a tax enforcement field experiment on firms [J]. *Journal of Public Economics*, 2020 (190): 104261.

[234] Bourveau, T. , She, G. , Žaldokas, A. Corporate disclosure as a tacit coordination mechanism: Evidence from cartel enforcement regulations [J]. *Journal of Accounting Research*, 2020, 58 (2): 295 –332.

[235] Box, T. , Davis, R. , Hill, M. , Lawrey, C. Operating Performance and Aggressive Trade Credit Policies [J]. *Journal of Banking & Finance*, 2018 (89): 192 –208.

[236] Braguinsky, S. , Ohyama, A. , Okazaki, T. , Syverson, C. Product Innovation, Product Diversification, and Firm Growth: Evidence from Japan's Early Industrialization [J]. *American Economic Review*, 2021, 111 (12): 3795 –3826.

[237] Brandt, L. , Li, H. Bank discrimination in transition economies: ideology, information, or incentives? [J]. *Journal of Comparative Economics*, 2003, 31 (3): 387 –413.

[238] Bresnahan, T. F. , Trajtenberg, M. General purpose technologies "Engines of Growth"? [J]. *Journal of Econometrics*, 1995, 65 (1): 83 – 108.

[239] Breza, E. , Liberman, A. Financial contracting and organizational form: Evidence from the regulation of trade credit [J]. *The Journal of Finance*, 2017, 72 (1): 291 –324.

[240] Bris, A. , W. N. Goetzmann, N. Zhu. Efficiency and the bear: Short sales and markets around the world [J]. *Journal of Finance*, 2007, 62 (3): 1029 –1079.

[241] Broadberry, S. , Gupta, B. The early modern great divergence: Wages, prices and economic development in Europe and Asia, 1500 – 1800 [J]. *The Economic History Review*, 2006, 59 (1): 2 –31.

[242] Brogaard, J. , D. Li, Y. Xia. Stock liquidity and default risk [J]. *Journal of Financial Economics*, 2017, 124 (3): 486 –502.

[243] Brown, S. J. and Warner, J. B. Using daily stock returns: the case of event studies [J]. *Journal of Financial Economics*, 1985, 14 (1): 3 –31.

[244] Brynjolfsson, E. , Hitt, L. M. , Kim, H. H. Strength in numbers: how does data-driven decision-making affect firm performance? [J]. *Working Paper*, 2011.

[245] Brynjolfsson, E. , Hui, X. , Liu, M. Does machine translation affect international trade? Evidence from a large digital platform [J]. *Management Science*, 2019, 65 (12): 5449 –5460.

[246] Brynjolfsson, E. , Mcelheran, K. The rapid adoption of data-driven decision-making [J]. *American Economic Review*, 2016, 106 (5): 133 –139.

[247] Brynjolfsson, E. , Mcelheran, K. Data in action: data-driven decision making and predictive analytics in US manufacturing [J]. *Working Paper*, 2019.

[248] Brynjolfsson, E. , Mitchell, T. What can machine learning do? Workforce implications [J]. *Science*, 2017, 358 (6370): 1530 –1534.

[249] Brynjolfsson, E. , Rock, D. , Syverson, C. Artificial intelligence and the modern productivity paradox: A clash of expectations and statistics [J]. In: *The Economics of Artificial Intelligence: An Agenda*. University of Chicago Press, 2019.

[250] Brynjolfsson, E. , Rock, D. , Syverson, C. The Productivity Jcurve: How Intangibles Complement General Purpose Technologies [J]. *American Economic Journal: Macroeconomics*, 2021, 13 (1): 333 –372.

[251] Buzzell, R. D. Is vertical integration profitable [J]. *Harvard Business Review*, 1983, 61 (1): 92 –102.

[252] Bushee, B. J. , Leuz, C. Economic consequences of SEC disclosure regulation: Evidence from the OTC bulletin board [J]. *Journal of Accounting and Economics*, 2005, 39 (2): 233 –264.

[253] Bushman, R. M. , Williams, C. D. Accounting discretion, loan loss provisioning, and discipline of Banks' risk-taking [J]. *Journal of Accounting and Economics*, 2012, 54 (1): 1 –18.

[254] Bushman, R. , A. Smith, R. Wittenberg – Moerman. Price discovery and dissemination of private information by loan syndicate participants [J]. *Journal of Accounting Research*, 2008, 48 (5): 921 –972.

[255] Caggese, A. , Cuñat, V. , Metzger, D. Firing the wrong workers: Financing constraints and labor misallocation [J]. *Journal of Financial Economics*, 2019, 133 (3): 589 –607.

[256] Cahuc, P. , Dormont, B. Profit-sharing: Does it Increase productivity and employment? A theoretical model and empirical evidence on French micro data [J]. *Labour Economics*, 1997, 4 (3): 293 –319.

[257] Cairney, T. D., Young, G. R. Homogenous industries and auditor specialization: An indication of production economies [J]. *Auditing: A Journal of Practice & Theory*, 2006, 25 (1): 49 –67.

[258] Calomiris, C. W., Jaremsji, M. Deposit insurance: Theories and facts [J]. *Annual Review of Financial Economics*, 2016 (8): 97 –120.

[259] Calomiris, C. W., Jaremsji, M. Stealing deposits: Deposit Insurance, risk-taking, and the removal of market discipline in early 20th – Century banks [J]. *Journal of Finance*, 2019, 74 (2): 711 –754.

[260] Campello, M., Gao, J. Customer concentration and loan contract terms [J]. *Journal of Financial Economics*, 2017, 123 (1): 108 –136.

[261] Cao, C., Y. Chen, B. Liang, A. W. Lo. Can hedge funds time market liquidity? [J]. *Journal of Financial Economics*, 2013, 109 (2): 493 – 516.

[262] Cassiman, B. and Veugelers, R. R&D cooperation and spillovers: Some empirical evidence frombelgium [J]. *American Economic Review*, 2002, 92 (4): 1169 –1184.

[263] Cen, L., Dasgupta, S., Sen, R. Discipline or disruption? Stakeholder relationships and the effect of takeover threat [J]. *Management Science*, 2016, 62 (10): 2820 –2841.

[264] Cen, L., Maydew, E. L., Zhang, L., Zuo, L. Customer-supplier relationships and corporate tax avoidance [J]. *Journal of Financial Economics*, 2017, 123 (2): 377 –394.

[265] Cetorelli, N., Strahan, P. E. Finance as a barrier to entry: Bank competition and industry structure in U. S. local markets [J]. *Journal of Finance*, 2006, 61 (1): 437 –461.

[266] Chan, S. W., G. Han, W. Zhang. How strong are the linkages between real estate and other sectors in China? [J]. *Research in International Business and Finance*, 2016, 36 (1): 52 –72.

[267] Chang, E. C., J. W. Cheng, Y. Yu. Short sales constraints and price discovery: Evidence from the Hong Kong market [J]. *Journal of Finance*, 2007, 62 (5): 2097 –2121.

[268] Chang, E. C., Lin, T. C., and Ma, X. Does short-selling threat discipline managers in mergers and acquisitions decisions? [J]. *Journal of Accounting and Economics*, 2019, 68 (1): 101223.

[269] Chava, S. , Purnanandam, A. Is default risk negatively related to stock returns? [J]. *The Review of Financial Studies*, 2010, 23 (6): 2523 - 2559.

[270] Chava, S. , Roberts, M. How does financing impact investment? The role of debt covenants [J]. *Journal of Finance*, 2008, 63 (5): 2085 - 2121.

[271] Chen, C. , Martin, X. , Roychowdhury, S. , Wang, X. Billett, M. T. Clarity begins at home: Internal information asymmetry and external communication quality [J]. *The Accounting Review*, 2018, 93 (1): 71 - 101.

[272] Chen, D. , Gao, H. , Luo, J. , Ma, Y. The effects of rural-urban migration on corporate innovation: Evidence from a natural experiment in China [J]. *Financial Management*, 2020, 49 (2): 521 - 545.

[273] Chen, J. Z. , Jang, Y. , Jung, B. , Noh, M. Labor skill and accounting conservatism [J]. *Working Paper*, 2022.

[274] Chen, J. , Hshieh, S. Zhang, F. The role of high-skilled foreign labor in startup performance: Evidence from two natural experiments [J]. *Journal of Financial Economics*, 2021, 142 (1): 430 - 452.

[275] Chen, M. , Matousek, R. Do productive firms get external finance? Evidence from Chinese listed manufacturing firms [J]. *International Review of Financial Analysis*, 2020 (67): 101422.

[276] Chen, Q. , Vashishtha, R. The effects of bank mergers on corporate information disclosure [J]. *Journal of Accounting and Economics*, 2017, 64 (1): 56 - 77.

[277] Chen, S. , B. Lin, R. Lu. , H. Ma. The disciplinary effects of short sales on controlling shareholders [J]. *Working Paper*, 2017.

[278] Chen, S. , Chen, X. , Cheng, Q. , Shevlin, T. Are family firms more tax aggressive than non-family firms? [J]. *Journal of Financial Economics*, 2010, 95 (1): 41 - 61.

[279] Chen, S. , H. Ma, Q. , Wu. Bank credit and trade credit: Evidence from natural experiments [J]. *Journal of Banking and Finance*, 2019 (108): 1 - 16.

[280] Chen, S. , Lee, D. Small and vulnerable: SME productivity in the great productivity slowdown [J]. *Journal of Financial Economics*, 2023, 147 (1): 49 - 74.

[281] Chen, T. , Lin, C. Does information asymmetry affect corporate tax aggressiveness? [J]. *Journal of Financial and Quantitative Analysis*, 2017, 52 (5): 2053 – 2081.

[282] Chen, T. , Lin, C. , Shao, X. Globalization and US corporate tax policies: evidence from import competition [J]. *Management Science.* Forthcoming, 2021.

[283] Chen, T. , Tan, Y. , Wang, J. , Zeng, C. The unintended consequence of land finance: Evidence from corporate tax avoidance [J]. *Management Science.* Forthcoming, 2021.

[284] Chen, W. , Srinivasan, S. Going digital: implications for firm value and performance [J]. *Review of Accounting Studies*, 2023, 1 – 47.

[285] Chen, W. , Zhang, L. , Jiang, P. , Meng, F. , Sun, Q. Can digital transformation improve the information environment of the capital market? Evidence from the analysts' predictionbehaviour [J]. *Accounting & Finance*, 2022, 62 (2): 2543 – 2578.

[286] Chen, Y. , G. Hu, J. Yao, J. Zhao. Customer concentration, bad news withholding, and stock price crash risk [J]. *Working Paper*, 2019.

[287] Chen, Z. , Choe, C. , Cong, J. , Matsushima, N. Data-driven mergers and personalization [J]. *The RAND Journal of Economics*, 2022, 53 (1): 3 – 31.

[288] Cheng, C. A. , Huang, H. H. , Li, Y. , Stanfield, J. The effect of hedge fund activism on corporate tax avoidance [J]. *The Accounting Review*, 2012, 87 (5): 1493 – 1526.

[289] Cheng, S. F. , De Franco, G. , Lin, P. Marijuana liberalization and public finance: A capital market perspective on the passage of medical use laws [J]. *Journal of Accounting and Economics*, 2022: 101516.

[290] Chernykh, L. , Cole, R. A. Does deposit insurance improve financial intermediation? Evidence from the Russian experiment [J]. *Journal of Banking and Finance*, 2011 (35): 288 – 402.

[291] Chiu, C. K. , Lin, C. P. , Tsai, Y. H. , Teh, S. F. Enhancing knowledge sharing in high-tech firms: The moderating role of collectivism and power distance [J]. *Cross Cultural & Strategic Management*, 2017, 25 (3): 468 – 491.

[292] Chiu, T. T. Blockchain adoption and investment sensitivity to stock

price [J]. *Working Paper*, 2021.

[293] Chod, J. , Trichakis, N. , Tsoukalas, G. , Aspegren, H. , Weber, M. On the financing benefits of supply chain transparency and block-chain adoption [J]. *Management Science*, 2020, 66 (10): 4378 – 4396.

[294] Chodorow – Reich, G. The employment effects of credit market disruptions: Firm-level evidence from the 2008 – 9 financial crisis [J]. *The Quarterly Journal of Economics*, 2014, 129 (1): 1 – 59.

[295] Choi, J. , J. Kim, Y. Zang. Do abnormally high audit fees impair audit quality? [J]. *Auditing: A Journal of Practice and Theory*, 2010, 29 (2): 115 – 140.

[296] Christophe, S. E. , M. G. Ferri, J. Hsieh. Informed trading before analyst downgrades: Evidence from short sellers [J]. *Journal of Financial Economics*, 2010, 95 (1): 85 – 106.

[297] Chu, Y. Shareholder-creditor conflict and payout policy: Evidence from mergers between lenders and shareholders [J]. *The Review of Financial Studies*, 2018, 31 (8): 3098 – 3121.

[298] Chu, Y. , X. Tian, W. Wang. Corporate innovation along the supply chain [J]. *Management Science*, 2019, 65 (6): 2445 – 2466.

[299] Cleary, S. The relationship between firm investment and financial status [J]. *Journal of Finance*, 1999, 54 (2): 673 – 692.

[300] Coase, R. H. The Nature of the firm [J]. *Economica*, 1937 (3): 386 – 405.

[301] Cockburn, I. M. , Henderson, R. , Stern, S. The Impact of Artificial Intelligence on Innovation. In: *The Economics of Artificial Intelligence: An Agenda* [M]. University of Chicago Press, 2019.

[302] Cohen, D. A. , Li, B. Customer-base concentration, investment, and profitability: The US government as a major customer [J]. *The Accounting Review*, 2020, 95 (1): 101 – 131.

[303] Cohen, L. , Frazzini, A. Economic links and predictable returns [J]. *The Journal of Finance*, 2008, 63 (4): 1977 – 2011.

[304] Cohen, W. M. , Levinthal, D. A. Innovation and learning: The two faces of R&D [J]. *The Economic Journal*, 1989, 99 (397): 569 – 596.

[305] Cole, M. A. , Neumayer, E. The impact of poor health on total factor productivity [J]. *The Journal of Development Studies*, 2006, 42 (6):

918 – 938.

[306] Combes, P. P. , Gobillon, L. The empirics of agglomeration economies [J]. *In Handbook of Regional and Urban Economics*, 2015 (5): 247 – 348.

[307] Comerton – Forde, C. , C. M. Jones, T. J. Putniņš. Shorting at close range: a tale of two types [J]. *Journal of Financial Economics*, 2016, 121 (3): 546 – 568.

[308] Constantiou, I. D. , Kallinikos, J. New games, new rules: big data and the changing context of strategy [J]. *Journal of Information Technology*, 2015, 30 (1): 44 – 57.

[309] Coulibaly, B. , H. Sapriza, A, Zlate. Financial frictions, trade credit, and the 2008 – 09 global financial crisis [J]. *International Review of Economics and Finance*, 2013 (26): 25 – 38.

[310] Cui, C. , John, K. , Pang, J. , Wu, H. Employment protection and corporate cash holdings: Evidence from China's labor contract law [J]. *Journal of Banking & Finance*, 2018 (92): 182 – 194.

[311] Cull, R. , Senbet, L. W. , Sorge, M. Deposit insurance and financial development [J]. *Journal of Money, Credit and Banking*, 2005, 37 (1): 43 – 82.

[312] Cunningham, S. Causal inference [J] . *Yale University Press*, 2021.

[313] Dai, J. , Vasarhelyi, M. A. Toward blockchain-based accounting and assurance [J]. *Journal of Information Systems*, 2017, 31 (3): 5 – 21.

[314] Dai, O. , Liu, X. Returnee entrepreneurs and firm performance inchinese high-technology industries [J]. *International Business Review*, 2009, 18 (4): 373 – 386.

[315] Darrough, M. , Kim, H. , Zur, E. The impact of corporate welfare policy on firm-level productivity: Evidence from unemployment insurance [J]. *Journal of Business Ethics*, 2019, 159 (3): 795 – 815.

[316] Dasgupta, S. , K. Zhang, C. Zhu. Innovation, social connections, and the boundary of the firm [J]. *Working Paper*, 2015.

[317] David, J. M. , Hopenhayn, H. A. Venkateswaran, V. Information, misallocation, and aggregate productivity [J] . *The Quarterly Journal of Economics*, 2016, 131 (2): 943 – 1005.

[318] De Chaisemartin, C., d'Haultfoeuille, X. Two-way fixed effects estimators with heterogeneous treatment effects [J]. *American Economic Review*, 2020, 110 (9): 2964 – 2996.

[319] Dechow, P. M., R. G. Sloan, A. P. Sweeney. Detecting earnings management [J]. *Accounting Review*, 1995 (70): 193 – 225.

[320] Dechow, P. M. Accounting earnings and cash flows as measures of firm performance: The role of accounting Accruals [J]. *Journal of Accounting and Economics*, 1994, 18 (1): 3 – 42.

[321] Degryse, H., Ongena, S. Distance, lending relationships, and competition [J]. *Journal of Finance*, 2005, 60 (1): 231 – 266.

[322] Dehejia, R. H., Wahba, S. Propensity score-matching methods for non-experimental causal studies [J]. *Review Economics Statistics*, 2002, 84 (1): 151 – 161.

[323] Deloof, M. Does working capital management affect profitability of Belgian firms? [J]. *Journal of Business Finance and Accounting*, 2003, 30 (3 – 4): 573 – 588.

[324] Demirgüç – Kunt, A., Huizinga, H. Market discipline and deposit insurance [J]. *Journal of Monetary Economics*, 2004, 51 (2): 375 – 399.

[325] Denicolai, S., Zucchella, A., Magnani, G. Internationalization, digitalization, and sustainability: Are SMEs ready? A survey on synergies and substituting effects among growth paths [J]. *Technological Forecasting and Social Change*, 2021 (166): 120650.

[326] Desai, M. A., Dharmapala, D. Corporate tax avoidance and high-powered incentives [J]. *Journal of Financial Economics*, 2006, 79 (1): 145 – 179.

[327] Desai, M. A. and Dharmapala, D. Corporate tax avoidance and firm value [J]. *The Review of Economics and Statistics*, 2009, 91 (3): 537 – 546.

[328] Desai, M. A., Dyck, A., and Zingales, L. Theft and taxes [J]. *Journal of Financial Economics*, 2007, 84 (3): 591 – 623.

[329] Dhaliwal, D., J. S. Judd, M. Serfling, S. Shaikh. Customer concentration risk and the cost of equity capital [J]. *Journal of Accounting and Economics*, 2016, 61 (1): 23 – 48.

[330] Dhaliwal, D., P. N. Michas, V. Naiker, D. Sharma. Greater reli-

ance on major customers and auditor going concern opinions [J]. *Contemporary Accounting Research*, 2020, 37 (1): 160 – 188.

[331] Di Giuli, A., Laux, P. A. The effect of media-linked directors on financing and external governance [J]. *Journal of Financial Economics*, 2022, 145 (2): 103 – 131.

[332] Di Tella, R., MacCulloch, R. Partisan social happiness [J]. *Review of Economic Studies*, 2005, 72 (2): 367 – 393.

[333] Diamond, D. W., Dybvig, P. H. Bank runs, deposit insurance, and liquidity [J]. *Journal of Political Economy*, 1983, 91 (3): 401 – 419.

[334] Diamond, D., Verrecchia, R. Constraints on short-selling and asset price adjustment to private information [J]. *Journal of Financial Economics*, 1987, 18 (2): 277 – 311.

[335] Dichev, I. D., Graham, J. R., Harvey, C. R., Rajgopal, S. Earnings quality: Evidence from the Field [J]. *Journal of Accounting and Economics*, 2013, 56 (2 – 3): 1 – 33.

[336] Ding, K., Lev, B., Peng, X., Sun, T., Vasarhelyi, M. A. Machine learning improves accounting estimates: Evidence from insurance payments [J]. *Review of accounting studies*, 2020, 25 (3): 1098 – 1134.

[337] Dixon, J., Hong, B. Wu, L. The robot revolution: Managerial and employment consequences for firms [J]. *Management Science*, 2021, 67 (9): 5586 – 5605.

[338] D'Mello, R., Toscano, F. Economic policy uncertainty and short-term financing: The case of trade credit [J]. *Journal of Corporate Finance*, 2020 (64): 101686.

[339] Donangelo, A., Gourio, F., Kehrig, M., Palacios, M. The cross-section of labor leverage and equity returns [J]. *Journal of Financial Economics*, 2019, 132 (2): 497 – 518.

[340] Dube, J. P., Misra, S. Personalized pricing and consumer welfare [J]. *Journal of Political Economy*, 2023, 131 (1): 131 – 189.

[341] Dubus, A. Legros, P. The sale of data: learning synergies before M&As [J]. *Working Paper*, 2022.

[342] Duchin, R., Sosyura, D. Safer ratios, riskier portfolios: Banks' response to government aid [J]. *Journal of Financial Economics*, 2014, 113 (1): 1 – 28.

[343] Duguet, E. Innovation height, spillovers and TFP growth at the firm level: Evidence from French manufacturing [J]. *Economics of Innovation and New Technology*, 2006, 15 (4 – 5): 415 – 442.

[344] Dunning, J. H. Trade, Location of economic activity and the MNE: a search for an eclectic approach [J]. *International Allocation of Economic Activity*, 1977, 395 – 418.

[345] Durnev, A. , K. Li, R. Mørck, B. Yeung. Capital markets and capital allocation: Implications for economies in transition [J]. *Economics of Transition*, 2004, 12 (4): 593 – 634.

[346] Durnev, A. , Li, T. , Magnan, M. Beyond tax avoidance: Offshore firms' institutional environment and financial reporting quality [J]. *Journal of Business Finance & Accounting*, 2017, 44 (5 – 6): 646 – 696.

[347] Dye, R. A. Mandatory versus voluntary disclosures: The cases of financial and real externalities [J]. *Accounting Review*, 1990, 1 – 24.

[348] Dyreng, S. D. , Hanlon, M. , Maydew, E. L. The effects of executives on corporate tax avoidance [J]. *The Accounting Review*, 2010, 85 (4): 1163 – 1189.

[349] Easley, D. , O'Hara, M. Information and the cost of capital [J]. *Journal of Finance*, 2004, 59 (4): 1553 – 1583.

[350] Eberhart, A. , W. Maxwell, A. Siddique. A reexamination of the tradeoff between the future benefit and riskiness of R&D increases [J]. *Journal of Accounting Research*, 2008, 46 (1): 27 – 52.

[351] Edmans, A. , X. Gabaix, A. Landier. A multiplicative model of optimal CEO incentives in market equilibrium [J]. *Review of Financial Studies*, 2009, 22 (12): 4881 – 4917.

[352] Efron, B. Bootstrap methods: Another look at the jackknife [J]. *Annals of Statistics*, 1979 (7): 1 – 26.

[353] Engelberg, J. E. , A. V. Reed, M. C. Ringgenberg. How are shorts informed? Short sellers, news, and information processing [J]. *Journal of Financial Economics*, 2012, 105 (2): 260 – 278.

[354] Erel, I. , Liao, R. C. , Weisbach, M. S. Determinants of cross-border mergers and acquisitions [J]. *Journal of Finance*, 2012 (67): 1045 – 1082.

[355] Erkens, D. H. , K. R. Subramanyam, J. Zhang. Affiliated banker

on board and conservative accounting [J]. *The Accounting Review*, 2014, 89 (5): 1703 – 1728.

[356] Falato, A. , Liang, N. Do creditor rights increase employment risk? Evidence from loan covenants [J]. *Working Paper*, 2014.

[357] Faleye, O. , Kovacs, T. , Venkateswaran, A. Do better-connected CEOs innovate more? [J]. *Journal of Financial and Quantitative Analysis*, 2014, 49 (5 – 6): 1201 – 1225.

[358] Fama, E. F. What's different about banks? [J]. *Journal of Monetary Economics*, 1985, 15 (1): 29 – 39.

[359] Fama, E. F. , French, K. R. Luck versus skill in the cross section of mutual fund returns [J]. *Journal of Finance*, 2010, 65 (5): 1915 – 1947.

[360] Fan, J. P. , Huang, J. , Morck, R. , Yeung, B. Institutional determinants of vertical integration in China [J]. *Journal of Corporate Finance*, 2017 (44): 524 – 539.

[361] Fan, J. P. , Wong, T. J. , Zhang, T. Politically connected CEOs, corporate governance, and Post – IPO performance of China's newly partially privatized firms [J]. *Journal of Financial Economics*, 2007, 84 (2): 330 – 357.

[362] Fang, V. , A. Huang, J. M. Karpoff. Short selling and earnings management: A controlled experiment [J]. *Journal of Finance*, 2016, 71 (3): 1251 – 1292.

[363] Farber, H. S. , Herbst, D. , Kuziemko, I. Naidu, S. Unions and inequality over the twentieth century: New evidence from survey data [J]. *The Quarterly Journal of Economics*, 2021, 136 (3): 1325 – 1385.

[364] Farrell, D. , Grant, A. J. China's looming talent shortage [J]. *The McKinsey Quarterly*, 2005, 4 (56): 70 – 79.

[365] Farre – Mensa, J. , A. , Ljungqvist. Do measures of financial constraints measure financial constraints? [J]. *The Review of Financial Studies*, 2016 (29): 271 – 308.

[366] Favilukis, J. , Lin, X. Zhao, X. The elephant in the room: The impact of labor obligations on credit markets [J]. *American Economic Review*, 2020, 110 (6): 1673 – 1712.

[367] Feldman, M. P. Knowledge complementarity and innovation [J].

Small Business Economics, 1994, 6 (5): 363 – 372.

[368] Ferreira, M. A. , Matos, P. The colors of investors' money: The role of institutional investors around the world [J]. *Journal of Financial Economics*, 2008, 88 (3): 499 – 533.

[369] Ferreira, M. A. , Massa, M. , Matos, P. Shareholders at the gate? Institutional investors and cross-border mergers and acquisitions [J]. *Review of Financial Studies*, 2010, 23 (2): 601 – 644.

[370] Fisman, R. , Raturi, M. Does Competition Encourage Credit Provision? Evidence from African Trade Credit Relationships [J]. *Review of Economics and Statistics*, 2004, 86 (1): 345 – 352.

[371] Flaig, G. , Stadler, M. Success breeds success, the dynamics of the innovation process [J]. *Empirical Economics*, 1994, 19 (1): 55 – 68.

[372] Flammer, C. Corporate green bonds [J]. *Journal of Financial Economics*, 2021, 142 (2): 499 – 516.

[373] Fonseca, J. Less mainstream credit, more payday borrowing? Evidence from debt collection restrictions [J]. *The Journal of Finance*, 2023, 78 (1): 63 – 103.

[374] Fonseca, J. , Van Doornik, B. Financial development, labor markets, andaggregate productivity: Evidence from Brazil [J]. *Working Paper*, 2019.

[375] Freeman, L. C. A set of measures of centrality based on betweenness [J]. *Sociometry*, 1977, 35 – 41.

[376] Gao, H. , K. Li, Y. Ma. Stakeholder orientation and the cost of debt: Evidence from a natural experiment [J]. *Working Paper*, 2018.

[377] Gao, H. , Zhang, J. SOX section 404 and corporate innovation [J]. *Journal of Financial and Quantitative Analysis*, 2019, 54 (2): 759 – 787.

[378] Garcia – Appendini, E. , Montoriol – Garriga, J. Firms as liquidity providers: Evidence from the 2007 – 2008 financial crisis [J]. *Journal of Financial Economics*, 2013, 109 (1): 272 – 291.

[379] Gârleanu, N. , Zwiebel, J. Design and renegotiation of debt covenants [J]. *Review of Financial Studies*, 2009, 22 (2): 749 – 781.

[380] Gaur, V. , Gaiha, A. Building a transparent supply chain blockchain can enhance trust, efficiency, and speed [J]. *Harvard Business Review*,

2020, 98 (3): 94 –103.

[381] Geng, H. G. , Huang, Y. , Lin, C. , Liu, S. Minimum wage and corporate investment: evidence from manufacturing firms in China [J]. *Journal of Financial and Quantitative Analysis*, 2022, 57 (1): 94 –126.

[382] Giannetti, M. , G. Liao, X. Yu. The brain gain of corporate boards: Evidence from China [J]. *Journal of Finance*, 2015, 70 (4): 1629 – 1682.

[383] Giannetti, M. , Serrano – Velarde, N. , Tarantino, E. Cheap Trade Credit and Competition in Downstream Markets [J]. *Journal of Political Economy*, 2021, 129 (6): 1744 –1796.

[384] Gilbert, R. J. , Lieberman, M. Investment and coordination in oligopolistic industries [J]. *The RAND journal of economics*, 1987, 17 –33.

[385] Gilje, E. P. Do Firms Engage in Risk – Shifting? Empirical Evidence [J]. *Review of Financial Studies*, 2016, 29 (11): 2925 –2954.

[386] Gilje, E. P. , E. Loutskina, PE. Strahan. Exporting liquidity: Branch banking and financial integration [J]. *The Journal of Finance*, 2016, 71 (3): 1159 –1184.

[387] Goldfarb, A. , Tucker, C. Digital economics [J]. *Journal of Economic Literature*, 2019, 57 (1): 3 –43.

[388] Gollin, D. , Hansen, C. W. , Wingender, A. M. Two blades of grass: The impact of the green revolution [J]. *Journal of Political Economy*, 2021, 129 (8): 2344 –2384.

[389] Goncharov, I. , Peter, C. D. Does reporting transparency affect industry coordination? Evidence from the duration of international cartels [J]. *The Accounting Review*, 2019, 94 (3): 149 –175.

[390] Gong, G. , Luo, S. Lenders' experience with borrowers' major customers and the debt contracting demand for accounting conservatism [J]. *The Accounting Review*, 2018, 93 (5): 187 –222.

[391] Gong, C. , Ribiere, V. Developing a unified definition of digital transformation [J]. *Technovation*, 2021 (102): 102217.

[392] Goyal, M. , Netessine, S. Strategic technology choice and capacity investment under demand uncertainty [J] . *Management Science*, 2007, 53 (2): 192 –207.

[393] Graetz, G. , Michaels, G. Robots at work [J]. *Review of Eco-*

nomics and Statistics, 2018, 100 (5): 753 – 768.

[394] Graham, J. R. , Harvey, C. R. Puri, M. Capital allocation and delegation of decision-making authority within firms [J]. *Journal of Financial Economics*, 2015, 115 (3): 449 – 470.

[395] Graham, J. R. , S. Li, J. Qiu. Corporate misreporting and bank loan contracting [J]. *Journal of Financial Economics*, 2008, 88 (1): 44 – 61.

[396] Granja, J. A. O. , Makridis, C. , Yannelis, C. , Zwick, E. Did the paycheck protection program hit the target? [J]. *Journal of Financial Economics*, 2022, 145 (3): 725 – 761.

[397] Greene, W. H. Econometric analysis (8th edition) [J]. *Pearson.* New York, 2017.

[398] Griliches, Z. , A. Pakes, B. H. Hall. The value of patents as indicators of inventive activity [J]. *Working Paper*, 1986.

[399] Grossman, S. J. , Hart, O. D. The Costs and Benefits of Ownership: A Theory of Vertical and Lateral Integration [J]. *Journal of Political Economy*, 1986, 94 (4): 691 – 719.

[400] Grossman, S. J. , Hart, O. D. One share-one vote and the market for corporate control [J]. *Journal of Financial Economics*, 1988 (20): 175 – 202.

[401] Gu, T. , Sanders, N. R. , Venkateswaran, A. CEO incentives and customer-supplier relations [J]. *Production and Operations Management*, 2017, 26 (9): 1705 – 1727.

[402] Hadlock, C. J. , Pierce, J. R. New evidence on measuring financial constraints: Moving beyond the KZ index [J]. *Review of Financial Studies*, 2010, 23 (5): 1909 – 1940.

[403] Hainmueller, J. Entropy balancing for causal effects: A multivariate reweighting method to produce balanced samples in observational studies [J]. *Political Analysis*, 2012, 20 (1): 25 – 46.

[404] Hainmueller, J. , Y. Xu. Ebalance: a stata package for entropy balancing [J]. *Journal of Statistical Software*, 2013, 54 (7): 1 – 18.

[405] Hall, B. H. , J. Mairesse, P. Mohnen. Measuring the returns to R&D [J]. *In Handbook of the Economics of Innovation*, 2010 (2): 1033 – 1082.

[406] Hall, R. E. , Jones, C. I. Why do some countries produce so

much more output per worker than others? [J]. *The Quarterly Journal of Economics*, 1999, 114 (1): 83 – 116.

[407] Hamrouni, A. , Boussaada, R. , Toumi, N. B. F. Corporate social responsibility disclosure and debt financing [J]. *Journal of Applied Accounting Research*, 2019, 20 (4): 394 – 415.

[408] Hanlon, M. , Heitzman, S. A review of tax research [J]. *Journal of Accounting and Economics*, 2010, 50 (2 – 3): 127 – 178.

[409] Hanlon, M. , Slemrod, J. What does tax aggressiveness signal? Evidence from stock price reactions to news about tax shelter involvement [J]. *Journal of Public Economics*, 2009, 93 (1 – 2): 126 – 141.

[410] Harvey, C. R, Y. Liu, H. Zhu. ⋯ and the cross-section of expected returns [J]. *Review of Financial Studies*, 2016, 29 (1): 5 – 68.

[411] Harvey, C. R. , Liu, Y. Lucky factors [J]. *Journal of Financial Economics*, 2021, 141 (2): 413 – 435.

[412] Hasan, I. , Hoi, C. K. S. , Wu, Q. , Zhang, H. Beauty is in the eye of the beholder: The effect of corporate tax avoidance on the cost of bank loans [J]. *Journal of Financial Economics*, 2014, 113 (1): 109 – 130.

[413] Hasan, I. , J. C. Park, Q. Wu. The impact of earnings predictability on bank loan contracting [J]. *Journal of Business Finance & Accounting*, 2012, 39 (7 – 8): 1068 – 1101.

[414] Hasan, R. , Mitra, D. , Sundaram, A. The determinants of capital intensity in manufacturing: The role of factor market imperfections [J]. *World Development*, 2013 (51): 91 – 103.

[415] Hazan, M. , D. Weiss, H. Zoabi. Women's liberation as a financial innovation [J]. *Journal of Finance*, 2019, 74 (6): 241 – 249.

[416] He, D. , Wang, H. Dual-track interest rates and the conduct of monetary policy in China [J]. *China Economic Review*, 2012, 23 (4): 928 – 947.

[417] He, J. J. , Huang, J. Product market competition in a world of cross-ownership: Evidence from institutionalblockholdings [J]. *The Review of Financial Studies*, 2017, 30 (8): 2674 – 2718.

[418] He, J. J. , Huang, J. , Zhao, S. Internalizing governance externalities: The role of institutional cross-ownership [J]. *Journal of Financial Economics*, 2019, 134 (2): 400 – 418.

[419] He, J. , Tian, X. SHO time for innovation: The real effects of short sellers [J]. *Working Paper*, 2015.

[420] Helpman, E. , Melitz, M. J. , Yeaple, S. R. Export versus FDI with heterogeneous firms [J]. *American Economic Review*, 2004, 94 (1): 300 - 316.

[421] Hicks, J. R. Marginal productivity and the principle of variation [J]. *Economica*, 1932 (35): 79 - 88.

[422] Hollander, S. , Verriest, A. Bridging the gap: the design of bank loan contracts and distance [J]. *Journal of Financial Economics*, 2016, 119 (2): 399 - 419.

[423] Horstmann, I. J. , and Markusen, J. R. Strategic investments and the development of multinationals [J]. *International Economic Review*, 1987, 109 - 121.

[424] Hotchkiss, E. , Ronen, T. The informational efficiency of the corporate bond market: an intraday analysis [J]. *Review of Financial Studies*, 2002, 15 (5): 1325 - 1354.

[425] Houston, J. F. , Jiang, L. , Lin, C. , Ma, Y. Political connections and the cost of bank loans [J]. *Journal of Accounting Research*, 2014, 52 (1): 193 - 243.

[426] Howell, S. T. Financing innovation: Evidence from R&D grants [J]. *American Economic Review*, 2017, 107 (4): 1136 - 1164.

[427] Hsieh, C. T. , Klenow, P. J. Misallocation and manufacturing TFP in China and India [J]. *The Quarterly Journal of Economics*, 2009, 124 (4): 1403 - 1448.

[428] Hsieh, C. , E. Hurst, C. I. Jones, P. J. Klenow. The allocation of talent and U. S. economic growth [J]. *Econometrica*, 2019, 87 (5): 1439 - 1474.

[429] Hsu, P. H. Technological innovation spillovers and stock returns [J]. *Working Paper*, 2011.

[430] Huber, K. Disentangling the effects of a banking crisis: Evidence from German firms and counties [J]. *American Economic Review*, 2018, 108 (3): 868 - 898.

[431] Hui, W. , S. Klasa, P. E. Yeung. Corporate suppliers and customers and accounting conservatism [J]. *Journal of Accounting and Economics*,

2012, 53 (1): 115 – 135.

[432] Imbens, G. W. , Wooldridge, J. M. Recent developments in the econometrics of program evaluation [J]. *Journal of Economic Literature*, 2009, 47 (1): 5 – 86.

[433] Intintoli, V. J. , M. Serfling, S. Shaikh. CEO turnovers and disruptions in customer-supplier relationships [J]. *Journal of Financial and Quantitative Analysis*, 2017, 52 (6): 2565 – 2610.

[434] Ioannidou, V. P. , Penas, M. F. Deposit insurance and bank risk-taking: Evidence from internal loan ratings [J]. *Journal of Financial Intermediation*, 2010, 19 (1): 95 – 115.

[435] Ivashina, V. , Sun, Z. Institutional stock trading on loan market information [J]. *Journal of Financial Economics*, 2011, 100 (2): 284 – 303.

[436] Jackson, M. O. *Social and economic networks* [M]. Princeton university press, 2008.

[437] Jaffe, A. B. Demand and supply influences in R&D intensity and productivity growth [J]. *The Review of Economics and Statistics*, 1988, 431 – 437.

[438] Jaffe, A. B. Real effects of academic research [J]. *American Economic Review*, 1989, 957 – 970.

[439] Jaffe, A. B. Technological opportunity and spillovers of R&D: Evidence from firms' patents, profits, and market value [J]. *American Economic Review*, 1986 (76): 984 – 1001.

[440] Jaffe, A. B. , M. Trajtenberg, R. Henderson. Geographic localization ofknowledge spillovers as evidenced by patent citations [J]. *Quarterly Journal of Economics*, 1993, 108 (3): 577 – 598.

[441] Javakhadze, D. , Ferris, S. P. , French, D. W. Social capital, investments, and external financing [J]. *Journal of Corporate Finance*, 2016 (37): 38 – 55.

[442] Jayaraman, S. , Wu, J. S. Is silence golden? Real effects of mandatory disclosure [J]. *The Review of Financial Studies*, 2019, 32 (6): 2225 – 2259.

[443] Jensen, M. C. , Meckling, W. H. Theory of the firm: Managerial behavior, agency costs and ownership structure [J]. *Journal of Financial Eco-*

nomics, 1976, 3 (4): 305 - 360.

[444] Jian, M. , Wong, T. J. Propping through related party transactions [J]. *Review of Accounting Studies*, 2010, 15 (1): 70 - 105.

[445] Jiang, W. , Li, K. , Shao, P. When shareholders are creditors: Effects of the simultaneous holding of equity and debt by non-commercial banking institutions [J]. *The Review of Financial Studies*, 2010, 23 (10): 3595 - 3637.

[446] Jing, W. , Zhang, X. Online social networks and corporate investment similarity [J]. *Journal of Corporate Finance*, 2021 (68): 101921.

[447] Jin, H. , Hurd, F. Exploring the impact of digital platforms on SME internationalization: New Zealand SMEs use of the Alibaba platform for Chinese market entry [J]. *Journal of Asia - Pacific Business*, 2018, 19 (2): 72 - 95.

[448] Jin, W. Cloud adoption and firm performance: evidence from labor demand [J]. *Working Paper*, 2022.

[449] Jones, C. M. , Lamont, O. A. Short sale constraints and stock returns [J]. *Journal of Financial Economics*, 2002, 66 (2 - 3): 207 - 239.

[450] Jovanovic, B. Misallocation and growth [J]. *American Economic Review*, 2014, 104 (4): 1149 - 1171.

[451] Jung, B. , D. P. Weber, W. Lee, D. Yang. Labor and finance: The role of financial reporting quality [J]. *Working Paper*, 2019.

[452] Karpoff, J. M. , Lou, X. Short sellers and financial misconduct [J]. *Journal of Finance*, 2010, 65 (5): 1879 - 1913.

[453] Ke, R. , Li, M. , Zhang, Y. Directors' informational role in corporatevoluntary disclosure: An analysis of directors from related industries [J]. *Contemporary Accounting Research*, 2020, 37 (1): 392 - 418.

[454] Kerr, J. N. Transparency, information shocks, and tax avoidance [J]. *Contemporary Accounting Research*, 2019, 36 (2): 1146 - 1183.

[455] Kim, H. How does labor market size affect firm capital structure? Evidence from large plant openings [J] . *Journal of Financial Economics*, 2020, 138 (1): 277 - 294.

[456] Kim, S. J. Privacy, information acquisition, and market competition [J]. *Working Paper*, 2021.

[457] Klasa, S. , Ortiz - Molina, H. , Serfling, M. , Srinivasan, S.

Protection of trade secrets and capital structure decisions [J]. *Journal of Financial Economics*, 2018, 128 (2): 266 –286.

[458] Klemperer, P. Markets with Consumer Switching Costs [J]. *The Quarterly Journal of Economics*, 1987, 102 (2): 375 –394.

[459] Klemperer, P. The competitiveness of markets with switching costs [J]. *The RAND Journal of Economics*, 1987, 18 (1): 138 –150.

[460] Kline, P. , Moretti, E. Local economic development, agglomeration economies, and the big push: 100 years of evidence from the Tennessee valley authority [J]. *The Quarterly Journal of Economics*, 2014, 129 (1): 275 –331.

[461] Kline, P. , Moretti, E. People, places, and public policy: Some simple welfare economics of local economic development policies [J]. *Annual Review of Economics*, 2014, 6 (1): 629 –662.

[462] Koh, D. , Santaeul A Lia – Llopis, R. U. L. and Zheng, Y. Labor share decline and intellectual property products capital [J]. *Econometrica*, 2020, 88 (6): 2609 –2628.

[463] Koh, L. , Orzes, G. , Jia, F. J. The fourth industrial revolution (Industry 4. 0): Technologies disruption on operations and supply chain management [J]. *International Journal of Operations & Production Management*, 2019, 39 (6/7/8): 817 –828.

[464] Korpela, K. , Hallikas, J. , Dahlberg, T. Digital supply chain transformation toward blockchain integration [J]. *Working Paper*, 2017.

[465] Kosowski, R. , A. Timmermann, R. Wermers, H. White. Can mutual fund "stars" really pick stocks? New evidence from a bootstrap analysis [J]. *Journal of Finance*, 2006, 61 (6): 2251 –2295.

[466] Kosowski, R. , N. Y. Naik, M. Teo. Do hedge funds deliver alpha? A Bayesian and bootstrap analysis [J]. *Journal of Financial Economics*, 2007, 84 (1): 229 –264.

[467] Kothari, S. P. , A. J. Leone, C. E. Wasley. Performance matched discretionary accrual measures [J]. *Journal of Accounting and Economics*, 1995, 39 (1): 163 –197.

[468] Krishnan, K. , Nandy, D. K. , Puri, M. Does financing spur small business productivity? Evidence from a natural experiment [J]. *The Review of Financial Studies*, 2015, 28 (6): 1768 –1809.

[469] Krusell, P., Ohanian, L. E., Ríos - Rull, J. V., Violante, G. L. Capital-skill complementarity and inequality: A macroeconomic analysis [J]. *Econometrica*, 2000, 68 (5): 1029 -1053.

[470] La Porta, R., Lopez-de-Silanes, F., Shleifer, A., Vishny, R. Investor protection and corporate valuation [J]. *Journal of Finance*, 2002, 57 (3): 1147 -1170.

[471] Larrain, M., S. Stumpner. Capital account liberalization and aggregate productivity: The role of firm capital allocation [J]. *Journal of Finance*, 2017, 72 (4): 1825 -1858.

[472] Lee, H. L., Padmanabhan, V., Whang, S. Information distortion in a supply chain: The bullwhip effect [J]. *Management science*, 1997, 43 (4): 546 -558.

[473] Lee, Y. W., J. D. Stowe. Product risk, asymmetric information, and trade credit [J]. *Journal of Financial and Quantitative Analysis*, 1993 (28): 285 -300.

[474] Levinsohn, J. Petrin, A. Estimating production functions using inputs to control for unobservables [J]. *The Review of Economic Studies*, 2003, 70 (2): 317 -341.

[475] Lewis, E. Immigration, skill mix, and capital skill complementarity [J]. *The Quarterly Journal of Economics*, 2011, 126 (2): 1029 -1069.

[476] Li, J., Miao, E., Zhang, J. The legal environment, specialized investments, incomplete contracts, and labor productivity [J]. *China Economic Review*, 2021 (66): 101583.

[477] Li, J. Y., D. Y. Tang. The leverage externalities of credit default swaps [J]. *Journal of Financial Economics*, 2016, 120 (3): 491 -513.

[478] Li, J., J. Xia, E. J. Zajac. On the duality of political and economic stakeholder influence on firm innovation performance: theory and evidence from Chinese firms [J]. *Strategic Management Journal*, 2018, 39 (1): 193 - 216.

[479] Li, K. Innovation externalities and the customer/supplier link [J]. *Journal of Banking and Finance*, 2018 (86): 101 -112.

[480] Li, L., Su, F., Zhang, W., Mao, J. Y. Digital transformation by SME entrepreneurs: A capability perspective [J]. *Information Systems Journal*, 2018, 28 (6): 1129 -1157.

[481] Li, O. Z. , Liu, H. , and Ni, C. Controlling shareholders' incentive and corporate tax avoidance: A natural experiment in China [J]. *Journal of Business Finance & Accounting*, 2017, 44 (5 -6): 697 -727.

[482] Li, X. The impacts of product market competition on the quantity and quality of voluntary disclosures [J]. *Review of Accounting Studies*, 2010, 15 (3): 663 -711.

[483] Li, Z. , M. Wu. Estimating the incidences of the recent pension reform in China: Evidence from 100000 manufactures [J]. *Contemporary Economic Policy*, 2011, 31 (2): 332 - 344.

[484] Lian, Y. Bank competition and the cost of bank loans [J]. *Review of Quantitative Finance and Accounting*, 2018, 51 (1): 253 -282.

[485] Lin, C. , Y. Ma, P. Malatesta, Y. Xuan. Ownership structure and the cost of corporate borrowing [J]. *Journal of Financial Economics*, 2011, 100 (1): 1 -23.

[486] Lin, J. Technological adaptation, cities, and new work [J]. *Review of Economics and Statistics*, 2011, 93 (2): 554 -574.

[487] Liu, C. , Masulis, R. W. and Stanfield, J. Why CEO option compensation can be a bad option for shareholders: Evidence from major customer relationships [J]. *Journal of Financial Economics*, 2021, 142 (1): 453 - 481.

[488] Liu, D. Y. , Chen, S. W. , Chou, T. C. Resource fit in digital transformation: Lessons learned from the CBC bank global e-banking project [J]. *Management Decision*, 2011, 49 (10): 1728 -1742.

[489] Liu, G. , Liu, Y. , Ye, Y. , Zhang, C. Collateral menus and corporate employment: Evidence from China's Property Law [J]. *Journal of Economic Behavior and Organization*, 2021 (189): 686 -709.

[490] Liu, G. , Liu, Y. , Zhang, C. , and Zhu. Social insurance law and corporate financing decisions in China [J]. *Journal of Economic Behavior & Organization*, 2021 (190): 816 -837.

[491] Liu, Q. , G. Tian. Controlling shareholder, expropriations and firm's leverage decision: Evidence from Chinese non-tradable share reform [J]. *Journal of Corporate Finance*, 2012, 18 (4): 782 -803.

[492] Ljungqvist, A. , W. Qian. How constraining are limits to arbitrage? [J]. *Review of Financial Studies*, 2016, 29 (8): 1975 -2028.

[493] Loncan, T. Product market competition and FDI decisions [J]. *Journal of Financial and Quantitative Analysis*, 2022, 1 –40.

[494] Long, M. S. , Malitz, I. B. , Ravid, S. A. Trade Credit, Quality Guarantees, and Product Marketability [J]. *Financial management*, 1993, 117 –127.

[495] Longstaff, F. A. , S. Mithal, E. Neis. Corporate yield spreads: Default risk or liquidity? new evidence from the credit default swap market [J]. *Journal of Finance*, 2005, 60 (5): 2213 –2253.

[496] Loucks, J. , Macaulay, J. , Noronha, A. , Wade, M. Digital vortex: How today's market leaders can beat disruptive competitors at their own game [J]. *IMD International*, 2019.

[497] Love, I. , M. S. Martínez Pería. How bank competition affects firms' access to finance [J]. *World Bank Economic Review*, 2014, 29 (3): 413 – 448.

[498] Lu, Y. , Wang, J. and Zhu, L. Place – Based policies, creation, and agglomeration economies: Evidence from China's economic zone program [J]. *American Economic Journal: Economic Policy*, 2019, 11 (3): 325 – 360.

[499] Lu, Y. , Poddar, S. The choice of capacity in mixed duopoly un- der demand uncertainty [J]. *The Manchester School*, 2006, 74 (3): 266 – 272.

[500] Luck, S. , Zimmermann, T. Employment effects of unconventional monetary policy: Evidence from QE [J]. *Journal of Financial Economics*, 2020, 135 (3): 678 –703.

[501] Mackinnon, D. P. , Pirlott, A. G. Statistical approaches for en- hancing causal interpretation of the m to y relation in mediation analysis [J]. *Personality and Social Psychology Review*, 2015, 19 (1): 30 –43.

[502] Malmendier, U. , Tate, G. CEO overconfidence and corporate in- vestment [J]. *The Journal of Finance*, 2005, 60 (6): 2661 –2700.

[503] Malone, T. W. , Yates, J. , Benjamin, R. I. Electronic markets and electronic hierarchies [J]. *Communications of the ACM*, 1987, 30 (6): 484 –497.

[504] Martin, C. , Puri, M. , and Ufier, A. On deposit stability in failing banks [J]. *Working Paper*, 2016.

[505] Mas, A. , Moretti, E. Peers at work [J]. *American Economic Review*, 2009, 99 (1): 112 –145.

[506] Massa, M. , B. Zhang, H. Zhang. Governance through threat: Does short selling improve internal governance [J]. *Working Paper*, 2013.

[507] Matarazzo, M. , Penco, L. , Profumo, G. , Quaglia, R. Digital transformation and customer value creation in Made in Italy SMEs: A dynamic capabilities perspective [J] . *Journal of Business Research*, 2021 (123): 642 –656.

[508] Matt, D. T. , Pedrini, G. , Bonfant, A. , Orzes, G. Industrial digitalization. A systematic literature review and research agenda [J]. *European Management Journal*, 2023, 41 (1): 47 –78.

[509] Mauri, A. J. , Michaels, M. P. Firm and industry effects within strategic management: An empirical examination [J] . *Strategic Management Journal*, 1998, 19 (3): 211 –219.

[510] Mayneris, F. , Poncet, S. , Zhang, T. The cleansing effect of minimum wage: Minimum wage rules, firm dynamics and aggregate productivity in China [J]. *Working Paper*, 2014.

[511] McGuire, S. T. , Wang, D. , Wilson, R. J. Dual class ownership and tax avoidance [J]. *The Accounting Review*, 2014, 89 (4): 1487 –1516.

[512] Meltzer, A. H. Mercantilecredit, monetary policy, and size of firms [J]. *The Review of Economics and Statistics*, 1960, 42 (4): 429 –437.

[513] Meng, F. , Wang, W. Research on the mechanism of digitalization to the improvement of manufacturing enterprises performance based on mediating effect [J]. *Working Paper*, 2020.

[514] Merton, R. On thepricing of corporate debt: The risk structure of interest rates [J]. *Journal of Finance*, 1974, 29 (2): 449 –470.

[515] Midrigan, V. , Xu, D. Y. Finance and misallocation: Evidence from plant-level data [J] . *American Economic Review*, 2014, 104 (2): 422 –458.

[516] Mihet, R. , Philippon, T. The economics of big data and artificial intelligence [J]. *Disruptive Innovation in Business and Finance in the Digital World*, 2019 (20): 29 –43.

[517] Miklós – Thal, J. , Tucker, C. Collusion by algorithm: Does better demand prediction facilitate coordination between sellers? [J]. *Management*

Science, 2019, 65 (4): 1552 – 1561.

[518] Milgrom, P. R. , Tadelis, S. How artificial intelligence and machine learning can impact market design [J]. *Working Paper*, 2018, 567 – 585.

[519] Miller, E. Risk, uncertainty, and divergence of opinion [J]. *Journal of Finance*, 1977, 32 (4): 1151 – 1168.

[520] Minasian, J. Research and development, production functions and rates of returns [J]. *American Economic Review*, 1962, 49 (2): 80 – 85.

[521] Mitchell, T. , Brynjolfsson, E. Track how technology is transforming work [J]. *Nature*, 2017, 544 (7650): 290 – 292.

[522] Morais, B. , Peydro, J. L. , Roldan – Peña, J. , Ruiz – Ortega, C. The international bank lending channel of monetary policy rates and QE: Credit supply, reach-for-yield, and real effects [J]. *Journal of Finance*, 2019, 74 (1): 55 – 90.

[523] Murfin, J. , Njoroge, K. The implicit costs of trade credit borrowing by large firms [J]. *The Review of Financial Studies*, 2015, 28 (1): 112 – 145.

[524] Nadiri, M. I. The determinants of trade credit in the US total manufacturing sector [J]. *Econometrica: Journal of the Econometric Society*, 1969, 37 (3): 408 – 423.

[525] Naritomi, J. Consumers as tax auditors [J]. *American Economic Review*, 2019, 109 (9): 3031 – 3072.

[526] Neary, J. P. Cross-border mergers as instruments of comparative advantage [J]. *Review of Economic Studies*, 2007, 74 (4): 1229 – 1257.

[527] Nee, Victor, Sonja Opper. *Capitalism from below: Markets and institutional change in China* [M]. Harvard University Press, 2012.

[528] Newman, M. E. *Networks: An introduction* [M]. Oxford University Press, 2010.

[529] Nocke, V. , Yeaple, S. Cross-border mergers and acquisitions vs. greenfield foreign direct investment: the role of firm heterogeneity [J]. *Journal of International Economics*, 2007, 72 (2): 336 – 365.

[530] Nunn, N. , Qian, N. US food aid and civil conflict [J]. *American Economic Review*, 2014, 104 (6): 1630 – 1666.

[531] Nyland, C. , Smyth, R. , Zhu, C. J. What determines the extent

to which employers will comply with their social security obligations? Evidence from Chinese firm level data [J]. *Social Policy and Administration*, 2006 (40): 196 - 214.

[532] Oh, J. M. Absorptive capacity, technology spillovers, and the cross-section of stock returns [J]. *Journal of Banking and Finance*, 2017 (85): 146 - 164.

[533] Oi, W. Y. Labor as a quasi-fixed factor [J]. *Journal of Political Economy*, 1962, 70 (6): 538 - 555.

[534] Olley, G. S. , Pakes, A. The dynamics of productivity in the telecommunications equipment industry [J]. *Econometrica*, 1996, 64 (6): 1263 - 1297.

[535] Ozdagli, A. , Velikov, M. Show me the money: The monetary policy risk premium [J]. *Journal of Financial Economics*, 2020, 135 (2): 320 - 339.

[536] Paraskevopoulos, D. , Karakitsos, E. , Rustem, B. Robust capacity planning under uncertainty [J]. *Management Science*, 1991, 37 (7): 787 - 800.

[537] Parrino, R. CEO turnover and outside succession a cross-sectional analysis [J]. *Journal of Financial Economics*, 1997, 46 (2): 165 - 197.

[538] Patatoukas, P. N. Customer-base concentration: Implications for firm performance and capital markets [J]. *The Accounting Review*, 2012, 87 (2): 363 - 392.

[539] Paudyal, K. , Thapa, C. , Koirala, S. , Aldhawyan, S. Economic policy uncertainty and cross-border mergers and acquisitions [J]. *Journal of Financial Stability*, 2021 (56): 100926.

[540] Petersen, M. A. , Rajan, R. G. Trade credit: theories and evidence [J]. *The Review of Financial Studies*, 1997, 10 (3): 661 - 691.

[541] Restrepo, F. , Cardona - Sosa, L. , Strahan, P. E. Funding Liquidity without Banks: Evidence from a Shock to the Cost of Very Short - Term Debt [J]. *The Journal of Finance*, 2019, 74 (6): 2875 - 2914.

[542] Petersen, M. A. Estimatingstandard errors in finance panel data sets: Comparing approaches [J]. *Review of Financial Studies*, 2009, 22 (1): 435 - 480.

[543] Petersen, M. , R. Rajan. Tradecredit: Theories and evidence [J].

The Review of Financial Studies, 1997, 10 (3): 661 -691.

[544] Petukhov, A. Business cycle, reallocation of labor and asset prices [J]. *Working Paper*, 2019.

[545] Poter, M. E. Competitive strategy: Technical for analyzing industries and competitors [J]. *The Free Press*, *New York*, 1980.

[546] Pownall, G. , P. J. Simko. The Information intermediary role of short sellers [J]. *The Accounting Review*, 2005, 80 (3): 941 -966.

[547] Prebisch, R. Commercial policy in the underdeveloped countries [J]. *The American Economic Review*, 1959, 49 (2): 251 -273.

[548] Priyono, A. , Moin, A. , Putri, V. N. A. O. Identifying digital transformation paths in the business model of SMEs during the COVID - 19 pandemic [J]. *Journal of Open Innovation: Technology*, *Market*, *and Complexity*, 2020, 6 (4): 104.

[549] Psillaki, M. , K. Eleftheriou. Trade credit, bank credit, and flight to quality: Evidence from French SMEs [J]. *Journal of Small Business Management*, 2015, 53 (4): 1219 -1240.

[550] Radhakrishnan, S. , Wang, Z. , Zhang, Y. Customers' capital market information quality and suppliers' performance [J]. *Production and Operations Management*, 2014, 23 (10): 1690 -1705.

[551] Rajan, R. G. , Winton. A. Covenants and collateral as incentives to monitor [J]. *Journal of Finance*, 1995, 50 (4): 1113 -1146.

[552] Rajan, R. , Zingales, L. Financial development and growth [J]. *American Economic Review*, 1998, 88 (3): 559 -586.

[553] Rauh, J. D. Investment and financing constraints: Evidence from the funding of corporate pension plans [J]. *The Journal of Finance*, 2006, 61 (1): 33 -71.

[554] Restrepo, F. , Cardona - Sosa, L. , Strahan, P. E. Funding liquidity without banks: Evidence from a shock to the cost of very short-term debt [J]. *The Journal of Finance*, 2019, 74 (6): 2875 -2914.

[555] Rice, T. , P. E. Strahan. Doescredit competition affect small-firms finance? [J]. *The Journal of Finance*, 2010, 65 (3): 861 -889.

[556] Riley, R. , Bondibene, C. R. Raising the standard: Minimum wages and firm productivity [J]. *Labour Economics*, 2017 (44): 27 -50.

[557] Roberts, M. R. The role of dynamic renegotiation and asymmetric

information in financial contracting [J]. *Journal of Financial Economics*, 2015, 116 (1): 61 –81.

[558] Roberts, M. R. , Whited, T. M. Endogeneity in empirical corporate finance [J]. *Handbook of the Economics of Finance*, 2013 (2): 493 – 572.

[559] Rodriguez – Clare, A. Multinationals, linkages, and economic development [J]. *American Economic Review*, 1996, 852 –873.

[560] Rossi, A. G. , D. Blake, A. Timmermann, I. Tonks, and R. Wermers. Network centrality and delegated investment performance [J]. *Journal of Financial Economics*, 2018, 128 (1): 183 –206.

[561] Rozario, A. , Zhang, C. A. The effects of artificial intelligence on firms' internal information auality [J]. *Working Paper*, 2021.

[562] Saffi, P. A. C. , K. Sigurdsson. Price efficiency and short selling [J]. *Review of Financial Studies*, 2011, 24 (3): 821 –852.

[563] Sandvik, J. J. , Saouma, R. E. , Seegert, N. T. , Stanton, C. T. Workplace knowledge flows [J]. *The Quarterly Journal of Economics*, 2020, 135 (3): 1635 –1680.

[564] Schiller, C. Global supply-chain networks and corporate social responsibility [J]. *Working Paper*, 2018.

[565] Scholes, M. S. , Wolfson, M. A. , Erickson, M. , Maydew, E. , Shevlin, T. *Taxes & business strategy* [M]. Upper Saddle River, NJ: Prentice Hall, 2014.

[566] Seitz, M. , Watzinger, M. Contract enforcement and R&D investment [J]. *Research Policy*, 2017, 46 (1): 182 –195.

[567] Seow, P. S. , Goh, C. , Pan, G. , Yong, M. , Chek, J. Embracing digital transformation in accounting and finance [J]. *Working Paper*, 2021.

[568] Serfling, M. Firingcosts and capital structure decisions [J]. *The Journal of Finance*, 2016, 71 (5): 2239 –2286.

[569] Sharpe, S. A. Financial market imperfections, firm leverage, and the cyclicality of employment [J]. *The American Economic Review*, 1994, 84 (4): 1060 –1074.

[570] Shroff, N. Corporate investment and changes in GAAP [J]. *Review of Accounting Studies*, 2017, 22 (1): 1 –63.

[571] Simintzi, E. , Vig, V. , and Volpin, P. Labor protection and leverage [J]. *The Review of Financial Studies*, 2015, 28 (2): 561 –591.

[572] Smith, A. The wealth of nations [M]. *University of Chicago Press*, 1776, 11937.

[573] Solow, R. M. A contribution to the theory of economic growth [J]. *Quarterly Journal of Economics*, 1956, 2 (1): 65 –94.

[574] Solow, R. M. Technical change and the aggregate production function [J]. *The Review of Economics and Statistics*, 1957, 39 (3): 312 –320.

[575] Stark, O. Bloom, D. E. The new economics of labor migration [J]. *American Economic Review*, 1985 (75): 173 –178.

[576] Stiglitz, J. E. Reforming the global economic architecture: lessons from recent crises [J]. *The Journal of Finance*, 1999, 54 (4): 1508 –1521.

[577] Stiglitz, J. E. , A. Weiss. Credit rationing in markets with imperfect information [J]. *American Economic Review*, 1981, 71 (3): 393 –410.

[578] Stock, J. H. , Yogo, M. Testing for weak instruments in linear iv regression. *Identification and Inference for Econometric Models: Essays in Honor of Thomas Rothenberg* [M]. Cambridge University Press, 2005, 80 –108.

[579] Stulz, R. Managerialdiscretion and optimal financing policies [J]. *Journal of Financial Economics*, 1990, 26 (1): 3 –27.

[580] Sun, L. , Abraham, S. Estimating dynamic treatment effects in event studies with heterogeneous treatment effects [J]. *Journal of Econometrics*, 2021, 225 (2): 175 –199.

[581] Swanson, E. T. Measuring theeffects of federal reserve forward guidance and asset purchases on financial markets [J]. *Journal of Monetary Economics*, 2021 (118): 32 –53.

[582] Tanaka, M. , Bloom, N. , David, J. M. Koga, M. Firm performance and macro forecast accuracy [J]. *Journal of Monetary Economics*, 2020 (114): 26 –41.

[583] Tang, T. , Mo, P. L. L. , Chan, K. H. Tax collector or tax avoider? An investigation of intergovernmental agency conflicts [J]. *The Accounting Review*, 2017, 92 (2): 247 –270.

[584] Tian, X. , J. Xu. Do place-based programs affect local innovation and entrepreneurship? [J]. *Working Paper*, 2018.

[585] Tucker, J. , Foldesy, J. , Roos, A. , Rodt, M. How digital

CFOs are transforming Finance [J]. *Working Paper*, 2020.

[586] Verdi, R. S. Financial reporting quality and investment efficiency [J]. *Working Paper*, 2006.

[587] Vial, G. Understanding digital transformation: A review and a research agenda [J]. *The Journal of Strategic Information Systems*, 2019, 28 (2): 118 – 144.

[588] Walker, W. B. Environmental regulation and labor reallocation: Evidence from the clean air act [J]. *American Economic Review*, 2011, 101 (3): 442 – 447.

[589] Wang, Y., Li, J., Furman, J. L. Firm performance and state innovation funding: Evidence from China's Innofund program [J]. *Research Policy*, 2017, 46 (6): 1142 – 1161.

[590] Wang, Z., Yin, Q. E., Yu, L. Real effects of share repurchases legalization on corporate behaviors [J]. *Journal of Financial Economics*, 2021, 140 (1): 197 – 219.

[591] Whited, R. L., Swanquist, Q. T., Shipman, J. E. and Moon, J. Out of control: The (over) use of controls in accounting research [J]. *The Accounting Review*, 2022, 97 (3): 395 – 413.

[592] Whited, T., G. Wu. Financial constraints risk [J]. *Review of Financial Studies*, 2006, 19 (2): 531 – 559.

[593] Williamson, O. E. Markets and Hierarchies: Some Elementary Considerations [J]. *The American Economic Review*, 1973, 63 (2): 316 – 325.

[594] Williamson, O. E. Transaction-cost economics: The governance of contractual relations [J]. *The Journal of Law and Economics*, 1979, 22 (2): 233 – 261.

[595] Wilson, R. J. An examination of corporate tax shelter participants [J]. *The Accounting Review*, 2009, 84 (3): 969 – 999.

[596] Wooldridge, J. M. On estimating firm-level production functions using proxy variables to control forunobservables [J]. *Economics Letters*, 2009, 104 (3): 112 – 114.

[597] Wu, K., Fu, Y., Kong, D. Does the digital transformation of enterprises affect stock price crash risk? [J]. *Finance Research Letters*, 2022 (48): 102888.

[598] Xu, W. , Zeng, Y. , Zhang, J. Tax enforcement as a corporate governance mechanism: Empirical evidence from China [J]. *Corporate Governance: An International Review*, 2011, 19 (1): 25 –40.

[599] Yellen, J. Efficiency wage models of unemployment [J]. *American Economic Review*, 1984, 74 (2): 200 –205.

[600] Zhai, H. , Yang, M. , Chan, K. C. Does digital transformation enhance a firm's performance? Evidence from China [J]. *Technology in Society*, 2022 (68): 101841.

[601] Zhang, C. , Kandilov, I. T. , Walker, M. D. Direct flights and cross-border mergers & acquisitions [J]. *Journal of Corporate Finance*, 2021 (70): 102063.

[602] Zhan, Y. , Tan, K. H. , Li, Y. , Tse, Y. K. Unlocking the power of big data in new product development [J]. *Annals of Operations Research*, 2018, 270 (1): 577 –595.